U0516066

権威・前沿・原创

皮书系列为
"十二五""十三五""十四五"时期国家重点出版物出版专项规划项目

BLUE BOOK

智 库 成 果 出 版 与 传 播 平 台

东北蓝皮书
BLUE BOOK OF NORTHEAST CHINA

中国东北地区发展报告
（2023~2024）

ANNUAL REPORT ON NORTHEAST CHINA
(2023-2024)

主　编／刘立新　丁晓燕

副主编／张万强　闫修成　赵光远

社会科学文献出版社
SOCIAL SCIENCES ACADEMIC PRESS (CHINA)

图书在版编目（CIP）数据

中国东北地区发展报告 . 2023~2024 / 刘立新，丁
晓燕主编；张万强，闫修成，赵光远副主编 . --北京：
社会科学文献出版社，2024.7. --（东北蓝皮书）.
ISBN 978-7-5228-3794-9

Ⅰ. F127.3

中国国家版本馆 CIP 数据核字第 20241C57W9 号

东北蓝皮书

中国东北地区发展报告（2023~2024）

主　　编／刘立新　丁晓燕
副 主 编／张万强　闫修成　赵光远

出 版 人／冀祥德
组稿编辑／任文武
责任编辑／高振华
文稿编辑／白　银 等
责任印制／王京美

出　　版／社会科学文献出版社·生态文明分社（010）59367143
　　　　　地址：北京市北三环中路甲 29 号院华龙大厦　邮编：100029
　　　　　网址：www.ssap.com.cn
发　　行／社会科学文献出版社（010）59367028
印　　装／天津千鹤文化传播有限公司

规　　格／开本：787mm×1092mm　1/16
　　　　　印张：26.5　字数：400 千字
版　　次／2024 年 7 月第 1 版　2024 年 7 月第 1 次印刷
书　　号／ISBN 978-7-5228-3794-9
定　　价／138.00 元

读者服务电话：4008918866

主要编撰者简介

刘立新　中共党员，东北师范大学法学博士。现任吉林省社会科学界联合会副主席，吉林省社会科学院（吉林省社会科学界联合会）党组书记，吉林省社会科学院院长。长期从事理论、宣传、思想工作，在统筹意识形态、指导理论研究、规划哲学社会科学发展等方面经验丰富、颇有建树。曾任吉林省委组织部干部教育处处长，辽源市委常委、东丰县委书记，辽源市委宣传部部长，辽源市纪委书记，辽源市政协主席，吉林省委宣传部副部长等职务。先后主编"吉林振兴丛书"（7卷）、《中国特色哲学社会科学体系建构的理论与实践》、《2024年吉林经济社会形势分析与预测》等多部著作。

丁晓燕　吉林省社会科学院（吉林省社会科学界联合会）党组成员，吉林省社会科学院副院长、二级研究员，吉林省委决策咨询委员，吉林省政府决策咨询委员，享受国务院政府特殊津贴专家、吉林省有突出贡献专家、吉林省拔尖创新人才，全国城市经济研究学会常务理事。长期从事区域经济、产业经济、文旅经济研究。近年来，主持、承担各级各类课题50余项，发表论文和研究报告近百篇，主编《吉林老工业基地振兴发展研究》、《东北振兴与产业转型升级》、《吉林省文化产业发展解析》、"吉林振兴丛书"（7卷）等著作。作为课题负责人，主持国家社科基金项目"振兴东北老工业基地战略跟踪研究"，相关研究成果得到中央有关领导批示。

张万强　辽宁社会科学院党组成员、副院长，经济学博士、研究员，英国威斯敏斯特大学访问学者。主要研究方向为区域经济、产业经济、财政学。兼任辽宁省委省政府决策咨询委员、辽宁省政协智库专家、沈阳市委市政府决策咨询委员等，获得辽宁省优秀专家、辽宁省百千万人才工程百人层次专家等称号。出版《打造世界级装备制造业基地：战略定位与发展路径》等专著 8 部，在《光明日报》《财经问题研究》等报纸和期刊发表学术论文 80 余篇，10 余项研究报告获得党和国家领导人及省部级领导肯定性批示。承担国家社科基金、省级社科基金及各类智库课题百余项。

闫修成　黑龙江省社会科学院党组成员、副院长，分管东北亚战略研究院、中俄区域合作战略研究院、振兴发展研究院、俄罗斯研究所、东北亚研究所、犹太研究所、经济研究所、农业和农村发展研究所、院办公室工作。长期从事省市县各层级政策研究工作，牵头或参与撰写的《黑龙江省工业大麻产业发展研究》《黑龙江省土地托管问题研究》等多篇研究报告、对策建议获得省级领导的肯定性批示。

赵光远　吉林省社会科学院农村发展研究所所长，研究员，主要研究方向为科技创新与"三农"发展。主编《吉林省城市竞争力报告（2021～2022）》《东北三省农业发展报告2022》等著作，多项学术成果获得省级领导肯定性批示，多次获得省级社会科学优秀成果奖。主要学术兼职有中国农村发展研究会理事、中国科学学与科技政策研究会创新创业专委会理事、中国软科学研究会理事等。

摘　要

2023 年是东北振兴战略实施二十周年。20 年来，在党中央的正确领导下，东北地区经济规模实现持续增长，产业结构调整效果显著，人民收入显著增长，基础设施建设支撑显著，粮食生产能力高速提升，社会民生实现全面改善，全面改革取得重大进展，有力保障了"五个安全"，推动东北地区踏上全面振兴、全方位振兴的新征程。

2023 年，在习近平总书记新时代推动东北全面振兴座谈会重要讲话的指引下，东北地区实现了 4.7% 的经济增速，呈现了产业结构显著优化、工农业产品保障有力、固定资产投资和社会消费市场恢复加快、财政收支和融资领域稳中向好、对外经济贸易出口迅速增长、市场主体活力积极提升、新质生产力加速培育等新特征。

东北地区各板块在经济社会发展中面临的机遇与挑战有所不同，任务导向和问题导向也各有侧重。总体上看，东北地区经济社会发展面临的问题包括：经济恢复的基础还不牢固，结构性问题、周期性矛盾交织叠加，营商环境仍需改善，社会预期偏弱，居民消费和企业投资的意愿还不够强，深化改革、民生改善等领域任务仍很艰巨。

本书认为，东北地区各个区域对于问题的分析是客观的，设定的目标是积极的，发展的信心是充足的。在正常年景下，2024 年东北地区生产总值有望超过 7 万亿元，增速达到 5.8%，其中蒙东地区的经济增速和贡献份额有望进一步提升；财政、投资、消费、居民收入等主要指标均将"稳中向好"。

东北蓝皮书

2024 年东北地区要继续坚持稳字当头、稳中求进,把经济稳增长放在突出位置,加强财政、产业、区域及竞争等多方面的政策协调,确保经济韧性和人民信心。为此,需要着重做好以下 10 个方面工作:实施特色性区域发展战略、创建新质生产力高地、推动农业形成大产业、提高市场主体竞争力、打造基础设施新体系、加强人才开发和应用、促进东北一体化进程、提升边境地区内生力、加速推进制度型开放、强化群众民生获得感。

关键词: 东北地区　全面振兴　高质量发展

Abstract

The year 2023 marks the 20th anniversary of the implementation of the Northeast Revitalization Strategy. Over the past 20 years, under the correct leadership of the Central Committee of the Communist Party of China, the economic scale of Northeast China has achieved sustained growth, the adjustment of industrial structure has achieved significant results, people's income has grown significantly, infrastructure construction has provided significant support, grain production capacity has been rapidly improved, social livelihood has been comprehensively improved, and significant progress has been made in comprehensive reform, effectively ensuring the "five security" and promoting Northeast China to embark on a new journey of comprehensive and all-round revitalization。

In 2023, Guided by the Important Speech of president Xijinping in the Symposium on Promoting the Comprehensive Revitalization of Northeast China in the New Era, the Northeast achieved 4.7% economic growth, showing new features such as significant optimization of industrial structure, strong guarantee of industrial and agricultural products, accelerated recovery of fixed assets investment and social consumption market, steady improvement of fiscal revenue and expenditure and financing, rapid growth of foreign economic and trade exports, active improvement of market players, and accelerated cultivation of new quality productivity.

The opportunities and challenges faced by various sectors in the economic and social development of Northeast China vary, and there is also a focus on task oriented and problem oriented approaches. Overall, the problems faced by the economic and social development of the Northeast region include: the foundation

for economic recovery is not yet solid, structural problems and cyclical contradictions are intertwined and stacked, the business environment still needs to be improved, social expectations are weak, residents' consumption and enterprise investment willingness are not strong enough, and tasks in areas such as deepening reform and improving people's livelihoods are still arduous.

This book considers that the analysis of problems in various regions of Northeast China is objective, the goals set are positive, and the confidence in development is sufficient. Under normal circumstances, the gross domestic product of Northeast China is expected to exceed 7 trillion yuan in 2024, with a growth rate of 5.8%. The economic growth rate and contribution share of the eastern region of Mongolia are expected to further increase; The main indicators of finance, investment, consumption, and household income will all remain stable and improve.

In 2024, the Northeast region will continue to prioritize stability and strive for progress while maintaining stability, placing stable economic growth in a prominent position, strengthening policy coordination in finance, industry, region, and competition, and ensuring economic resilience and people's confidence. To this end, it is necessary to focus on the following 10 aspects of work: implementing characteristic regional strategies, creating new high-quality productivity highlands, promoting the formation of large-scale industries in agriculture, enhancing the competitiveness of market entities, creating a new infrastructure system, strengthening talent development and application, promoting the integration process of Northeast China, enhancing the endogenous capacity of border areas, accelerating institutional opening up, and strengthening the sense of gain for the people's livelihood.

Keywords: Northeast China; Comprehensive Revitalization; High Quality Development

目 录 ⟥

Ⅰ 总报告

Ⅱ 振兴突破篇

Ⅲ 现代产业篇

Ⅳ 农业农村篇

Ⅴ 专题研究篇

VI 民生提升篇

皮书数据库阅读**使用指南**

CONTENTS ↖↘

I General Report

II Breakthrough in Revitalization

Ⅲ Modern Industry System

Ⅳ Agriculture and Rural Devolopment

V　Special Reports

V　Improving People's Livelihood

总 报 告

B.1

2023~2024年东北地区经济社会
发展形势分析与预测

赵光远　肖国东　姚 堃*

摘　要： 2023 年是全国上下贯彻党的二十大精神的开局之年，习近平总书记在新时代推动东北全面振兴座谈会上发表重要讲话，为东北地区全面振兴注入了新的力量。2023 年，东北地区实现了 4.7% 的经济增速，2024 年东北地区有望实现地区生产总值跨越 7 万亿元的新目标。在这一背景下，本文就 2024 年东北地区经济发展提出了实施特色性区域发展战略、创建新质生产力高地、推动农业形成大产业、提高市场主体竞争力、打造基础设施新体系、加强人才开发和应用、促进东北一体化进程、提升边境地区内生力、加速推进制度型开放、强化群众民生获得感等对策建议。

---

* 赵光远，吉林省社会科学院农村发展研究所所长、研究员，主要研究方向为科技创新与"三农"发展；肖国东，博士，吉林省社会科学院经济研究所副研究员，主要研究方向为数量经济、产业经济；姚堃，吉林省社会科学院农村发展研究所副研究员，主要研究方向为农业产业化。

关键词： 东北地区　全面振兴　新质生产力　制度型开放

2023 年是全国上下贯彻党的二十大精神的开局之年，是实施"十四五"规划承前启后的关键一年，是为全面建设社会主义现代化国家奠定基础的重要一年。对于东北地区而言，2023 年是东北振兴战略实施 20 周年，是东北地区"五大安全"战略提出 5 周年。值此之际，东北地区各级政府立足 20 周年这一特殊时期，系统回顾东北地区 20 余年来的重大战略演进，统筹中长周期视角和短周期视角，对东北地区全面振兴各项工作进行了通盘考虑和重新部署，为东北地区加速中国式现代化步伐奠定了坚实的基础，支撑东北地区实现了 4.7% 的经济增速。2024 年是中华人民共和国成立 75 周年，是实现"十四五"规划目标任务的关键一年，东北地区有望迈出加速发展的新步伐，实现地区生产总值（GDP）跨越 7 万亿元的新目标，让东北地区全面振兴跃上新高度。

一　东北地区振兴战略实施20周年回顾

（一）东北地区振兴历程

2002 年，党的十六大报告首次提出"支持东北地区等老工业基地加快调整和改造，支持以资源开采为主的城市和地区发展接续产业"。2003 年，党中央做出实施东北地区等老工业基地振兴战略的重大决策，并于当年 10 月出台《中共中央 国务院关于实施东北地区等老工业基地振兴战略的若干意见》，明确提出"支持东北地区等老工业基地加快调整改造"，这是党中央、国务院从全面建成小康社会全局着眼做出的又一重大战略决策。党的十七大报告和十八大报告进一步指出，要"全面振兴东北地区等老工业基地"。2016 年《中共中央 国务院关于全面振兴东北地区等老工业基地的若干意见》的出台标志着东北振兴进入了全面振兴新阶段。2017 年，党的十九大报告强调"深化改革加快东北等老工业基地振兴",把改革作为推动东北地区振兴的核心抓手。2018年,习近平总书记主持召开深入推进东北振兴座谈会,明确指出"新时代东北振兴是全面振兴、全方位振兴"①。2020年,党的十九届五中全会提出推动东北振兴取得新突破且健全区域战略统筹、市场一体化发展、区域合作互助、区际利益补偿等机制。2022年,党的二十大报告强调"推动东北全面振兴取得新突破"。2023年,习近平总书记在新时代推动东北全面振兴座谈会上发表重要讲话,对东北地区全面振兴做出全新部署。在这20余年时间里,从党中央、国务院到东北地区各级党委、政府,统筹多方资源要素,着力提高发展质量,与时俱进地推进了资源枯竭城市转型、城市老工业区改造,辽中南城市群、哈长城市群、辽宁沿海经济带、长吉图开发开放先导区、哈大齐工业走廊建设,黑龙江和内蒙古东北部地区沿边开发开放、东北地区粮食安全产业带建设等重大战略任务的实施,推动东北地区经济社会实现了平稳、较快、可持续发展,实现了从老工业基地振兴到全面振兴、全方位振兴的跨越。

(二)东北地区振兴主要成就

1.经济规模实现持续增长

2002~2023年,在全国经济增速平均达8.20%(按不变价格计算)的带动下,在东北人民的努力奋斗下,东北地区GDP从1.15万亿元增长到6.69万亿元,按不变价格计算年均增速达到7.36%(见图1)。② 其中,辽宁、吉林、黑龙江、蒙东地区GDP年均增速分别为7.14%、7.29%、7.19%和9.39%。东北地区人均GDP(现价)从2002年的9587元增长到2023年的62165元,年均增速达到9.31%,其中,辽宁、吉林、黑龙江、蒙东地区人均GDP年均增速分别为8.51%、10.16%、8.95%和11.99%。

---

① 《习近平在东北三省考察并主持召开深入推进东北振兴座谈会》,中国政府网,2018年9月28日,https://www.gov.cn/xinwen/2018-09/28/content_5326563.htm。

② 全国经济不变价增速按国家统计局相关数据计算;东北地区GDP不变价增速按东北三省统计局、蒙东五盟市统计局公布的统计资料数据计算。

2.产业结构调整效果显著

2002年东北地区三次产业的比例关系是14.77∶46.53∶38.71,到2023年这一比例关系调整为14.21∶34.58∶51.21,其中第二产业比重下降11.95个百分点,而第三产业比重上升了12.50个百分点,这说明东北地区在兼顾全国农业安全的前提下进行了产业结构调整,且三省一区各具特色:辽宁省产业结构非农化和三产化突出,吉林省服务业占比显著提升,黑龙江省农业和服务业发展提升显著,蒙东地区工业化水平显著提高(见表1)。

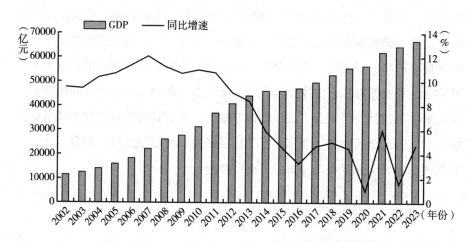

图1 2002~2023年东北地区GDP规模以及同比增速

资料来源:根据东北三省统计局、蒙东五盟市统计局公布的统计资料数据计算。

表1 2002~2023年东北地区各板块三次产业结构变动比较

单位:%

项目	辽宁省		吉林省		黑龙江省		蒙东地区		东北地区	
	2002年	2023年	2002年	2023年	2002年	2023年	2002年	2023年	2002年	2023年
第一产业比重	10.52	8.78	21.61	12.16	14.32	22.15	29.01	23.28	14.77	14.21
第二产业比重	47.63	38.84	38.84	33.88	53.30	27.02	30.15	34.66	46.53	34.58
第三产业比重	41.85	52.38	39.55	53.96	32.39	50.83	40.84	42.07	38.71	51.21

资料来源:根据东北三省统计局、蒙东五盟市统计局公布的统计资料数据计算。

3. 人民收入水平显著提高①

2002 年东北地区辽宁、吉林、黑龙江三省的城镇居民人均可支配收入分别为 6629 元、6159 元、6246 元，2023 年依次增长到 45896 元、37503 元和 36492 元；2002 年辽宁、吉林、黑龙江三省的农村居民人均可支配收入分别为 2716 元、2315 元、2381 元，2023 年依次增长到 21483 元、19472 元和 19756 元。由于 2002 年数据口径不一致，仅以 2023 年数据看蒙东地区，赤峰市、通辽市、呼伦贝尔市、兴安盟、锡林郭勒盟居民人均可支配收入依次为 28828 元、30504 元、36523 元、27147 元、40502 元；同期，辽宁、吉林、黑龙江三省居民人均可支配收入分别为 37992 元、29797 元和 29694 元，以常住人口进行加权后东北地区的人均可支配收入为 33151 元。辽宁省以及呼伦贝尔市、锡林郭勒盟的人均可支配收入高于整个区域平均水平。图 2 展示了 2002~2023 年东北地区人均收入变化情况，总体上看，东北地区人均收入实现了持续增长，年均增速达到 9.92%。

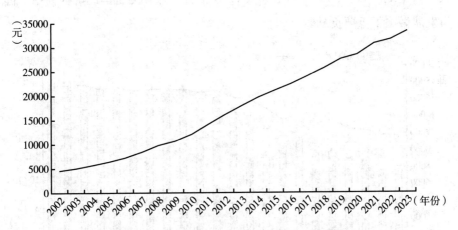

图 2　2002~2023 年东北地区人均收入增长情况

资料来源：根据东北三省统计局、蒙东五盟市统计局公布的统计资料数据计算。

---

① 本部分数据根据东北三省统计局、蒙东五盟市统计局公布的统计资料数据计算。

4. 基础设施建设支撑显著

2002~2022 年，东北地区仅辽吉黑三省的高速公路里程就从 0.25 万公里增长到 1.34 万公里；高速铁路、城际铁路等从无到有，2022 年已经达到 4551 公里，通达三省大多数城市。结合蒙东地区统一看，民航机场、通用机场、油气管道、特高压输电网络、4G 及 5G 通信基础设施、农田水利设施、海绵城市建设、地下综合管廊等，共同构筑了密布东北地区的从城到乡、从工到商、从平原到山区的硬件设施网络，为经济社会发展和各类要素流动提供了坚实保障。

5. 粮食生产能力高速提升

东北地区是重要的粮食生产基地，2002~2023 年，东北地区粮食总产量（含内蒙古自治区全区粮食产量）从 8072.48 万吨增长到 18495.90 万吨，实现了翻倍增长目标（见图 3）；而同期全国粮食总产量从 45705.75 万吨增长到 69541.00 万吨。21 年间东北地区粮食产量的年均增速达到了 4.03%，比我国其他地区粮食产量年均增速快 2.56 个百分点，为全国经济社会稳定健康发展做出了重要贡献。①

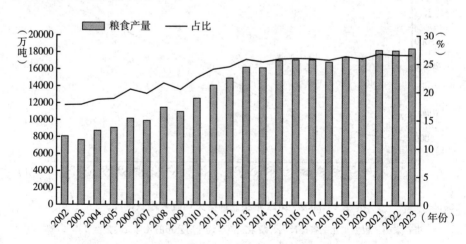

图 3 2002~2023 年东北地区粮食产量以及在全国占比情况

资料来源：根据国家统计局国家数据库中地区数据计算。

---

① 根据国家统计局国家数据库中地区数据计算。

6. 社会民生实现全面改善

东北地区脱贫攻坚战取得全面胜利，省级以上贫困县全部摘帽，历史性消除了绝对贫困。做好复转军人、农村转移劳动力、企业离岗失业人员、去产能分流职工等就业创业服务工作，东北地区就业率处于较好水平。企业退休人员基本养老金标准、城乡居民低保标准、城乡特困人员供养标准、优抚对象抚恤补助标准连续多年上涨。教育、文化、公共卫生、人居环境、社会治理等领域成效显著，人民群众安全感、幸福感和获得感全面提升。

7. 全面改革取得重大进展

东北地区大力推进营商环境优化，以"数字政府"建设为先导，把持续优化营商环境作为深化改革的突破口，深化"放管服"改革，持续推进"最多跑一次"改革和"一网一门一次"改革，数百项政务服务事项实现全省通办，开展"证照一码通"改革试点，实现企业开办"日办结""零收费"，沈阳、大连、长春等城市营商环境建设多项指标挺进全国前列。供给侧结构性改革成效显著，认真落实"三去一降一补"要求，进一步清理规范涉企收费，坚决落实减税降费政策。大力推进国资国企改革，扎实推进混合所有制改革，妥善解决国企改革历史遗留问题，东北地区市场主体内在活力、市场竞争力和发展引领力有效提升。

（三）东北地区振兴阶段经验

回顾东北振兴战略实施20余年历程，至少5点经验值得深入思考和长期坚持。一是坚持党的全面领导。东北振兴战略能够坚持20余年并不断深化，没有党的全面领导和坚强领导是做不到的。党中央确立并实行中央统筹、省负总责、市县抓落实的东北振兴工作机制以及东北振兴省部联席落实推进工作机制等，降低了重大事项的行政成本和时间成本，确保了各项政策和重大项目的落地见效。二是坚持服务国家大局。东北地区积极扩大向北开放，建设国家重要的粮食生产优势区、最大的商品粮生产基地，持续巩固北方重要生态安全屏障，构建多元能源生产和输送体系，筑牢"大国重器"

产业根基，提升我国产业链、供应链稳定性和竞争力，在多个领域服务了国家大局。三是突出人民至上理念。把满足人民群众的需要和市场主体的需要作为根本目标，把保障和改善民生作为出发点和落脚点，持续优化营商环境，出台省级《优化营商环境条例》，重点解决资源枯竭型城市，独立工矿区以及煤炭、冶金、森工等行业下岗失业人员的再就业问题，率先实施棚户区改造工程，财政支出大力向民生领域倾斜，基本公共服务保障能力持续提升。四是充分结合地方实际。坚持发挥各地区比较优势，把沈阳、大连、长春、哈尔滨打造成引领东北发展的区域动力源，多措并举推动产业和人口向哈长、辽中南等城市群集中，加强国家级新区等重点开发开放平台支撑作用，推动三省一区产业逐步实现错位发展，生产力布局和基础设施布局显著优化。五是全力做好基础工作。东北振兴工作密切关注了国民经济和社会发展中的若干重大关系，并统筹兼顾夯实中长期发展根基，确保各项工作扎实推进，并遵循统筹规划、分步实施原则，推动东北地区在高质量发展之路上行稳致远。

二　东北地区经济社会发展形势分析

2023 年在党中央坚强领导下，东北地区各区域板块认真贯彻落实党中央、国务院决策部署，坚持稳中求进工作总基调，完整、准确、全面贯彻新发展理念，深入推进高质量发展战略，经济社会运行保持稳中有进、稳中提质态势。

（一）2023年东北地区经济社会发展基本表现①

1. 国民经济增长态势良好

根据国家统计局地区生产总值统一核算结果，2023 年东北地区实现

---

① 如无特别说明，本部分数据根据东北三省统计局、蒙东五盟市地方政府网站或统计局网站资料计算整理。

GDP 66914亿元，按不变价格计算同比增长4.73%，略低于2023年全国5.2%的经济增速。其中，辽宁、吉林、黑龙江三省分别实现GDP 30209亿元、13531亿元、15884亿元，按不变价格计算同比分别增长5.3%、6.3%和2.6%。根据内蒙古东部五盟市统计局数据，2023年赤峰市、通辽市、呼伦贝尔市、兴安盟、锡林郭勒盟分别实现GDP 2197.5亿元、1609.0亿元、1595.6亿元、702.8亿元、1184.8亿元，按不变价格计算同比分别增长4.8%、5.2%、6.1%、5.6%和6.0%。蒙东五盟市合计实现GDP约7290亿元，按不变价格计算同比增长5.4%。

2. 产业结构凸显"三产拉动"

第一产业方面，东北地区实现增加值9511亿元，按不变价格计算同比增长3.9%，其中辽宁、吉林、黑龙江、蒙东五盟市增加值依次为2651亿元、1645亿元、3518亿元和1697亿元，按不变价格计算同比分别增长4.7%、5.0%、2.6%和4.5%，除黑龙江省外第一产业均实现快速发展。第二产业方面，东北地区实现增加值23137亿元，按不变价格计算同比增长3.8%，其中辽宁、吉林、黑龙江、蒙东五盟市增加值依次为11735亿元、4585亿元、4291亿元和2526亿元，按不变价格计算同比分别增长5.0%、5.9%、-2.3%和5.4%，除黑龙江省外其他区域增速均处于较快水平。第三产业方面，东北地区实现增加值34265亿元，按不变价格计算同比增长5.7%，其中辽宁、吉林、黑龙江、蒙东五盟市增加值依次为15824亿元、7301亿元、8074亿元和3066亿元，按不变价格计算同比分别增长5.5%、6.9%、5.0%、5.9%，吉林省和蒙东地区增速高于东北地区平均增速。总体看，第三产业已经成为东北地区经济增长的主要拉动力量。

3. 工农业产品"保障有力"

农产品方面，辽宁省粮食产量2563.4万吨，同比增长3.2%，蔬菜及食用菌、水果、生猪、水产品产量均实现显著增长；吉林省粮食产量837.3亿斤，同比增长2.6%，生猪、牛、家禽等产量实现高速增长；黑龙江省粮食产量1557.6亿斤，实现"二十连丰"，肉蛋奶和水产品产量创历史新高。工业产品方面，辽宁省制造业增速达到6.3%，碳纤维及其复合材料产量同

比增长 1.5 倍, 汽车产量同比增长 23.2%, 工业机器人产量同比增长 4.4%。吉林省汽车制造业同比增长 11.4%, 装备制造业同比增长 12.5%, 食品产业同比增长 6.2%, 冶金建材产业同比增长 21.9%, 信息产业同比增长 47.8%。黑龙江省电子信息、高端智能农机装备产值同比分别增长 11.7%、14.1%。蒙东地区工农业产品增长较好, 如赤峰市黑色金属冶炼和压延加工业同比增长 32.9%、有色金属冶炼和压延加工业同比增长 10.4%; 通辽市肉牛全产业链产值同比增长 15.6%, 新能源装机规模以及风电装备制造产业增势明显; 呼伦贝尔市主要工业品产量创历史新高, 发电量达到 410.8 亿千瓦时, 味精产量达到 48.3 万吨; 兴安盟食品制造业、化学原料和化学制品制造业同比增速分别达到 92.3%、87.7%, 尿素、液体乳产量分别同比增长 147.6%、90.9%; 锡林郭勒盟制造业同比增长 17.5%, 工业产品中 10 种有色金属产量同比增长 1.4 倍, 鲜冷藏肉同比增长 67.8%, 铁合金同比增长 45.1%。可以说, 东北地区工农业各项数据的显著增长, 对维护全国的产业安全发挥了有力的保障作用。

4. 固定资产投资"格局清晰"

固定资产投资增速呈现新格局, 即东北三省自南向北投资增速逐步下降, 蒙东地区投资增速普遍高于东北三省。2023 年辽宁省固定资产投资同比增长 4.0%, 其中中央项目投资、高技术投资成为重要拉动力量, 投资增速分别达到 29.3%、32.8%。2023 年吉林省固定资产投资增速只有 0.3%, 其中基础设施投资(同比增长 4.0%)、制造业投资(同比增长 3.9%)拉动作用显著。2023 年黑龙江省固定资产投资同比下降 14.8%。蒙东地区固定资产投资增速明显, 能达到近 18%。赤峰市固定资产投资同比增长 9.0%, 其中二产投资增速达到 28.8%; 通辽市固定资产投资同比增长 24.3%; 呼伦贝尔市固定资产投资同比增长 22.5%, 其中工业投资同比增长 66%; 兴安盟固定资产投资增速达到 17.9%, 其中一产投资增速达到 71.2%; 锡林郭勒盟固定资产投资增速达到 15.2%, 其中制造业投资同比增长 54.1%。

5. 社会消费市场"恢复加快"

社会消费市场恢复加快但存在区域差异格局, 即辽吉黑三省社会消费市场增速普遍较快，而蒙东地区增速普遍较慢。2023年，东北地区社会消费品零售总额达到21851.96亿元，同比增长8.32%。辽宁省社会消费品零售总额为10362.1亿元，同比增长8.8%，其中消费升级类商品零售额快速增长，照相器材类零售额增长5.6倍，新能源汽车零售额增长1.2倍，可穿戴智能设备零售额增长75.4%。吉林省社会消费品零售总额为4150.43亿元，同比增长9.0%，其中商品零售额同比增长8.8%，餐饮收入同比增长10.1%，城镇消费品零售额同比增长9.3%。黑龙江省社会消费品零售总额同比增长8.1%。2023年，蒙东地区社会消费品零售总额达到1707.42亿元，同比增长4.6%，其中赤峰市、通辽市、呼伦贝尔市、兴安盟、锡林郭勒盟分别达到642.72亿元、344.37亿元、333.03亿元、170.62亿元和216.68亿元，增速分别达到5.1%、4.5%、4.2%、3.9%和4.7%（见表2）。

表2　2023年东北地区投资和消费增速分区域对比

单位：%，元

区域	固定资产投资增速	社会消费品零售总额增速	人均社会消费品零售总额
辽宁省	4.0	8.8	24778
吉林省	0.3	9.0	17741
黑龙江省	-14.8	8.1	18256
蒙东地区	17.9	4.6	14866
赤峰市	9.0	5.1	16116
通辽市	24.3	4.5	12240
呼伦贝尔市	22.5	4.2	15369
兴安盟	17.9	3.9	12305
锡林郭勒盟	15.2	4.7	19172

资料来源：根据东北三省、蒙东五盟市统计局公布数据计算整理。

6.财政收支保障"逐步增强"

2023年东北地区实现一般公共预算收入5726.2亿元，同比增长11.9%；一般公共预算支出19234.5亿元，同比增长7.8%。其中，辽宁省一般公共预算收入2754.0亿元，占东北地区一般公共预算收入的近一半，

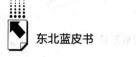

同比增长 9.1%；一般公共预算支出 6567.3 亿元，同比增长 4.9%。吉林省一般公共预算收入 1074.8 亿元，同比增长 26.3%；一般公共预算支出 4406.8 亿元，同比增长 9.0%。黑龙江省一般公共预算收入 1396.0 亿元，同比增长 8.2%；一般公共预算支出 5776.7 亿元，同比增长 6.0%。蒙东五盟市一般公共预算收入 501.4 亿元，同比增长 10.6%；一般公共预算支出 2483.7 亿元，同比增长 18.6%。以一般公共预算收入占一般公共预算支出的比例计算财政自给能力，2023 年辽宁、吉林、黑龙江财政自给能力均比 2022 年有所提升，提升幅度依次是 1.6 个、3.3 个、0.5 个百分点。辽宁省财政自给能力达到 41.9%，吉林省、黑龙江省分别为 24.4% 和 24.2%，蒙东五盟市财政自给能力下降了 1.4 个百分点，2023 年只有 20.2%。

7. 融资服务领域"稳中向好"

中国人民银行发布的《2023 年地区社会融资规模增量统计表》数据显示，辽宁、吉林、黑龙江三省社会融资规模增量分别为 2438 亿元、3634 亿元、2122 亿元，其中政府债券融资分别为 1459 亿元、1712 亿元和 1020 亿元，企业债券融资分别为 -289 亿元、-80 亿元和 26 亿元，非金融企业境内股票融资分别为 74 亿元、23 亿元和 49 亿元；辽宁、吉林、黑龙江三省政府债券融资占比依次为 59.8%、47.1% 和 48.1%。从三省上市公司情况看，2023 年，辽宁辖区上市公司 56 户，总市值 4640 亿元，新三板挂牌公司 84 户；吉林辖区上市公司 49 户，总市值 4100 亿元，新三板挂牌公司 40 户；黑龙江辖区上市公司 40 户，总市值 3431 亿。同 2022 年末相比，2023 年三省上市公司总数增加 1 户，总市值增加了 278 亿元，其中辽宁、吉林、黑龙江上市公司市值分别增长了 0.6%、0.8% 和 6.8%。[1] 总体看，东北三省依赖政府债券融资的路径仍未得到调整，企业债券融资和股票融资能力均不足，上市公司总市值增长幅度与经济总量增幅不匹配，基本处于"稳中向好"的发展阶段。

8. 对外经济贸易"出口迅增"

2023 年，辽宁省进出口总额达到 7659.6 亿元，与上年同期相比下降

---

[1] 根据中国证监会各省辖区公司名录数据计算整理，参见 http://www.csrc.gov.cn/csrc/c100130/common_list_gd.shtml。

3.1%，其中出口额 3535.6 亿元，下降 1.1%；进口额 4124.0 亿元，下降 4.6%。民营企业进出口总额占比达 46.4%，对俄罗斯进出口总额增长 53%，机电产品出口额占同期出口总额的 52%。2023 年，吉林省实现进出口总额达到 1679.1 亿元，增长 7.7%，其中出口增长 24.9%，对俄进出口增长 71.5%，机电产品出口增长 79.6%，高新技术产品出口增长 122.1%，吉林省跨境电商进出口增长 88.9%，保税物流进出口增长 104.2%。2023 年，黑龙江省进出口总额达到 2978.3 亿元，同比增长 12.3%，其中一般贸易进出口发挥支撑作用，占比达到 84.7%，对共建"一带一路"国家出口增长 52.9%，民营企业进出口增长 22.4%，机电产品出口增长 65.9%，劳动密集型产品出口增长 57%。总体看，2023 年东北三省外贸进出口规模达到 12317 亿元，同比增长 1.7%，其中出口 4923 亿元，同比增长 6.5%，进口 7394 亿元，增长 -1.2%，逆差 2471 亿元，逆差比上年缩小 393 亿元。[①]

9. 市场主体活力"积极提升"

2023 年，辽宁省市场经营主体达 515.9 万户，同比增长 9.4%；吉林省新登记经营主体 61.9 万户（同比增长 14%），总量达到 359 万户（同比增长 8.2%）；黑龙江省新登记企业同比增长 14%，实有经营主体 327.63 万户。[②] 从规模以上工业企业单位数量看，截至 2023 年末，辽宁、吉林、黑龙江三省分别有工业企业 9041 户、3266 户、4583 户，与 2022 年末相比分别增加了 395 户、32 户和 261 户。在 2023 年的规模以上工业企业中，辽吉黑三省的非亏损企业数量依次为 6431 户、2191 户、3003 户，与 2022 年末相比分别增加了 -52 户、26 户和 -195 户；辽吉黑三省工业企业营业收入增速分别为 -0.97%、4.22% 和 -5.55%，工业企业利润总额增速依次为 -6.42%、-3.14% 和 -35.58%。[③] 总体看，市场主体数量增加趋势显示东北三省市场主体活力正在恢复和强化，但是受外部环境影响利润水平不高这一情况可能会影响市场主体活力的持续提升。

---

① 根据东北三省统计局公布数据以及政府工作报告数据计算整理。
② 根据东北三省统计局公布数据、政府公报数据计算整理。
③ 根据国家统计局国家数据库中地区月度数据计算整理。

10. 居民收入增长"仍不均衡"

2023年，辽宁、吉林、黑龙江三省居民人均可支配收入分别为37992元、29797元、29694元，同比分别增长5.3%、6.5%和4.8%；其中城镇居民人均可支配收入分别为45896元、37503元、36492元，同比分别增长4.3%、5.7%、4.1%，农村居民人均可支配收入分别为21483元、19472元、19756元，同比分别增长7.9%、7.4%、6.4%。2023年，蒙东五盟市按赤峰市、通辽市、呼伦贝尔市、兴安盟、锡林郭勒盟顺序，居民人均可支配收入分别为28828元、30504元、36523元、27147元、40502元，同比分别增长5.2%、6.2%、4.8%、7.6%、5.4%；城镇居民人均可支配收入分别为41308元、41592元、41338元、38639元、48825元，同比分别增长4.8%、5.2%、4.5%、6.4%、5.1%；农村居民人均可支配收入分别为17871元、21667元、22434元、16738元、23867元，同比分别增长8.0%、8.3%、7.3%、8.7%、6.9%。以各区域常住人口数据加权计算，2023年东北地区全体居民人均可支配收入达到33151元，城镇居民和农村居民分别达到41230元和20248元。从城乡居民收入差距看，东北地区、辽宁、吉林、黑龙江和蒙东地区的差距分别为2.04倍、2.14倍、1.93倍、1.85倍和2.13倍（以农村居民人均可支配收入为1），特别是蒙东地区城乡居民收入差距仍然比较明显，其中赤峰市、兴安盟的城乡居民收入差距达到了2.3倍以上。

（二）2024年东北地区经济社会发展外部形势

1. 全国经济社会发展形势

2024年是中华人民共和国成立75周年，是实现"十四五"规划目标任务的关键一年。我国发展面临的环境仍是战略机遇和风险挑战并存，有利条件强于不利因素。基于显著的制度优势、超大规模市场的需求优势、产业体系完备的供给优势、高素质劳动者众多的人才优势，我国科技创新能力仍在持续提升，新产业、新模式、新动能在加快壮大，发展内生动力在不断积聚，经济回升向好、长期向好的基本趋势没有改变也不会改变。

2024年全国发展的预期目标是：GDP增长5%左右；城镇新增就业1200万人以上，城镇调查失业率5.5%左右；居民消费价格涨幅3%左右；居民收入增长和经济增长同步；国际收支保持基本平衡；粮食产量1.3万亿斤以上；单位GDP能耗降低2.5%左右，生态环境质量持续改善。中国银行研究院《2024年经济金融展望报告》认为，2024年中国经济外部环境或有所改善，稳增长政策效果将继续显现，国内需求有望持续修复，消费有望进一步恢复，基建和制造业投资有望较快增长，房地产投资降幅或小幅收窄，中国经济将向潜在增速水平回归，预计2024年GDP增长5%左右。中国社会科学院宏观经济研究智库课题组认为，我国经济处于"新三期"叠加阶段，经济运行呈现若干新特征，外需收缩与内需不足相碰头、订单转移与产能外迁相叠加、地方政府债务风险与金融风险相交织等"三重压力"的内涵发生新变化，宏观调控政策面临扩投资稳增长政策难度加大、增收入扩消费政策难度加大、拓市场稳外贸政策难度加大、宽货币宽信用政策难度加大、稳就业保民生政策难度加大的"五难"问题，企业和居民预期不稳和信心不足的情况仍然存在，需要将稳定预期和提振信心摆在更重要的位置，高度重视预期和信心因素在宏观政策传导中的关键作用。

2. 全球经济社会发展形势

2024年国际经济社会形势将更加复杂，多个主要经济体的领导人选举让发展形势不确定性愈加明显。美欧等主要经济体货币政策调整的紧缩效应逐步显现、发达国家金融系统承受力与稳定性受到挑战、政府或企业违约风险不断攀升、企业和国家层面的供应链持续调整、贸易保护主义与资源民族主义依然盛行、大国博弈日益转向各方受损的负和博弈、主要经济体劳动力供给逐渐减少、气候变化不确定性愈发剧烈、地缘政治冲突多点爆发等，都可能给全球经济带来较大冲击。2024年1月的世界银行《全球经济展望》预测，2024年全球经济增速为2.4%，且紧缩的货币政策、限制性的信贷条件以及疲软的全球贸易和投资将拖累经济增长。中国银行研究院《2024年经济金融展望报告》认为，2024年预计全球经济复苏依旧疲软，主要经济体增长态势和货币政策走势将进一步分化，欧美央行大概率结束本轮紧缩货币周期，美元指数可能逐步走弱，流向新兴经济体的跨境资本有望增加，国际原油市场短缺格局或将延续，新能源发展或成为重点。中国社会科学院宏观经济研究智库课题组认为，2024年全球经济"三高一低"（即全球通胀高烧难退、美联储利率将保持高位、全球债务规模继续走高、世界经济增速放缓）态势仍将持续，但仍存在一些有利的外部因素：以通用人工智能、数字经济、新能源为代表的新一轮科技革命和产业变革继续孕育重大突破，世界经济呈现较强的韧性，随着美国加息进入尾声国际金融市场受到的强干扰有所减弱等。

从外部经济发展形势看，东北地区机遇与挑战并存，不确定性可能强化，区域韧性可能受到冲击，目前亟须保持战略定力、增强忧患意识，将稳定预期和提振信心摆在更重要的位置，高度重视预期和信心因素在宏观政策传导中的关键作用。

（三）2024年东北地区经济社会发展形势判断

从三省五盟市已经公布的年度政府工作报告中可以看出，各地区面临的机遇和挑战有所差别，提出的发展目标有所差别，部署的重点任务有所差别，这说明不同地区面临的经济社会发展形势具有较大差别，任务导向和问题导向也各有侧重。总体上看，东北地区经济社会发展面临的问题包括：经济恢复的基础还不牢固，结构性问题、周期性矛盾交织叠加，营商环境仍需改善，社会预期偏弱，居民消费和企业投资的意愿还不够强，国企改革、金融化险、债务化解任务艰巨，就业、教育、医疗等民生领域还有不少短板，房地产健康发展任重道远，基层财政收支矛盾突出，等等。针对这些问题，东北地区各板块均设定了较为科学的发展目标，辽宁、吉林、黑龙江三省GDP增速目标分别是5.5%、6%和5.5%左右；辽宁省和吉林省一般公共预算收入增速目标分别是5%、10%以上；辽宁省、吉林省、黑龙江省固定资产投资增速目标分别是10%、3%、7%以上，社会消费品零售总额增长目标依次是8%、6%、6.5%左右。蒙东地区各城市GDP增速目标普遍设定在6.5%左右，固定资产投资增速目标设定在15%以上，赤峰、通辽、呼伦贝尔三个经济大市均是如此，兴安盟和锡林郭勒盟 GDP 增长目标均在 6% 左右，固定资产投资增长 10% 以上。总体上看，东北地区各个区域对问题的分析是客观的，设定的目标是积极的。如不发生重大不可抗力因素，2024年东北地区的 GDP 能够超过 7 万亿元，增速达到 5.8%；其中，蒙东地区的GDP 能够达到 7800 亿元左右，增速有望实现 6.6%。

三 东北地区全面振兴新突破的路径创新与对策建议

（一）东北地区全面振兴新突破的路径创新

坚持以习近平新时代中国特色社会主义思想为指导，深入贯彻习近平总书记在新时代推动东北全面振兴座谈会上的重要讲话精神，完整准确全面贯彻新发展理念，牢牢把握东北在维护国家"五大安全"中的重要使命，牢牢把握高质量发展这个首要任务和构建新发展格局这个战略任务，统筹发展和安全，坚持目标导向和问题导向相结合，坚持锻长板、补短板相结合，坚持加大支持力度和激发内生动力相结合，围绕"五大安全""两个任务""三个结合"需要，强化"六个突出"实施路径，在新质生产力培育壮大的新背景下，奋力谱写东北全面振兴新篇章。

1. 突出推动产业创新

推动东北全面振兴，根基在实体经济，关键在科技创新，方向是产业升级。科技创新方面要强化高水平科技自立自强，在巩固存量、拓展增量、延伸产业链、提高附加值上下功夫。产业创新方面要主动对接国家战略需求，掌握更多关键核心技术。积极培育产业园区，加快科研成果落地转化。传统产业方面要加快数字化、网络化、智能化改造，推动产业链向上下游延伸，形成较为完善的产业链和产业集群。新兴产业方面要积极培育新能源、新材料、先进制造、电子信息等战略性新兴产业和未来产业，加快形成新质生产力。

2. 突出发展现代农业

始终把保障国家粮食安全摆在首位，以发展现代化大农业为主攻方向，

加快推进农业农村现代化，提高粮食综合生产能力，当好国家粮食稳产保供"压舱石"。率先把基本农田建成高标准农田，同步扩大黑土地保护实施范围，建设适宜耕作、旱涝保收、高产稳产的现代化良田。践行大食物观，加快形成粮经饲统筹、农林牧渔多业并举的产业体系，把农业建成大产业。协同推进农产品初加工和精深加工、农产品流通、农业创新创业服务等行业发展，延伸产业链、提升价值链，促进行业融合发展，拓展农业发展空间。

3. 突出市场主体培育

继续深化国有企业改革，实施国有企业振兴专项行动，提高国有企业核心竞争力，推动国有资本向重要行业和关键领域集中，强化战略支撑作用。创新央地合作模式，促进央地融合发展，更好地带动地方经济发展。支持、鼓励、引导民营经济健康发展，实施更多面向中小企业的普惠性政策，形成多种所有制企业共同发展的良好局面。加强产业园区、创业基地建设，打造一批市场主体孵化载体集群。提升科技成果、数字经济等对市场主体的赋能作用，推动市场主体高质量发展，打造东北地区全面振兴新突破的引领力量。

4. 突出扩大双向开放

增强前沿意识、开放意识，全力打造我国向北开放的重要门户，全力提升在东北亚区域合作中的战略地位，全力凸显在联通国内国际双循环中的关键作用。加强与东部沿海和京津冀的联系，深度融入共建"一带一路"，在畅通国内大循环、联通国内国际双循环中发挥更大作用。完善对内对外双向开放的基础设施支撑体系，加强同京津冀协同发展、长江经济带发展、长三角区域一体化发展、粤港澳大湾区建设、西部大开发等国家重大战略对接，更好融入全国统一大市场，稳步扩大制度型开放。

5. 突出人口素质提升

提高人口整体素质，以人口高质量发展支撑东北全面振兴。大力发展普惠托育服务，减轻家庭生育、养育、教育负担，保持适度生育率和人口规模。加大对高校办学的支持力度，提升全民特别是年轻人受教育水平。加强人力资源开发利用，加大对人才振兴政策的支持力度，依靠创业创新平台留住人才、引进人才。加快边境地区基础设施布局和公共服务水平提升，全面推进乡村振兴，发展边境贸易、边境旅游和农产品加工等特色产业，提升产业承载能力和人口集聚能力。

6. 突出营商环境升级

弘扬东北抗联精神、大庆精神（铁人精神）、北大荒精神，激发干事创业热情。解放思想、转变观念，增强市场意识、服务意识，关心支持民营企业发展。运用法治思维和法治方式解决问题、化解矛盾、协调关系，加强诚信建设，加强知识产权保护，为各类经营主体创造稳定、透明、规范、可预期的法治环境。着力化解地方债务风险，加强干部任职挂职和双向交流，优化干部队伍结构，提高专业化素质。完善干部担当作为激励和保护机制，形成能者上、优者奖、庸者下、劣者汰的良好局面。

（二）东北地区全面振兴新突破的对策建议

1. 实施特色性区域发展战略

因地制宜，实施特色性区域发展战略，是东北地区全面振兴新突破的关键之举。一是辽宁省聚力全面振兴新突破三年行动。推动沈阳、大连跨入GDP过万亿城市行列，打造升级先进装备制造、石化和精细化工、冶金新材料、优质特色消费品工业4个万亿级产业基地，巩固工业增加值、社会消费品零售总额万亿元以上发展水平，推动固定资产投资、进出口总额等稳步迈上万亿级台阶。二是吉林省全面推出"464"产业战略和双高体系。深入实施"一主六双"高质量发展战略，大力培育"四大集群"、发展"六新产业"、建设"四新设施"，打造具有吉林特色的高质量发展体系和高品质生活体系。三是黑龙江省着力建好建强"三基地、一屏障、一高地"。切实增强经济活力、防范化解风险、改善社会预期，巩固和增强经济回升向好态势，增进民生福祉，保持社会稳定，深化全面从严治党，加快建设"六个龙江"、推进"八个振兴"。四是蒙东地区聚焦办好"两件大事"，落实"六个工程"，突出产业发展和结构调整，注重城乡统筹和绿色发展，持续改革开放和改善民生，全力协同打造现代化新蒙东。

2. 创建新质生产力高地

"加快形成新质生产力"是国家对东北地区新时代高质量发展、可持续振兴的重要要求。一是正确认识新质生产力，要集成东北地区智库资源，联动国家级智库，深化对新质生产力的研究，把握新质生产力和科技生产力之间的差异性、关联性，在生产要素大融合、全国统一大市场、新兴产业大发展、先行政策大试验等背景下把握新质生产力的形成、发展、壮大基本规律。二是超前设计新质生产力政策体系，新质生产力必须与符合其特点的政策体系相适应，必须构建"咬定目标不放松，敢闯敢干加实干"型政策体系，必须深度激活和挖掘更多的中小企业、隐形团队来承载新质生产力，同时需争取国家层面赋予东北地区更具前瞻性的先行先试政策。三是着力规划构建东北地区新质生产力布局，要突出以人为本，结合人口高素质发展等工作，科学判断每个城市、地区人口、人才增长趋势，辅以产业基础、创新基础，构建基于东北地区发展需要、服务国家重大战略需求的新质生产力布局。四是强化基层动能培育新质生产力，要把创新型省份、创新型城市、创新型县区、国家自创区、国家新区等平台和载体打造成新质生产力的高地，围绕重点高校院所打造若干个新质生产力孵化圈，把高新技术企业、专精特新企业、独角兽企业等作为承载新质生产力的市场主体。五是加强未来产业孵化推动新质生产力可持续提升。加强黑龙江省的航天高端装备未来产业科技园、吉林省的未来产业孵化试验区等平台和载体建设，打造未来产业发展的概念验证等新型平台，强化老企业孵化新企业，加强与研发发达地区未来产业集群联动发展，在航天、通信、光电、生命健康、海洋经济等领域闯出一条新路。

3. 推动农业形成大产业

"践行大食物观，合理开发利用东北各类资源，积极发展现代生态养殖，形成粮经饲统筹、农林牧渔多业并举的产业体系，把农业建成大产业"是东北地区农业发展以及农业农村现代化的重要任务。一是明确"把农业建成大产业"的产业思维，既要按照资源优势抓好项目建设、企业培育，又要在遵守社会再生产过程基本规律基础上把农业再生产过程搞清楚、把关键节点搞清楚；着力强化政府引导和市场机制联动，推动大中小企业并重、粮经饲多业并举，在不同企业间、不同细分行业间以及不同行政区域间打造产业共同体；突出强化与"构建具有东北特色优势的现代化产业体系"的紧密结合，推动农业与现代化产业体系各组成部分之间相互赋能、深度融合；全力提升产业安全意识和全产业链韧性，把握好大产业、强产业、韧性产业之间的内在关系。二是明确"把农业建成大产业"的"大"在哪里，要把"大食物观"作为"把农业建成大产业"的大前提，基于人的主体性使不同地区、不同地理条件下的各类资源为"把农业建成大产业"提供更好支撑；"大体系"是"把农业建成大产业"的大基础，既要加快形成粮经饲统筹、农林牧渔多业并举的产业体系，也要构建农业、能源、流通等产业之间的分工合作体系，实现农业发展的多样性、稳定性和持续性；"大市场"是"把农业建成大产业"的大保障，只有充分融入全国统一大市场，东北地区农业发展才能不断壮大消费群、不断吸纳新能量、不断创造新品牌、不断提高附加值；"大集群"是"把农业建成大产业"的大目标，要推动产业链向上下游延伸，形成较为完善的产业链和产业集群，加快打造壮大农业专精特新企业群体和专精特新农产品集群，打造农业现代化的引领力量。三是明确"把农业建成大产业"的调控机制，并以此应对农业生产不确定性，强化农业全产业链韧性。要强化农业生产成本调控机制，在人工成本不断增加的同时注意运用调控机制及相关补贴机制降低农业生产成本；要强化农业流通成本调控机制，运用政策引导和调控降低运输成本中的道路通行费用，提高仓储设施利用率，降低农业流通中的检验费用成本和惩戒成本；要强化农业资本收益调控机制，根据不同类别的农业产品制定不同年度或者不同周期的收益调控机制，确保农业资本投入者年均收益和综合收益具有一定保障；要强化农业品牌价值调控机制，推动农业品牌价值在产品品牌、企业品牌以及区域品牌等方面实现合理分配。

4. 提高市场主体竞争力

市场主体是东北振兴的基础要素，提高市场主体竞争力的核心是"坚

持加大支持力度和激发内生动力相结合"，兼顾不同类型市场主体需要施策发力。一是统筹激发国、民、外三类市场主体竞争力，要继续深化国有企业改革，实施国有企业振兴专项行动，提高国有企业核心竞争力，推动国有资本向重要行业和关键领域集中，强化战略支撑作用。创新央地合作模式，促进央地融合发展，更好带动地方经济发展。支持、鼓励、引导民营经济健康发展，实施更多面向中小企业的普惠性政策，形成多种所有制企业共同发展的良好局面。二是统筹激发大、中、小、微四类市场主体竞争力，要基于产业链以及产业网络发展需要，统筹实施龙头企业升级引领行动和新龙头企业培壮行动，让大型、特大型企业更稳发展；培育一批新型企业赋能平台，整合社会各界力量，让中小型企业加速成长为大型企业，让小微企业无负担地发展壮大。三是统筹激发传统产业、特色产业、新兴产业、未来产业四类市场主体的竞争力，加快传统制造业数字化、网络化、智能化改造，推动产业链向上下游延伸，形成较为完善的产业链和产业集群。积极培育新能源、新材料、先进制造、电子信息等战略性新兴产业，积极培育未来产业，加快形成新质生产力，增强发展新动能。加快发展风电、光电、核电等清洁能源，建设风光火核储一体化的能源基地。加强生态资源保护利用，依托东北的生态环境和生物资源优势，发展现代生物、大数据等新兴特色产业，发展冰雪经济和海洋经济。四是统筹激发市场本地化企业与市场开放化企业的竞争力。通过政策引导和专业培训等措施，推动市场主体增强前沿意识、开放意识，深度融入共建"一带一路"，在畅通国内大循环、联通国内国际双循环中发挥更大作用，激励市场主体特别是中小微市场主体开放发展，在全国乃至全球市场找机遇、谋生存。五是强化财政政策、金融政策、土地政策等的联动，要按照市场经济基本规律，强化财政政策引导、金融政策发力、土地政策支撑、数据政策赋能、人才政策筑基、舆宣政策增效，结合东北地区实际，谋划特色领域试点政策，更好地发挥财政之外各项政策的功效。六是努力构建若干市场主体"系""群"，强化企业家作用，增进企业之间的资本联系和治理联系，支持大型、特大型企业不断孵化新市场主体，促进大中小微企业融通发展。

5. 打造基础设施新体系

实施综合运输网络提升工程，推进东北地区高（快）速铁路成网，大力支持沈阳铁路局、哈尔滨铁路局向蒙东地区、黑龙江北部拓展延伸铁路网络；加快现代公路网建设，以环线通道、抵边通道、省际通道为重点，加快实现东北区域高速公路网、区域通道扩容改造；加强航空网络建设，在继续壮大"沈大哈长"四大机场能力的同时，着力建设多点支撑的机场格局，打造东北地区航空运输机场群；完善物流基础设施网络，着力加强物流通道建设，推进枢纽集疏运设施建设，发展公铁联运、陆海联运、铁水联运等多式联运，推动物流枢纽建设，稳步提升中欧班列货运量，推进货运班列常态化运营。强化能源基础设施建设，着力保障能源安全。优化电力供应设施，全力推进风、光、水、核等绿色电力开发，因地制宜发展分布式光伏、农光互补、渔光互补等多种光伏综合利用模式，稳步推进生物质发电；积极构建坚强电网，推进特高压输电通道建设，做好东北地区电网与特高压通道衔接，满足清洁能源基地电力外送和全国范围内优化配置需要；完善油气管网和储备设施，加快天然气管网设施建设，逐步形成横跨东西、连接南北的"输气大动脉"，强化与中俄远东管道的衔接。加快大水网建设，完善防洪减灾体系，实施大江大河干流堤防建设等工程，构筑水资源配置体系，推进一批水利枢纽配套工程、大中型灌区续建配套与现代化改造工程等，建设智慧水利基础设施网络。继续加强新型基础设施建设，统筹推进5G基础设施建设、人工智能建设工程、工业互联网建设、大数据中心建设、数字政务基础设施建设以及新型科技基础设施建设等重大工程项目。加强市政基础设施建设，加速城市更新进程，推进老旧小区改造，推动智能化市政基础设施建设和改造，关注老化管道更新改造，持续推进污水处理提质增效相关设施的布局和建设，构建完善的充电设施网络体系。

6. 加强人才开发和应用

提高人口整体素质，以人口高质量发展支撑东北全面振兴。大力发展普惠托育服务，减轻家庭生育、养育、教育负担，探索加大人口生育补贴力度，保持适度生育率和人口规模。支持基础教育再提升，推动高质量基础教

育资源成为吸引人口人才的核心优势。加大对东北高校办学支持力度，加强"双一流"、"双特色"和新工科、新医科、新农科、新文科建设，提升全民特别是年轻人受教育水平，提高人口素质。加强人力资源开发利用，建立三省五盟市人才工作联动协同机制，整合东北地区"大校、大院、大所、大企"资源，聚拢各类人才，在科技强国、教育强国、人才强国建设中发挥更大的作用，紧盯科技前沿领域、产业战略领域打造人才高地，加大人才振兴的政策支持力度，打造更多创业创新平台，更好地留住人才、引进人才。实施更加积极、更加开放、更加有效的人才政策，多元化推进落实高层次人才收入倍增计划，支持国家新区、国家自创区率先打造高水平人才平台，发挥引领示范作用。综合使用土地、数据、管理、财政、金融等多种要素和政策，创新引进和利用人才的模式，增强对港澳台高端人才和实用人才的吸引力，稳妥提升对共建"一带一路"国家人才资源的吸纳能力。

7. 促进东北一体化进程

东北地区全面振兴新突破，很重要的一点是区域层面的全面振兴，特别是要推动哈长沈大城市带与蒙东地区各城市间加快协作进程和一体化进程。一是建立哈长沈大城市带与蒙东区域各城市间的对口合作机制。建立沈大城市群与赤峰、通辽、锡林郭勒对口合作机制，建立哈长城市群与呼伦贝尔、兴安对口合作机制，在对口合作机制框架下支持城市之间开展干部互派挂职、组团招商引资、合作举办会展等工作。二是建立哈长沈大城市带与蒙东地区各城市间的投资互促机制。加强省级、市级投资部门之间的业务沟通和联动，建立哈长沈大城市带与蒙东地区各城市间的民间投资协调机制、民间投资自主流动机制、营商环境一体化推进机制，支持各城市间共享重点投资项目目录、联合保障区域内民营企业发展权益、联合宣传推进民营企业投资的项目和产品等。三是建立哈长沈大城市带与蒙东地区各城市间的消费共享机制。加强消费领域合作和协调，采用对口合作城市间消费券互通等方式，加强哈长沈大城市带对蒙东地区城市消费能力的带动作用。坚持"旅游+消费"一体化谋划，加快开通哈长沈大城市带与蒙东有关城市间的旅游专列、城际公交等，提升居民消费在区域内的流通能力。四是建立哈长沈大城市带与蒙东地区各城市间的产业合作机制。着力打造"东北地区粮牧产业共同体",基于预制菜等产业发展带动"东粮西牧"齐振兴;打造"冶金+零部件+特色装备"产业链,促进冶金产业和装备制造产业联动发展;打造"新能源+绿色制造"产业链,提升区域内新能源的消纳能力,降低工业领域能源成本;打造东北地区"医药产业联盟",加快中药、化学药、生物药发展,联合振兴蒙药、朝药,提升医药产业竞争力。五是建立哈长沈大城市带与蒙东地区之间的乡村振兴合作机制。联合抓好大兴安岭南麓片区巩固拓展脱贫攻坚成果与乡村振兴有效衔接工作,支持哈长沈大四大城市区县以及特大型企业与蒙东地区有关区县建立对口帮扶关系。支持哈长沈大城市带与蒙东地区之间就高标准农田建设、农田水利基础设施建设、肉牛肉羊等畜牧业发展、农村防灾减灾以及应急体系建立常态化、制度化的合作机制,着力增加蒙东地区农村居民人均可支配收入。六是加强哈长沈大城市带与蒙东地区各城市间的四大通道建设。统筹长短通道建设,既要加强赤峰与朝阳、白城与兴安盟等盟市级城市间通道建设,又要强化邻近的县旗城市间通道建设,如扎赉特与泰来、甘南与阿荣旗、彰武与科左后旗等。统筹人货通道建设,既要完善高速公路、国省道等公路体系建设,又要强化高速铁路、货运铁路建设支撑,还要强化旅游线路设计和旅游景点打造,构建高质量的人货通道。强化信息通道建设,推动各城市间信息管理部门加强联系,在信息基础设施、信息平台建设,信息企业培育方面加快合作步伐。强化生态通道建设,重点在西辽河、嫩江、霍林河等跨区域河流生态环境治理,"三北"防护林建设等方面加强合作,共同构筑东北地区西部生态屏障。

8. 提升边境地区内生力

一是强化基础设施建设,加快边境地区交通、通信、能源、水利等基础设施的规划布局建设,尽快解决个别边境地区存在的网络信号不佳、高速公路未通、水土流失以及国际河道管理等问题,加强边境地区"五个安全"能源储备以及传统网络建设。二是加强边境村屯公共服务设施建设,根据边境地区发展需要以及生态、区位、人口等变化趋势,做好边境村屯、居住点的规划,鼓励居住户数较少的屯组进行合并,支持边境地区按合理半径建设

一批具有一定规模的聚居点，并围绕这样的聚居点规划布局建设具有现代化特征的公共服务设施以及智能化公共服务体系。三是鼓励发展边境贸易、边境旅游和农产品加工等特色产业。纵深推进黑龙江以及内蒙古东北部地区沿边开发开放、长吉图开发开放等战略，打造东北地区东部开放大通道并联动辽宁地区沿海开放战略，统筹发挥综保区、边合区、跨境电商综试区等平台作用，大力发展跨境电商、外贸综合服务、市场采购贸易等新业态，积极参与国际产能合作，支持边境地区人民群众创新开放模式和探索先行先试经验。四是支持在边境城市新建职业教育院校，根据东北地区边境地带多山多水的特点，引导并支持农业、生态、水利、林业相关专业科研机构和高等院校到边境乡村设立分支机构以及相关专业实训基地，支持具有较高办学水平的义务教育、基础教育、职业教育机构到边境乡村进行帮扶，支持初高中、高等院校到边境乡村开展专题夏令营等活动，支持老年大学以及其他社会办学机构在边境乡镇开展相关工作。五是深化军民融合、军地协同，鼓励边境驻军在粮食、蔬菜以及劳务采购方面向边境乡村倾斜，支持边境驻军以劳动帮扶等方式参与边境乡村基础设施以及教育、卫生、文化等公共服务建设。支持边境驻军帮助边境乡村开展国防、应急等方面专业训练。六是实施更有力的护边补助等支持政策，统筹边境居民补助、边境生态补偿、边境农业补贴、边民训练补贴以及边境地区碳汇等各方面资金，集中力量办大事，构建新型护边补助政策体系。七是探索流量兴边，推动边境乡村知流量、有流量、旺流量，加强对边境乡村人员流量经济相关业务培训，使其认识到流量经济不只是电商带货，还包括开放经济、商务服务等很多内容，推动省内旅游服务机构、旅游培训机构对乡村进行帮扶，打造一批特色型、流量型乡村商品，引进一批战略性投资者和战略性精英人才，参与边境乡村经济发展，把边境乡村流量尽快做强。

9. 加速推进制度型开放

制度型开放是提升整合与利用全球生产要素（尤其是创新要素）能力的根本要求，也是深度融入全球价值链的制度保障，更是东北地区全面振兴的重中之重。要在强化自信自立的基础上推进制度型开放，一是对标国际先进规则，加快规则变革和制度优化，推动由"境内开放"向"境外开放"转变；全面落实"市场准入+外商投资"的负面清单制度设计，推进投资便利化、监管便捷化、法制规范化，促进全球生产要素有序自由流动。二是对标全球营商环境评价标准，着重打造法治化、国际化、便利化的一流营商环境，推进简政放权工作，完善协调机制，鼓励先试先行，支持开发开放特定区域，以更大力度推进市场准入、外资负面清单、服务业开放等方面的改革创新。三是推进更高水平投资自由化政策，扩大外资企业的投资空间、领域以及自由度，同时强化政府监管职能，优化监管方式，实施全生命周期监管模式；积极参与国家在对外贸易、投资等领域的相关协定谈判、修订与执行，建立与完善金融领域风险防御体系，平衡好金融开放与金融安全的关系，提高对跨境资本流动的监测和风险防控能力，守住不发生系统性金融风险的底线。

10. 强化群众民生获得感

一是实施就业优先战略，建立重大规划、重大项目、重大生产力布局带动就业评估机制，统筹做好高校毕业生、退役军人、农村转移劳动力、城镇困难人员等重点群体就业，确保零就业家庭动态清零。二是积极推动居民增收。完善城乡居民收入稳步增长的相关机制，统筹居民增收和物价稳定，探索提高城乡居民资产性收入的新路径，探索多种渠道增加中低收入群体要素收入。三是完善多层次社会保障体系，有效衔接基本养老保险全国统筹，推动基本医疗保险、工伤保险省级统筹。深入实施全民参保计划，引导支持灵活就业人员、新就业形态劳动者及时参加社会保险，跟进落实国家渐进式延迟法定退休年龄政策。四是改善城乡困难群众居住条件，统筹推动老旧小区厂区街区、城中村、棚户区改造，坚持办好民生实事。五是加强健康领域建设。健全普惠型养老服务制度，巩固全面两孩政策，落实三孩生育政策及配套支持措施，推动托幼育协同发展。推进健康吉林建设，促进医保、医疗、医药协同发展和治理，加快建设国家区域医疗中心，构建多层次医联体和县域医共体。深化疾病预防控制体系改革，健全公共卫生体系，加强重大疫情防控救治体系和应急处置能力建设。六是提升文体领域支撑能力。倡导全民

健身运动，构建现代公共文化服务体系，丰富人民群众精神文化生活。七是强化预期引导和信心提振，增强消费能力，改善消费条件，创新消费场景，加快释放消费潜力，发展智慧商店、智慧街区、智慧商圈，促进线上线下和商旅文体消费融合发展，开展汽博会、房交会、家电以旧换新，以及绿色智能家电、新能源汽车下乡等活动。

参考文献

中国社会科学院宏观经济研究智库课题组：《2024 年中国经济形势分析、预测及政策建议》，载王昌林主编《2024 年中国经济形势分析与预测》，社会科学文献出版社，2023。

中国银行研究院中国经济金融研究课题组：《政策与市场共同推动经济向潜在增长水平回归——中国银行中国经济金融展望报告（2024 年）》，https：//pic. bankofchina. com/bocappd/rareport/202312/P020231212351105808609. pdf。

World Bank，*Global Economic Prospects*，January，2024.

姚堃、赵光远：《明确实践要点　着力把农业建成大产业》，《吉林日报》2023 年 10月 25 日。

振兴突破篇 ▷

B.2
东北振兴战略实施以来辽宁
经济发展回顾与展望

姜瑞春*

摘　要： 辽宁是我国重要的农业和工业基地，拥有一批关系国民经济命脉和国家安全的战略性产业，在国家发展大局中具有重要战略地位。本报告全面分析了自 2003 年东北振兴战略实施以来，辽宁振兴发展呈现的阶段性特征，以及全面贯彻落实五大发展理念所取得的历史性成效，同时从人口老龄化问题突出、产业转型升级滞后、城市群竞争力较弱、金融发展支撑力不足四个维度，剖析了辽宁振兴发展面临的中长期问题，并提出全力以赴推动经济增长、深入实施创新驱动发展战略、加快构建特色优势现代化产业体系、加快推进农业农村现代化、深入推进绿色低碳发展、着力提升对内对外开放合作水平、着力增进民生福祉、全面深化重点领域改革等八个方面的对策建议。

---

* 姜瑞春，辽宁社会科学院产业经济研究所所长、研究员，主要研究方向为区域经济和产业经济。

关键词: 辽宁 东北振兴战略 人口结构 产业转型

辽宁是我国重要的工业和农业基地,特别是装备制造、石油化工、钢铁冶金等优势产业在全国有重要地位,对维护国家国防安全、粮食安全、生态安全、能源安全、产业安全具有重要的战略意义。自2003年东北振兴战略实施以来,辽宁经济发展呈现明显的阶段性特征,振兴的第一个十年,经济发展势头较好,振兴发展取得阶段性成果;2014年以后,由于长期形成的深层次体制性机制性结构性问题,叠加周期性因素和国内国际需求变化的影响,辽宁经济下行压力逐渐增大,振兴发展面临新的困难和挑战。2016年,《中共中央 国务院关于全面振兴东北地区等老工业基地的若干意见》对外发布,进一步明确了新时期推动东北振兴的新目标、新要求、新任务、新举措,标志着东北振兴进入了全面振兴新阶段。近年来,在各方面的共同努力下,辽宁经济运行企稳回升,基本走出多年来的最困难时期,低位徘徊的发展态势发生重大转变,呈现多年来少有的良好局面。

一 辽宁振兴发展与结构演进特征

东北振兴战略实施以来尤其是党的十八大以来,在以习近平同志为核心的党中央坚强领导下,全省上下深入贯彻落实总书记关于东北、辽宁振兴发展重要讲话和指示批示精神,统筹推进"五位一体"总体布局,协调推进"四个全面"战略布局,坚持稳中求进工作总基调,完整、准确、全面贯彻新发展理念,经济运行呈现波浪式发展、曲折式前进的阶段性特征。

(一)经济总量稳步提升,但占全国比重持续下滑

辽宁是新中国工业的重要摇篮和工业化的重要发源地,创造过辉煌历史、做出过重要贡献,曾在新中国历史上创造了上千个"第一",区位优势独特、自然资源条件优越、科技资源丰富、产业基础雄厚。自2003年东北

振兴战略实施以来，辽宁经济总量稳步提升，2007 年突破 1 万亿元，2014 年突破 2 万亿元，之后提升进程渐缓，至 2022 年达到 28826 亿元，2023 年经济总量超过 3 万亿元。与之相应的是经济总量占全国的比重呈现持续下滑趋势，2022 年降至 2.41%（见图 1）。

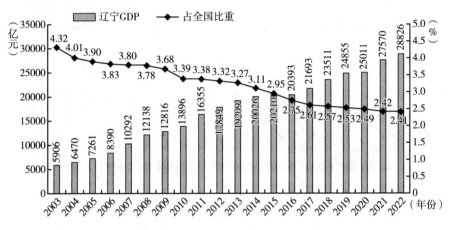

图 1　2003~2022 年辽宁地区生产总值及占全国比重

资料来源：国家统计局。

（二）经济增长率自2014年起明显回落，近年来企稳回升并赶上全国

东北振兴战略实施以来至 2014 年一季度，辽宁经济增长速度一直较快，持续高于全国平均水平，尤其是 2008~2012 年，辽宁经济平均增速高于全国 3 个百分点左右。但从 2014 年开始，受结构性因素叠加周期性因素的影响，辽宁经济增长率开始逐步回落，至 2016 年低于全国 9.3 个百分点，滑落至最低谷，之后缓慢回升，但受新冠疫情反复影响，经济增长率波动较大，近年来，辽宁经济逐步走出了多年来的最困难时期，低位徘徊的发展态势发生重大转变，经济增速逐步赶上并超过全国平均水平（见图 2），2023 年第一季度、上半年、前三季度分别高于全国 0.2 个百分点、0.1 个百分点、0.1 个百分点。

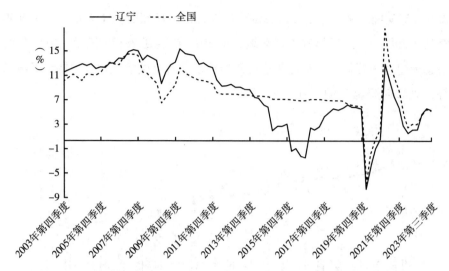

图2 东北振兴战略实施以来辽宁与全国GDP增速逐季变化情况

资料来源：Wind，国家统计局。

（三）农业生产增量明显，工业生产波动性较大，第三产业比重逐步提升

从横向对比角度来看，2022年辽宁三次产业结构为8.9∶40.6∶50.5，与全国三次产业结构7.3∶39.9∶52.8相比，第一、第二产业的占比相对较高；而从纵向时间维度看，辽宁三次产业结构从2013年的10.3∶47.9∶41.8逐渐调整为2022年的8.9∶40.6∶50.5，产业格局由"二三一"逐渐转变为"三二一"，第三产业占GDP比重逐渐上升（见图3）。

农业生产增量明显。近年来，辽宁第一产业增加值保持稳定增长，2022年第一产业增加值高达2597.6亿元，同比增长2.8%。2023年以来，辽宁农业生产持续稳定运行，重点农产品产量保持增长，呈现如下特征。一是粮食产量逐步提升，是全国粮食主产省。2005年，国家发文明确辽宁为全国粮食主产省，当年辽宁粮食产量为349亿斤，居全国31个省（区、市）第13位。随后，全省粮食生产能力不断提升，2011年迈上400亿斤台阶，2017年超越江西省，排名全国第12，2023年粮食产量达到512.7亿斤，全国粮食主产省

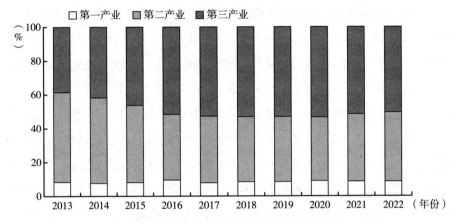

图3　2013～2022年辽宁三次产业结构变动情况

资料来源：Wind，国家统计局，辽宁社科院产业经济研究所。

地位进一步得到巩固，保障国家粮食安全的能力也进一步提升。二是粮食单产不断提升，单位面积产出较高。"十一五"期间全省年均粮食单产为749斤/亩，"十二五"期间提升到833斤/亩，"十三五"期间达到885斤/亩。"十三五"比"十二五"增加52斤/亩，增长6.2%；比"十一五"增加136斤/亩，增长18.2%。2023年，辽宁粮食单产955.1斤/亩，居粮食主产省第2位。三是畜牧业产能稳步提升。2022年，全省肉蛋奶产量在全国分别排在第10位、第4位、第9位。四是渔业综合实力稳步提升。近年来，全省渔业产值、水产品总产量均居全国第7位；水产品出口创汇居全国第4位。同时，辽宁积极推进产业融合，壮大农业产业链，深入发展智慧农业，2022年农作物耕种收综合机械化率超83%，高出全国平均水平11个百分点。其中，水稻和玉米耕种收综合机械化率均高于全国平均水平，处于全国领先地位。根据"十四五"规划，辽宁将坚持把加快建设农业强省作为主攻方向，坚持农业农村优先发展，坚持农业现代化与农村现代化统筹谋划、同步推进，着力构建现代农业生产体系、产业体系和经营体系，开创农业高质高效、农村宜居宜业、农民富裕富足新局面。

规模以上工业运行呈现较大波动性。东北振兴战略实施以来，2003～

2012年辽宁规模以上工业增加值增长速度持续高于全国平均水平，但从2013年7月开始，增速步入下行通道，其中2016年工业增加值大幅下降15.2%，远远低于同期全国工业增加值6%的增速，呈现断崖式下跌态势，之后虽有所反弹，但整体上降至全国平均水平以下（见图4）。2023年上半年，辽宁工业增加值实现同比增长5.3%，比全国高1.5个百分点，发展形势有所改善。2022年国家发展改革委发布的《党领导东北地区振兴发展的历史经验与启示》指出，从2014年开始东北工业经济的大幅下滑，是由于长期形成的深层次体制性机制性结构性问题，叠加周期性因素和国内外市场需求变化的影响。从规模以上工业增加值的构成来看，根据《二〇二二年辽宁省国民经济和社会发展统计公报》，2022年辽宁装备制造业、石化工业、冶金工业、农产品加工业四大支柱行业增加值占规模以上工业增加值的83.2%，占比最大的两个行业是装备制造业和石化工业，分别占27.2%和33.6%。

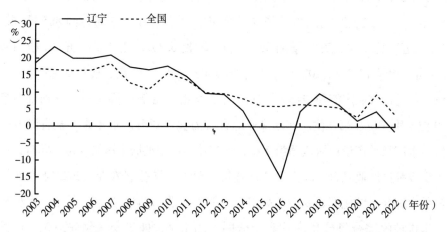

图4　东北振兴战略实施以来辽宁与全国规模以上工业增加值增速变化情况

资料来源：Wind，国家统计局，辽宁社科院产业经济研究所。

第三产业发展总体趋于稳定。2003年以来，辽宁第三产业增加值占GDP的比重总体呈现增长趋势，并在2020年达到53.5%后开始小幅下滑，至2022年占比为50.5%（见图5）。辽宁第三产业增加值占GDP的比重与全国变化趋势相似，2015 年首次超过第二产业，成为 GDP 的主要贡献力量。从第三产业增加值的构成看，金融业占比由 2003 年的 5.84%一路上升到 2022 年的 14.62%，已成为辽宁国民经济的重要产业；批发和零售业占比总体呈下降态势，占比由 2004 年的 24%下降至 2022 年的 15.25%；交通运输、仓储及邮电通信业占比降幅最大，由 2003 年的 19.92%下降至 2022 年的 9.35%；房地产业占比呈现上升势头，但上升幅度不大，由 2003 年的 7.58%上升到 2021 年的 10.27%（见图 6）。

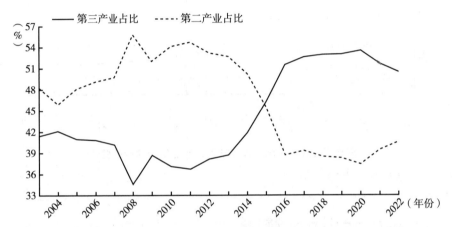

图 5　东北振兴战略实施以来辽宁第二产业与第三产业增加值占 GDP 比重变化情况

资料来源：Wind，国家统计局。

（四）消费、投资增速呈现明显阶段性变化，近两年逐步赶上并超过全国水平

消费需求呈现前升后降阶段性变化，近年来有所改善。2003~2013 年，辽宁振兴取得阶段性成果，体现为社会消费品零售总额增速整体上高于全国平均水平。2014~2022 年，辽宁经济下行压力增大，企业经营困难，居民消费意愿下降，社会消费品零售总额增速持续低于全国平均水平（见图 7）。近年来，辽宁营商环境发生重大变化，外界对辽宁的预期发生重大转变，全省消费市场加速恢复，消费动力不断增强。2023 年以来，辽宁社会消费品零售总额增速连续四个季度高于全国平均水平，尤其是第一季度增速高于全国 0.7 个百分点，结束了 2014 年以来辽宁社会消费品零售总额累计增速持续低于全国平均水平的发展态势。

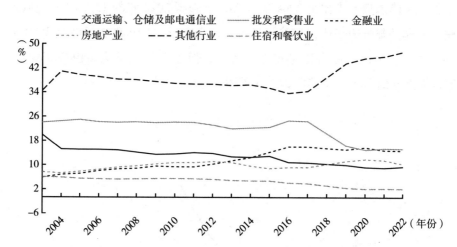

图 6　东北振兴战略实施以来辽宁第三产业增加值构成变化情况

资料来源：辽宁省统计局网站。

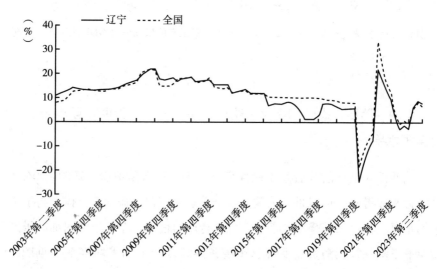

图 7　东北振兴战略实施以来辽宁与全国社会消费品零售总额逐季累计增速变化情况

资料来源：国家统计局网站。

固定资产投资增速分两阶段变化，且波动性较大。2003年，党中央做出实施东北地区等老工业基地振兴战略的重大决策，出台《中共中央　国务院关于实施东北地区等老工业基地振兴战略的若干意见》，明确提出"支持东北地区等老工业基地加快调整改造，是党中央从全面建成小康社会全局着眼作出的又一重大战略决策，各地区各部门要像当年建设沿海经济特区、开发浦东新区和实施西部大开发战略那样，齐心协力，扎实推进，确保这一战略的顺利实施"。东北振兴战略实施的第一个十年，一批事关东北发展的重大项目集中布局东北及辽宁，加上辽宁重要的工业产品与全球经济上行周期相适应，辽宁投资增速总体上明显高于全国平均水平，个别年份甚至高于全国近20个百分点。从2014年开始，全球经济长期低迷，我国经济开始降档提质，辽宁固定资产投资下行压力陡增，连续四年投资出现负增长或几乎零增长，增速分别为-1.5%、-27.8%、-63.5%、0.1%（见图8）。随着投资增速的大幅下滑，辽宁经济步入多年来的最困难时期，直到2022年，辽宁固定资产投资逐步企稳回升，尤其是2023年以来，全省聚焦实施全面振兴新突破三年行动，固定资产投资增速持续高于全国及东北地区，第一季度辽宁固定资产投资累计增长11.9%，高于全国6.8个百分点，结束了从2013年11月开始辽宁固定资产投资累计增速整体上弱于全国平均水平的发展态势；上半年高于全国1.2个百分点，居全国第13位，尤其是能源、交通、水利、新基建等关系长远的重大基础设施以及新型基础设施建设稳步推进。

（五）货物贸易规模占全国比重持续下降，近年来出口占比在1.5%左右

辽宁作为东北地区唯一沿海的省份，具备得天独厚的区位优势，但由于长期以来辽宁产业结构尤其是工业结构偏重化工，出口产品以传统的装备制造和农产品为主，在国际市场上有竞争力的产品不多，抗外部干扰能力不强，进口产品以大宗石油和钢铁等原材料为主，易受到国际市场大宗商品价格波动影响。东北振兴战略实施以来，辽宁货物贸易进出口规模在沿海省

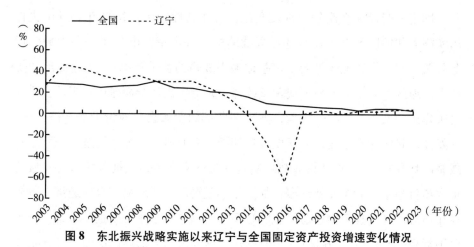

图8　东北振兴战略实施以来辽宁与全国固定资产投资增速变化情况

资料来源：国家统计局网站。

份中排名靠后，尤其体现在货物出口增速低于全国平均水平和货物出口占全国比重持续走低等方面。通过计算辽宁货物出口增速与全国货物出口增速的差额可以发现，辽宁除个别月份高于全国平均水平外，整体上出口增速明显弱于全国平均水平；同时，从辽宁货物贸易出口金额占全国的比重看，也体现出经济的外向度不足，从2017年2月的最高占比2.32%下滑至2021年2月的最低值1.46%，之后虽有所提升，但幅度不大，占比基本维系在1.5%左右。

（六）重点领域改革持续深化，全面振兴新动力不断增强

一是重点领域改革步伐加快。辽宁把持续优化营商环境作为深化改革的突破口，针对营商环境存在的问题和不足，在全国率先出台《辽宁省优化营商环境条例》、出台《辽宁省推进"最多跑一次"规定》，推进营商环境改善。进一步优化市场化、法治化、国际化营商环境，"一网通办""一网统管"能力显著提升。国有企业战略性重组整合加速推进，混合所有制改革稳妥推进，央地融合步伐加快。民营经济市场主体数量快速增加，发展质量持续提升。要素市场化配置改革持续推进，加快建立健全城乡统一的建设用地市场，沈阳、大连区域性产权交易中心建设进展良好。

二是供给侧结构性改革深入推进。辽宁持续深化供给侧结构性改革，全面贯彻"巩固、增强、提升、畅通"八字方针，制定出台推进供给侧结构性改革、促进全面振兴实施意见和三次产业供给侧结构性改革实施方案，形成"1+N"政策体系。认真落实"三去一降一补"要求，提前完成"十三五"钢铁、煤炭去产能任务，按时完成取缔"地条钢"目标任务。进一步清理规范涉企收费，坚决落实国家减税降费政策，降低企业成本。

三是防范化解风险能力不断提升。辽宁组建省金控集团、辽沈银行，推进城商行和农信机构改革，金融风险扩大蔓延势头得到有力遏制。稳慎实施部分企业司法重整，推进重点企业化险攻坚。积极化解政府隐性债务，建立完善财力保障机制，基层"三保"支出得到有效保障。争取国家"保交楼"政策支持，积极化解房地产领域风险。社会安全稳定持续推进，四级矛盾纠纷调处化解体系实现全覆盖。

（七）创新驱动发展战略深入实施，高水平科技自立自强成效明显

一是创新驱动成效显现。重大创新平台建设取得突破性进展，获批11家全国重点实验室，辽宁材料实验室、辽宁辽河实验室、辽宁黄海实验室、辽宁滨海实验室同步挂牌。在高端装备制造、新材料、新一代信息技术、生物医药等领域，突破一批"卡脖子"关键核心技术。企业创新主体地位进一步强化，2023年上半年，全省规上工业企业关键工序数控化率达60.3%，数字化研发设计工具普及率达78.4%，分别比2022年底增加0.6个和1.2个百分点；[①]在全国率先出台《辽宁省科技创新条例》，以立法方式调动全社会投身科技创新的积极性，保障各类创新主体权益。

二是产业结构持续优化。以数字辽宁、智造强省建设为战略抓手，深入

---

① 《多项核心指标增速跑赢全国平均水平 辽宁工业经济呈恢复向好态势》，"东北新闻网"百家号，2023年7月23日，https://baijiahao.baidu.com/s? id = 1772163602588503997&wfr = spider& for = pc。

推进结构调整"三篇大文章"，聚力打造先进装备制造、石油化工、冶金新材料、消费品工业等4个万亿级产业基地和22个重点产业集群。扎实推进工业数字化转型，工业互联网标识解析体系建设实现全省覆盖。大力发展精细化工产业，推进"减油增化、减油增特"项目建设，积极促进机器人、集成电路、生物医药等新兴产业集群化发展。2023年，全省化工精细化率达到46.2%，较2022年提高2.1个百分点；高技术制造业增加值同比增长8.8%，高技术产业投资同比增长32.8%。①

（八）协调发展稳步实施，区域发展新格局加快形成

一是"一圈一带两区"区域发展战略稳步实施。沈阳现代化都市圈获批国家级都市圈，沈阳"一枢纽四中心"加快推进，"一小时都市圈"交通网初步建成，重点产业链供应链深度融合。《辽宁沿海经济带高质量发展规划》获国务院批复，大连"两先区""三个中心"加快推进，沿海六市在产业发展、体制创新、开放合作等方面取得明显进展。辽西在风电、光伏等清洁能源方面率先融入京津冀协同发展战略；辽东绿色经济区重点生态功能区建设持续加强，绿色产业加速集聚。

二是乡村振兴战略深入实施。压实"米袋子""菜篮子"负责制，粮食连年大丰收。开展"千村美丽、万村整洁"专项行动，加强农村人居环境整治。大力推动农村改革创新，完善落实承包地"三权"分置改革。县域经济短板加快补齐，制定实施县域经济高质量发展意见。乡村振兴全面推进，农业综合生产能力不断增强，乡村产业提质增效，为维护国家粮食安全奠定坚实基础。

三是与江苏、北京、上海对口合作不断深化。制定实施苏辽、京沈、沪

---

① 《以"新"赋"绿"赢未来——来自辽宁省企业大会主题交流活动的启示之三》，"东北新闻网"百家号，2024年5月8日，https：//baijiahao.baidu.com/s？id＝1799343063666254339&wfr＝spider&for＝pc；《辽宁加速集聚新动能新优势2023年高技术制造业增加值增长8.8%》，"中国新闻网"百家号，2024年3月13日，https：//baijiahao.baidu.com/s？id＝1793410228615959001&wfr＝spider&for＝pc。

连对口合作实施方案，搭建合作平台，深化产业合作，加强干部人才交流、产业对接、平台共建，重点学习借鉴先进地区在"放管服"改革、国企国资改革和促进民营经济发展等方面的经验做法，促进优势互补、互利共赢、共同发展。

（九）绿色低碳发展成效明显，美丽辽宁加快建设

一是污染防治攻坚战取得新成果。坚持"绿水青山就是金山银山"理念，统筹推进山水林田湖草沙一体化保护和修复，持续推进重点领域节能降耗，深入落实重点生态工程项目，着力打好蓝天、碧水、净土保卫战，美丽辽宁建设取得新成效。2023年，全省$PM_{2.5}$平均浓度降为31微克/米^3，优良天数比例达90%，150个国考地表水断面优良水质占比提高到88.7%。辽河口列入国家公园候选区。辽宁蓝天常见、碧水长流，绿色日益成为高质量发展的鲜明底色。①

二是碳达峰碳中和工作要求全面落实。统筹发展与减排，保障能源安全，高质量制定辽宁碳达峰行动方案。严格控制"两高"项目盲目上马，着力优化能源、产业和交通运输结构，积极推进钢铁、有色、石化、建材等重点行业节能技术改造，狠抓绿色低碳技术攻关，降低能耗和碳排放强度，不搞"一刀切"、运动式"减碳"。深化生态保护补偿制度改革，健全生态产品价值实现机制，推进排污权、用能权、碳排放权市场化交易。

三是统筹山水林田湖草沙综合治理。实施绿色矿山建设行动，加强自然保护地生态修复，加大老矿区、尾矿库综合治理力度。《辽河国家公园创建方案》获国家公园管理局批复同意。辽河干流防洪提升工程开工建设。推进资源全面节约集约循环利用，推进存量土地有序流转开发利用，大力增强全民节约意识，反对奢侈浪费、过度消费，绿色发展正成为辽宁高质量发展的生动实践。

---

① 数据来源于辽宁省2023年政府工作报告。

（十）共享发展基础不断夯实，人民生活持续改善

一是脱贫攻坚战取得全面胜利。制定完善覆盖产业扶贫、健康扶贫、社会兜底扶贫的脱贫攻坚政策体系，认真落实"五级书记抓扶贫"工作机制和责任机制，逐级签订年度减贫责任状，层层分解落实脱贫任务，15个省级贫困县全部摘帽，1791个贫困村全部销号，动态识别的84万建档立卡贫困人口全部脱贫，人均纯收入达到9648元，超过1万元的占32.4%，历史性消除了绝对贫困。

二是社会保障持续加强。实施高校毕业生就业创业行动计划，重点做好复转军人、农村转移劳动力、企业离岗失业人员、去产能分流职工等就业创业服务工作。加强养老金收支管理，优化财政预算安排，确保养老金按时足额发放。企业退休人员基本养老金标准、城乡居民低保标准、城乡特困人员供养标准、优抚对象抚恤补助标准连续多年上涨，连续多年实现零就业家庭动态清零目标。

三是社会事业不断进步。健康辽宁建设步伐加快，有力、有序、高效处置新冠疫情，分级诊疗制度落地见效，县域紧密整合型医共体建设深入推进。教育强省建设成效显著，2022年，全省劳动年龄人口平均受教育年限达到11.48年，提前实现规划目标。城市功能品质持续提升，公园城市、海绵城市建设步伐加快，累计实施老旧小区改造项目3815个，惠及居民181万户。

二　辽宁振兴发展面临的一些中长期问题

辽宁作为我国重要的老工业基地，为国家形成独立完整的工业体系和国民经济体系做出了巨大贡献，然而，随着改革开放的不断深入，辽宁传统支柱产业竞争力减弱、市场化程度低、人口加速流出等问题日益显现，加上长期形成的深层次体制性机制性结构性问题，辽宁经济在经历了一段时期的快速发展后再度陷入新的困境，发展速度放缓并落后于全国平均水平，经济总量占全国比重也逐步下滑。

（一）人口规模、结构问题需引起足够重视

人口要素作为经济社会发展的基础，其规模、结构和空间分布直接影响区域经济社会的发展。近年来，辽宁经济发展增速放缓与人口变动密切相关，一方面，随着人口转变进入新阶段，辽宁以劳动密集型为特征的制造业发展优势逐渐丧失；另一方面，人力资本投资不足造成人才流失，对辽宁经济增长产生不利影响。

一是辽宁长期低生育率导致人口负增长和有效劳动力供给不足。2003～2022 年，辽宁人口自然增长率①过低，且呈现波动性下降态势，2015 年辽宁人口自然增长率掉头向下，开始步入人口负增长阶段，之后人口负增长幅度持续扩大，到 2021 年底，辽宁人口自然增长率为-4.18‰，与全国平均水平0.34‰相比，存在明显的差距。人口负增长加上人口大量外流导致辽宁总人口持续下降，根据第七次全国人口普查数据，2020 年辽宁常住人口 4259 万人，占全国人口比重为 3.02%，与 2010 年第六次全国人口普查数据相比，辽宁人口所占比重下降 0.25 个百分点，人口减少 116 万人，到 2022 年底，占全国人口比重进一步降到 2.97%。随着辽宁人口早于全国 7 年步入负增长阶段，辽宁人口结构出现明显变化，主要体现在劳动年龄人口出现萎缩，导致劳动力供给不足，对辽宁经济社会发展带来诸多不利影响。

二是辽宁正面临人口老龄化加剧的严峻挑战。低生育率、少子化、人口预期寿命的延长，加上中青年劳动力的外流，导致辽宁人口老龄化的速度更快、程度更深，老年人口抚养比进一步提升。根据 2020 年第七次全国人口普查数据，全国 65 岁及以上人口占比为 13.5%，辽宁占比为 17.42%，排名全国第一；与 2010 年第六次全国人口普查数据相比，辽宁 65 岁及以上人口占比上升了 7.11 个百分点。在常住人口各个年龄段中，辽宁 50～54 岁和55～59 岁年龄段人口占总人口的比重分别为 9.35% 和 9.49%，位于峰值。

---

① 人口自然增长率指一定时期内人口自然增长数（出生人数减死亡人数）与该时期平均人口数之比，通常以年为单位计算，用千分比来表示，计算公式为：人口自然增长率 =（年内出生人数-年内死亡人数）/年平均人口数×1000‰=人口出生率-人口死亡率。

同时，位于该年龄段附近的 40~44 岁、45~49 岁、60~64 岁、65~69 岁 4 个年龄段人口，分别占总人口的 7.33%、8.40%、8.30%、7.33%，均处于较高的水平，上述 6 个年龄段人口合计占总人口的 50.20%。位于 50~59 岁峰谷上方的各个年龄段人口比重，随着年龄的增加而呈逐渐减少趋势，到 70~74 岁及以后，出现快速下降的现象；在峰谷下方，除 30~34 年龄段人口比重出现小幅增加外，其他年龄段人口比重随年龄的下降而下降。50~54 岁和 55~59 岁年龄段人口占总人口的比重位于峰值，意味着 2020 年之后的 5 年内，辽宁还将有大量人口步入老龄化和深度老龄化的行列。人口老龄化将是今后较长一段时期辽宁经济发展必须面对的省情，应对老龄化挑战，既要加快形成与人口老龄化相匹配的产业结构，更要加快推动经济增长从依靠"人口红利"向更多依靠"人才红利"转变，促进经济转型升级。

（二）产业转型升级进程滞后，经济发展动能转换日益迫切

构建现代化产业体系是完整准确全面贯彻新发展理念、推动经济高质量发展的重要引擎。辽宁在装备制造、石化、冶金等领域拥有一批行业骨干企业，在维护产业安全、筑牢"大国重器"等方面战略地位突出。然而，长期以来，辽宁产业发展呈现传统产业转型升级缓慢、新兴产业规模偏小、民营经济发展不足等问题。

一是传统产业发展困难。从工业增加值占比看，辽宁工业规模在全国的地位逐步后移，2003~2022 年，辽宁工业增加值占全国的比重整体上呈下降趋势，从 2003 年的 4.62%，小幅升至 2013 年的 5.56%，之后大幅下滑至 2022 年的 2.45%。从产业链与价值链看，辽宁制造业仍以组装和制造为主，产业链条较短，中间产品占比较高，大多处于产业链的中低端，上游的关键原材料、核心零部件及下游的服务环节发展滞后，抗外部干扰的能力较弱。此外，辽宁规模以上工业企业数量偏少，且具有一定规模的行业龙头企业不多，在全国乃至全球市场上产业竞争力逐步走弱。从规模以上工业企业数占比看，2003~2022 年，辽宁规模以上工业企业数量占全国的比重下降明显，由 2011 年的 5.36% 下降到 2022 年的 1.92%；同时，辽宁规模以上工业企业

的盈利能力也出现走弱态势，2003 年辽宁规模以上工业企业利润总额占全国的比重为 2.89%，到 2022 年占比下降到 1.83%。这说明，在近年全国尤其是东部地区加快构建现代化产业体系、实现新旧动能转换的进程中，辽宁工业转型升级明显缓慢，任重道远。

二是高技术产业发展明显滞后。2011~2021 年，辽宁高技术产业主营业务收入占全省规模以上工业企业营业收入的比重低位徘徊在 4.3%~6.4%。2021 年，辽宁高技术产业主营业务收入占规模以上工业企业营业收入比重为 6.4%，远低于长三角地区江苏的 21.5%、上海的 19.0%、安徽的 13.8%、浙江的 13.7%。尤其值得关注的是安徽高技术产业主营业务收入占比变化情况，2011 年，安徽高技术产业主营业务收入占比在长三角地区排名末位，与辽宁相当，但到 2021 年，安徽高技术产业主营业务收入占比提升至 13.8%，远高于辽宁，甚至超过浙江，已经成为我国经济发展的重要增长点。从辽宁工业细分领域来看，2005~2021 年，附加值较高的计算机、通信和其他电子设备制造业，电气机械及器材制造业发展缓慢，营业收入占全国的比重呈现明显下行态势。2021 年，辽宁计算机、通信和其他电子设备制造业营业收入占比仅为 0.52%，电气机械及器材制造业占比仅为 0.97%，均远低于同期辽宁工业增加值在全国的占比 2.49%。

三是民营经济发展活力不足。近年来，辽宁以中小企业为主体的民营经济发展受制于体制机制改革的困境，再加上劳动力用工成本持续上涨、周边配套技术资源匮乏、融资渠道狭窄不畅等问题，辽宁中小企业的发展活力明显不足。从民营企业数量来看，辽宁民营企业数量相对落后于长三角区域省份。截至 2023 年 8 月，辽宁民营企业数量为 125.4 万家，远落后于长三角的江苏（421.2 万家）、浙江（339.1 万家）及安徽（231.1 万家）。从民营企业新增数量看，辽宁与长三角地区省份每年新增注册民营企业数量差距呈现扩大趋势。2010 年，辽宁新增民营企业数量比安徽多 3884 家，分别比浙江和江苏少 52885 家和 156725 家；到 2022 年辽宁与安徽、浙江、江苏新增民营企业数量差距分别扩大至 233495 家、310720 家和 366435 家。这表明，辽宁民间资本投资的积极性和主动性较弱，民营经济发展活力滞后于长三角等地区，而

且近年来辽宁民营经济的发展活力持续走弱，与其他区域的民营经济快速发展局面形成鲜明反差。总体上看，辽宁民营经济不仅总量上偏少，而且产业层次较低，整体竞争力较弱。辽宁的民营经济多为国有企业做配套生产，独立发展能力较差，成规模、在行业有一定影响力的大中型企业较少。从全国工商联发布的"2022 年中国民营企业 500 强榜单"和相关数据来看，辽宁仅有 3 家企业入选，而且这 3 家企业为批发零售、饲料加工和冶金行业。

（三）城市群中心城市辐射能力较弱，中小城市发展活力不足

城市群是推动区域高质量发展的核心引擎，已经成为支撑中国经济高质量发展的主要平台，然而，辽宁的城市群存在总体经济规模偏小、中心城市对周边辐射带动不足、次级城市发展相对缓慢等问题。从城市群的整体经济规模看，辽宁城市群相对落后于国内的主要城市群。2021 年辽中南城市群GDP 为 27584.1 亿元，人均 GDP 仅为 6.5 万元，常住人口为 4229 万人，不仅远远落后于长三角、珠三角和京津冀城市群，也与长江中游、成渝和关中平原等主要城市群存在明显差距。与"十三五"规划相比，"十四五"规划中国家对辽中南城市群的定位预期相对不高，由第二梯队变成了第三梯队，与后起的山西中部、黔中、滇中等城市群一起被国家定位为"培育发展"类，不仅与京津冀、长三角、珠三角城市群有较大的定位差距，也明显落后于成渝、长江中游、关中平原等主要城市群的发展定位。

从城市层级结构看，东北地区城市群中心城市对周边辐射带动不足，次级城市发展相对缓慢。2022 年辽中南城市群的两大中心城市沈阳、大连GDP 分别为 7695.8 亿元、8430.9 亿元，常住人口分别为 914.7 万人、745.1 万人，与长三角城市群南京、杭州、合肥，成渝城市群重庆、成都，长江中游城市群武汉，关中平原城市群西安等区域中心城市存在较大差距，这些城市全部进入中国万亿 GDP 城市行列，且大多常住人口超过千万。此外，辽中南城市群城市规模等级不合理，发展不平衡明显，城市规模普遍较小，大城市数量较少。2022 年辽中南城市群 9 个城市中，除沈大两个中心城市外，GDP 处于 1000 亿~2000 亿元的城市为鞍山、营口、盘

锦，其他 4 个城市 GDP 均低于 1000 亿元。相对于长三角城市群均为中等以上城市的结构，辽中南城市群在大、中、小型城市的构成上有待进一步优化。此外，辽中南城市群两大中心城市的虹吸效应远大于涓流效应，现阶段高级生产要素持续向中心城市集聚，边缘城市在城市间的竞合关系中所处的劣势地位需继续改善。2022 年辽中南城市群两大中心城市集中了辽宁 55.66% 的经济总量、39.54% 的常住人口、74.86% 的规模以上工业企业营业利润、66.66% 的高校资源；与 2013 年的占比相比，两大城市经济总量占比上升了 1.24 个百分点，常住人口占比上升了 4.72 个百分点，工业利润占比上升了 10.41 个百分点，高校数量占比上升了 0.57 个百分点。这表明，辽中南城市群中小城市拥有的工业、科技、人才等资源日益收缩，发展活力和动力较弱。

（四）金融和资本市场日益萎缩，对振兴发展支撑力度不足

金融业发展是一个区域自身发展的重要表现，现代金融是实体经济的血液系统，是现代科技发展的风险资本来源，为区域发展提供巨大的基础性支持。与 GDP 占比持续下滑相似，辽宁金融发展形势也不容乐观。从信贷市场情况看，辽宁银行本外币存款和贷款虽然保持增长，但在全国占比总体保持下降趋势，特别是贷款余额占比由 2003 年的 4.9% 下降 2013 年的 4.1%，之后占比下滑加快，到 2022 年占比下降至 2.5%。从商业银行不良贷款率变动情况看，辽宁商业银行不良贷款率长期高于全国水平，尤其是 2016 年以来，辽宁商业银行不良贷款率高企至 4% 以上，而同期全国平均在 1.7% 左右。从金融业增加值占 GDP 比重看，辽宁金融业增加值占比虽然保持缓慢增长态势，但与全国平均水平相比还有差距，2021 年辽宁占比为 7.63%，低于全国平均水平（7.97%）。从资本市场的情况看，2006~2021 年，辽宁上市公司数量虽然保持小幅增长，由 51 家上升到 81 家，但与同期长三角区域省份相比，辽宁国内上市公司数量增幅明显不足，安徽由 41 家上升至 149 家，江苏由 99 家上升至 571 家，浙江由 97 家上升至 606 家，上海由 148 家上升至 390 家。

三 推动辽宁经济持续回升向好的对策建议

（一）全力以赴推动经济增长

坚持把扩大内需战略同深化供给侧结构性改革有机结合起来，着力扩大有收入支撑的消费需求和有合理回报的投资需求，实现经济质的有效提升和量的合理增长。持续扩大有效投资，着力储备一批高质量的大项目、好项目，发挥重大工程牵引带动作用，适度超前部署新型基础设施。发挥央企投资"压舱石"作用，创新央地合作模式，推动更多央企投资重点项目落户辽宁。着力扩大民间投资，有效遏制房地产开发投资下滑。充分释放消费潜力，加速消费升级提质，稳定大宗商品消费，支持住房改善、新能源汽车、养老托育、教育医疗、文化体育等重点领域消费，丰富网络直播等消费新业态，创新消费场景，培育消费新模式。

（二）深入实施创新驱动发展战略

牢牢抓住自主创新这个"牛鼻子"，在巩固存量、拓展增量、延伸产业链、提高附加值上下功夫，用足用好科教资源优势，主动服务国家科技自立自强。创建具有全国影响力的区域科技创新中心，高标准建设辽宁实验室，培育建设更多全国重点实验室、国家技术创新中心等国家级创新平台，加大对沈大浑南科技城、大连英歌石科学城的支持力度，加快建设大连先进光源等重大科学基础设施。加大产学研融合力度，积极对接国家战略需求，整合和优化科教创新资源，组建体系化、任务型创新联合体，持续实施"揭榜挂帅"，加大科技攻关力度，突破一批"卡脖子"关键核心技术，加快科技成果落地转化。强化企业创新主体地位，建立完善科技型企业梯度培育体系，支持一批"老字号""原字号"规上工业企业转型为高新技术企业。

（三）加快构建具有辽宁特色优势的现代化产业体系

以科技创新推动产业创新，增强产业发展的接续性和竞争力，加快形成多点支撑、多业并举、多元发展的产业发展新格局。推动传统制造业转型升级，持续做好结构调整"三篇大文章"，全力推动三个万亿级产业基地和重点产业集群建设，加快传统制造业数字化、网络化、智能化改造，积极培育一批智能工厂和数字化车间，发展服务型制造。加快形成新质生产力，做大做强新材料、集成电路装备制造、新一代信息技术、新能源汽车等战略性新兴产业集群。加快发展数字经济，提升数字产业发展能级。聚焦元宇宙、工业互联网、大数据融合创新、生命健康、生物医药、新能源、前沿材料等领域，谋划布局未来产业。发展特色优势产业，依托辽宁生态环境和生物资源优势，发展现代生物、大数据等新兴特色产业，发展冰雪经济和海洋经济。深入挖掘基础工业潜力，大力发展航空工业、燃气轮机制造、船舶和海工装备、特高压输变电装备等特色优势产业。因地制宜推动纺织服装、家具、绿色智能家电等消费品工业快速发展。加快推进现代服务业提质增效，大力发展生产性服务业，推动研发设计、电子商务、检验检测、知识产权等服务业向专业化和价值链高端延伸，提升金融服务实体经济能力。促进文旅产业融合发展，推动生活性服务业向高品质、多样化升级。

（四）加快推进农业农村现代化

以现代化大农业为主攻方向，加快建设农业强省，当好国家粮食稳产保供"压舱石"。提升保障国家粮食安全能力，深入实施藏粮于地、藏粮于技战略，坚决遏制"非农化"、防止"非粮化"，加快高标准农田建设，实施好黑土地保护工程，实施种业振兴行动，提升农业综合生产能力。践行大食物观，构建多元化食物供给体系。积极发展乡村特色产业，推进农产品精深加工，培育壮大一批食品工业园区，建设食品工业大省。大力开发现代农业观光、乡村度假旅游产业，积极推动农村一二三产业融合发展。建设宜居宜业和美乡村，学习运用浙江"千万工程"经验，开展农村人居环境整治，

推动美丽乡村建设。推进县域经济高质量发展，推进以县城为重要载体的新型城镇化建设，加快建设特色乡镇、中心镇，畅通城乡经济循环，培育一批工业强县、特色农业县、生态旅游县。

（五）着力提升对内对外开放合作水平

增强前沿意识、开放意识，积极对接国家区域重大战略，深度融入共建"一带一路"，在畅通国内大循环、联通国内国际双循环中发挥更大作用。持续深化国际合作，深化与共建"一带一路"国家以及 RCEP 国家合作，深度融入中蒙俄经济走廊，推进与俄罗斯更高水平、更深层次区域合作。大力发展跨境电商、跨境金融等新业态。建设高水平开放平台通道，提升辽宁自贸试验区能级，形成更多辽宁特色制度创新成果。加快建设东北海陆大通道，建设沈阳中欧班列集结中心和大连沿海集结中心，系统布局建设辽宁现代基础设施体系。稳步扩大规则、规制、管理、标准等制度型开放，提高口岸通关能力和便利化程度。深化对内合作与战略对接，加强同京津冀协同发展、长江经济带发展、长三角区域一体化发展、粤港澳大湾区建设、西部大开发等国家重大战略的对接，促进辽宁更好融入全国统一大市场。深化东北三省一区交流合作，主动完善与吉林、黑龙江、内蒙古的协调对接机制。坚持区域互动、城乡联动、陆海统筹，加快"一圈一带两区"建设，构建多极发力、多点支撑的区域发展新格局。

（六）深入推进绿色低碳发展

把绿色发展理念贯穿生态保护、环境建设、生产制造、城市发展、人民生活等各个方面，坚定不移走生态优先、绿色低碳的高质量发展之路。积极落实"双碳"战略部署，积极稳妥实施碳达峰行动，建设清洁能源强省，建设风光火核储一体化能源基地，推动重点领域和行业清洁低碳转型。打好污染防治攻坚战，持续深入打好蓝天、碧水、净土保卫战，推进大气污染深度治理，深化河湖长制改革，巩固城市黑臭水体治理成果，加强农业面源污染防治。推进生态保护和修复，强化山水林田湖草沙系统保护和修复，实施好"绿满辽宁"等工程，持续打好科尔沁沙地歼灭战，推进绿色矿山建设，加快采煤沉陷区和废弃矿山复绿及综合治理。

（七）着力增进民生福祉

坚持在发展中保障和改善民生，着力解决群众急难愁盼问题，让人民群众共享辽宁振兴成果。落实就业优先政策，深入推进创业创新带动就业，维护新就业形态劳动者权益，健全终身职业技能培训制度，加强公共就业服务基础能力建设，抓好高校毕业生、农民工、退役军人、失业人员等重点群体就业创业。提高城乡居民收入水平，深化收入分配制度改革，健全工资合理增长机制，增加城乡居民财产性收入，加大强农惠农政策支持力度，拓宽农民增收途径，持续扩大中等收入群体。健全社会保障体系，深入落实基本养老保险全国统筹，发展多层次多支柱养老保险体系，推动基本医疗保险、工伤保险省级统筹，完善大病保险和医疗救助制度，推进优质医疗资源扩容和区域均衡分布。积极应对人口老龄化，加强城乡社区养老服务设施建设。提高人口整体素质，大力发展普惠托育服务，减轻家庭生育养育教育负担，保持适度生育率和人口规模；大力发展基础教育，推动普通高中多样化特色发展，加大对高等教育和职业教育办学支持力度。深入实施"兴辽英才计划"，打造更多创业创新平台，支持辽宁留住人才、引进人才。

（八）全面深化重点领域改革

加强改革系统集成、协同高效，破除体制机制障碍，推动营商环境根本好转，提升市场主体和群众的获得感和满意度。打造营商环境"升级版"，持续用力化解失信存量，遏制失信增量，营造守信者荣、失信者耻、无信者忧的诚信社会环境。全面厘清权利清单，依法保护企业合法权益。平等对待各类所有制企业，打造公平竞争的市场环境，降低各类制度性交易成本，构建亲清统一的新型政商关系。推动要素市场化改革，深化土地管理制度改革，着力盘活利用城镇存量用地、低效用地，建立全省建设用

地使用权二级市场交易平台，推动劳动力要素合理畅通有序流动。深化电力市场化改革，探索建立碳排放权、用水权等交易机制。深化国资国企改革，优化国有企业功能定位和主责主业，推进优势资源向主业集中，积极布局前瞻性战略性新兴产业。推动国有企业战略性重组和专业化整合，提升国资监管效能和企业管理水平，建立中长期激励机制，提高国有资本效率。有效防范化解重点领域风险，深入推进城商行、农信机构化险改革，加强中小型金融机构风险处置，强化金融监管机制，重塑健康金融环境。严格落实中央一揽子化债方案，稳妥化解存量债务，兜牢基层"三保"底线。全面抓好矿山、危化品、燃气、交通运输等重点行业领域安全监管，扎实抓好社会治安和信访稳定。

参考文献

姜庆国：《新时代东北老工业基地振兴再思考》，《求是学刊》2018 年第 4 期。

姚树洁、刘嶺：《新发展阶段东北地区高质量发展探究》，《学习与探索》2022 年第 9 期。

常修泽：《新发展阶段东北振兴路径探讨》，《人民论坛·学术前沿》2021 年第 20 期。

李正强：《以改善营商环境与修复市场信用助力东北振兴》，《中国经济评论》2021 年第 10 期。

宋晓梧：《科学判断经济发展形势有效解决东北现实问题》，《辽宁经济》2022 年第 8 期。

B.3
东北振兴战略实施以来吉林振兴
成效及对策建议

张丽娜　张立畅 *

摘　要：　2003 年 10 月，《中共中央　国务院关于实施东北地区等老工业基地振兴战略的若干意见》正式发布，标志着振兴东北地区等老工业基地拉开序幕。20 年来，吉林省紧紧围绕东北振兴发展的战略目标，深入贯彻落实中央精神，经济社会发展取得巨大成就，焕发新的生机和活力，重新塑造了老工业基地的新优势。但 20 年发展过程中仍存在结构转换过慢、消费需求减弱、科技创新动力不足、区域发展不平衡等问题。新发展阶段，吉林省将全面贯彻落实新时代推动东北全面振兴座谈会精神，按照吉林省"464"新发展格局的要求进一步提升质量和动力，努力实现振兴新突破。

关键词：　全面振兴　新格局　新突破

一　吉林省振兴二十年取得的进展

（一）经济发展迈上新台阶

　　20 年来，吉林省奋力赶超，落实五大发展理念，实施"三个五"战略，扎实推进中东西"三大板块"建设，贯彻"一主六双"高质量发展战略，

---

* 张丽娜，管理学博士，吉林省社会科学院经济研究所所长、研究员，主要研究方向为宏观经济学、产业经济学；张立畅，政治学博士，吉林财经大学马克思主义学院院长、副教授，主要研究方向为党史党建。

构建"464"新发展格局，着力破解制约振兴发展的深层次矛盾问题，国民经济呈现平稳增长、结构优化、民生改善的良好态势，朝着全面振兴迈出更加坚实的步伐。20年来，吉林省GDP年均增速达到9.66%，2015年GDP迈上了万亿台阶，2022年吉林省GDP达到了13070.2亿元，与2003年相比，经济总量增长了5倍。2023年吉林省积极克服疫情所带来的后续影响，经济呈现稳中向好态势，GDP达到13531.19亿元，同比增长6.3%（按可比价格计算），在全国排名第七（见表1）。

表1 2003～2023年吉林省三次产业增加值及占GDP比重

单位：亿元，%

年份	GDP	第一产业增加值	第二产业增加值	第三产业增加值	第一产业占比	第二产业占比	第三产业占比
2003	2141.00	486.70	805.70	848.60	22.7	37.6	39.6
2004	2455.20	562.30	903.40	989.50	22.9	36.8	40.3
2005	2776.50	618.70	1002.40	1155.50	22.3	36.1	41.6
2006	3226.50	640.20	1097.20	1489.10	19.8	34.0	46.2
2007	4080.30	755.20	1477.70	1847.50	18.5	36.2	45.3
2008	4834.70	863.60	1788.00	2183.20	17.9	37.0	45.2
2009	5434.80	888.60	2055.10	2491.10	16.4	37.8	45.8
2010	6410.50	928.40	2485.80	2996.30	14.5	38.8	46.7
2011	7734.60	1105.90	2931.40	3697.40	14.3	37.9	47.8
2012	8678.00	1195.60	3315.20	4167.20	13.8	38.2	48.0
2013	9427.90	1250.20	3572.10	4605.50	13.3	37.9	48.8
2014	9966.50	1270.20	3804.90	4891.50	12.7	38.2	49.1
2015	10018.00	1270.60	3837.80	4909.60	12.7	38.3	49.0
2016	10427.00	1130.10	3901.40	5395.50	10.8	37.4	51.7
2017	10922.00	1095.40	3995.50	5831.20	10.0	36.6	53.4
2018	11253.80	1160.70	4051.50	6041.60	10.3	36.0	53.7
2019	11726.80	1287.30	4134.80	6304.70	11.0	35.3	53.8
2020	12256.00	1553.00	4319.90	6383.10	12.7	35.2	52.1
2021	13163.80	1553.80	4768.30	6841.70	11.8	36.2	52.0
2022	13070.20	1689.10	4628.30	6752.80	12.9	35.4	51.7
2023	13531.19	1644.75	4585.03	7301.40	12.2	33.9	53.9

资料来源：吉林省统计年鉴、吉林省统计公报。

（二）产业结构调整凸显新成效

20 年来，吉林省经济结构持续调整，发展方式转向提质增效，产业结构由 2003 年的 22.7：37.6：39.6 调整为 2023 年的 12.2：33.9：53.9。尤其是党的十八大以来，吉林省服务业得到了快速发展。自 2016 年吉林省服务业规模超过 5000 亿元，增加值在 GDP 中占比首次过半以来，吉林省服务业增加值占比始终保持在 50% 以上，2023 年占比达到了 53.9%，相较于 2003 年的 39.6% 提升了 14.3 个百分点，这也是 20 年来占比最高的一年。可以看出，吉林省贯彻新发展理念和现代化发展需求，有效实现动力转换和产业结构转型升级，农业、工业发展基础稳固，服务业发展势头强劲、发展优势明显，对经济的拉动力逐渐增强。

（三）现代产业体系塑造新优势

主导产业彰显新活力。吉林省实施汽车产业集群"上台阶"工程，2022 年本地配套率达到 54%。长春市汽车集群入围国家优胜者名单，是东北地区第一个获批的国家级先进制造业集群。2023 年，省属统计口径数据表明，吉林省整车产销量同比分别增长 16.7%、17.6%，实现汽车产业增加值同比增长 11.4%。吉林省传统石化产业加快转型，成立碳纤维产业联盟，出台碳纤维产业发展扶持政策。2023 年，吉林省原丝、碳纤维产能均居全国首位。食品产业形成以粮食精深加工、畜禽乳蛋精深加工和长白山特色资源精深加工三大主导产业为基础的现代食品产业加工体系。长春生物制品所 P3 车间成功获批，医药健康产业重大产业化项目集中落地，2022 年全省规上医药企业完成产值 750 亿元。

新经济新动能不断累积。2023 年，全省高技术制造业增加值占全部规上工业增加值的比重为 12.3%，比 2022 年提高 0.6 个百分点。电子信息和商用卫星制造业创新提速，"吉林一号"卫星已经实现"百星飞天"和"一箭 41 星"新的运行纪录，组成目前我国最大的商业遥感卫星星座。吉林省"陆上风光三峡"工程持续推进，建设清洁能源全链条体系。风电产

业链已涵盖风电整机、叶片等主要部件。2023年，全省水电、风电、太阳能等可再生能源发电量同比增长19.0%，连续10个月，全省风力发电量累计增速位居全国第一。新能源装备制造产业链进一步延伸。2023年，吉林省新能源汽车产值同比增速达32.0%，高端装备制造业产值同比增速为10.2%。

服务业提质升级明显。党的十八大以来，吉林省在以批发零售业、交通运输及仓储邮政业、住宿餐饮业等为代表的传统服务业领域，实现增加值占服务业比重分别由2012年的14.5%、11.6%和3.8%下降至2022年的11.6%、8.8%和2.4%。以信息传输、软件和信息技术服务业为代表的生产性服务业快速发展，2023年1~11月，全省装卸搬运和仓储业实现营业收入同比增速10.3%，租赁和商务服务业实现营业收入同比增速21.6%，研究和试验发展服务业实现营业收入同比增速29.8%，科技推广和应用服务业实现营业收入同比增速14.4%。新电商新消费势头强劲，2023年，吉林省网络零售额同比增长24%。2022年新认定长春传化公路港物流园区、梅河口市爨街不夜城等29家省级现代服务业集聚区。

旅游和冰雪经济蓬勃发展。东、西部旅游"双环线"日益成熟，精心打造了生态、冰雪、避暑休闲、乡村、边境、民俗、文化、工业、红色、研学等十大旅游产品体系，形成了全域全季旅游发展格局。2023年全省4A级及以上旅游景区达到90家，旅游收入、旅游人次逐年增加，分别是2003年的37.2倍和13.1倍。初步构建了以冰雪旅游、冰雪运动、冰雪文化和冰雪装备为核心的"4+X"全产业链体系，冰雪产业总规模超过千亿元，冰雪旅游市场占有率稳居全国第一位，旅游强省、冰雪经济强省建设向纵深推进。

（四）农业现代化实现新跃升

粮食安全保障能力显著提升。吉林省坚决扛起维护国家粮食安全的重任，在全国率先启动"千亿斤粮食""千万头肉牛"工程，粮食和畜牧业生产能力逐年提升。2023年，粮食总产量达到837.3亿斤，是2003年的1.9倍，肉牛饲养量增速达9.9%，居全国第一位；猪、羊饲养量增速分别达

2.3%、3.7%，居东北三省第一位。

黑土地保护利用效果良好。深入贯彻习近平总书记视察吉林的指示精神，严格保护黑土地这一"耕地中的大熊猫"，全省划定耕地保护红线10944万亩、永久基本农田8202万亩，分别比上轮增加1844万亩、822万亩，全省黑土区7077万亩耕地划入永久基本农田。

农产品加工业显现特色优势。实施种业龙头企业扶优行动，组建作物育种联盟，获批建设公主岭国家现代农业（种业）产业园。聚焦吉林省农业基础优势，加快建设梅花鹿、食药用菌、人参、矿泉水、奶牛等农业"十大产业集群"，2023年梅花鹿饲养量、鹿茸产量、人参产量分别达78万只、1111.5吨和3.4万吨，均居全国首位。黑木耳已经成为地理标志产品，产量大幅提升，2023年位居全国第二，达到118.4万吨。

（五）体制机制改革取得新突破

所有制结构显著改善。近年来，中央实施新一轮东北老工业基地振兴，在此背景下，以深化国有企业改革为突破口，吉林省进行体制突围。2005年，吉林省以产业制度改革为核心，实施国企改革攻坚行动，完成全省816户地方国有工业企业的改制任务，推动企业产权主体实现多元化。改制后的国有股本占比降低，仅为总股本的25.9%。同时，非公经济获得较大发展空间，2021年，吉林省非公经济占GDP的比重提升至51.7%，比2003年高18.7个百分点。营商环境进一步优化。以"数字政府"建设为先导，不断深化"放管服"和"最多跑一次"改革，依托"吉林祥云"大数据平台建设全省一体化在线政务服务平台，104项政务服务事项实现"跨省通办"。创新开展"证照一码通"改革试点，实现企业开办"日办结""零收费"，340项热点高频政府服务事项实现"一网通办"。

（六）对外开放形成新格局

对外平台建设不断拓展。中朝罗先经贸区启动实施，开辟中日韩俄陆海联运航线。中韩（长春）国际合作示范区、珲春海洋经济发展示范区、吉西南承接产业转移示范区获批建设，长春临空经济示范区揭牌成立。长春兴隆综合保税区具备封关运营条件，珲春国际合作示范区和中新吉林食品区建设进展顺利，2022年长春兴隆、珲春综合保税区进出口额同比分别增长319%、166%。① 招商引资成效显著。"十三五"时期，吉林省直接利用外资23亿美元，新批企业368家，为吉林发展注入了新的强大活力。对外贸易进一步发展，"长珲欧"货运班列常态化运营，"长满欧"国际冷链货运班列正式开通，首开"长同欧"班列，2023年实现进出口总额1679.1亿元，是2003年的3.3倍。

（七）民生福祉达到新高度

多层次、宽领域、广覆盖的医疗保障体系逐步完善。扩大保障范围，惠及更多百姓，2022年参加基本医疗保险人数2262.63万人，占全省总人口的96.4%。"智慧医疗"系统核心业务与全国医保系统完成融入对接，成为东北地区首个切换上线国家医保信息平台省份。2023年吉林省城乡居民基本医疗保险政府补助再提高，达到每人每年640元标准。省内门诊异地就医实现免备案直接结算。养老保障模式创新发展。率先推进长期护理保险探索工作，包括长春、吉林、松原、通化、梅河口、珲春及省直共7个统筹区（城市）在内，多地相继开展长期护理保险试点工作。大力推进老年友好社区建设，2022年，吉林省共有26个社区成功入选全国示范性老年友好型社区。2023年，吉林省共有102个综合嵌入式社区居家养老服务中心，261个社区老年食堂。普惠性托育服务供给和服务水平持续提高。全省可提供托育服务机构达到2381家，可为3岁以下婴幼儿提供托位8.6万个。实施城市更新行动计划。2023年，吉林省开工建设保障性租赁住房1.34万套（间），完成棚户区改造1.99万套，开工改造老旧小区830个。吉林省全域建设海绵城市，推动更新改造市政设施，全省新改扩建城市道路达300公里。

---

① 《吉林省贸易规模再创历史新高2022年出口增长42.1%》，人民网，2023年4月6日，http://jl.people.com.cn/n2/2023/0406/c349771-40366723.html。

二 面临的困难

（一）结构性问题未从根本上解决

过于依赖传统产业。多年来，吉林省经济社会发展对汽车工业、石油化工等传统支柱产业依赖程度过高。汽车产业占全省工业比重超过50%，"一产独大"格局较明显，尽管对全省经济发挥核心支撑作用，但长期来看，将影响整体经济的稳定性，也不利于全省经济可持续增长。整体来看，吉林省新动能培育相对缓慢，且主要围绕传统支柱产业进行"有中生新"，新产业、新业态、新模式等"无中生有"的产业较少且未连点成线，难以形成产业集群，不利于集群集聚效应的发挥。产业链不完整、产业衔接不顺畅的问题一直存在，加之国外技术封锁、国际贸易壁垒等限制条件进一步加大了产业链供应链方面的压力。

（二）创新动力仍需增强

科技创新投入偏低。与发达地区相比，吉林省财政科技资金支出规模小、增速低、力度不足。2021年，吉林省R&D经费投入强度仅为1.39%，较全国平均2.6%的投入水平明显偏低，在全国31个省份中排名靠后，仅列第20位。从投入结构来看，70%以上的资金集中投向了包括一汽和中国科学院光机所、应化所等在内的大企业大机构。与此相比，科技企业孵化器所获得的融资和投入则偏低，致使有效产出受限。科技成果转化能力偏弱。近年来，吉林省技术合同成交额快速增长，但与发达地区相比差距较大。2022年数据显示，吉林省技术合同成交额仅为52.63亿元，与江苏省的3888.58亿元相去甚远。同时，吉林省高校、科研院所的科技成果就地转化数量偏少。科技创新服务水平不高。吉林省科技服务整体市场化、企业化程度偏低，科技服务机构数量偏少。尤其是与发达地区相比，吉林省技术转移示范机构的差距较大，科技服务供给能力无法满足市场需求。

（三）消费增长较为疲软

从统计数据看，2003~2022年吉林省社会消费品零售总额的年平均增速为8.23%，低于同期GDP的年均增速，从增幅看也呈现逐年减弱的趋势。尤其是2020年，吉林省社会消费品零售总额下降，一度降至2016年水平。在一系列消费政策拉动下，2021年吉林省社会消费品零售总额恢复至2019年的水平。但2022年省内疫情波动反复超出预想，加之近年来吉林省居民收入增长缓慢，消费者信心不足，影响了消费预期，消费升级步伐放缓。2023年吉林省居民人均可支配收入2.98万元，比全国平均水平低0.94万元，居全国第23位；人均消费支出2.14万元，比全国平均水平低0.54万元。2023年吉林省金融机构本外币存款余额3.65万亿元，同比增长11.5%，高于全国1.9个百分点，极大地限制了即期消费。

（四）区域经济分化严重

经济资源高度集中在长春市，2003年长春市GDP占全省比重为53.8%，2022年占全省比重为51.6%，仅下降2.2个百分点，在全国省会城市中首位度最高。排名第二的吉林市2022年GDP占全省的12%，资源过度集中在长吉两市，其他各市州经济发展较慢、体量有限，零星地形成了部分产业的集聚，但多为传统领域，新业态、新模式领域发展存在不足。县域经济发展滞后、规模较小，GDP达到300亿元以上的仅有延吉、公主岭、农安三地，工业小县、财政穷县问题突出。

（五）人口规模亟待提升

根据第七次全国人口普查数据，吉林省总人口减少了300万人，并且人口负增长的速度要快于全国平均水平。老龄化程度同全国平均水平差距不断拉大，截至2022年底，吉林省65岁及以上人口占比为17.8%，达到了高度老龄化社会标准。人口结构的问题会逐步导致消费结构的失衡，这将不利于消费提质和产业转型升级，对持续释放内需潜力产生更大的阻力。目前，家庭养老负担沉重以及社保资金短缺正成为制约地区经济发展的重要障碍之一。

三　对策建议

过去的 20 年，振兴吉林老工业基地取得重大进展。当前，吉林省进入全面振兴的新阶段，应深刻认识国内外新形势新变化新特点，贯彻落实新时代推动东北全面振兴座谈会讲话精神，聚焦全省"464"新发展格局和"一主六双"高质量发展战略，努力开创全面振兴新局面。

（一）提高产业链供应链稳定性，构建现代产业新格局

一是进一步发挥传统优势。加快推进汽车产业一体化发展，按照建设国际汽车城的相关规划标准与要求，抓紧推进产业布局，通过引进、培育、国际合作等多种方式，在汽车城内布局一批新的零部件企业，配合一汽的配套体系调整，提高省内配套率。同时，创新采购方式，争取在国际市场中获得稳定供应，建设国际一流汽车城。二是提升产业链韧性。随着全球的价值链和供应链发生重大变化，吉林省应围绕"一主六双"核心产业链进行科技创新链布局，面向国家战略性产业布局需要，聚焦航空航天、能源装备、交通装备、智能装备等基础好、优势强、潜力大的制造业领域，谋划落实一批强链补链延链项目，打造完整安全的产业链。针对吉林省一些维护国家产业安全的龙头企业实施"一链一策""一企一策"，引导企业保持战略定力，扎实维护国家重点产业链安全稳定。三是加快培育新质生产力。瞄准未来产业发展方向，勇于开辟新领域、新赛道，加快发展新能源、新材料、先进制造、电子信息等战略性新兴产业，争取芯片制造、新能源汽车等重大项目在吉林布局。四是强化东北区域产业协作发展。探索东北地区市场一体化和产业协作发展新机制，推进汽车制造、轨道交通、能源装备、精细化工、冰雪旅游等重点产业链上下游在区域间清晰布局，培育形成优势互补、分工合理、布局优化的先进产业集群。

（二）以"四大集群"为重点，加快发展新业态、新场景、新热点

一是加快与大数据产业集群的联合发展。通过"数字经济"赋能服务业创新发展，推进新服务重点领域新业态培育，围绕传统优势产业打造新业态集聚示范区，运用数字化科技打造沉浸式、体验式服务新标杆，促进服务业态不断更新迭代。二是促进新服务赋能大农业产业集群。突出吉林省农业发展特色与优势，将设施化、绿色化、数字化、园区化、融合化、组织化服务融入现代化大农业发展格局，构建服务现代化农业发展新业态。三是促进大装备产业集群与新服务融合发展。以服务现代新型汽车和零部件产业发展为重点，着力构建汽车文化主题旅游、汽车文博展览、汽车竞技娱乐等新场景。四是创新发展大旅游产业集群。利用网络发展与传播规律，以民族文化、风土人情、自然风光、节庆活动为创作内容，利用微博、微信、抖音、快手等新媒体平台，进行地区形象传播、产品推介，加强与会展经济、体育赛事、节庆活动结合，深入谋划冰雪旅游与避暑休闲旅游新热点。

（三）持续刺激市场回暖，充分释放消费潜力

一是巩固重点消费领域优势。针对吉林省汽车消费、文旅消费等重要消费领域，注重丰富内容、补齐短板。加快推动新能源汽车下乡，发布新能源汽车下乡产品目录，集中组织一汽新能源汽车生产企业、经销商开展集体团购、让利促销、旧车置换活动，完善乡镇充电桩设施建设，扩大新能源汽车下乡规模。依托汽车产业，打造集汽车博物馆、汽车知识科普、车类竞赛休闲运动、汽车电影院等于一体的全国一流汽车文化主题商业综合体，构建多元化汽车消费体系。进一步丰富文旅消费内涵，统筹推进省内冰雪资源、文化资源、民族特色资源串点成线，打造精品旅游项目与线路，通过新媒体力量集中推送，促进各地区旅游联动发展。二是积极培育新型消费。把握消费趋势变动方向、民生愿望以及吉林产业优势，挖掘培育新的消费热点。鼓励各地区充分发挥本地资源优势，合理规划美食街、商业街建设，形成集美食、娱乐、购物、休闲于一体的购物消费商圈，打造具有特色化差异的

"夜经济"集聚区。开展直播带货、夜展夜购等新型消费模式，大力发展网络经济，刺激增加非刚性需求消费。三是开辟农村消费新空间。完善农村地区道路、物流、通信服务等基础设施建设，建立县乡村三级农村物流体系和农村电商载体，建设新型农村消费市场。支持各地乡镇依托当地的资源禀赋、特色产业，打造精品化乡村大集。

（四）优化科技创新生态，集聚发展新动能

一是鼓励企业加大创新投入。加大研发投入力度，提升科技创新水平，提高核心竞争力，掌握发展主动权。政府应制定和完善创新投入的配套政策，支持和鼓励企业加大研发投入。对于企业研发资金投入符合国家战略科技方向要求的，政府在给予财政补助和奖励等资金支持的同时，探索综合运用税收、奖补等组合政策工具，扶持企业加大创新投入力度，比如对企业申请专利予以奖励、对新认定高新技术企业给予奖励、对企业所得税给予减免、采取创新成果与绩效考核直接挂钩等措施。二是充分发挥产学研协同创新效应。推动企业与高校、科研院所等研发机构构建更加紧密的产学研合作关系。企业层面，一方面要进一步加强一流研发团队的培育和建设，加强和国内外有关高校开展深度紧密型校企合作，理顺利益分配机制，联合建设高效协作的研发中心、工作站等平台，充分借助外脑力量，提高企业研发能力和成果转化水平；另一方面要关注国家战略、行业政策走向以及前沿技术发展趋势，主动适应市场需求变化，集中创新资源，在具备一定基础优势的领域，专注开展技术研发和创新活动，提升企业的核心竞争力。

（五）推动区域协调合作，构建内外循环新格局

一是提升长春现代化都市圈的总体实力。壮大长春市规模总量，加快促进各类要素高效流动和有机聚合，围绕汽车等支柱优势产业领域，开展梯度发展、协同合作，争创国家级中心城市和吉林自贸区。支持长春市利用生产要素和人口密集的优势，加快发展现代服务业，尤其是高技术高知识密集型新服务产业的发展，逐步推动优质新服务资源向城市周边地带流动，推动全

域的新服务发展。二是统筹推进区域协调发展。综合分析各地区的经济、地理、气候等因素，结合"一主六双"高质量发展战略中重点产业和重要项目的区域分布，注重发挥比较优势、突出地方特色，精准培育特色鲜明、优势突出产业，实现错位发展。西部松白地区要围绕新能源产业重点布局产业项目，加大技术储备和企业培育力度，在氢能、光能等领域尽快形成上市企业的后备梯队。四平、辽源等地区要围绕国家粮食安全战略和汽车产业链延伸重点区域的发展重点，做好现代农业"专精细新"企业。白山、通化东南地区围绕长白山资源禀赋，加强旅游、医药产业布局，形成优势产业。三是拓展国内外大市场。发挥吉林省的区位、资源禀赋及市场需求优势，精准把握扩大内需、做大国内市场、提高产业链水平等政策导向，寻求深度对接京津冀协同发展、环渤海经济带建设、长三角区域一体化发展、珠三角一体化、哈长城市群建设等国家发展战略，有序承接产业转移；借助"长满欧""长珲欧"国际通道，扩大出口规模，拓展对外贸易领域。

（六）落实人口政策，拓宽引才渠道

一是加大人才引用力度。在吉林省人才政策3.0版的基础上，探索以技能要素为核心的新服务人才评价制度和奖励机制，引导企业认可技能要素、创新性劳动，建立以政府表彰为引领、行业企业奖励为主体、社会奖励为补充的高技能、高技术、高水平人才表彰奖励体系，探索建立人才分类评价体系。在重点领域加大人才引进力度，探索出台更"解渴"的人才优惠政策，对"高精尖缺"人才给予更多政策、资金和待遇保障，鼓励和吸引"互联网+"、数字技术等高端人才加入吉林省人才队伍。二是提高人口出生率。优化调整生育政策，完善社会妇幼照抚体系、托育服务体系，大力推进教育体制机制改革，减轻家庭养育负担，完善就业保障，鼓励灵活就业，帮助妇女快速恢复工作状态与平衡家庭，强化待遇保障机制。三是培育银发经济。适应银发经济时代来临趋势，开发老年人需要的食品、药品、保健品等消费品，满足老年人旅游交通、文化娱乐等方面的消费需求。积极推动各地区老年食堂建设，创新经营方式，提高老年人生活保障水平。

参考文献

《2024 年吉林省政府工作报告（全文）》，"中国吉林网"百家号，2024 年 1 月 29 日，https：//baijiahao. baidu. com/s？id＝1789388026331875295&wfr＝spider&for＝pc。

《吉林省 2023 年经济运行情况新闻发布会实录》，"吉林发布"微信公众号，2024 年 1 月 19 日，https：//mp. weixin. qq. com/s？＿＿biz＝MzA5ODg1NTczMA＝＝&mid＝2652142493&idx＝1&sn＝790a17cdf8b6c1968143bd54965d3ea6&chksm＝8a040fd3cae7f1d1145d48f8204d083914731987b29ca509e3d293b490dd1ed933a13a4afd05&scene＝27。

田振兴、张丽娜：《积极扩大内需　构建新发展格局》，《新长征》2021 年第 7 期。

金婷等：《吉林省技术人才流失原因分析及对策研究》，《今日财富》2020 年第 24 期。

韩俊：《2023 年政府工作报告》，《吉林日报》2023 年 1 月 20 日。

李抑嫱：《厚植高质量发展沃土——我省营商环境建设五年综述》，《吉林日报》2022 年 6 月 13 日。

B.4
东北振兴战略实施以来黑龙江省
发展成就、问题与路径

孙浩进　荣欣宇　苏诗涵*

摘　要： 国家实施东北振兴战略以来，黑龙江省以新发展理念为指引，以推进供给侧结构性改革为主线，贯彻落实国家关于东北振兴的一系列政策，在做好国家粮食安全"压舱石"、深化体制机制改革、调整产业结构、推动老工业基地转型升级等方面取得了成效。当前，黑龙江省经济发展正处于回升向好的重要阶段，但体制性、机制性、结构性问题依然突出，经济下行压力大、产业结构偏重、民营经济偏弱、创新人才偏少等深层次问题仍然需要得到有效解决。在新的发展阶段，黑龙江省应贯彻落实习近平总书记在新时代推动东北全面振兴座谈会上讲话精神，牢牢把握在国家发展大局中的战略定位，以推进中国式现代化为引领，爬坡过坎、攻坚克难、砥砺前行，推动经济发展不断应变局、开新局，聚焦实体经济、体制机制、科技创新、发展安全、对外开放等发力，奋力谱写全面建设社会主义现代化国家龙江新篇章。

关键词： 东北振兴战略　黑龙江省　高质量发展　可持续振兴

2023 年 9 月，习近平总书记在哈尔滨市主持召开新时代推动东北全面振兴座谈会，为新发展阶段黑龙江省振兴发展提出了最高的顶层设计、指明了任务和路径。在国家实施东北振兴战略 20 周年的重要历史方位下，黑龙

---

* 孙浩进，黑龙江省社会科学院经济研究所所长、研究员，主要研究方向为发展经济学；荣欣宇，黑龙江省社会科学院硕士研究生，主要研究方向为政治经济学；苏诗涵，黑龙江省社会科学院硕士研究生，主要研究方向为政治经济学。

江省应牢牢把握在国家发展大局中的战略定位，践行新发展理念，统筹发展与安全，抓好战略机遇，着力推进高质量发展、可持续振兴。

一 东北振兴战略实施以来黑龙江省经济发展取得的显著成效

（一）经济综合实力稳步提升，产业结构调整不断深化

2003~2012 年是国家实施东北振兴战略的第一个十年。在这一重要政策契机下，黑龙江省经济增长较快、实力显著增强。如表 1、图 1 所示，在这一阶段，黑龙江省地区生产总值（GDP）从 2003 年的 4057.4 亿元增长到 2012 年的 11015.8 亿元，全省经济综合实力实现了稳步提升。

表 1 2003~2012 年黑龙江省地区生产总值

单位：亿元

年份	2003	2004	2005	2006	2007
GDP	4057.4	4750.6	5513.7	6211.8	7014
年份	2008	2009	2010	2011	2012
GDP	8314.4	8587	10368.6	9935	11015.8

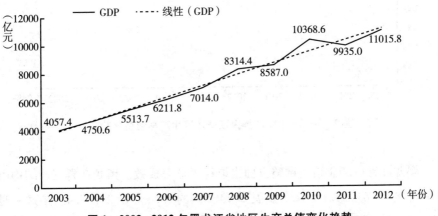

图 1 2003~2012 年黑龙江省地区生产总值变化趋势

资料来源：黑龙江省人民政府网。

2013~2022年,我国经济发展进入新常态阶段。这一时期,黑龙江省逐渐克服新常态带来的困难和挑战,逐步向高质量发展之路转变。2022年,黑龙江省地区生产总值已经恢复并超越疫情前的水平(见表2、图2),常住居民人均可支配收入为28346元,城镇常住居民人均可支配收入为35042元,农村常住居民人均可支配收入为18577元,分别比上年增长4.4%、4.1%、3.8%(见图3)。人民生活幸福感、获得感越来越高,经济高质量发展取得重要成效。

表2　2013~2022年黑龙江省地区生产总值

单位:亿元

年份	2013	2014	2015	2016	2017
GDP	11849.1	12170.8	11690	11895	12313
年份	2018	2019	2020	2021	2022
GDP	12846.5	13544.4	13633.4	14858.2	15901

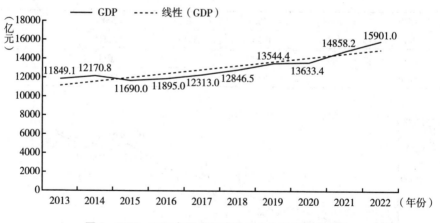

图2　2013~2022年黑龙江省地区生产总值变化趋势

黑龙江省在产业结构调整方面也取得了显著成效。黑龙江省三产结构由2003年的11.6∶57.1∶31.3发展到2012年的15.4∶47.2∶37.4。在这一时期,黑龙江农业发展优势明显,保证粮食稳产增收,第三产业和第二产业差距缩小,第三产业所占比重逐步上升,发挥越来越关键的作用。

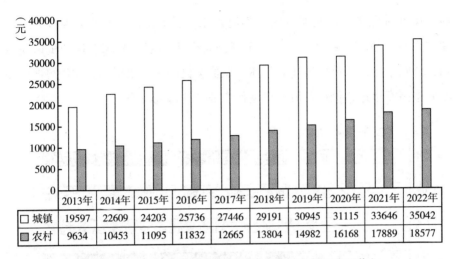

图3　2013~2022年黑龙江省城乡常住居民人均可支配收入

资料来源：黑龙江省人民政府网。

2013~2022年，黑龙江省继续加大力度促进产业结构调整，各产业稳中向好发展。农业方面，2022年黑龙江粮食总产量为1552.6亿斤，已经连续13年居全国首位，持续发挥稳产保供"压舱石"作用。工业制造业方面，传统老工业升级改造，黑龙江省加快传统产业智能化、数字化、绿色化改造，推进科技成果转化取得新进展，加快培育战略性新兴产业。截至2021年，全省制造业生产设备、关键业务环节、关键工序数字化率分别达39.3%、25.4%、37.7%；哈尔滨工业大学等78所高等院校、226个科研院所在数字经济领域创新能力、研发能力较强，科技成果就地转化已超十余项。2022年，黑龙江第一产业实现增加值3609.9亿元，同比增长2.4%；第二产业实现增加值4648.9亿元，同比增长0.9%；第三产业实现增加值7642.2亿元，同比增长3.8%，三次产业结构为22.7:29.2:48.1（见图4）。产业结构日渐以第三产业为主导，产业结构调整成效尽显。为促进产业振兴，黑龙江省出台了22个产业振兴专项行动方案，工业固定资产投资增速达9.7%。数字经济、冰雪经济、生物经济、创意产业加快发展，百度、华为人工智能产业基地建设启动，华大基因等一大批技术引领型企业落

地,10个冰雪创意产业项目签约落地龙江,创意设计企业营业性收入增长超过60%。战略性新兴产业、数字科技竞争力增强,AC352直升机试飞成功,科友半导体8英寸碳化硅晶体一跃成为国内领先水平。传统优势产业不断向中高端迈进,例如益海嘉里现代农业产业园陆续投产。

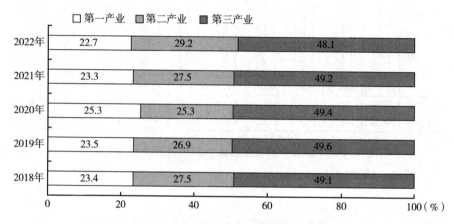

图4　2018~2022年黑龙江省三次产业结构

资料来源:黑龙江省人民政府网。

(二)体制机制改革取得突破,科技创新能力逐步提升

2003~2012年,黑龙江省在体制机制改革方面取得明显成效。根据2008年黑龙江省政府工作报告对过去五年的工作回顾,2007年全省国有企业改革不断深化,地方国有企业产权制度改革已经基本完成,顺利化解不良债务达1000多亿元,成功盘活国有资产近200亿元,共183万名职工实现"并轨",并发放补偿金共134.3亿元。2007年全省共缴纳税金240亿元,比2002年翻两番。非公有制经济实现增加值2808亿元,年均增长21.6%,相较2002年增长达1.7倍,高于同期全省GDP增速超过10个百分点,在全省经济总量中的占比提升至39.6%。2012年,黑龙江省民营经济增加值占经济总量比重达一半以上,比10年前提高19.3个百分点。

党的十八大以来,国家推动了新一轮以创新发展为核心、强调高质量发展的东北振兴战略。黑龙江省成立哈尔滨、绿地 2 家股权金融资产交易中心，1300 多家企业挂牌，储备总投资规模 5927 亿元的 PPP 项目 627 个，政府和企业借助资本市场发展的意识和能力明显增强。国企改革三年行动顺利结束，多种类型国企实现政企分开、公司化运行，国企改革行动成效显著。"放管服"改革持续推进，着力打造服务型政府，优化营商环境。

科技创新方面，2003~2007 年，黑龙江省累计获得国家科技奖 89 项，其中一等奖 7 项。一批科技成果在"神舟六号"飞船、"嫦娥一号"卫星、青藏铁路、三峡工程等国家重点工程中应用。电子信息、航空航天、新材料、生物技术等一系列高新技术产业及国防工业得到快速发展。2007~2012 年，省级重点产业园区达到 21 个，国家级园区、省级重点园区、市县级园区竞相发展。已经有 520 余项科技成果成功实现省内落地转化，科技引领与支撑经济增长的作用不断增强，战略性新兴产业、未来产业的强有力发展，将加快科技优势向经济优势转变的速度。

2013~2017 年，黑龙江省实施"千户科技型企业三年行动计划"，根据黑龙江省政府回顾这五年工作的政府工作报告，黑龙江省新成立科技型企业达 10440 家，其中主营业务收入 500 万元以上的 2037 家。政府引导支持哈工大成立机器人、激光通信、大数据、小卫星、智能成型等科技型企业，引导哈工程成立哈船动力、导航等科技型企业，合计 181 家。省政府各部门出台实施 43 个"互联网+"行动计划。新建腾讯、中航爱创客、省工研院、乐业等孵化器和众创空间 147 家、总数达到 190 家。建成电商产业园、电商孵化器 94 个，以及黑龙江大米网等电商平台 335 家，入驻电商及配套企业 2083 家。2015~2017 年快递业务量平均增长 49%。2017 年电商交易额、网络零售额分别达到 2387.2 亿元、225.9 亿元，分别比 2015 年增长 40%、88%。2018~2022 年创新驱动发展战略持续推进。黑龙江省坚持以创新作为振兴龙江、发展龙江的基点，技术合同成交额年均涨幅达 28.5%，研发经费投入增长 5%，国家认定的高新技术企业从 2017 年的仅有 929 家发展到 2022 年的 3605 家。"国和一号"核反应堆压力容

器试验成功，该实验全部自主化设计、国产化制造，突破了技术上"卡脖子"的瓶颈，白鹤滩水电站单机容量世界最大的百万千瓦机组得以成功运行。

（三）区域协调发展取得成效，绿色低碳发展持续推进

2003~2012年，黑龙江省在区域协调发展方面取得良好成效。哈大齐工业走廊启动，建成面积达76平方公里，开工项目达到520个，260个项目建成投产，完成投资近400亿元，依托"八大经济区"布局，经济辐射力度显著增强。东部煤电化基地已被国家列为7个煤化工产业基地之一。大小兴安岭生态功能区的经济转型和生态恢复步伐加快。县域经济快速发展，经济总量和财政收入涨幅均高于全省的平均水平。良性互动、优势互补、区域协调发展的格局已初步形成。

2013~2017年，黑龙江省铁路投资1150亿元，哈齐高铁通车，哈牡客专、哈佳快速、牡佳客专、哈站改造等项目开工建设。公路投资757亿元，建成高速公路425公里、一二级公路3500公里、农村公路1.9万公里。新建城市道路1702.5公里。抚远、建三江、五大连池机场通航，哈尔滨机场扩建T2航站楼竣工，铁路交通等基础设施建设为黑龙江省区域协调发展提供了基础。2013~2022年，黑龙江省加大力度打造长哈城市群和哈尔滨现代化都市圈，建设哈大齐国家自主创新示范区。哈尔滨以"五个率先"奋力实现"七大都市"，以发挥好对外开放中心城市的节点枢纽作用。提出打造黑龙江东部城市群，加强各城市之间的联结，各大城市群的建设和新兴产业示范区的推广，为省内区域协调发展开辟了合理路径。

绿色低碳发展方面，2003~2007年，黑龙江省节能减排和环境保护均取得了明显进展。扎实推进省内生态建设，五年内共完成造林88.5万公顷，森林覆盖率达到43.6%。湿地保护区、森林资源保护区和野生动植物保护区面积得到恢复和扩大。通过积极推进节能、环保、循环经济等项目建设，黑龙江全面完成国家下达的节能减排指标。全省单位GDP综合能

耗、二氧化硫排放量及化学需氧量排放量分别降低 4%、2% 和 0.5%。
2008~2012 年，黑龙江省加强生态功能保护区建设，基本完成平原半平原
绿化行动，森林覆盖率已接近 50%，森林蓄积量和质量同步提升。资源能
源开发利用更加高效环保，绿色经济、循环经济发展步伐加快，单位 GDP
综合能耗降低 16%。努力做到既要"金山银山"，更要"绿水青山"。
2013~2017 年，黑龙江省生态文明建设取得新进展。实施大小兴安岭生态
功能区、"三北"防护林、三江平原湿地等保护和修复工程，全面停止天
然林商业性采伐，完成造林 730.8 万亩，森林蓄积量增加 2.3 亿立方米。
大气污染防治投入 354.2 亿元，减少低质煤使用量 2600 万吨，改造褐煤锅
炉 50 台，淘汰城区燃煤小锅炉 9317 台，淘汰黄标车 60.2 万辆。2013~
2017 年，二氧化硫、氮氧化物排放量分别下降 19.7%、24.5%。2017 年，
$PM_{2.5}$ 年均浓度比 2015 年下降 12.2%。松花江流域水质持续改善，建立五
级河长制。2018~2022 年，黑龙江省加快步伐进行绿色升级转型，稳扎稳
打进一步巩固生态优势。秉持"绿水青山就是金山银山"的理念，统筹山
水林田湖草沙系统性治理，修建营造林达 122.6 万亩，修复湿地 1 万亩，
修复治理草原高达 22.2 万亩。奋力打好污染防治攻坚战，优良天数比例
高达 96%。可再生能源和新能源装机容量超过 2000 万千瓦，占总装机容
量的 47%。通过打造"龙林快贷"系列绿色金融产品，生态产品价值加快
转化为经济价值。

（四）外贸合作稳步推进，开放格局不断拓展

2003 年东北振兴战略实施以来，黑龙江省对外贸易取得良好成效。
2007 年黑龙江省外贸总额达到 173 亿美元，比 2002 年增长近 3 倍，是全国
第十一个进出口贸易总额超过百亿美元的省份。其中，对俄贸易进出口总额
达 107.3 亿美元，占全省进出口总额的 62%，从全国来看，占全国对俄进出
口总额的 22.3%。2012 年，黑龙江全力推动对俄经贸合作转型升级与创新
发展，对俄贸易总额增长 12.2%，占全国对俄贸易总额的 24.2%，本地产
品出口占比持续提高；成功举办央企合作、哈洽会，香港、深圳、浙江招商

等重大贸易活动,省外投资和实际利用外资大幅增长,开放型经济发展水平不断提升。

中国(黑龙江)自由贸易试验区开发开放平台获批以后,省委、省政府持续加快建设,黑龙江省对外开放水平不断提高,深度融入共建"一带一路",积极打造向北开放新高地。2013~2022年黑龙江省对外贸易进出口总额数据表明,2017年之后黑龙江省对外贸易取得了跨越性的进展和突破,并且仍在稳步攀升之中。以2018年为例,对外贸易进出口总额较2013年增长了4倍多(见图5)。2022年黑龙江对外贸易进出口总额同比增长33%,其中对俄贸易增长41.3%。中俄东线输气管线投入运行,一系列重要举措落地实施,黑龙江依托在东北亚的优势,对外贸易主要集中于俄罗斯、美国、印度、欧盟等经济体。其中,俄罗斯仍为黑龙江对外贸易主体。黑龙江积极推动对俄合作由经贸合作向全方位合作转变,由与毗邻地区合作向与俄中部和欧洲部分合作延伸。外贸规模持续扩大,2022年全省对外贸易进出口总额达2651.5亿元,同比增长33%,对俄贸易进出口总额同比增长超40%。同江铁路大桥、中俄黑河公路大桥开通运营,跨境基础设施进一步完善。各区域协同联动合作取得新进展,龙粤合作进一步深化,深哈产业园注册企业达506家。

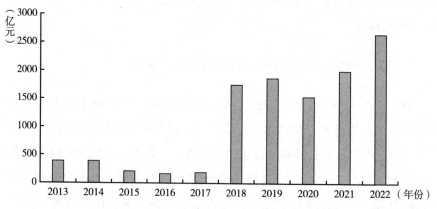

图5　2013~2022年黑龙江省对外贸易进出口总额

资料来源:黑龙江省人民政府网。

二　东北振兴视域下黑龙江省经济发展现状①

2023年，黑龙江省深入贯彻落实习近平总书记重要指示精神，以稳中求进作为工作总基调，全面贯彻落实新发展理念，经济发展取得预期成效。

（一）经济持续实现恢复性增长

2023年前三季度，黑龙江省经济运行总体企稳向好，保持恢复性增长态势，GDP达到10595.9亿元，同比增长2.6%。从产业角度看，2023年前三季度，黑龙江省第一产业增加值1164.8亿元，同比增长3.8%；第二产业增加值3198.9亿元，同比下降2.1%；第三产业增加值6232.3亿元，同比增长4.7%（见表3）。截至2023年9月，全省常住居民人均可支配收入达20594元，同比增长4.8%，其中城镇常住居民人均可支配收入同比增长4.3%，农村常住居民人均可支配收入同比增长6.1%。

表3　2023年前三季度黑龙江省主要经济指标情况

单位：亿元，%

季度	GDP	GDP增速	第一产业增加值	第一产业增速	第二产业增加值	第二产业增速	第三产业增加值	第三产业增速
第一季度	3104.4	5.1	139.5	1.60	1056.1	4.00	1908.8	5.9
上半年	6604.8	4.7	492.1	3.8	2124	-0.1	3988.7	7.1
前三季度	10595.9	2.6	1164.8	3.8	3198.9	-2.1	6232.3	4.7

资料来源：黑龙江省人民政府网。

---

① 黑龙江省2023年第四季度数据尚未发布，报告主要体现黑龙江省2023年第一季度、上半年与前三季度的经济发展趋势。

（二）农业现代化加速推进

黑龙江省深度贯彻实施粮食产能提升工程，打好"稳粮扩豆"攻坚战，农业强省建设实现良好开局。2023年前三季度，黑龙江省第一产业增加值1164.8亿元，同比增长3.8%，其中全省农林牧渔业总产值同比增长4.0%，分别高于上年同期以及上半年0.6个百分点、0.1个百分点，达到五个季度以来最高增速。农业生产稳步增长。2023年前三季度粮食作物实播2.28亿亩，同比增加456.9万亩，其中实际播种大豆7511.3万亩，高于国家实际下达任务目标114万亩。2023年前三季度瓜果类作物产量134.5万吨，同比增长4.3%；畜禽生产水平总体稳定，生猪出栏量达1790.3万头，同比增长3.6%；牛出栏量达230.2万头，同比增长3.7%；羊出栏量达504.2万只，同比增长2.5%，增速均高于上半年。

（三）现代化产业体系加速构建

黑龙江省坚持以产业体系现代化推动经济高质量发展，系统推进"4567"现代化产业体系建设，重点产业发展呈良好态势，强化22个产业延链补链强链，产业链强化延伸、产业链短板补齐、产业链韧性增强。从2023年前三季度的数据来看，全省规模以上高技术制造业增加值同比增长13.5%、高于全国11.6个百分点，其中，航空航天器及设备制造业增加值增长19.5%，医药制造业增加值增长11.0%，中成药、工业机器人等高技术制造业产品产量分别增长51.2%和1.7倍。2023年1~8月，装备、医药工业增加值同比分别增长8.7%、12.2%，省级规模以上工业增加值同比下降2.4%，9月同比降幅比8月收窄1.4个百分点。

（四）消费市场整体加速回暖

黑龙江省将恢复与扩大消费摆在经济发展的核心位置，采取开展促消费活动、发放政府消费券等形式不断释放社会消费潜力，带动消费105.7亿元，接触型、聚集型服务业实现较快增长，服务业对经济拉动效果显著。

2023 年前三季度，全省社会消费品零售总额达到 3983.8 亿元，同比增长 8.3%，高于全国平均水平 1.5 个百分点；服务业增加值同比增长 4.7%，为拉动经济增速贡献了 2.8 个百分点，连续 9 个月高于全国平均水平，位列全国第十。2023 年 1~8 月，在全省规模以上服务业中，文化体育娱乐业营业收入同比增长 43.2%，高于全国水平，教育、公共设施管理、社会工作三个行业营业收入同比分别增长 14.4%、11.9%、8.7%。与此同时，全省旅游业发展迅速，先后成功举办第五届全省旅发大会、夏季避暑旅游"百日行动"，推出促消费文旅惠民活动 158 项。2023 年前三季度，黑龙江省接待国内外游客人次同比增长 42.6%，旅游收入同比增长 97.3%。

（五）内生发展动力不断增强

黑龙江省坚持将改革开放作为振兴发展的关键一招，聚焦破除体制机制弊端，推动内生动力不断增强，改革开放迈出新步伐。加快数字政府建设步伐，优化政务服务，推进营商环境持续改善。2023 年 1~8 月，全省新登记企业 7.4 万户，同比增长 9.9%，高于全国 1.2 个百分点。制造业 PMI 在历经持续 5 个月低于 50% 后重回荣枯线以上，交通运输总周转量增长 11%，工业用电量增长 1.84%，全省要素指标实现恢复性增长。营商环境持续改善，推进 3 个一级指标、32 个二级指标达到全国一流水平。推进省市县三级领导干部包联企业全覆盖，为企业有效解决问题 1.48 万个，黑龙江全省实有经营主体、企业分别增长 5.1%、8.1%。

（六）重点项目建设加快推进

黑龙江省坚持以高质量项目推进经济高质量发展，2023 年前三季度，1000 个省级重点项目达成 92.7% 的开工复工率，82.4% 的投资完成率。全省不断推进产业项目建设进程，实现 699 个省级重点产业项目开复工率 94%、投资完成率 82.3%。绿色能源投资前景良好，2023 年前三季度清洁电力投资同比增长 11%，拉动全省投资增速 0.6 个百分点。工业技改投资同比增长近 5.5%，其中采矿业技术改造投资同比增长 10.5% 左右，制造业技

术改造投资同比增长近 14%。另外，装备制造业投资同比增长 17.5%，占制造业投资比重提升明显，比上年同期提高 9.8 个百分点，高耗能制造业投资同比下降 37.2%，可见制造业投资呈现高端化、绿色化的特点。

（七）对外开放水平持续提高

黑龙江省不断推进全方位开放步伐，加快建设开放龙江，自贸试验区制度创新不断取得新进展。2023 年前三季度，黑龙江省货物贸易进出口总额 2182.2 亿元，同比增长 15.1%，高于全国 15.3 个百分点，位居全国第七，其中出口额 540.9 亿元，同比增长 49.1%；进口额 1641.3 亿元，同比增长 7.1%，分别高于全国 48.5 个百分点、8.3 个百分点。对俄贸易合作不断深化，进出口总额达 1340.6 亿元、同比增长 14.4%，占全省外贸总额的 69.9%。对外贸易结构进一步优化升级，机械电子产品出口额占全省出口总额的 38.4%，出口额同比增长 90.1%。黑瞎子岛公路口岸设置方案获国家复批，对外开放基础设施不断完善，黑河公路大桥通行能力不断提升，中欧班列累计发运 1922.74 列次、货值达 31.7 亿美元。全省新增设外商投资企业达 172 家、同比增长 87%；实际利用外资较上年同期增长 23.7%，高于全国平均水平 32.1 个百分点。

（八）发展方式转型加速推动

黑龙江省深入践行习近平生态文明思想，以绿色发展为抓手，不断推进生态文明建设，打造"绿水青山就是金山银山，冰天雪地也是金山银山"实践地。聚力赢得污染防治攻坚战的胜利，统筹推进大气污染治理、入江河排污口治理、松花江流域水污染防治。2023 年全省优良天数比例达 91.7%，高于全国平均值 8.5 个百分点；[①] 国考断面优良水体比例达 70.3%，同比提高 10.9 个百分点，松花江干流水质保持优等级。着力推进冰雪经济发展，扎实推进冰雪装备、冰雪旅游等项目建设，不断推进夏季避暑旅游转型升级。

_____

① 根据黑龙江省人民政府网发布的 2023 年 1~12 月各市优良天数比例变化排名表整理。

三 黑龙江省振兴发展存在的主要制约因素

随着东北振兴战略的实施，黑龙江省经济发展态势良好，获得了可喜的突破，但依然存在体制性、机制性、结构性问题，经济基础仍不稳固扎实，全省振兴发展面临许多需要解决的制约因素。

（一）经济下行压力较大

2023 年前三季度，黑龙江省 GDP 为 10595.9 亿元，仅占全国同期 GDP 的 1.16%，同比下降 0.04 个百分点，全省经济增速分别低于第一季度、上半年 2.5 个和 2.1 个百分点，低于全国同期 2.6 个百分点。此外，第一产业增加值增速低于全国 0.2 个百分点，第二产业增加值增速同比下降 2.1 个百分点，规上工业增加值增速同比下降 2.4 个百分点，增幅由第一季度的高于全国 2.1 个百分点回落到前三季度的低于全国 6.4 个百分点，部分主要经济指标增速放缓或呈下降趋势，对全年经济稳定运行造成较大压力，在一定程度上制约了黑龙江省经济的振兴发展。[①]

（二）产业结构偏重

黑龙江省三次产业发展不合理，第二产业增速相对缓慢，第一产业占比相对较大，第三产业发展不足。一直以来，黑龙江省采取粗放型的发展模式，新旧动能转换效率低下，"新字号"产业产品相较于"老字号""原字号"数量偏少，发展内生动力不足，传统产业发展活力较弱，战略性新兴产业发展基础不牢，新兴动能规模相对有限，实体企业经济收益减弱，国有企业与民营企业、外资企业三者之间尚未实现资源的协调与平衡，经济发展新的增长点并未有效形成，产业结构优化道阻且长。

---

① 根据 2023 年黑龙江省人民政府网发布的前三季度相关数据与国民经济和社会发展统计公报相关数据整理。

（三）民营经济较弱

民营经济发展动力不足一直是制约黑龙江省经济发展的症结之一。体制机制的不健全致使民营经济缺乏蓬勃向上的生命力，黑龙江省的国有、民营企业数量之比约为 7∶3，比例失衡产生了一系列经济问题，如市场机制的积极作用尚未得到有效发挥、国有企业形成资源占用与行业垄断、国企改革成本较大且结构调整缓慢，国有企业占据了大部分的市场和资源，民营企业大部分作为国有企业的"配套"而存在，二者更多是"依附"与"寄生"关系，这在很大程度上降低了民营企业的市场竞争力。并且黑龙江省计划经济惯性较强，市场化进程较为缓慢，政府"放管服"改革有待深化，服务型政府建设存在短板，形成"政府强、市场弱"的体制机制弊端，导致营商环境建设较为滞后，市场开放程度不高，民企与国企在市场准入、政策支持、企业融资等方面处于不平等的状态，民营企业制度性交易成本相对较高，这极大地限制了民营企业的健康发展，造成民营企业发展缺乏活力。

（四）创新人才偏少

2013 年以后，东北地区常住人口连续七年净流出，黑龙江省几乎所有城市人口都呈净流出态势，且在这些外流人口中，占比较大的是高校毕业生。《半月谈》数据显示，2014~2018 年，黑龙江省高校到省外创业和工作的生源毕业生数量约为 25.17 万人，年均流出 5.03 万人。考入省外高校的本地人口，仅有 14% 回省就业。长三角、珠三角、环渤海等经济发达地区成为黑龙江省高校毕业生及青壮年就业发展的主要去向，造成黑龙江省人才市场空心化，进而制约黑龙江的经济振兴与创新发展。黑龙江省产业转型升级相对缓慢、经济发展后劲不足、社会保障制度不完善、人才引进政策与发达地区差距较大、缺乏良好的创新与营商环境，这些因素都在一定程度上造成黑龙江省创新人才大规模外流，严重制约黑龙江省经济的振兴发展。

（五）投资增长后劲不足

当前，黑龙江省面临投资后劲不足的现实困境，2023 年第一季度，全省固定资产投资同比增长 8.2%，随后逐月呈下降态势，自上半年由正转负后，到前三季度固定资产投资同比下降 16.6%，增长幅度从第一季度高于全国 3.3 个百分点回落到前三季度低于全国 19.7 个百分点，连续 4 个月负增长。造成投资持续下行这一现实困境的因素，一是黑龙江省固定资产投资对房地产行业依赖程度较高，自 2021 年起全省房地产投资持续呈下降态势。2023 年前三季度，全省房地产投资下降 28.1%，降幅高于全国 19 个百分点，负向拉动全省固定资产投资 5 个百分点，对投资增速影响颇深。二是民间投资近几年持续走低，从 2021 年的下降 5.4% 到 2022 年的下降 9.8%，再到 2023 年第三季度下降 31.5%，拉动全省固定资产投资下降了 12.8 个百分点。三是产业项目支撑不足，招商引资落地较慢。全省产业项目呈数量多、规模小、投资弱的特征，且自 2022 年开始陆续签约的 947 个项目中成功开工建设的仅占三成。四是基础设施投资作为拉动全省投资增长的重要支撑却下降明显。2023 年上半年黑龙江省基础设施投资增长 23.6%，前八个月增长 5.9%，但前三季度下降 5.6%，比上半年回落 29.2 个百分点。①

四 推动黑龙江省经济高质量发展的实践路径

习近平总书记在新时代推动东北全面振兴座谈会上的指示为新时代东北全面振兴发展指明了方向。基于此，黑龙江省应担起维护国家"五大安全"的战略任务，筑牢实体经济根基，以科技创新推动产业振兴，不断推动产业升级，打造向北开放新高地，各项举措多管齐下助力龙江经济发展，加速东北全面振兴，为尽快实现中华民族伟大复兴中国梦贡献龙江力量。

---

① 根据黑龙江省人民政府网发布的 2023 年前三季度相关数据整理。

（一）筑牢现代化龙江的实体经济根基

东北振兴根基在实体经济。作为社会生产力的直接体现，实体经济在推动经济高质量发展中发挥关键作用。黑龙江省加快建设现代化产业体系，坚持把发展经济的着力点放在实体经济上。聚焦实体经济领域，加快制造业发展和转型升级，重点培育战略性新兴产业和新质生产要素，整合龙江科教创新优势，集中力量发展半导体芯片制造、深海深空深地、智能装备制造等重大科学工程与科技基础设施建设，凝心聚力解决技术上的"卡脖子"难题，攻坚克难，推动科技高水平自立自强。促进科技链、创新链、产业链融合发展，提升产业链、供应链韧性和安全水平，不断推进先进制造业企业高质量发展，打造龙江行业龙头和标杆企业，推动龙江实体经济发展行稳致远。强化金融体系服务实体经济能力，完善金融创新及普惠金融体系建设，坚决遏制经济脱实向虚，有效解决实体经济融资难、融资贵的现实难题。持续优化并动态调整有利于实体经济发展的配套政策，加大财政政策对民营企业的支持力度，持续完善和强化"六稳"举措，不断提升企业创新能力，促进实体经济良性发展。

（二）提升现代化龙江的科技创新动能

着力提升科技创新能力，重视企业在科技成果转化中的核心载体地位，建设高水平自主创新示范区、环大学大院大所创新创业生态圈，深入贯彻落实科技成果产业化专项行动，推进产学研深度融合，实现创新资源综合集成，切实将科技成果转变为振兴实体经济发展的现实生产力。在强化教育的同时，优化龙江人才引进招揽政策，给予人才优惠的政策和广阔的才能施展空间，加快构建以人才为引领、以科技为基础、以金融为支撑的产业生态体系，推动龙江发展。抓住新一轮科技革命和产业变革机遇，利用好数字产业优势，聚焦强化5G、互联网、大数据等基础设施建设，增强数字思维，实现数字产业化与产业数字化协同并进，推动"龙江制造"向"龙江智造"转型，助力龙江产业现代化，打造龙江数字经济"新蓝海"。鼓励、支持、引导民营企业发展壮大，有效激发市场主体活力；深化国有企业改革，不断推进黑龙江国有企业完善现代企业制度，提升企业核心竞争力与科技创新力，切实增强龙江高质量发展新动能。

（三）优化现代化龙江的产业升级路径

聚焦现代化产业体系建设，着力培育强化经济高质量发展的新动能，将加速产业结构转型升级作为振兴发展的重中之重，以大力发展高技术制造业和技术升级作为推动实现经济高质量发展突破口。推动新旧动能转换，加速传统工业制造业升级，挖掘制造业转型升级潜力，推动传统产业焕发新的生机与活力；以强链补链延链推动制造、能源产业深度开发，依托区域资源禀赋，推动石油、冶金等产业链向下游不断延伸；加大力度培育战略性新兴产业和未来产业，重点发展数字化产业，聚焦数控机床、航空航天、生物医药等高新技术产业，打造产业发展新格局。统筹推进科技、绿色、质量、品牌农业一体化发展，建设农业高新产业示范区，强有力推动农业农村现代化建设，扎实推进乡村振兴全面发展；立足得天独厚的冰雪、文化资源，打造冰雪旅游新高地，弘扬龙江优秀特色文化，推动绿色生态与文旅产业有机融合，加大生态环境保护力度，切实将资源生态优势转变为经济优势，进而形成对经济振兴发展的强大牵引力。

（四）构建现代化龙江对外开放新格局

一要培养前沿思维，强化对外开放意识，推动贸易、投资、通道和平台统筹建设，依托黑龙江省优越的地理方位，深化中俄合作，实现两国优势互补，继续挖掘两国经济合作的新增长点，完善中蒙俄多边合作机制，有力推进边境贸易繁荣发展、贸易结构持续优化、贸易规模不断扩大，为国家东北亚区域高质量发展贡献龙江力量。二要持续深化经济体制改革，推动国内国际双循环新发展格局的构建，扫除市场中不利于生产要素及产品流通的体制机制障碍，更好融入全球市场，为龙江经济振兴发展赋予更多的内生动力，全面提升龙江对内对外开放水平。三要加速基础设施建设，打造完善的现代

化基础设施是推动经济发展的前提，积极推进龙江铁路、高铁、机场交通项目建设，推进陆路跨境通道扩能增效，推动哈绥俄亚陆海联运大通道常态化运行，加速实现基础设施"硬联通"和规则标准"软联通"高效结合。四要快速推动对外开放平台发展创新，进一步强化沿边重点开发开放试验区、边境经济合作区、综合保税区等平台建设，充分发挥黑龙江自贸试验区效用，扩大规则、规制、管理、标准等制度型开放，降低制度性交易成本，不断创造高水平开放成果，依托创新展会平台，拓展与国内外企业交流合作，不断推动建设对外开放新格局。

（五）立足现代化龙江统筹发展与安全

把切实维护国家"五大安全"作为现代化龙江首要的政治使命和历史担当。在国防安全领域，强化军民融合，维护"军民鱼水情"，通过不断健全国家国防安全保障体制机制，保证国防安全能力稳步提升；在粮食安全领域，争当农业现代化建设排头兵，全面发挥并落实国家粮食安全稳产保供"压舱石"功能，多措并举提升粮食综合生产能力；在生态安全领域，相关部门需加大自然和生态环境保护力度，打好蓝天、碧水、净土保卫战，加强草原、湿地、森林生态保护，构筑生态安全绿色保护屏障；在能源安全领域，聚焦绿色低碳循环产业，积极开发清洁绿色新能源，奋力推进生态文明建设；在产业安全领域，深入实施产业振兴计划，强化产业链与创新链有效联结，提升制造业韧性和竞争力，确保国家产业链、供应链安全可控。防范化解重点领域关键环节风险，强化风险监管，坚决遏制新增地方政府隐性债务，稳妥处置中小银行金融风险，积极化解存量隐性债务。切实维护社会整体安全稳定，坚决避免发生重特大安全生产事故，有力保障人民生命财产安全。贯彻落实固边兴边富民行动，依托国家的支持政策，不断完善龙江边境地区的基础设施建设，推进粮食、能源与产业等要素和人口向边境地区迁移，持续提升边境地区维护国家安全的能力。

B.5
东北振兴战略实施以来蒙东地区推进中国式现代化路径研究

于光军*

摘　要：　基于内蒙古东部两盟三市现有发展基础、现代化动力，对照党的二十大报告提出的中国式现代化建设各项任务和目标要求，蒙东地区推进中国式现代化，需在要素城乡二元结构的客观约束下，突破新发展阶段现代化资源不足、社会动力与行政动力结构失衡、区域融合机制不畅等瓶颈，建设自治区级蒙东地区发展智库，调整蒙东地区社会资源配置格局，以产业融合带动区域融合，创新社会力量参与机制，推进蒙东地区中国式现代化。

关键词：　蒙东地区　中国式现代化　区域融合　产业融合

党的二十大报告明确了中国式现代化建设总体目标、战略布局、当前及今后一段时期具体工作部署，为蒙东地区推进现代化建设提供了原则和方向。中国式现代化的总体目标，要求全国统一完成中国式现代化的各项任务，要求各地方同步实现物质生活和精神生活共同富裕，要求在更加广泛的地域空间推动人与自然和谐共生。中国式现代化的统一性与蒙东地区的特殊性，需要蒙东地区在达成国家总体目标的过程中，寻找到基于蒙东地区基础状况推进中国式现代化的路径。

---

* 于光军，内蒙古自治区社会科学院经济学研究员，主要研究方向为区域经济学、政治经济学。

一 蒙东地区基础状况

蒙东地区是内蒙古东部地区的简称。内蒙古自治区地处我国北疆，土地面积118.3万平方公里，东西狭长直线距离2400公里，南北跨度1700公里，横跨东北、华北、西北三大自然区划，所辖12个地级行政区自然资源禀赋差异较大，社会、经济、文化等发展程度亦多有不同。在2006年6月召开的国务院振兴东北地区等老工业基地领导小组第三次会议上，内蒙古东部的两盟三市被纳入振兴东北的总体规划，蒙东地区的范围就此固定下来。该区域下辖内蒙古自治区呼伦贝尔市、兴安盟、通辽市、赤峰市、锡林郭勒盟5个盟市和满洲里市、二连浩特市2个计划单列市，共52个旗县市区，土地面积66.5万平方公里，占内蒙古自治区土地面积的56.2%，占东北经济区的45.1%。呼伦贝尔市行政区内通往俄罗斯的满洲里口岸、锡林郭勒盟行政区内通往蒙古国的二连浩特口岸，是东北地区重要陆路口岸。

（一）蒙东地区社会经济结构鲜明

截至2023年末，蒙东地区常住人口1144.10万人，人口主要集聚在赤峰、通辽两市，两市人口占蒙东地区总人口的59.2%，两市人口密度也远远高于蒙东其他地区，且较低的城镇化率表明人口城乡分布较为均衡（见表1）。

表1 2023年蒙东地区五盟市社会发展数据

盟市	面积（万平方公里）	常住人口（万人）	城镇化率（%）	人口密度（人/公里²）
呼伦贝尔市	25.3	216.6	75.8	8.6
锡林郭勒盟	20.3	111.7	75.5	5.5
赤峰市	9.0	396.7	55.6	44.1
兴安盟	6.0	138.5	54.9	23.2
通辽市	6.0	280.7	51.9	47.2
蒙东地区合计	66.5	1144.1	60.4	17.2

注：若分项合计与总项不等及关联数据与现有数据计算结果有差异，系数据取整所致，表格中未进行机械调整，余同。

资料来源：《2023年内蒙古自治区常住人口主要数据公报》。

蒙东地区包含了草原、森林、农田三类土地，以草原、森林为主体，草原、森林总面积超过 37 万平方公里，占蒙东地区土地总面积的约 55%。森林、草原地域辽阔、人口稀少，在国家国土空间规划的统一管理制度下，几乎全部为生态红线区。蒙东地区整体上经济密度较低，2023 年单位面积地区生产总值（GDP）仅有 109.60 万元/公里^2（见表 2）。各盟市依经济布局模式划分可大体分两类，即以呼伦贝尔草原、森林为载体和锡林郭勒草原为载体的松散型地区，以及以赤峰、通辽、兴安旱作农业区为主要载体的紧凑型地区。

表 2　2023 年蒙东五盟市经济状况

盟市	GDP（亿元）	人均 GDP（万元）	单位面积 GDP（万元/公里^2）
呼伦贝尔市	1595.6	7.4	63.1
锡林郭勒盟	1184.8	10.6	58.5
赤峰市	2197.5	5.5	244.2
兴安盟	702.8	5.1	117.5
通辽市	1609.0	5.7	270.4
蒙东地区	7289.7	6.4	109.6

资料来源：依据表中各盟市 2023 年国民经济和社会发展统计公报数据计算。

蒙东地区的经济地理状况决定了其各地基本延续了依据农牧业资源利用、工业资源开发和区域商贸流通集散三个元素布局城镇体系的社会经济格局。在辽阔的地域、丰富多元的土地类型约束下，各地按照农林牧业资源分布形成了社会经济活动早期的人口集聚点。20 世纪初，铁路交通设施建设、煤炭资源开发、森林工业体系建设、草原耕地化开发启动了蒙东现代城市体系建设，至 20 世纪末，形成了蒙东地区现在的城市与城镇格局，即由功能齐全的地市级政府所在区域中心城市、与本地资源禀赋形成的产业高度匹配的县级政府所在的城镇、人口密集的小城镇构成的三级城市与城镇体系，按城镇自身需要和农牧业生产需要、农牧民最为基础的生活需

要，梯次服务广袤田野上的村屯和草原腹地散居牧户组成的乡村。

从21世纪初开始，国家草原、森林生态保护全面开展，草原耕地化开发、森林资源采伐、生态保护区矿产资源开发陆续停止，相关产业从业人口向城镇迁移和集聚。同时，教育、医疗等公共服务资源向盟市政府所在的区域中心城市集中，农村牧区社会资源向县（旗）域中心城镇集中，煤矿等传统产业人口集中地区加大社会化改造力度，社会与人口布局调整较为频繁。其间变动较大的，一是城镇化水平不断提高，伴随基础教育资源向中心城镇集中，青少年从农村牧区进入城市、中心城镇接受基础教育，带动部分农村牧区人口迁移到城镇生活。二是公共服务质量和社会保障水平大幅度跃升，以农村牧区精准脱贫各项工作为契机，自然条件、生产条件恶劣地区的人口整体向条件较好地区搬迁，丧失劳动能力和缺乏家庭供养力量的人口向城镇搬迁；基本养老保险参保率、城镇人口就业、农牧民收入保障纳入政府工作目标体系，以农村牧区医疗卫生体系建设为重点的基本公共服务城乡均等化基本实现，区域之间、城乡之间基本公共服务差异大幅度缩小。

人口的集聚造就了丰富多彩的社会生活，也为个体生活的自由选择带来更多的机会，在社会发展进入快速转变的新阶段后，高质量基础教育、繁荣的文化生活供给、便捷优质的生活服务、高效全面的市场服务成为城市之间、城乡之间差距的衡量指标。城市化生活方式带来的美好生活在吸引人口向城市、城镇迁移的过程中，不同迁移能力的人口选择与能力匹配的迁移目标地，造成了驻留人口整体素质下降，城乡二元结构从人口分布向能力分布快速演进。蒙东地区需要高度关注的问题，一是农牧区青壮年人口比例大幅度降低，导致鼓励乡村发展的大部分政策失去有效执行主体；二是边境偏远地区空心化日益严重。

（二）现代化动力来源呈现行政与产业并行格局

改革开放后，蒙东地区曾经长期处于社会经济发展落后于蒙西地区的状态，特别是在21世纪初内蒙古经济快速发展阶段，以呼、包、鄂为核心的内蒙古西部社会经济发展速度和发展水平均高于蒙东地区，形成了在内蒙古自治区范围内的东西地区差距，大量社会资源从蒙东地区流向自治区首府呼和浩特，乃至流向区外。21世纪头十年，蒙东地区产业优化、经济跃升的态势相对滞后，经济体系中的本地国有经济力量不断削弱，民营经济、外部企业生产单元成为蒙东地区经济主体。2023年，蒙东地区以赤峰—通辽为中心成立国家承接产业转移示范区，从当前国内产业分工布局的趋势分析，蒙东地区改变现有企业结构，成为企业总部集聚地、产业研发中心集聚区的概率较低，汇集劳动力的能力将长期处于稳定状态。

近年来，就中国人口变化与现代化动力之间的关系，中央提出将促进人口高质量发展作为中国式现代化建设的一项重要内容，强调中国式现代化的核心是"人的现代化"。基于人口结构和人口素质的现实状况，出现了将退休后头十年左右的人口视为"新红利人口"的观点。从"新红利人口"流动的基本趋势分析，劳动力退休后多数会选择上一档次的城镇或城市生活。从蒙东地区实际情况分析，由于文化、人口流动史等因素影响，赤峰—通辽城区具备对"新红利人口"的吸引力，蒙东地区其他城市则会出现"新红利人口"流失，蒙东地区内部分化和差异化发展状态会持续。

近年来，我国社会经济进入新发展阶段，经济发展的动力由资源开发转向高质量要素的投入，国家推动社会经济发展的目的和社会群体个人追求高度一致，凝结在提高生活品质、实现高质量发展这一目标之中。一方面，提高基本公共服务均等化水平，缩小地区间居民收入和实际消费水平的差距，实现精神生活的共同富裕，公共投资起到重要的作用，国家、内蒙古自治区对蒙东地区提高百姓生活品质方面的投入会不断增加。另一方面，当前宏观经济下行压力较大，对蒙东地区劳动力带来外出就业成本增加、本地就业机会减少的阻碍，社会资金寻求盈利的空间被压缩，产业投资意愿降低，劳动力选择驻留蒙东地区的意愿出现波动，现代化动力的培育面临一定困难。据此分析，蒙东地区现代化的动力来源重点，一是公共投入，二是产业转型升级和承接产业转移注入的高质量要素增长。

二 中国式现代化思想在蒙东地区的实践

（一）推进中国式现代化成为蒙东地区人民政府工作主线

中国式现代化提出了九个方面的本质要求。坚持中国共产党领导，坚持中国特色社会主义，实现高质量发展，发展全过程人民民主，丰富人民精神世界，实现全体人民共同富裕，促进人与自然和谐共生，推动构建人类命运共同体，创造人类文明新形态。党的二十大报告做出的系统部署，为梳理总结蒙东地区各盟市现代化建设基础提供了基本遵循。近年来，蒙东地区各盟市立足于本地自然资源、社会资源，不断推动社会经济发展，努力寻求促进生态文明建设、实现高质量发展、丰富人民群众精神世界、提高百姓富裕水平、落实以人民为中心的发展思想的工作举措，逐步扭转了封闭滞后的发展格局。

蒙东各盟市新阶段发展思路日趋全面，围绕制约推进中国式现代化的短板，确定了全面建设、全面振兴的思路，尤为重要的是突出了"文明新形态"目标。赤峰市制定了"五个发展定位""六个赤峰"建设总目标，提出建设现代化区域性中心城市、国家承接产业转移合作示范区、商贸服务型国家物流枢纽承载城市、国家特色文化旅游和生态休闲度假基地、中国北方重要的农畜产品生产输出基地；建设绿色赤峰、创新赤峰、开放赤峰、法治赤峰、和谐赤峰、清廉赤峰。通辽市在建设"现代化通辽"目标下，提出打造千亿级现代农牧业强市、实施"工业倍增"计划、再造一个"通辽工业"、加快服务业转型突破、打造新能源就地消纳示范基地、建成生态保护修复样板六大任务。呼伦贝尔市制定文旅产业提标提效发展、农牧业增量增质发展、新兴产业集约集聚发展、生态产业乘时顺势发展、传统产业创新创优发展任务，推动转变经济发展方式。兴安盟持续推动生态文明示范区、绿色发展引领区、乡村振兴样板区、民族团结模范区、从严治党阳光区"五区"建设。锡林郭勒盟致力于建设国家生态文明示范盟，打造牧区特色社会治理新样本，推动畜牧业朝着生态安全型、三产融合型、质量效益型方向发展，构建现代能源经济与生态协同发展格局，推动口岸与腹地联动发展，打造国际知名草原生态文化旅游目的地。

在以往的社会发展基础上，蒙东地区各盟市中国式现代化思想实践，在社会发展系统性、将社会治理作为关注点两个方面与过往有明显的不同，生态文明建设、区域综合能力提升、提高社会治理水平，被提升到与经济建设、产业发展同样的高度，创新、开放、法治被作为行政性推进现代化建设的原则。

（二）蒙东地区中国式现代化建设重点任务

2023 年内蒙古自治区为贯彻落实党的二十大精神，确定了新发展阶段的"两件大事"，即全方位建设"模范自治区"，完成习近平总书记交给内蒙古的建设我国北方重要生态安全屏障、建设祖国北疆安全稳定屏障、建设国家重要的能源和战略资源基地、建设国家重要的农畜产品生产基地、建设我国向北开放重要"桥头堡"等"五大任务"。内蒙古的"两件大事"包含了党的二十大提出的中国式现代化建设赋予自治区特别是民族地区的全部工作内容，体现了中央对内蒙古自治区党委、政府做好新发展阶段各项工作提出的具体要求。围绕做好"两件大事"，内蒙古自治区人民代表大会出台了《内蒙古自治区全方位建设模范自治区促进条例》《内蒙古自治区建设我国北方重要生态安全屏障促进条例》《内蒙古自治区筑牢祖国北疆安全稳定屏障促进条例》《内蒙古自治区建设国家重要能源和战略资源基地促进条例》《内蒙古自治区建设国家向北开放重要桥头堡促进条例》五项地方法规。自此，做好"两件大事"成为内蒙古全区各盟市、旗县区的任务目标。2023 年 5 月，内蒙古自治区人民政府布置了全自治区各级开展"十四五"规划运行中期评估的任务，实际评估遵照了中共内蒙古自治区第十一届委员会六次全会做出的全方位建设模范自治区的决定，聚焦落实六项"促进条例"提出的工作要求，对"十四五"后续工作调整形成了指导性意见，成为蒙东地区中国式现代化建设重点任务。

推进内蒙古区域协调发展，要以新型城镇化为引领，加快蒙东地区发展。2021年，内蒙古自治区颁布的《内蒙古自治区新型城镇化规划（2021—2035年）》（以下简称《内蒙古新型城镇化规划》）提出，"加快建设赤峰、通辽区域中心城市"，"将赤峰市、通辽市打造成为东部地区高质量发展增长极，推动两市协同发展，建设承接产业转移示范区。推动赤峰市、通辽市在产业分工、文化交流、招商引资、对外开放等方面联动发展，增强区域性中心城市的支撑作用"。《内蒙古新型城镇化规划》分别对赤峰市、通辽市提出建设任务，总体上要求两市依托资源、区位、交通优势，深度融入东北振兴、京津冀协同发展，完善基础设施，改善人居环境，增强主城区人口和经济承载能力，建设宜居宜业城市和历史文化名城，突出产城融合，强化服务供给，有效吸纳人口和集聚产业，推动主城区与邻近县域中心城镇一体化发展，发挥对周边地区的辐射带动作用。积极融入京津冀经济圈和辽宁沿海经济带，重点发展绿色农畜产品生产加工、特色文化旅游、新能源和生物制药等产业，建设区域性物流中心。自此，赤峰—通辽作为"双子星座"城市群被赋予了蒙东地区中心城市群建设任务。《内蒙古新型城镇化规划》在"内蒙古自治区中小城市发展定位"中对蒙东地区其余盟市政府所在城市进行了发展定位，呼伦贝尔市为中蒙经济走廊重要节点城市、自治区东部重要产业基地和服务中心、国际高端旅游城市、国家生态文明创建城市，乌兰浩特市为自治区红色文化名城、自治区级生态文明城市，锡林浩特市为自治区东部重要服务型城市、自治区典型草原风貌城市、国际旅游目的地城市。

三　蒙东地区推进中国式现代化建设路径

（一）智谋先行，构建自治区级蒙东地区发展促进机制

蒙东地区以两盟三市五个地市级行政区与辽、吉、黑三个省级行政主体共同组成东北地区，在构建东北地区行政性运行机制方面，有国家层面对东

北地区的各类规划，省级层面内蒙古自治区与辽、吉、黑三省的协商机制，运行层面蒙东地区各盟市与东三省地级市之间的政务协作联合，在中央"全面振兴东北等老工业基地"所强调的"全面性"新部署体系中，地方政府间合作的体制机制已然较为完备。在全面建设社会主义现代化国家、贯彻落实党的二十大做出的各项部署中，深化地方政府间合作对于内蒙古自治区而言，还需加强对东北地区的关注，在自治区层面培育研究东北地区的专门队伍，在自治区各类研究基金中连续设置"蒙东地区加入东北全面振兴"专题，开展全方位深入研究，引导高质量智力资源服务蒙东地区各领域发展。

（二）以"人的现代化"为落脚点，调整蒙东地区社会资源配置格局

落实中国式现代化的核心是人的现代化的思想，从整体促进蒙东地区人口高质量发展的视角，构建高素质劳动力队伍本地化培育、供给机制，在蒙东地区"双子星座"城市群建设中，为国家承接产业转移示范区产业优化升级、重点产业链延链补链提供本地化高质量要素供给保障。

畅通省区间公共服务领域合作，加大对蒙东地区利用辽、吉、黑三省优质社会资源支持力度，在教育、医疗、养老等领域创新服务本盟市城乡居民的体制机制，为蒙东地区人民群众提供更多优质社会资源。

促进服务生产的社会资源向乡镇倾斜，服务人民群众生活的公共服务资源依据实际供给能力精准分类向县城和乡村倾斜，适度拓展区域中心城市社会力量供给公共服务的领域，满足各类群体百姓不分档次的生产生活需求。

进一步完善"钱随人走"的公共服务资源供给机制，全面打通省域之间地级城市、县级城镇基本公共服务供给的行政区隔，构建基本公共服务供给之间联通的体制机制，将"保基本"与"高品位"统一于辅助社会个体的具体行为，实现社会个体在追求跨省区异地高品位服务的同时，依然能够获得应得的基本供给。

（三）以产业融合带动区域融合，突破行政区划局限

蒙东地区推进中国式现代化离不开区域融合提供的外部资源，而在新发展阶段实现区域融合最终要依靠产业融合，依靠产业链供应链将各地的生产要素聚合在利益机体内，形成多地区协同运行的融合机制。根据内蒙古自治区产业优化升级规划的"八大产业集群、十六条重点产业链"在蒙东地区的布局，落户蒙东地区的重点产业链"链主"企业，在国家产业布局中难以成为国家级"链主"，所以"延链"应向企业所处产业链位置的上下游同步延伸，利用企业优势发掘产权融合、长协合作等多种实现方式，积极与上下游环节合作，地区之间也可以以跨行政区一体化共建产业园区、经济技术开发区为纽带，构建产业融合带动区域融合的新格局。

（四）创新社会力量参与机制，壮大促进现代化的社会动力

蒙东地区社会经济全面深化改革的目标之一，在于激发社会活力，构建动员全社会力量加入现代化建设的体制机制和优良环境。创新社会力量参与机制的基本原则，是能够让社会力量在参与的行动中获得自身发展。所谓社会力量的自身发展，不仅是指经济利益增长，而是包含了社会个体在社会中发展的所有方面，如提升社会地位、给予参与者更广阔的舞台、更多获得社会资源的渠道等。

将公共投入覆盖的领域向社会力量开放，如支持农牧民经济组织吸引外部农业企业共同推进农村基础设施建设、美丽乡村建设；鼓励城镇居民、社会机构为养老、托幼、中小学生托管提供规范服务；在具体管理事务上推进社会医疗机构与公办机构同责同权；等等。完善公共投资建设项目中吸纳民间资金进入的机制，如在产业园区、经济技术开发区建设和平台公司运营中为社会资本参与提供对等决策机制，以及城市服务稳定收益领域向社会资本开放等。完善跨行政区的政府委托服务，扩大政府委托服务的业务范围，开放城市管理、社区治理、公共服务运维、数字化服务等领域。扩大政府购买服务、利用非政府资产范畴，如返租社会闲置设施创办融合公共服务和商业

服务的创新创业基地等，在提高政府资金、资产利用效率的同时，为社会力量参与提供更多有效空间。

从我国先进地区提供的经验看，蒙东地区创新社会力量参与机制的途径非常丰富，对于蒙东地区而言，关键在于在双结构动力体系中，将行政行动力转变为引领社会力量壮大、促进现代化的区域动力。

参考文献

《2022 年内蒙古自治区常住人口主要数据公报》，内蒙古自治区统计局网站，2023 年 3 月 21 日，http：//tj. nmg. gov. cn/tjyw/tjgb/202303/t20230321_ 2276836. html。

《内蒙古自治区全方位建设模范自治区促进条例》，内蒙古自治区人民代表大会网站，2023 年 7 月 31 日，http：//www. nmgrd. gov. cn/zyfbx/dfxfgx/202307/t20230731_ 419493. html。

《内蒙古自治区建设我国北方重要生态安全屏障促进条例》，内蒙古自治区人民代表大会网站，2023 年 7 月 31 日，http：//www. nmgrd. gov. cn/zyfbx/dfxfgx/202307/t20230731_ 419490. html。

《内蒙古自治区筑牢祖国北疆安全稳定屏障促进条例》，内蒙古自治区人民代表大会网站，2023 年 7 月 31 日，http：//www. nmgrd. gov. cn/zyfbx/dfxfgx/202307/t20230731_ 419489. html。

《内蒙古自治区建设国家重要能源和战略资源基地促进条例》，内蒙古自治区人民代表大会网站，2023 年 7 月 31 日，http：//www. nmgrd. gov. cn/zyfbx/dfxfgx/202307/t20230731_ 419488. html。

《内蒙古自治区建设国家向北开放重要桥头堡促进条例》，内蒙古自治区人民代表大会网站，2023 年 7 月 31 日，http：//www. nmgrd. gov. cn/zyfbx/dfxfgx/202307/t20230731_ 419487. html。

《内蒙古自治区人民政府办公厅关于印发自治区新型城镇化规划（2021—2035 年）的通知》，内蒙古自治区人民政府网站，2021 年 11 月 29 日，https：//www. nmg. gov. cn/zwgk/zfxxgk/zfxxgkml/ghxx/zxgh/202111/t20211129_ 1963706. html。

B.6
东北振兴战略实施以来东北地区的
外贸表现及对策建议

摘 要： 自2003年振兴战略实施以来，东北地区外贸发展呈现如下特点：货物出口在2013年达到高点后，一直处于调整阶段，辽宁出口市场显示出多元化发展格局，吉林和黑龙江出口市场分别多集中在欧盟和俄罗斯，出口商品结构仍以机电产品为主；货物进口整体呈上升态势，对俄罗斯进口提升，对东盟、美国等进口下降，进口商品结构以大宗能源、原材料为主；贸易方式以一般贸易为主，加工贸易占比较低，保税物流发展较快；外商投资企业投资总额整体呈增长态势，占全国比重下滑明显。但同时东北地区外贸近年来也面临贸易增长乏力且占全国份额整体下降的问题，主要原因在于：进出口商品结构平衡度相对较差；制度型开放的能力明显不足；港口、通道、平台优势的发挥不够充分。为推进东北地区外贸高质量发展，本报告认为应从如下方面着手：不断扩大制度型开放；培育打造东北出口加工产业集群；统筹东北地区港口与内陆城市资源；推进东北地区陆海联动通道建设；加强高层次平台载体建设。

关键词： 外贸依存度 进出口 共建共享 东北地区

东北地区①作为我国向北开放的重要门户，有着加强东北亚区域合作、联通国内国际双循环的战略地位和重要作用。改革开放以来尤其振兴战略实

---

* 陈岩，辽宁社会科学院产业经济研究所副研究员，主要研究方向为区域经济；姜瑞春，辽宁社会科学院产业经济研究所所长、研究员，主要研究方向为产业经济、区域经济。
① 为便于数据获取，本报告东北地区仅包括辽宁、吉林、黑龙江三省。

施以来，依托港口优势、通道优势、平台优势，东北地区与全球各地区尤其东北亚国家间的贸易往来日益密切，外贸规模持续扩大。2022 年，东北亚五国贸易占东北三省一区总进出口比重达到 36.0%，高于全国平均水平（14.6%）。但是与粤港澳大湾区、长三角和京津冀相比，东北地区对外开放水平仍然较低，整体发展活力依然不足，是全国沿海沿边沿江开放布局体系中的短板地区。2022 年，东北地区外贸依存度为 19.3%，明显低于全国 34.8% 的平均水平。因此，东北地区要增强开放意识和前沿意识，深度融入共建"一带一路"，加强与东部沿海和京津冀地区的联系，在畅通国内大循环、联通国内国际双循环中发挥更大的作用。

一 东北地区外贸发展回顾

振兴战略实施以来，东北地区货物进出口整体呈上升态势，但波动性较大。如图 1 所示，东北地区货物进出口金额从 2003 年的 381 亿美元快速攀升至 2014 年的 1792 亿美元，之后受国际市场需求减少及工业企业经营困难的影响，在 2016 年降至 1215 亿美元，2020~2022 年，受新冠疫情影响，东

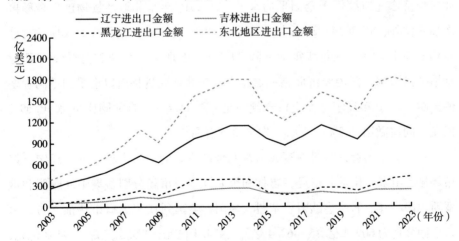

图 1 2003~2023 年东北地区货物进出口金额变化情况

资料来源：根据国家统计局网站数据整理生成。

北地区与全国货物进出口走势基本一致，在 2020 年步入低谷后，从 2021 年开始，受国际需求强势反弹影响，连续两年发展势头较好，其中辽宁货物进出口金额年均增长 12.7%，吉林年均增长 12.9%，黑龙江年均增长 33.7%，2023 年，随着国际厂商供给全面恢复及企业投资预期减弱，东北地区的货物进出口金额增速减缓，其中辽宁同比增长-8.2%，吉林弱增长 1.8%，黑龙江增长 6.7%。

（一）出口规模、市场和商品结构变化情况

从出口规模看，货物出口在 2013 年达到高点后，一直处于调整阶段。如图 2 所示，振兴战略实施以来，东北地区货物出口呈现较大波动性，出现了三个波谷，第一个波谷出现在 2009 年，受美国次贷危机引发的全球金融危机影响，全球市场需求低迷，当年三省货物出口金额均同比下降。之后的四年，东北地区由于经济外向度不高，受外部市场冲击较小，进入了经济增速持续高于全国平均水平的发展阶段，体现在货物出口金额迅速攀升至 2013 年 875 亿美元的历史最高点。由于长期积累的体制机制结构性问题，加上产业转型升级的阵痛感不强，错过了产业转型升级的窗口期，东北地区此后经济增速持续低于全国平均水平，在 2016 年东北地区货物出口金额再次步入波谷，在 2014~2016 年，辽宁货物出口金额年均下降 21.0%，吉林年均下降 17.2%，黑龙江年均下降 29.1%。出现第三个波谷是受全球新冠疫情冲击影响，国内经济面临三重压力，东北地区货物出口也受到不同程度的影响，2020 年辽宁货物出口金额同比下降 15.6%，吉林同比下降 10.6%，黑龙江同比微增 2.7%，之后三省出口均有所恢复。

从出口市场看，东盟逐渐成为东北地区主要的出口市场之一，辽宁出口市场显示出多元化发展格局，吉林和黑龙江出口市场分别多集中在欧盟和俄罗斯。2023 年，日本、欧盟、东盟、韩国、美国列辽宁出口市场前五位，出口金额分别为 609.4 亿元、462.4 亿元、424.4 亿元、379.5 亿元、304.3 亿元，占辽宁出口总额比重分别为 17.2%、13.1%、12.0%、10.7%、8.6%，市场分布较为均衡。对欧盟、东盟、韩国、日本、美国前五大市场出口金额占吉林

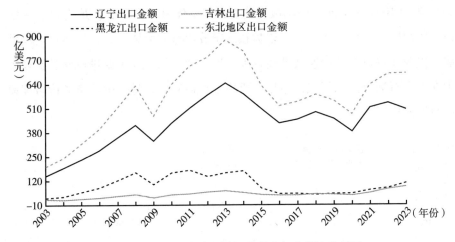

图 2　2003~2023 年东北地区货物出口金额变化情况

资料来源：根据国家统计局网站数据整理生成。

出口总额比重分别为 32.5%、17.7%、7.9%、5.9%、4.4%，欧盟是吉林货物出口贸易的主要市场。黑龙江出口主要集中在俄罗斯、东盟、欧盟、韩国、美国等市场，占比分别为 48.8%、11.8%、9.4%、5.1%、4.6%，对俄罗斯出口金额占黑龙江出口总额的近五成。

从出口商品结构看，东北地区仍以机电产品出口为主。2023 年，辽宁机电产品出口金额占全省出口总额的 53.0%，其中电工器材、集成电路、汽车、汽车零配件、船舶占比较大，分别为 4.2%、6.5%、4.6%、3.7%、4.1%；其他农产品、基本有机化学品、服装及衣着附件、钢材等出口商品占比分别为 9.0%、4.3%、5.1%、9.3%。吉林机电产品出口金额占全省出口总额的 61.5%，其中汽车及汽车零配件出口金额占比达到 35.1%。黑龙江出口仍以传统的农产品、有机化学品、纺织服装鞋、钢材、汽车及汽车零配件为主，2022 年出口金额分别占全省出口总额的 13.7%、5.1%、9.6%、8.1%、8.8%。

（二）进口规模、市场和商品结构变化情况

从进口规模看，货物进口增幅较大，整体呈现上升态势，黑龙江增速波动性大。如图 3 所示，东北地区进口金额从 2003 年的 184 亿美元增长到

2023 年的 1051 亿美元，中间虽有波折，但整体呈上升势头。从进口金额增速变化情况看，如图 4 所示，吉林和辽宁波动方向大体一致，且相对比较平缓，黑龙江进口金额增速波动性较大，这反映出黑龙江主要进口商品比较集中在大宗石油等能源领域，市场主要集中在俄罗斯，易受国际市场价格和地缘政治变化影响。

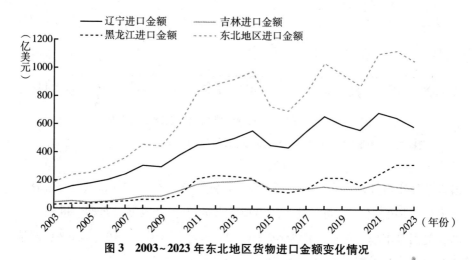

图 3　2003～2023 年东北地区货物进口金额变化情况

资料来源：根据国家统计局网站数据整理生成。

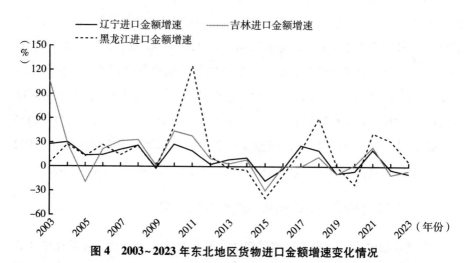

图 4　2003～2023 年东北地区货物进口金额增速变化情况

资料来源：根据国家统计局网站数据整理生成。

从进口市场看，对俄罗斯进口提升，对东盟、美国等贸易伙伴进口下降。2023年，欧盟（20.7%）、沙特阿拉伯（13.3%）、俄罗斯（9.8%）、日本（7.1%）、美国（6.4%）、澳大利亚（6.3%）、韩国（6.2%）、巴西（5.7%）、东盟（4.1%）、阿联酋（3.3%）分列辽宁进口市场前十位，对俄罗斯（63.5%）、欧盟（2.1%）、巴西（1.9%）进口实现正增长，对其他市场的进口为负增长，尤其是美国、东盟增速降幅较大，分别为-19.1%和-18.8%。吉林进口集中在欧盟市场，占比达到55.4%，俄罗斯（8.9%）、墨西哥（7.9%）、东盟（3.8%）、日本（2.8%）、美国（2.7%）、韩国（2.2%）分列进口市场第二至七位。黑龙江进口市场主要集中在俄罗斯，占全省进口总额的81.8%。

从进口商品结构看，东北地区以大宗能源、原材料商品进口为主。2023年，辽宁大宗能源、原材料商品中肉类、水产品、粮食、豆类、金属矿及矿砂、原油、成品油、基本有机化学品等进口商品占比分别为10.9%、3.0%、4.6%、3.7%、8.8%、27.2%、3.0%、6.7%，合计占比达67.9%；汽车零配件占比为10.6%。吉林以汽车及汽车零配件等为主体的机电产品进口金额占比达74.8%。2022年，黑龙江原油和天然气进口金额占全省进口总额的比重为70.9%，以豆类为主的农产品占比为10.6%，金属矿及矿砂、木及其制品占比分别为5.0%和4.3%。

（三）贸易方式以一般贸易为主，加工贸易占比较低，保税物流发展较快

2014～2023年，东北地区贸易方式仍以一般贸易为主，尤其是吉林和黑龙江二省，加工贸易占比较低，保税物流发展较快，但占比不高。2023年，辽宁一般贸易方式进出口5264.35亿元，占全省外贸进出口总额的68.7%，比2014年增加13.7个百分点；加工贸易方式进出口1564.26亿元，占全省外贸进出口总额的20.4%，比2014年减少16.2个百分点；保税物流方式进出口760.86亿元，占全省外贸进出口总额的9.9%，比2014年增加3.4个百分点。吉林一般贸易方式进出口1465.33亿元，占全省外贸进出口总额的

87.3%，比 2014 年减少 1.9 个百分点；加工贸易方式进出口 90.75 亿元，占全省外贸进出口总额的 5.5%，比 2014 年减少 1.3 个百分点；保税物流方式进出口 97.57 亿元，占全省外贸进出口总额的 6.5%，比 2014 年增加 5.6 个百分点。黑龙江一般贸易方式进出口 2523.69 亿元，占全省外贸进出口总额的 84.7%，比 2014 年增加 29.2 个百分点；加工贸易方式进出口 85.53 亿元，占全省外贸进出口总额的 3.4%，比 2014 年减少 16.2 个百分点；保税物流方式进出口 48.7 亿元，占全省外贸进出口总额的 1.8%，比 2014 年增加 1.5 个百分点。综上分析，振兴战略实施以来尤其是近十年以来，东北地区贸易方式仍以传统的一般贸易为主，两头在外的加工贸易不发达，尤其是吉林和黑龙江占比均较低，这反映出东北地区经济的外向度不够，参与全球化产业分工体系的步伐较慢。

（四）外商投资企业投资总额及其占全国比重变化情况

外商投资企业投资总额整体呈增长态势，但占全国比重下滑明显。如图 5 所示，东北地区外商投资企业投资总额从 2003 年的不足 1000 亿美元增长

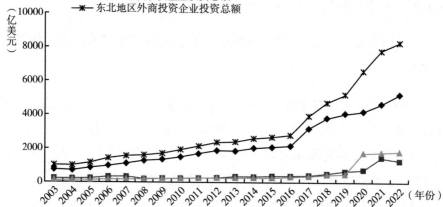

图 5　2003~2022 年东北地区外商投资企业投资总额变化情况

资料来源：国家统计局。

到 2022 年的 8233 亿美元, 其中, 辽宁外商投资企业投资总额由 735 亿美元增长到 5171 亿美元, 吉林外商投资企业投资总额由 183 亿美元增长到 1264 亿美元, 黑龙江外商投资企业投资总额由 81 亿美元增长到 1798 亿美元。从东北地区内部占比变化看, 辽宁外商投资企业投资总额占东北地区比重由 2003 年的 73.58% 降至 2022 年的 62.80%, 吉林由 18.29% 降至 15.35%, 黑龙江由 8.14% 升至 21.84%。如图 6 所示, 东北地区外商投资企业投资总额占全国比重整体上呈现台阶式下降态势, 2003~2013 年, 稳定在 6%~9%, 2014~2019 年, 下降到 5%~7%, 从 2020 年开始, 进一步降至 4%~5%, 这与东北地区经济占全国比重的发展态势基本保持一致。

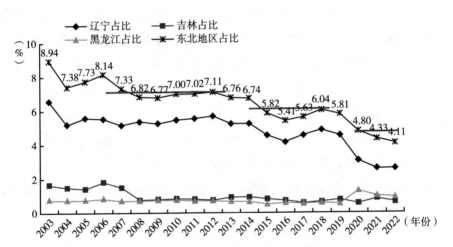

图 6 2003~2022 年东北地区外商投资企业投资总额占全国比重变化情况

资料来源: 国家统计局。

二 东北地区外贸发展面临的问题及原因分析

(一) 面临贸易增长乏力且占全国份额整体下滑的问题

根据 2022 年全国各省份进出口总额 (按商品经营单位所在地) 排名, 东北地区、辽宁、吉林、黑龙江分列第 8 位、第 12 位、第 21 位、第 25 位, 本

报告将东北地区与河南（第9位）、安徽（第13位）、湖南（第14位）、江西（第15位）等省份外贸表现进行对比，以反映东北地区外贸的变化。从出口增速看，东北地区明显不及全国平均水平，与其他四个省份相比增长动力也偏弱。如表1所示，2014~2023年，东北地区外贸出口的平均增速低于河南、安徽、湖南、江西和全国平均水平，辽宁、吉林、黑龙江分别为-1.5%、4.5%、0.4%，低于河南的8.3%、安徽的10.9%、湖南的17.2%、江西的9.3%和全国的5.0%；2020~2022年，东北地区外贸出口的增速仍整体落后于河南、安徽、湖南和江西，即使在外贸高速增长的2021年，辽宁、吉林、黑龙江分别增长了33.7%、30.1%、33.5%，也低于安徽的39.1%、湖南的36.4%、江西的35.1%。疫情平稳转段后，占东北地区出口七成以上的辽宁也并未大幅度反弹，2023年增长-6.4%，低于安徽的5.5%、河南的-3.1%和全国的-4.6%。如图7所示，由于增长速度不及其他省份，东北地区外贸出口在全国出口中的份额快速下滑，辽宁2003年尚占比3.34%，显著高于其他省份，但2013年以后占比明显下滑，到2023年已跌至1.49%，吉林由0.49%下滑至0.26%，黑龙江由0.66%下滑至0.32%；而河南、安徽、湖南、江西在2003年占比基本与吉林、黑龙江处于同一水平线上，远低于辽宁占比，之后占比整体呈上升态势，到2023年分别提升至2.22%、2.20%、1.69%和1.66%，均高于东北地区三省各自占比。

表1　2014~2023年全国及部分省份出口增速变化情况

单位：%

年份	全国	辽宁	吉林	黑龙江	河南	安徽	湖南	江西
2023	-4.6	-6.4	18.3	32.7	-3.1	5.5	-25.4	-21.4
2022	7.0	5.0	37.3	17.4	2.0	12.7	20.9	34.5
2021	29.9	33.7	30.1	33.5	31.2	39.1	36.4	35.1
2020	3.6	-15.6	-10.6	2.7	9.4	12.8	7.5	16.3
2019	0.5	-6.8	-4.9	13.9	0.8	11.7	45.8	6.7
2018	9.9	8.8	11.9	-14.6	14.4	18.3	32.0	4.5
2017	7.9	4.3	5.4	2.0	9.9	7.2	31.0	9.7
2016	-7.7	-15.1	-8.8	-37.2	-0.6	-11.9	-7.7	-10.0

续表

年份	全国	辽宁	吉林	黑龙江	河南	安徽	湖南	江西
2015	-2.9	-13.7	-19.5	-53.7	9.4	2.5	-4.0	3.4
2014	6.1	-8.9	-14.3	6.8	9.4	11.5	35.1	13.7
年均	5.0	-1.5	4.5	0.4	8.3	10.9	17.2	9.3

资料来源：同花顺 iFinD。

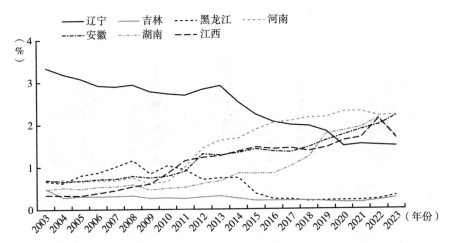

图 7 2003~2023 年东北地区与部分省份出口金额占全国比重变化情况

资料来源：同花顺 iFinD。

进口方面，近五年来东北地区规模上整体变动不大。如图 8 所示，2019
年，与其他省份相比，辽宁在规模上具有优势，之后发展过程中各年波动性
不大，基本维系在 600 亿美元左右，吉林也面临着增长不持续的问题，黑龙江
由于近年来对俄罗斯进口的稳步提升，规模上整体有所增加。东北地区进口
规模上增量不明显背后是增速的下行，且起伏变化较大，如表 2 所示，2014~
2023 年，辽宁、吉林、黑龙江进口平均增速分别为 2.5%、-1.5%、7.8%，低
于安徽的 9.7%、湖南的 13.2%、江西的 12.1%，辽宁和吉林甚至低于河南的
6.4% 和全国平均水平的 3.4%。此种情况下，东北地区进口占全国的份额整体下
滑，如图 9 所示，辽宁进口金额占比由 2018 年最高值 3.07%，到 2023 年降至

2.29%，吉林由 2014 年最高值 1.05%，降至 2023 年的 0.58%，同期其他省份进口占全国的份额整体上升，2003 年，河南、安徽、湖南、江西进口金额占比分别为 0.42%、0.70%、0.38%、0.25%，除安徽占比高于黑龙江外，其他均低于东北三省占比，到 2023 年分别上升至 1.57%、1.52%、1.20%、0.89%。

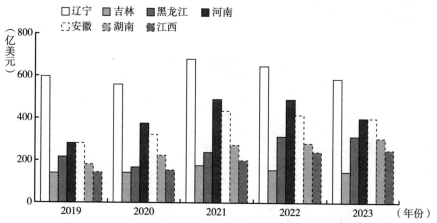

图 8　2019～2023 年东北地区与部分省份进口金额变化情况

资料来源：同花顺 iFinD。

表 2　2014～2023 年全国及部分省份进口增速变化情况

单位：%

年份	全国	辽宁	吉林	黑龙江	河南	安徽	湖南	江西
2023	-5.5	-9.7	-6.1	5.3	-18.1	-4.1	9.0	5.5
2022	1.1	-4.8	-10.8	31.9	-0.1	-4.4	4.5	20.0
2021	30.1	20.8	24.1	40.6	29.8	32.0	20.2	26.8
2020	-1.1	-6.3	0.6	-22.9	33.0	14.6	23.8	7.0
2019	-2.7	-9.1	-9.8	0.2	-2.7	6.3	15.2	3.3
2018	15.8	19.9	11.4	59.8	-5.1	14.3	24.0	20.5
2017	15.9	25.4	-1.0	18.9	7.7	45.0	50.5	15.2
2016	-5.5	-3.9	-0.2	-11.4	-7.6	2.0	-15.6	10.5
2015	-14.2	-18.1	-30.7	-39.9	20.2	-11.3	-6.4	-12.8
2014	0.4	10.5	7.9	-4.8	7.0	3.0	6.3	25.2
年均	3.4	2.5	-1.5	7.8	6.4	9.7	13.2	12.1

资料来源：同花顺 iFinD。

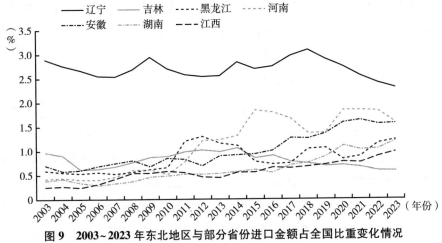

图 9　2003～2023 年东北地区与部分省份进口金额占全国比重变化情况

资料来源：同花顺 iFinD。

（二）原因分析

1. 进出口商品结构平衡度相对较差

自 2003 年振兴战略实施以来，东北地区的外贸规模虽有所增长，但相对其他省份，发展势头不足，增长动力较弱，不及全国平均水平，这导致其在全国的进口、出口金额占比都呈现整体下降趋势，主要原因或为东北地区进出口商品存在规模和结构失衡。一是东北地区出口与进口之间存在规模失衡。2023 年，辽宁进口规模是出口的 1.2 倍，吉林为 1.7 倍，黑龙江为 2.9 倍；东北地区经济外向度偏低，辽宁、吉林、黑龙江外贸依存度分别为 25.4%、12.4%、18.8%，低于 33.2%的全国平均水平。二是东北地区进出口商品存在结构失衡。东北地区产业以装备制造、冶金、石化等重工业为主，多集中在中游的装配制造环节，产业链较短，出口商品附加值偏低，抗外部干扰能力不强，2023 年，辽宁高新技术产品出口金额占全省出口总额的 14.1%，吉林为 15.0%，黑龙江为 10.6%；东北地区进口商品多集中在石油、天然气等大宗能源及农产品、金属矿及矿砂等原材料领域，受国际市场价格波动影响较大；由于科技型的头部企业不多，对国外高新技术产品的

需求不足，2023 年，辽宁高新技术产品进口金额占全省进口总额比重仅为 8.4%，吉林为 24.7%（主要原因是吉林汽车及汽车零配件进口金额占全省进口总额比重较大），黑龙江为 1.2%。

2. 制度型开放的能力明显不足

党的二十大报告明确提出，稳步扩大规则、规制、管理、标准等制度型开放，但东北地区开放合作还存在短板，制度型开放的能力明显不足。一是东北地区自贸试验区在先行先试国际经贸新规则、新标准，积累参与东北亚经济圈多边合作的经验方面略显不足，差异化、特色化不明显。比如，辽宁营口片区面对韩国、俄罗斯等国家建设区域性国际物流中心步伐缓慢；大连片区东北亚高层次开放合作，尤其是对日合作仍有待破题，向自贸港迈进的速度也不快；沈阳片区围绕装备制造和国资国企改革，开放程度还有待进一步提升。与其他有特色的自贸试验区相比，山东、广东等自贸试验区，则突出了对日韩、东盟等国家和地区经贸合作机制的探索，致力于建设公平、透明、可预期的市场环境。二是产业发育程度不高，制度创新原动力不足。近年来，东北各片区自贸试验区注册企业持续快速增长，以中小微企业为主，高端产业并不多，规模以上企业较少，缺乏一些具有牵动力和行业影响力的代表性企业；外资企业也相对缺乏，如沈阳和营口片区，1/3 是本市企业、1/3 是辽宁企业、1/3 是省外企业，有影响力的外资企业比较稀缺。总体来看，东北自贸试验区的企业质量不高、类型不够丰富，真正围绕高端产业发展需求形成的创新案例不多，很难针对高端产业链进行有效的制度体系设计，有些现成的制度创新成果也找不到承接企业。反观上海、深圳等自贸试验区，十分重视企业的培育工作，加速打造具有国际竞争力的高端产业体系，并围绕企业发展诉求进行改革创新，引领全国治理体系的变革。

3. 港口、通道、平台优势的发挥不够充分

一是辽宁港口与东北内陆城市和口岸的合作联动不足。近年来，东北三省的中欧班列发展尚未形成规模优势，与四川、重庆、陕西、河南等省份相比，差距较大。2023 年 1 月，从西安、成都、重庆、郑州出口至欧洲的货运需求在中欧班列总出口需求中的占比达到 88.9%。此外，东北地区中欧

班列在发展过程中存在线路高度重叠、相互间竞争激烈甚至过度竞争等问题，这既造成了资源的浪费和错配，阻碍了中欧班列的运营，又影响了东北经济的发展壮大。二是物流通道优势尚未转化成为产业发展优势。目前东北地区缺乏满足国外市场需求的有竞争力的出口商品，开往俄罗斯、欧洲等国家和地区的中欧班列货物主要来源于长三角等地，东北地区本地企业提供的货物所占比重不大，对东北地区经济的拉动作用不明显。三是东北各省平台优势转化为开放合作优势的程度不深。目前，东北三省各层次开放平台数量较多，但三省间平台相互协作较少，尚未形成共建共享机制，平台规模效应发挥不足、在国内影响力不够。比如，黑龙江省的"中国—俄罗斯博览会"等国际品牌展会，其发展规模和影响力与国内其他省份的博览会尚有一定差距。

三 推进东北地区外贸高质量发展的对策建议

（一）不断扩大制度型开放

以国家级高新区、自贸试验区为试点，在东北三省开展对日韩、东盟等国家和地区经贸合作机制的探索，先行先试国际经贸新规则、新标准，建设公平、透明、可预期的市场环境，积累参与对外经济多边合作的经验，并将成功经验及时在省内其他地区复制推广。吸引一些具有牵动力和行业影响力的代表性企业、外资企业等在东北投资发展，重视企业上下游产业链的延伸发展，围绕企业诉求进行有效的制度体系建设，重视治理体系改革创新。创新扩大制度型开放，为东北地区进一步对外开放增添活力。

（二）培育打造东北出口加工产业集群

依据东北三省的工业基础和产业优势，将物流通道优势、港口资源进行有机整合，建设相关的产业园区，吸引相关企业集聚，培育壮大相关产业。围绕东北地区主要出口产品，如机械设备、钢材和金属制品、石油化工产品、矿产品、木及其制品、纺织品和服装、农产品等，开展精准招商引资工

作，延长相关产业链条，进行产品精深加工，培育打造东北出口加工产业集群，逐步提高满足国外市场需求的有竞争力的本地商品出口数量，增加中欧班列运输中东北地区货物比重。

（三）统筹东北地区港口与内陆城市资源

加强辽宁省港口与东北地区内陆城市的联动合作，统筹协调东北地区物流资源，在学习国内其他地区重要港口和开放口岸建设、中欧班列运行先进经验的基础上，规划打造东北地区物流体系，合理规划东北地区中欧班列运行路线，避免线路重叠，合理分配资源，减少恶性竞争，逐步提升东北地区在物流运输中的话语权。大力发展跨境物流业务。积极开辟跨境直达运输班列和运输航线，推动公共海外仓的建设，不断扩大跨境物流网点覆盖范围，逐渐形成东北三省物流协同发展格局，产生规模效应。

（四）推进东北地区陆海联动通道建设

积极推进东北地区陆海联动通道建设，促进各类交通运输体系有机衔接，形成多式联运物流体系。向西，加快锦州港、盘锦港与辽西等地区的合作，进一步推进"辽蒙欧"大通道建设；向东，加快丹东港与吉林、黑龙江东部地区的合作，加快东北东部经济带建设；同时促进大连港、营口港与哈大干线城市的联动合作，加速物流、资金、人员的集聚，推进"辽满欧"大通道建设。此外，推动辽宁港口与俄罗斯、韩国、朝鲜等国主要港口的交流与合作，探索成立东北亚港口联盟，打造东北亚物流运输体系。

（五）加强高层次平台载体建设

加强东北三省高层次平台载体的共建共享，形成合力，打造东北地区对外开放的优势。加快发展"飞地经济"。鼓励国内先进地区开发区、高新产业园区与东北地区园区的对接发展，学习先进地区经验，结合当地实际，共建"飞地经济"。同时加强东北三省国家级开发区、高新产业园区等平台载体间的交流协作，建立共建共享机制，形成平台规模效应，提高扩大其国际国内影响力。此外，积极建设企业"走出去"服务平台。政府为企业营造良好的政策环境，为企业"走出去"提供法律法规、贸易风险评估、金融等服务，简化外贸投资审批流程，搭建投融资渠道，规避风险，有效解决企业"走出去"难题。

参考文献

张宇燕、徐秀军：《2023—2024 年世界经济形势分析与展望》，《当代世界》2024 年第 1 期。

中国宏观经济研究院对外经济研究所国际经济形势课题组：《2023 年上半年世界经济和外贸外资形势分析与展望》，《中国物价》2023 年第 7 期。

郝洁、张一婷：《2021 年以来我国外贸进出口形势分析与全年展望》，《中国物价》2021 年第 9 期。

彭波等：《数据出现多重背离机遇明显大于挑战——2023 年 5 月中国进出口形势分析及下半年前景展望》，《国际商务财会》2023 年第 12 期。

现代产业篇

B.7
东北地区产业结构变动特征
与对策建议

李佳薇　姜瑞春*

摘　要：　如何调整产业结构是推进东北全面、全方位振兴的关键问题。基于东北区域经济特征，本报告从农业、工业、服务业等方面，归纳总结东北地区产业结构演进特征，从工业结构偏重、高新技术产业规模偏小、国有经济占比高且效益低于全国平均水平等三个维度，分析了东北地区产业结构调整存在的突出问题，并提出加强科技创新、构建现代化产业体系、强化对接重大区域战略和提高对外开放水平的转型路径和对策建议。

关键词：　东北地区　产业结构调整　科技创新

---

*　李佳薇，辽宁社会科学院产业经济研究所副研究员，主要研究方向为产业经济；姜瑞春，辽宁社会科学院产业经济研究所所长、研究员，主要研究方向为产业经济、区域经济。

东北地区①是我国重要的农业和工业基地,在装备制造、石化、冶金等领域拥有一批行业骨干企业,在维护产业安全、筑牢"大国重器"等方面战略地位突出。然而,自2003年东北振兴战略实施以来,东北地区工业增加值占全国的比重下降态势明显,从2003年的9.15%下降至2013年的7.08%,到2022年进一步下滑至4.51%。此外,东北地区制造业仍以组装和制造为主,产业链条较短,中间产品占比较高,大多处于产业链的中低端,上游的关键原材料、核心零部件及下游的服务环节发展滞后,抗外部干扰的能力较弱。这说明,在近年全国尤其是东部地区加快构建现代化产业体系、实现新旧动能转换的进程中,东北地区工业转型升级明显缓慢,任重道远。因此,研究东北地区产业结构调整是服务国家战略安全的需要,对东北老工业基地重新焕发活力、加快振兴发展进程具有重要现实意义。

一 东北地区产业结构变动现状分析

东北振兴战略实施以来,东北地区产业结构变化呈现明显的阶段性特征,第一阶段为2003~2014年,东北地区第二产业发展势头明显快于第三产业,在产业结构上体现为"二三一"格局;第二阶段为2015年以来,在全国产业结构调整的趋势下,东北地区第一、第三产业占比开始回升,第二产业占比开始下降,尤其是近年来产业结构更趋向"三二一"的格局。

(一)农业在全国具有战略地位

东北地区是我国重要的粮食基地和农牧产品深加工基地。东北地区具有发展农业和畜牧业的有利条件,自东北振兴战略实施以来,农业增加值和总产值稳定增长,占全国比重基本保持在10%左右。其中,以粮食、畜产品为

---

① 东北地区有狭义和广义两种划分:狭义上的东北地区是指今黑龙江、吉林、辽宁;广义上的东北地区则包括黑龙江、吉林、辽宁和内蒙古东部五盟市(呼伦贝尔市、通辽市、赤峰市、兴安盟、锡林郭勒盟)。为了便于统计,本报告所涉及的图表数据中的东北地区均指狭义上的东北地区。

主的大宗农产品在全国占有较大的份额，具有明显的比较优势。从分品种的全国比较来看，东北地区具有优势的大宗农产品主要是稻谷、玉米、大豆、畜禽产品、奶类和水产品等。2022年东北地区粮食产量达到1.43亿吨，占全国总产量的20.9%；肉类产量1050万吨，占全国总产量的11.3%；奶类产量673万吨，占全国总产量的17.8%（见图1）。从时间变化来看，粮食产量有较大幅度的增长，与2003年的粮食产量相比，2022年增长8058万吨，肉类产量、奶类产量和水产品产量基本稳定；粮食和肉类产量在全国的占比总体小幅上升，奶类产量占比小幅下降，总体来看，各类产品的占比稳定，在全国地位突出。在空间布局上，东北地区已形成松嫩平原玉米产业带、三江平原水稻产业带、内蒙古东部小麦产业带以及黑龙江中西部大豆产业带。

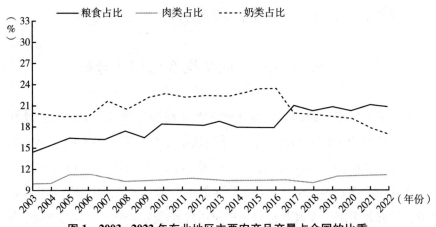

图1 2003~2022年东北地区主要农产品产量占全国的比重

资料来源：Wind，国家统计局。

农副食品加工业增长能力减弱。2003~2013年快速成长期之后，2014年开始东北地区农副食品加工业增长呈现趋缓态势，各项指标占全国比重逐年快速增长的局面骤停。虽然近年来东北地区农副食品加工业主营业务收入占全国的比重有所提升，但与快速成长期占比相比，还相差6个百分点左右（见图2）；东北地区农副食品加工业其他指标，如总资产、企业数、利润总额占全国比重也呈回落之势，从全国层面来看，东北地区农副食品加工业的优势度有降低风险。

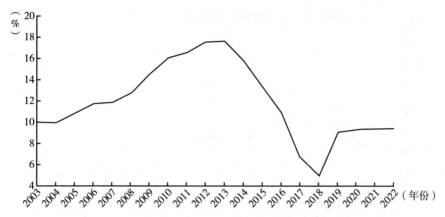

图2　2003~2022年东北地区农副食品加工业主营业务收入占全国比重

资料来源：Wind。

（二）工业在全国具有重要地位

东北地区作为我国老工业基地，在全国工业中占据重要地位，但是工业存量地位呈现下降趋势。截至2023年底，东北地区规模以上工业企业16924个，比2003年增加了6604个，但其占全国规上工业企业数量的比重由2003年的5.78%下降到2023年的3.5%。从工业企业主营业务收入和利润总额指标看，东北地区在全国的地位也呈现下降趋势。东北地区规上工业企业利润总额占全国的比重已由2003年的12.08%下降到2023年的3.74%（见图3）。2017年之前规模以上工业企业营业收入数据无法获取，但从2017年以来东北地区规模以上工业企业主营业务收入占全国的比重变化来看，基本维持在4.5%~4.9%，与经济总量占全国的比重变化趋势基本一致，呈现一定程度的下降态势。

能源原材料等资源型产业和装备制造业是东北地区工业支柱产业。在东北工业体系中，能源基础原材料工业收入占较大比重。相较于全国总体不足40%的占比水平，黑龙江的能源基础原材料部分占比几乎达到地区工业总量的2/3，是我国仅次于山西、青海、宁夏、新疆的第五个能源基础原材料生产大省。辽宁的占比也相对较高，2003年以来通过地区工业结构调整，能

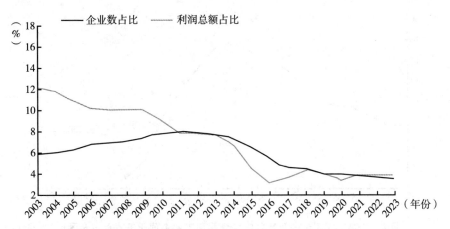

图3 2003～2023年东北地区规模以上工业企业数量和利润总额占全国比重

资料来源：Wind。

源基础原材料工业收入所占比重逐渐降低，已从2003年的60%下降到2015年的不足50%，但从2016年起所占比重有所抬升，至2021年比重提升至62.31%。2013年以来，吉林的能源基础原材料工业收入占比低于全国平均水平，虽然近年来比重有所提升，但基本保持在30%左右（见图4）。

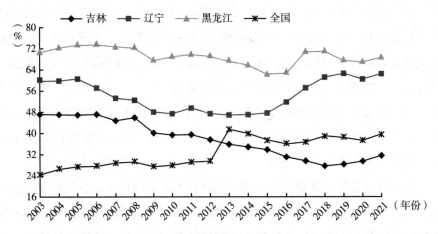

图4 2003～2021年东北地区及全国能源基础原材料工业收入占工业主营业务收入比重

资料来源：根据国家统计局网站数据计算生成。

相对而言，东北三省内部装备制造业收入在工业主营业务收入中的占比各异。吉林的装备制造业收入在地区工业主营业务收入中的占比从 2011 年开始提升较快，近年来基本维持在 56% 以上，高于全国平均水平；辽宁和黑龙江的装备制造业收入占比整体低于全国平均水平（仅 2011 年辽宁装备制造业收入占比高于全国平均水平），其中自 2005 年开始辽宁装备制造业收入占比提高，从 2005 年的 17.39% 提高到 2016 年的近 36%，2017 年开始步入下行通道，近年来基本在 26% 左右；黑龙江的装备制造业收入占比变化不大，一直维系在 9% 上下（见图 5）。

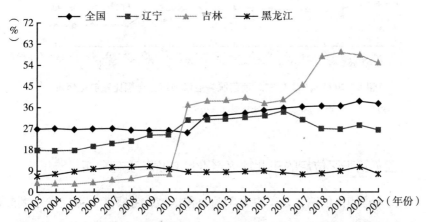

图 5　2003~2021 年东北地区及全国装备制造业收入占工业主营业务收入比重

资料来源：根据国家统计局网站数据计算生成。

（三）服务业规模持续壮大

东北地区服务业保持快速发展，总量规模持续壮大。东北地区服务业增加值从 2003 年的 5031 亿元增加至 2022 年的 2.9 万亿元。但从全国尺度分析，东北地区服务业发展较为落后，2003~2015 年，服务业增加值在全国占比稳定在 7.5%~8.8%，低于经济和人口在全国的占比；从 2016 年开始，东北地区服务业增加值占全国比重呈现下降态势，由 6.67% 逐步降至 2022 年的 4.51%，其中辽宁服务业增加值占全国比重由 2003 年的 4.31% 降至

2022 年的 2.28%，吉林由 1.86% 降至 1.05%，黑龙江由 2.54% 降至 1.19%（见图 6）。

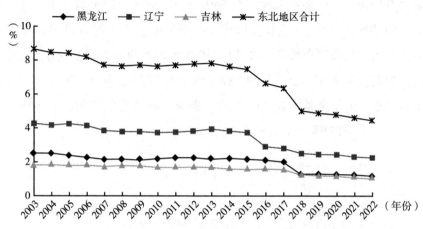

图 6　2003~2022 年东北地区服务业增加值占全国比重变化情况

资料来源：根据国家统计局网站数据计算生成。

（四）基于区位熵的东北地区产业比较优势变化分析

本部分运用区位熵法，即以全国为总体区域，考察辽吉黑三省三大产业的各自区位熵，以判断三省三大产业在全国范围内的发展趋势。一般来说，如果某一地区的某行业区位熵大于 1，说明该地区这一行业的专门化程度超过了全国的平均水平，表明该行业在全国范围内具有比较优势；如若区位熵小于 1，则说明该地区这一行业的专门化程度低于全国平均水平，竞争力不足，具有劣势。

东北地区人文相通，共同承担推动东北振兴、维护国家"五大安全"的重要使命，是好邻居、好伙伴。东北地区地理环境和自然条件较为相似，使得资源禀赋差异不大，与此同时，三省在经济发展历史和政策环境上基本相同，故三省在经济发展水平和经济发展结构上也具有一定的相似性。通过计算三省三大产业在全国范围内的区位熵，发现三省在各大产业上的优劣基本趋于一致，都是第一产业优势明显，且优势总体增强；第二产业劣势明显，发展不足；第三产业专业化程度总体低于全国水平，竞争力不强（见图 7~图 9）。究其原因，一方面东北地区在维护国家粮食安全方面具备自然资源禀赋优势，均为粮食主产区，众多农产品产量居于全国前列，近年来三省大力提升农业生产现代化水平，发展势头较好；另一方面三省仍然处在工业化的中后期，工业的发展势头逐步减弱，土地、资金、技术、人才等要素逐步转向第三产业，使得近年来第三产业的发展势头总体有所提升。

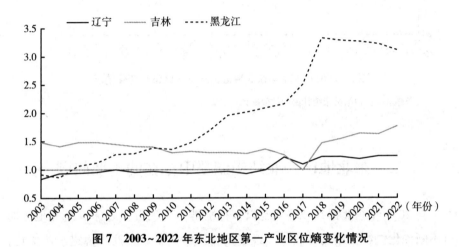

图 7　2003~2022 年东北地区第一产业区位熵变化情况

资料来源：根据国家统计局网站数据计算生成。

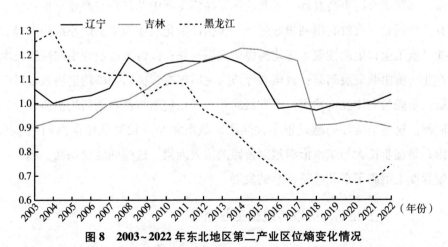

图 8　2003~2022 年东北地区第二产业区位熵变化情况

资料来源：根据国家统计局网站数据计算生成。

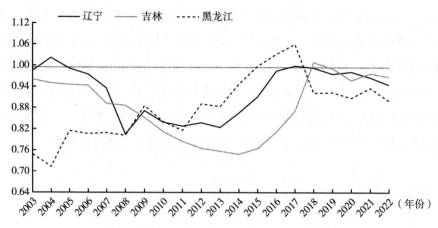

图9　2003~2022年东北地区第三产业区位熵变化情况

资料来源：根据国家统计局网站数据计算生成。

二　东北地区产业结构调整中存在的主要问题

自2003年东北振兴战略实施以来特别是"十三五"以来，东北地区通过不断深化供给侧结构性改革，经济结构不断调整，营商环境进一步优化，企业自主创新能力和国际化水平显著提升，全面振兴的新格局初步形成。然而，回顾这段历史会发现，东北地区在经济发展中尤其是在产业结构调整中有几个问题一直没有得到很好解决，包括以重化工业为主的产业结构向轻工业、重工业和生产性服务业均衡协调发展问题；以传统产业为主向高新技术产业均衡协调发展问题；以国有经济为主向国有、民营经济均衡协调发展问题；金融与实体经济均衡协调发展问题；科技创新与产业创新均衡协调发展问题。这些结构性问题是根本性问题，是东北经济长期低位徘徊的根本原因，是逐步拉大与东南沿海地区差距的重要因素。这些问题交织在一起，一定程度上阻碍了东北经济社会的发展。

（一）工业结构仍以传统重工业为主

东北地区的产业结构尤其是工业结构背离了全国产业结构调整的方向，没有跟上改革开放以来国内产业演化的趋势，产业结构仍以传统重工业和工业品生产为主，区域经济发展缺少规模化的新产业尤其是消费品工业的支撑。以装备制造业为例，东北地区以交通运输设备制造、通用设备制造、专用设备制造为主，这三个部门收入在地区装备制造业主营业务收入中的占比达到75%以上。而附加值相对较高且就业拉动能力较强的电子及通信设备制造、电气机械及器材制造和仪器仪表及文化制造部门收入所占比重相对较低，其中，近年来辽宁的占比基本维系在18%左右，吉林的占比由2010年的25%降至2021年的不足4%，黑龙江的占比变化较小，基本稳定在20%左右，但也低于全国平均水平。

（二）高新技术企业数量相对偏少、产值偏低

高新技术产业重点包括医药制造业、航空航天器制造业、电子及通信设备制造业、电子计算机及办公设备制造业、医疗设备及仪器仪表制造业。目前，高新技术产业已成为东北地区经济发展极具增长力的先导性产业，产业体系已初步构建并初具规模。2021年，东北地区高新技术企业数量达到14345家，工业总产值达到2万亿元。其中，辽宁、吉林和黑龙江高新技术企业数量分别为8721家、2842家和2782家，总产值分别为9284.5亿元、7795.6亿元和3053.3亿元。但从高新技术企业数量和工业总产值占全国比重来看，近年来东北地区两项指标均基本在4%左右，与东北地区人口和经济总量占全国的比重相比，东北地区高新技术企业数量相对偏少，工业总产值相对偏低。

（三）国有经济比重仍高于全国平均水平，且效益和效率不高

2003年以来，东北地区国有经济比重总体上呈下降趋势，但仍高于全国平均水平。辽宁由2003年的68.46%降至2022年的47%；吉林由2003年的78.94%降至2013年的51%，之后出现小幅上升，到2022略升至63.38%；黑龙江由2003年的84.53%降至2022年的62.88%，与全国国有经济比重总体下降的趋势相比，东北地区的国有经济比重不仅高于全国平均水平，而且2018年以来出现了不同程度的小幅提升态势。此外，2022年东

北国有工业企业的整体效益和效率水平低于全国同类指标的平均水平，辽宁的国有企业资产负债率比全国平均水平高 4.7 个百分点，黑龙江高 1.7 个百分点，吉林与全国大致相当；辽宁和黑龙江国有企业资产利润率分别低于全国平均水平 1.66 个和 0.81 个百分点，吉林国有企业资产利润率与全国平均水平大致相同。

（四）金融发展对产业转型升级支撑力度不足

研究发现，与发达国家相比，我国先进制造业与生产性服务业的融合水平相对较低，东北又属于国内低水平地区。其中，现代金融作为构建现代化经济体系的核心要素之一，东北难以形成金融发展与产业转型升级的良性循环，导致产业政策收效不佳和资金效益低下，产业转型升级困难。与东北地区经济发展长期低位徘徊相似，东北地区金融发展形势也不容乐观。从信贷市场情况看，辽宁、吉林和黑龙江三省银行本外币存款和贷款余额虽然保持增长，但在全国占比总体保持下降趋势，特别是各项贷款余额占比由 2003 年的 9.59% 下降至 2022 年的 4.95%，其中辽宁由 4.87%降至 2.54%，吉林由 2.15%降至 1.23%，黑龙江由 2.57%降至 1.19%，整体上低于三省人口各自占全国的比重。从金融业增加值占 GDP 比重看，东北地区金融业占比虽然保持增长态势，但与全国平均水平相比还有明显差距，2022 年辽宁、吉林、黑龙江占比分别为 7.38%、7.65%、7.09%，均低于全国平均水平（7.74%）。

（五）科技创新推动产业创新能力有待加强

东北地区虽有一批高水平的高校和科研院所，但科技创新与产业创新结合不紧密，科技创新投入和创新产出均处于全国中下游水平。从规模以上工业企业户均 R&D 经费支出看，2022 年东北地区规模以上工业企业户均 R&D 经费支出为 315.87 万元，低于全国平均水平 412.96 万元/户，其中辽宁、吉林、黑龙江分别为 434.51 万元/户、286.35 万元/户和 226.74 万元/户。从规模以上工业企业户均有效发明专利数看，东北地区为 2.71 件/户，其中辽宁为 3.73 件/户、吉林为 2.20 件/户、黑龙江为 2.21 件/户，均低于全国平均水平 3.83 件/户。总体来看，东北的创新能力不足，难以对现代化产业体系建设形成有效的推动力。

三 推动东北地区产业结构调整升级的对策建议

新形势下东北地区产业结构调整要坚持以改革促发展、以开放促合作，不断激发市场和社会活力，要坚持把发展经济的着力点放在实体经济上，积极推进新型工业化，着力提升产业基础能力、推动产业链现代化升级、重点培育创新集群，在服务国家双循环新发展格局建设中，着力打造国家重大战略支撑地，在推进中国式现代化中体现东北担当、做出东北贡献。

（一）以全面深化体制机制改革为突破口，持续优化营商环境和修复信用

全面贯彻习近平总书记在东北考察时发表的重要讲话精神，深入落实党的二十大精神，坚持以市场主体需求为导向，改革创新体制机制，以制度创新推进改革的系统性、整体性和协同性，推动有效市场和有为政府深入融合，加快形成同市场更有效对接、充满内在活力的体制机制。

一是切实加强营商环境优化和信用修复措施的落实落地。东北三省均颁布了《优化营商环境条例》，有的省甚至提出了"打造环境最优省"的建设目标，关键是要把一些新的举措落实落地，切实帮助企业解决实际困难。持续深化简政放权，激发市场主体活力。深化"放管服"改革，做好简政放权的"减法"，推进"一网通办""一网统管""一网协同"，提升东北服务平台和辽吉黑三省 App 应用水平。推进审批制度"全覆盖、全流程、全方位"改革，审批流程能减尽减。加强法治环境建设，规范行政执法。坚持贯彻落实"谁审批、谁监管，谁主管、谁监管"的原则，对行政许可事项做到事中事后监管。全面推行"双随机、一公开"和"互联网+监管"等，以公正监管保证公平竞争。切实做到用法治手段规范市场竞争秩序，保障各

类市场主体合法权益。

二是全面深化国资国企改革。完善现代企业制度建设，深化劳动、人事、分配三项制度改革，建立强有力的激励、考核、监督机制和选人用人制度，重点完善企业法人治理结构，明确"三会一层"权责边界，推进市场化选聘经理层制度。按照"三因""三宜""三不"原则①，积极引入非国有资本，因企施策，分类分层推进国企混合所有制改革，健全以"管资本"为主的国有资产监管体制，发挥新组建的国有资本运营公司功能作用，盘活存量国有资本，促进国有资产保值增值。

三是支持民营经济高质量发展。优化支持民营经济发展的市场、政策、法治和社会环境，采取精准帮扶举措，实施民营经济市场主体培育计划，充分激发民营企业活力，形成大中小企业相互配套、融通发展产业新格局；支持采用信用融资等方式解决融资难题，从而拓展民营企业融资渠道；发挥国家专项基金和东北地区各级政府设立的产业引导基金作用，培育一批"专精特新"企业，提升民营经济发展质量。

四是推进财税金融体制改革。优化金融生态环境，引导金融机构加大信贷投放力度。深化省以下财政体制改革，合理划分各级政府主体责任，减轻地方财政支持压力，进一步激发活力。发挥财政政策工具作用，通过设立产业引导基金，带动国有和民间资本聚焦关键领域。扩大政府性融资担保覆盖面，撬动资金更多流向重点产业企业、小微企业及"三农"企业。积极化解财政风险，防范债务风险，防止金融风险和债务风险的相互穿透等。

（二）以科技创新引领产业创新，培育壮大新动能

科技创新是东北地区建设现代化产业体系的战略支撑，坚持把创新作为东北地区高质量发展的战略基点，深入实施创新驱动发展战略，优化创新生

---

① "三因""三宜""三不"原则："三因"是指因地施策、因业施策、因企施策；"三宜"是指宜独则独、宜控则控、宜参则参；"三不"是指不搞拉郎配，不搞全覆盖，不设时间表。

态系统，提升创新支撑能力，培育壮大新动能，深度融入国家创新体系。

一是高度重视打造良好创新生态。深入推进科技体制改革，通过深化体制机制改革，优化科技发展环境，营造鼓励创造、追求卓越、宽容失败的创新氛围。加强科技金融投资服务，支持金融机构依法合规开展专利权质押融资业务。完善政策举措，全面落实高新技术企业所得税优惠政策。构筑一流人才发展环境，完善人才工作政策体系，激发创新人才活力，让人才成为东北振兴的重要资源。辽宁升级实施"兴辽英才计划"、吉林加大力度推行人才政策 3.0 版，黑龙江重点推行"引、留、育、用"人才计划。

二是着力提升创新支撑能力。以国家战略性需求为导向，以东北地区产业布局为核心，依托东北大校、大所、大企，聚焦关键核心技术攻关，组建重点实验室，整合优化科技资源配置，促进创新链产业链融合发展。东北地区应抓住全国重点实验室重组的机遇，辽宁重点推进沈阳材料科学国家研究中心和国家机器人创新中心建设，并争取大科学装置落户；吉林重点推进建设吉林大学综合极端条件实验装置、吉林河图重点实验室，培育建设长春光电精密仪器与设备实验室，持续开展科技成果对接活动，推动一批科技成果转化落地；黑龙江重点推进建设大庆陆相页岩油气重点实验室、黑龙江空间环境与物质作用科学重点实验室及黑龙江石墨（烯）新材料重点实验室，争取国家重大创新平台落户。

（三）以推进新型工业化为发展方向，建设特色优势现代化产业体系

党的二十大报告明确提出，建设现代化产业体系，坚持把发展经济的着力点放在实体经济上，推进新型工业化，加快建设制造强国、质量强国、航天强国、交通强国、网络强国、数字中国。因此，东北地区要加大力度推动产业结构调整升级，改造升级"老字号"、深度开发"原字号"、培育壮大"新字号"，提升产业链供应链现代化水平，提升制造业核心竞争力，推动东北制造向东北智造转变。深化服务领域改革开放，加快生活性服务业和生产性服务业发展，促进现代服务业扩大规模、提

升质量。

一是改造升级传统优势产业。东北地区应着眼于提升产业链供应链韧性和安全水平，准确把握新时代科技创新和产业发展特征，以"四新经济"为抓手，聚焦"卡脖子"问题，对接要素资源，提升应对原材料短缺等问题的抗风险能力。在巩固基础优势的前提下，大力推动东北地区产业数字化、智能化赋能，布局建设新基建、智能工厂、数字化车间、智能生产线，持续加大设备更新和技术改造投资力度，着力推动产业转型升级。东北地区重点推动装备制造、石化、冶金、汽车等传统优势产业实施高端化、智能化改造。辽宁通过加强创新主体协同研发，推动工业强基项目，扶持装备首台（套）、材料首批次推广应用等，做好传统基础工艺传承与发展，实施产业基础再造工程；吉林通过"百千万"产业培育工程和"十百千万"企业培育工程，提高产业链、供应链韧性；黑龙江鼓励支持研发首台（套）产品，实施减油增化，延伸下游产业链条，深化央地合作，建设"百年油田"等项目，实现稳存量提升传统产业优势。

二是培育壮大新兴产业。《东北全面振兴"十四五"实施方案》明确提出，组织实施新一轮东北地区培育和发展新兴产业行动计划。东北地区应借此契机，抢占未来产业发展先机，推动战略性新兴产业加速发展，打造东北地区支柱性产业。东北地区新兴产业基础雄厚，企业效益水平较高、产业占比增速较快，产业优势明显。在发展未来产业过程中，应依托现有优势产业，积极引育新动能，聚焦新一代信息技术、机器人、新材料、新能源、生物医药等产业。支持头部企业重点围绕战略性新兴产业规划建设产业集聚区，发挥头部企业的号召力，吸引产业上下游配套企业入驻，形成产业集聚格局。

三是加快发展现代服务业。推动东北旅游康养产业特色化发展。积极编制东北地区全域旅游发展规划，建立区域旅游合作机制，共同打造东北特色旅游线路，塑造东北旅游品牌。依托东北地区文化资源、冰雪资源、海洋资源、红色资源、边境资源等，探索多元化的资源价值转化路径，制定促进文旅康养产业发展的政策措施，打造文旅康养产业。深挖冰雪资源，开展各类以冰雪为主题的文化活动、申办举办国内外高水平冰雪赛事，构建以冰雪旅游、运动、装备等为重点的产业链。

四是推动制造业与现代服务业深度融合。东北地区围绕制造业提质增效，推进两率增长，实现增链延链补链强链等目标，着力推动工业研发、工程设计、工业软件开发与应用、现代物流、科技金融、商务服务、高技术服务等关键生产性服务业向高端发展，提升服务制造业高质量发展的能力和水平，推动制造业技术进步，实现制造业深化分工，最终构建制造业和现代服务业深度融合发展格局。

（四）以对接国家重大战略促进区域协同发展，推动融入国内统一大市场

一是实现东北地区协调发展。东北地区要不断完善协作机制，完善东北东部"12+1"区域合作机制①，实现基础设施建设、产业发展布局等协调合作。东北地区要充分整合各自产业和资源优势，在产业链条延展和重新布局的过程中实现区域内高度协同和充分对接。要充分发挥好内蒙古地区风能和畜牧业、黑龙江和吉林现代农业以及辽宁先进装备制造业和现代工业等产业优势，在壮大自身的同时拓展产业链条和产业布局，精准发现区域产业链条衔接和经济发展模式融合的切入点，真正构筑"你中有我、我中有你"的新发展格局。通过跨区域产业深度融合带动和实现区域间高度协同发展，凝聚巨大的发展合力，更好地对接国家重大战略。

二是提高城市群中心城市辐射引领能力。解决东北地区城市群发展要素集聚规模不足，尤其是中心城市辐射能力较弱、中小城市发展活力欠佳等问题，东北地区需要统筹各类资源汇聚到中心城市，将中心城市培育成为东北地区新的经济增长极和创新极，同时释放中心城市集聚效能拉动周边地区共同发展。发挥大连、沈阳、长春、哈尔滨等中心城市区位、交通枢纽、产业

---

① 参与东北东部区域合作的12个市州分别是：辽宁省（2个）丹东市、本溪市；吉林省（4个）通化市、白山市、延边朝鲜族自治州、吉林市；黑龙江省（6个）牡丹江市、双鸭山市、七台河市、鹤岗市、佳木斯市、鸡西市。2009年，大连市以观察员身份加入，因此，合作模式由最初的12市州向"12+1"转变。

辐射以及市场要素汇聚等多方面优势，多举措推动产业和人口向哈长、辽中南城市群集中，以大连港、营口港、锦州港等港口作为东北海陆大通道的海上战略枢纽，以朝阳、阜新、通辽、赤峰、锡林郭勒、齐齐哈尔等内陆港为重要节点，加强东北地区城市群各板块在交通链上的互联互通，提升产业配套、承接与协同能力，打通东北地区创新链、产业链及供应链，加快推动哈长沈大经济走廊建设。

三是对接国家重大战略。东北地区要全面贯彻落实《东北地区与东部地区部分省市对口合作工作方案》确定的政策措施和重点任务，全方位加强与京津冀协同发展、长江经济带发展、粤港澳大湾区建设、长三角区域一体化发展等国家重大战略对接，彻底转变传统的各自为战格局。当前，东北地区不断探索与国家重大战略对接模式，达成战略合作意向，并取得一定成效。因此，东北地区融入国家重大战略将进入全面升级阶段，从融入深度、融入质量到融入效果将全面提升，重点围绕产业项目对接合作、重点园区共建、干部人才交流等开展工作，大力发展飞地经济，探索跨区域利益分享机制。

（五）以建设现代化基础设施体系为纽带，提升对内对外开放合作水平

党的二十大报告再次强调，坚持高水平对外开放，加快构建以国内大循环为主体、国内国际双循环相互促进的新发展格局。东北地区在广泛参与国内大循环激发国内发展潜力的同时，更要积极主动参与国外市场竞争，构建更加自由平等的对外开放新格局，要利用好独特的产业优势和区位优势，积极主动融入共建"一带一路"，真正构建"双循环"发展新格局。以共建"一带一路"为引领，优化通道及枢纽布局，加大基础设施建设力度，完善口岸设施，优化口岸布局，推动中欧班列稳定运营。发挥港口资源和腹地运输资源优势，以海铁联运为主要方式，连接沿线枢纽和口岸，形成综合交通运输网络。抓住 RCEP 签署后带来的新机遇，深化与日、韩等国经贸合作，高水平建设东北亚合作中心枢纽，推进中韩（长春）国际合作示范区、中

日（大连）地方发展合作示范区建设。稳妥推进中蒙俄经济走廊建设，深化三方多领域合作，构建软件与硬件设施相结合的多向度立体交叉互补网络。持续办好中国—东北亚博览会、中国—俄罗斯博览会、中国国际装备制造业博览会等会展活动，加强东北与蒙俄在装备制造、船舶制造、能源电力、海洋航运、农林渔业、旅游等多领域的互利合作。

参考文献

刘东：《基于区位商的长江中游地区产业比较优势分析》，《湖北经济学院学报》（人文社会科学版）2015 年第 6 期。

林毅夫、尤炜、张皓辰：《"东北现象"及其再解释——产业结构转型的视角》，《中国经济学》2022 年第 2 辑。

高宏伟：《新形势下东北地区产业结构调整的路径与建议》，《辽宁经济》2022 年第 5 期。

孙久文、陈超君：《"十四五"时期东北区域经济转型路径探索》，《经济纵横》2021 年第 10 期。

李向平、宋帅官、赵玉红：《辽宁经济衰退的历史缘由与振兴路径》，《地方财政研究》2019 年第 1 期。

赵新宇、万宇佳：《产业结构变迁与区域经济增长——基于东北地区 1994—2015 年城市数据的实证研究》，《求是学刊》2018 年第 6 期。

姚毓春、李冰：《构建具有东北特色优势的现代化产业体系》，《社会科学辑刊》2024 年第 1 期。

B.8
东北三省产业集群创新发展路径研究

金光敏*

摘 要: 东北三省基于坚实的工业基础和丰富的自然资源形成了一定规模的产业集群,并在历史演进过程中不断发展壮大。近年来,东北三省积极探索产业集群发展的路径,取得了一定进展,呈现产业集群覆盖领域广泛、传统优势产业集群智能化升级、集群内形成紧密协作关系等特点,部分产业集群在国内外市场上已形成一定的竞争力。但不可否认,在经济转型和全球化竞争的双重压力下,东北三省产业集群也面临新兴产业发展不足、核心竞争力偏弱、发展模式单一等困境。因此,应积极培育新兴产业集群,建立产业集群创新生态系统,促进产业集群发展模式向多核式转变,从而实现东北三省产业集群高质量发展。

关键词: 东北三省 产业集群 核心竞争力

产业集群作为区域经济组织的重要形式,是区域经济发展和转型的重要驱动力。东北三省基于坚实的工业基础和丰富的自然资源形成了一定规模的产业集群,但在经济转型和全球化竞争的双重压力下,新兴产业发展不足、核心竞争力偏弱、发展模式单一等问题凸显。为进一步提升东北三省产业集群的发展质量和核心竞争力,迫切需要研究新时期东北三省产业集群的创新发展之路。本报告立足东北三省产业集群的历史演进过程,系统梳理东北三省产业集群的发展现状和面临的困境,重点研究新时期东北三省产业集群如

---

* 金光敏,吉林省社会科学院助理研究员,主要研究方向为区域经济、产业经济。

何实现创新发展。研究成果对于推动东北三省经济结构战略性调整，实现东北振兴、经济高质量发展具有重要现实意义。

一　东北三省产业集群的历史演进

对于东北三省产业集群历史演进的探索将有助于了解东北三省产业集群的形成过程及发展模式，为东北三省产业集群创新发展路径研究提供历史洞察，有助于提出更具前瞻性和针对性的发展策略。东北三省产业集群的形成是一个历史演进过程，涵盖了多个阶段和多重因素。

（一）工业化孕育阶段：20世纪初至20世纪30年代

东北三省的工业化始于 20 世纪初，在大规模移民、大豆产业的崛起、农产品市场扩大和农产品加工业的发展等多个因素的推动下，东北三省农业形成产业化发展趋势，农产品加工业成为东北三省在全国乃至东北亚地区占有优势地位的产业。20 世纪初至 20 世纪中叶，东北三省经历了大规模的移民涌入，这一移民潮加速了土地开发和农业产业化的发展。大豆成为东北三省最重要的商业性作物之一，种植面积迅速扩大，尤其是在 1929 年达到顶峰，种植面积占东北作物播种面积的 37%。农产品市场扩大和输出贸易的繁荣推动了东北三省的农业产业化，特别是大豆及其制品的输出贸易在全国占有举足轻重的地位。哈尔滨、长春等地的榨油和机器制粉业蓬勃发展，成为东北三省的支柱产业，为东北的经济发展做出了重要贡献。据统计，哈尔滨机器制粉业和榨油两个部门产值占其工业总产值的 80%，长春机器制粉业产值约占其生产总值的 75%。① 这一时期的农业产业化为东北三省的工业化发展奠定了坚实基础。

（二）工业化发展初期：20世纪30年代至20世纪中叶

为满足战争需求，伪满政权实施了"重点主义"的产业政策，将重工

---

① 周斌：《哈尔滨近代工业遗产保护现状调查与研究》，《卷宗》2019 年第 17 期。

业部门置于优先发展的地位，特别是军需工业、煤炭、铁矿、液体燃料和有色金属等领域。伪满政权全力扩大重工业产能，导致了重工业的急剧膨胀。沈阳是伪满时期东北三省的工业中心之一，拥有重要的军工工厂，生产军需物资。此外，沈阳还有机械制造、冶金和化工等工业部门，其中机械制造业是重要组成部分。沈阳的工业化程度在伪满时期显著提高。大连作为一个重要的港口城市，其工业化重点主要在船舶建造、化工和机械制造领域。大连的船舶工业在当时具有重要地位，大量军舰和商船在这里建造。鞍山位于东北三省的辽宁省，是钢铁和冶金工业的主要中心之一。在伪满时期，鞍山的钢铁产量急剧增加，成为东北三省最大的钢铁生产基地之一。长春是伪满时期东北三省的重要城市，主要工业包括机械制造、电力和化工，特别是制造机械设备和军事装备在当时迅速发展。哈尔滨的工业领域包括飞机制造、机械制造和军工等，特别是飞机制造业在当时具有重要地位，生产各种类型的军用飞机。

（三）产业集聚化发展阶段：20世纪中叶至20世纪末

在这一时期，苏联援建的工业项目发挥了举足轻重的作用。"一五"计划期间，苏联援助中国的 156 个工业项目，涵盖了煤炭、钢铁、机械、电力等多个领域，[①] 为东北地区的工业发展注入了强大的动力，不仅带来了先进的技术和设备，还促进了东北地区产业结构的优化和升级。20 世纪 50 年代到 80年代，政府大力支持东北三省的工业发展，引导了大规模的重工业集中发展，在此背景下，东北三省的主要城市经历了快速的工业化和产业集群发展，形成了包括航空航天、钢铁、机械、汽车、电子、化工等领域的多个产业集群。沈阳在计划经济时期成为东北三省最重要的工业城市之一，发展了机械制造、军工、化工、航空航天、电子等产业，形成了一定规模的坦克制造、导弹研发等军工产业集群。大连在计划经济时期稳步发展成为重要的港口城市和工

---

① 《"156 项"建设项目对中国工业化的历史贡献》，"人民资讯"百家号，2021 年 10 月 1 日，https://baijiahao.baidu.com/s? id=1712382507353769650&wfr=spider&for=pc。

业基地，主要产业包括造船、石油化工、机械制造、电子等，形成了石油化工等重要的产业集群。鞍山在计划经济时期继续发展成为重要的钢铁和冶金产业城市，在机械制造、化工、电力等领域形成了产业集群。哈尔滨在计划经济时期继续发展成为东北三省的重要工业城市，主要产业包括机械制造、电子、军工、化工等，并在食品加工、医药等领域建立了产业集群。长春在计划经济时期发展了汽车制造、机械制造、电子、军工等产业，在药品制造、农机制造等领域形成了产业集群。这些城市在国家工业体系中扮演了重要角色，为东北三省的工业化和经济发展做出了突出贡献。

（四）产业集群快速发展阶段：20世纪末至今

随着中国市场经济改革的推进，东北三省的产业结构开始调整。传统的重工业逐渐面临市场竞争和效益问题，需要进行产业升级和结构优化。政府开始鼓励技术创新和引导产业升级，这为高新技术产业的兴起创造了机会。沈阳在市场经济改革时期继续发展成为东北三省的经济中心之一，逐渐实现了工业结构的多元化，包括机械制造、电子、汽车制造、信息技术等领域，汽车工业集群得到了快速发展，信息技术和软件开发领域也形成了一定规模的集群。大连在市场经济改革时期的主要产业包括船舶制造、石油化工、电子、信息技术等，船舶工业、电子信息产业和软件开发集群持续壮大，国际市场竞争力逐渐显现。在市场经济改革时期，鞍山钢铁和冶金产业在市场竞争中逐渐壮大，鞍钢成为中国最大的钢铁企业之一，并在进行产业结构调整的过程中积极发展装备制造和高新技术等新兴产业。哈尔滨机械制造业得到了快速发展，特别是在农业机械制造和装备制造领域。同时，哈尔滨还在食品加工和医药产业方面形成了产业集群。长春在市场经济改革时期继续发展成为东北三省的汽车制造和高新技术产业中心，并在信息技术、生物医药等领域形成了产业集群。

二　东北三省产业集群发展现状

近年来，东北三省积极探索产业集群发展的路径，取得了一定进展，已

呈现多元化的产业集群发展趋势，覆盖了汽车制造、装备制造、航空航天、电子信息、新材料、生物医药、食品加工、能源和化工等多个领域，并在国内外市场上形成了一定的竞争力。传统产业集群积极应对市场需求，通过引入智能化技术提高生产效率和竞争力。产业集群内部形成了更紧密的协作关系，产业链合作加强。

（一）东北三省产业集群覆盖领域广泛

东北三省的产业集群呈多元化发展趋势，覆盖了汽车制造、装备制造、航空航天、电子信息、新材料、生物医药、食品加工、能源和化工等多个领域，很多集群已在国内外市场上形成了一定的竞争力，为地区的经济发展提供了强大支持。例如，以一汽集团为代表的汽车产业集群，带动了整车制造、汽车零部件制造、研发等多个领域发展；沈阳市的航空航天产业集群，覆盖了飞机制造、航空发动机制造、航天器件制造等领域；长春生物医药产业集群覆盖了制药、生物技术、医疗器械等领域。东北三省设立的沈阳经济技术开发区、大连高新技术产业园区等先进制造业园区也吸引了众多制造业企业入驻。不同领域的产业集群可以相互补充和支持，强化地区经济韧性，从而降低了受特定产业波动影响的风险，当某个产业受到不利因素影响时，其他产业可以发挥支撑作用，维持地区的经济稳定。并且，多元化的产业集群吸引了不同类型的投资，包括制造业、科技、金融和服务业等，能够为地区吸引更多的资本和资源，促进产业多层次、全方位发展。

（二）传统优势产业集群智能化升级

东北三省的传统产业集群正在积极应对市场需求，通过引入智能化技术提高生产效率、产品质量和竞争力。以汽车制造集群为例，以一汽集团等为代表的汽车企业逐渐实现了智能化制造升级。一汽集团投入了大量资金用于智能制造技术的研发和应用，建设智能制造工厂，引入了机器人和自动化设备，生产效率大幅提升，并成功获评2022年度国家级智能制造示范工厂揭榜单位。以电子信息集群为例，大连是中国重要的半导体制造中心之一。瑞芯微等半导体企业建有高端芯片工厂，引入自动化生产线和智能化制造技术，致力于研发和生产先进的半导体芯片，采用先进的工艺和设备，推动中国半导体产业的智能化升级。以机械制造集群为例，哈尔滨是中国著名的机械制造基地之一。哈尔滨的机械制造企业引入了智能制造技术，通过工业机器人和物联网设备实现了生产线的自动化和智能化，企业的智能化制造水平得到了显著提升，产品具有较高的竞争力。传统优势产业集群通过自动化设备、机器人和物联网技术的应用，生产效率大幅提升，提高了生产能力，并且，智能化制造使企业能够更灵活地满足客户的个性化需求。通过数字化设计和生产技术，传统产业可以根据客户的要求生产高度定制的产品，提供更多样化的选择，增强市场吸引力。

（三）集群内形成更紧密的协作关系，产业链合作加强

东北三省的产业集群内部形成了更加紧密的协作关系，各个环节之间的合作加强，形成了更为完整的产业链条。以汽车制造集群为例，吉林省的汽车产业集群规模不断扩大，它不仅包括整车制造，还涵盖了与汽车相关的核心部件制造。目前，集群已经汇聚 93 家省级以上"专精特新"企业，[①] 覆盖了汽车制造业的上下游产业链，涵盖从汽车设计和制造到关键零部件的生产等各个领域。这种紧密合作与协同发展，显著提高了生产效率和竞争力。以氢能产业集群为例，位于大连的化学工业园区已经建成一个完整的氢能产业生态链。在这个园区内，企业共享电解水制氢、天然气蒸汽重整、生物质气化等氢能生产设施，以及储存和运输设施。协作网络显著降低了企业的运营成本，吸引了更多的企业进驻该园区，推动整个氢能价值链的持续发展。协作关系和产业链合作的加强，能够帮助企业更有效地利用资源，减少生产和运营成本，还能够实现产业链各企业间市场信息共享和渠道互通，帮助企业扩大市场份额，并且，在

---

① 《吉林省人民政府关于实施汽车产业集群"上台阶"工程的意见》，吉林省企业联合会网站，2023 年 1 月 30 日，http://gxt.jl.gov.cn/jlqlh/zcfg/202301/t20230130_8664087.html。

不确定的经济环境下，还可以实现风险共担，降低企业面临的风险，增强供应链的可靠性。

三 东北三省产业集群创新发展面临的困境

东北三省积极促进产业集群发展，并取得了一定成效，但不可否认，面对经济转型和全球化竞争的双重压力，产业集群创新发展面临困境。

（一）产业结构有待进一步优化，新兴产业发展不足

东北三省在计划经济时期主要侧重于发展重工业和传统产业，现有产业集群多数是在原有工业基础上发展而来的，所以传统产业集群占比较高，并且，相对于其他地区，东北三省一些新兴产业领域的布局较为有限，导致地区产业集群发展结构不符合数字经济背景下的经济发展新常态。互联网科技和数字经济等新兴产业领域的初创企业和高科技公司在东部沿海城市更为集中，东北三省的新兴产业相对较少，仅有沈阳、大连等城市有新兴数字经济企业集聚，且初创企业和高新技术公司规模较小，缺乏行业内龙头企业引领带动，难以形成集聚格局。东北三省新兴产业发展不足的可能原因有三点：一是东北三省的互联网、电子商务和人工智能产业发展起步较晚，这些领域在沿海城市和特大城市已经形成成熟的产业集群，而新兴产业的发展通常受益于产业集聚，需要企业之间的协作，这又进一步降低了新兴产业在东北地区形成产业集聚格局的可能性；二是东北三省科技孵化器、创业空间等创新创业服务平台建设滞后，对新兴产业的孵化和扶持不足；三是创新创业需要种子资金、风险投资和创业融资等资金支持，东北三省的融资环境相对不够完善，风险投资机构和金融机构的支持力度不如一线城市，制约新兴产业集群的培育。

（二）创新驱动不足，核心竞争力偏弱

与中国其他地区相比，东北三省研发投入和创新资源投入较少。高技术

产业的发展需要大量的研发资金、人才支持等创新资源，而东北三省在这方面相对薄弱，缺乏创新驱动发展的生态环境，导致产业集群核心竞争力偏弱。2022 年，辽宁、吉林、黑龙江的研发投入强度分别仅为 2.14%、1.43% 和 1.37%，均低于全国 2.54% 的平均水平，[①] 表明东北三省在科研和创新领域的投入相对较少，对研发资金的支持力度不足。东北三省科技人才流失严重，大量的本地毕业生选择离开东北三省，寻求经济发达地区的就业机会。基于东北地区 20 所高校 2019 届毕业生就业情况分析，按照生源口径统计，辽宁、吉林和黑龙江三省的毕业生人才流失率分别达到 15.56%、40.65% 和 32.03%。[②] 流失率较高会导致东北三省人才断层和创新资源外流，对科技创新和经济发展构成一定的挑战。众创空间等创新平台建设滞后。据测算，辽宁、吉林和黑龙江科创平台发展指数均为第二梯队，与领头梯队和第一梯队相比，分值悬殊。[③] 科创平台在促进创新创业、孵化新兴企业、提供资源支持等方面发挥重要作用，科创平台的滞后发展可能会影响地区的创新生态系统建设和科技创新能力提升。由于创新驱动不足，东北三省的企业通常缺乏自主研发和拥有核心技术的能力。这意味着它们难以参与高端制造和核心技术开发，从而无法在"制造强国"等国家战略中承担重要角色。并且，创新不足使东北三省的企业更加依赖外部技术和设备，降低了企业的核心竞争力。

（三）东北三省产业集群发展模式较为单一

东北三省产业集群主要为轴轮式和网状式两种产业集群模式。吉林省汽车制造集群就是典型的轴轮式产业集群，一汽集团处于中心地位，拥有强大的资源和市场地位，是整个产业集群的领导者，中小企业主要与一汽集团协

---

① 《31 省份研发经费投入排行榜出炉 湖北排第 7》，凤凰网，2023 年 9 月 19 日，http://hb.ifeng.com/c/8TBTAhvREbu。

② 《国研中心｜从东北高校毕业生就业去向看东北人才流失问题》，澎湃新闻，2022 年 1 月 13 日，https://www.thepaper.cn/newsDetail_forward_16217483。

③ 《研究｜我国主要科技创新平台分类特征及总体分布》，51CTO 网站，2020 年 11 月 9 日，https://www.51cto.com/article/631185.html。

作，根据其需求提供零部件、配件或服务。这种分工协作有助于提高整个产业链的效率，降低成本，提高产品质量，中小企业也可以通过与龙头企业的合作，获得技术、管理经验和市场洞察力，从而增强整个产业集群的竞争力。但这种发展模式也存在较大的弊端，如果整个集群的产品和服务主要面向龙头企业，那么集群的成功就高度依赖龙头企业的市场表现，如果龙头企业遇到困难，如市场份额下滑、管理问题或技术挑战，市场波动可能对整个集群产生连锁反应，整个集群将受到严重影响，导致失业和产业萎缩。网状式产业集群发展模式是一种众多相对独立的中小企业之间交叉联系，通过共享资源、信息、技术和市场机会来协作和合作的产业集群组织形式。东北三省的农业领域产业集群属于典型的网状式产业集群发展模式。在东北三省的农业产业中，许多中小农业企业或合作社相对独立地从事农业生产、加工和销售活动，但它们之间存在密切的合作关系和互动，不同类型的农业企业（例如种植、养殖、加工）之间相互合作，形成了供应链和价值链的协作网络，农业产业集群中的企业可以共享农业机械、技术和市场信息，从而降低了成本，提高了资源利用效率。但网状式集群中的企业通常属于中小企业，资源和能力不足，在缺乏龙头企业引领的情况下，难以形成合力并发展壮大。

四　东北三省产业集群创新发展路径

为有效解决东北三省产业集群面临的发展问题，应积极创新产业集群发展路径，培育新兴产业集群，建立产业集群创新生态系统，促进产业集群发展模式向多核式转变。

（一）积极布局新兴产业集群

培育互联网科技、数字经济、算力产业等新兴产业集群是确保东北三省在数字经济时代能够保持市场竞争力和发展活力，并提供更好的生活质量和实现社会发展的必然选择。东北三省充足的电力供应和较强的科研教育基础确实为新兴产业集群的培育和发展提供了重要的支持和竞争优势。东北三省拥有丰富的电力资源，这为需要大量电力的数据中心和高性能计算提供了稳定和持续的电力供应，这是互联网科技和算力产业所必需的。东北三省拥有哈尔滨工业大学、吉林大学、大连理工大学、东北大学等高等院校，以及中国科学院等的分支研究机构，科研力量雄厚，在科研领域有一定的优势，可以为新兴产业提供研发支持、人才培训和技术合作机会。因此，东北三省具备发展数字经济等新兴产业集群的先决条件。在此基础上，东北三省应积极投资光纤网络、5G 等先进网络基础设施，以确保可靠的高速互联网连接，满足新兴产业集群的需求。新兴产业发展普遍需要大规模的云计算和数据存储能力。东北三省应布局建设数据中心、引入云计算服务提供商，提供稳定的云基础设施，吸引企业、创新者及社会资本在东北三省投资建设新兴产业集群。

（二）建立产业集群创新生态系统

通过强化产学研用联合攻关机制、构建开放共享的技术创新平台、培养本土化高水平技术人才、引导天使投资和风险投资流向、加大对核心技术产业化的政策支持力度等渠道，打造产业集群创新生态系统。鼓励龙头企业牵头成立产业创新联盟，委托高校和科研院所承接企业项目，形成产学研战略合作伙伴关系，围绕产业链进行技术协同创新，实现优势互补。建设面向产业集群的孵化器、科技园区、众创空间等中介服务平台，为创新提供服务。建立灵活的产学研用人才流动机制，实现人才资源共享。构建开放共享的技术创新平台，吸引高校、研究机构、企业和初创公司各类参与主体多方合作，使研发人员能够更容易地访问和利用资源，促进技术共享和合作。培养本土化高水平技术人才，建立核心技术研究中心和实验室，提供研究岗位和硕士、博士项目，鼓励学生和研究人员参与前沿研究。与国际一流的大学和研究机构合作，提供国际交流项目，使学生接触到全球最核心技术和研究成果。引导天使投资和风险投资向产业集群流动，建立投资者网络，搭建天使投资人、风险投资公司与产业集群企业的链接通道，帮助投资者了解项目情

况。加大对核心技术产业化的政策支持力度，制定产业政策，明确支持产业集群核心技术领域的发展方向和目标。提供研发经费补助、税收优惠、技术创新奖励等财政补贴和奖励计划，鼓励企业投入核心技术的研发和产业化。加强知识产权保护，确保企业的研发成果和技术不受侵犯。

（三）促进产业集群发展模式向多核式转变

东北三省产业集群发展模式较为单一，主要为轴轮式和网状式。这两种发展模式都存在一些弊端，因此应积极推进发展模式向多核式转型。多核式产业集群通常指的是一个地区内存在多个大型成品商或核心企业，这些核心企业各自领导不同的产业集群，而众多小型企业则围绕这些核心企业形成，从事相关的生产、加工、供应或服务。在多核式产业集群中，每个核心企业通常代表一个特定的产业或领域，例如，一个大型汽车制造企业、一个钢铁企业和一个电子产品制造企业可以成为不同集群的核心企业，各自领导着与其相关的产业集群。这些核心企业在技术、市场知识和资源方面具有较强的优势，吸引了周边地区的小型企业和供应商，以便与它们合作或为其提供支持。这种模式有助于实现多样性和协作，促进地区经济的发展。政府应制定明确的发展战略规划，明确向多核式产业集群转型的愿景和目标。这个规划应考虑到地区的产业结构、资源、市场需求和竞争优势，并通过分析地区的资源、技术和市场机会，确定多家核心企业，这些核心企业必须具有一定的市场竞争力和发展潜力。地方政府应鼓励社会资本共同投资核心企业创新和技术发展，以提高多核心产业的竞争力。监测转型过程进展，进行定期评估，并根据需要调整战略和政策，确保产业集群发展模式顺利转型。

（四）建立灵活、高效的集群管理和运营机制

建立多方参与的治理架构，将不同组织和利益相关方的资源整合起来，包括政府的政策支持、企业的资金和技术、高校和研究机构的知识和研究能力，以及行业协会的行业洞察力，充分利用各方的优势资源。鼓励不同领域的专业知识和经验交流与分享，高校和研究机构可以提供最新的研究成果，

企业可以将这些成果应用于实际生产，推动技术升级和产业升级。设立定期的会议和协调机制，促进各方之间的信息共享、问题解决和决策协调。建立专门的服务机构或平台，为集群内的企业和创新者提供技术咨询、市场推广、融资支持等专业化的服务，以满足不同企业的需求，提升集群治理和服务能力。建立数字化平台，用于集群内各方之间的信息共享、合作协同和资源对接，强化产业集群内部的协作关系。

B.9
东北三省制造业转型发展研究

朱德鹏 申浩然*

摘　要： 实现制造业数字化、网络化、智能化转型发展，是东北三省提升制造业竞争力，建设现代化产业体系，实现全面振兴、全方位振兴的必然选择。东北三省制造业转型发展，具有潜在优势，取得了一定成效，但整体创新能力有待提升、产业结构性失衡、高素质人才资源较为缺乏、制造业"走出去""请进来"整体水平较低是制约东北三省制造业转型发展的主要问题。推动东北三省制造业转型发展，需要推动传统制造业结构升级、发展先进制造业集群、提升科技创新水平、提升人力资源水平、加强国内国际开放合作。

关键词： 东北三省　制造业　全面振兴

　　2023 年 9 月，在新时代推动东北全面振兴座谈会上，习近平总书记强调"积极培育新能源、新材料、先进制造、电子信息等战略性新兴产业，积极培育未来产业，加快形成新质生产力，增强发展新动能"。[①] 新质生产力这一崭新概念的提出，对于新时代东北地区实现振兴发展具有重要的指导意义。东北三省是我国重要的老工业基地，推动制造业实现数字化、网络化、智能化转型发展，对于东北三省提升制造业质量效益和竞争力、建设现代化产业体系、实现高质量发展具有重要意义。本报告分析了当前东北三省

---

　　* 朱德鹏，黑龙江省社会科学院经济研究所助理研究员，主要研究方向为产业经济、区域经济；申浩然，黑龙江省社会科学院研究生学院硕士研究生。
　　① 《牢牢把握东北的重要使命 奋力谱写东北全面振兴新篇章》，《辽宁日报》2023 年 9 月 10 日。

制造业转型发展现状和存在的问题，并提出相关对策建议，为东北三省制造业高质量发展、振兴发展提供理论参考和政策建议。

一　东北三省制造业转型发展现状

（一）东北三省制造业转型发展整体进展

2023 年，东北三省制造业发展总体向好，为实现转型发展打下了良好基础。2023 年，辽宁省规模以上工业增加值同比增长 5.0%，高于全国 0.4 个百分点，制造业同比增长 6.3%，装备制造业增长较快，同比增长 9.1%。分产品看，碳纤维及其复合材料产量增长 1.5 倍；燃料油产量增长 44.1%；汽车产量增长 23.2%，其中新能源汽车产量增长 29.2%；平板玻璃产量增长 6.6%；工业机器人产量增长 4.4%。[①] 2023 年，吉林省规模以上工业增加值同比增长 6.8%，高于全国 2.2 个百分点。从重点产业看，汽车制造业同比增长 11.4%，装备制造业增长 12.5%，食品产业增长 6.2%，冶金建材产业增长 21.9%，信息产业增长 47.8%，纺织工业增长 11.5%。[②] 2023 年，黑龙江省规模以上工业增加值同比增长 -3.3%，高技术制造业增加值增长 12.3%、高于全国 9.6 个百分点。[③] 总的来看，东北三省制造业立足自身资源禀赋和现有基础，发挥比较优势，大力发展特色优势制造产业，彰显了东北三省制造业的厚重实力、创新实力和发展韧性，为支撑地区经济高质量发展发挥了重要作用。

东北三省是我国重要的老工业基地，制造业是支柱性产业，实现制造业的转型升级，是东北地区立足新发展阶段、顺应产业变革趋势、服务和融入新发展格局的必然选择。制造业是东北三省支柱性产业，具体来看，辽宁省

[①] 《2023 年全省经济运行情况》，辽宁省人民政府网站，2024 年 1 月 22 日，https://www.ln.gov.cn/web/zfsj/sjfb/20240122104910245543/index.shtml。

[②] 《2023 年全省经济稳中向好稳中提质》，吉林省人民政府网站，2024 年 1 月 19 日，https://www.jl.gov.cn/shengqing/tzfz/sjyw/zfsj/tjgb/202401/t20240122_3027779.html。

[③] 《关于黑龙江省 2023 年国民经济和社会发展计划执行情况与 2024 年国民经济和社会发展计划草案的报告》，黑龙江省人民政府网站，2024 年 2 月 9 日，https://www.hlj.gov.cn/hlj/c107856/202402/c00_31709491.shtml。

有冶金、石化和精细化工、装备制造等优势产业；吉林省有汽车、轨道客车、卫星等优势产业；黑龙江省有机械制造、生物医药等优势产业。东北地区制造业以装备制造业为主，培育了一批在全国乃至全球市场具有较大影响力的企业，如黑龙江省有哈飞、哈电、哈轴；吉林省有中国一汽、中车长客；辽宁省有沈阳机床、新松机器、北方重工、中国航发燃气轮机等一批代表性企业。在新的发展阶段，东北地区坚持以优势制造业企业为主体，立足经济发展主战场，促进传统制造业改造升级，坚持数字化、网络化、智能化、绿色化、服务化、高端化的制造业转型发展方向，打造先进制造业集群，补短板、扬优势，构建现代化产业体系，积极融入全国统一大市场，为实现全面振兴、全方位振兴打下了良好基础。

截至 2023 年 6 月末，辽宁省已建成 152 个数字化车间和智能工厂，上云企业超过 10 万家；规上工业企业关键工序数控化率和数字化研发设计工具普及率分别达 60.3% 和 78.4%。围绕"上云、用数、赋智"，辽宁加力推进 5G、工业互联网等新型基础设施建设，夯实数字底座。2023 年上半年，全省新开通 5G 基站 5000 个，累计达 8.4 万个；培育 20 个 5G 全连接工厂，15 个"5G+工业互联网"融合应用先导区；推动工业互联网标识解析二级节点新增 3 个，累计达到 35 个，接入企业 5295 家。同年 8 月，由工业和信息化部、财政部开展的第一批中小企业数字化转型试点城市竞争性评审结果揭晓，沈阳和大连成功入选。① 吉林省积极实施先进制造业集群梯次培育行动，推动传统制造业数字化、网络化、智能化改造。2023 年吉林省工业和信息化厅新认定智能制造示范工厂 15 个、数字化示范车间 12 个。黑龙江省获批国家标准化创新发展试点和全国首批数字化转型贯标试点省，新建省级数字化示范车间 44 个、智能工厂 7 个。

（二）东北三省制造业转型发展具体特征

1. 制造业产业结构不断调整

进入新发展阶段，东北地区制造业产业结构不断优化，总体向调优、调

---

① 《辽宁装备制造业着力转型升级》，《人民日报》2023 年 10 月 24 日。

轻方向转变，制造业智能化、高端化、绿色化水平不断提高，延长产业链、提高附加值成为东北地区制造业转型发展的新特征。辽宁省坚持改造升级"老字号"，深度开发"原字号"，培育壮大"新字号"，推动装备制造、石化、冶金等传统制造业重塑产业发展新优势，打造一批先进制造业集群，做优、做强、做大机器人、半导体、新能源汽车等优势产业，不断激活振兴发展新动能，2023年上半年高技术制造业投资同比增长37.0%，彰显了制造业产业结构调整新成效。吉林省不断优化支撑制造业转型发展的顶层设计，出台《吉林省制造业智能化改造和数字化转型行动方案（2023—2025年）》，支持省内优势制造业，如装备制造业、原材料等领域转型发展，进一步促进制造业结构调整，2023年上半年，吉林省新能源汽车产业产值同比增长52.9%，高端装备制造业产值同比增长10.1%，明显高于规模以上工业增速。黑龙江省加快制造业产业结构调整步伐，以新经济、新技术赋能制造业产业结构调整。

2. 制造业创新能力不断增强

创新是引领发展的第一动力，东北地区制造业转型发展坚持以创新引领，取得新突破，迈上新台阶。东北三省制造业不断加大科研投入，立足成熟的工业体系优势，突破"卡脖子"技术，新旧动能转换加速，新技术、新产品、新业态不断涌现，制造业产业链不断向中高端迈进，一些制造业领域已经具备打破发达国家行业垄断的能力、填补工业门类与产业门类空白的能力。辽宁省发挥在高端装备制造、半导体芯片制造等优势领域的科技优势，深入实施创新驱动发展战略，在核心零部件、国家急需的关键材料等方向解决一批"卡脖子"难题，涌现大批制造业创新发展成果。吉林省深入实施"一主六双"发展战略，从突破"卡脖子"技术到双链融合，打造了"吉林一号"卫星、一汽汽车新型发动机、中车长客智能城际动车组等代表成果，以创新凝聚制造业发展新动能。黑龙江省制造业坚持创新促升级，持续加大技术改造力度，实现创新赋能。截至2023年上半年，辽宁省规模以上高技术制造业增加值同比增长9.3%，高于全国7.6个百分点；吉林省规模以上高技术制造业增加值占规模以上工业比重为13.1%，比上年同期提

高 0.3 个百分点，战略性新兴产业产值占规模以上工业比重为 17.2%，比上年同期提高 1.3 个百分点；黑龙江省规模以上高技术制造业增加值同比增长 18%，高于全国 16.3 个百分点。

3.制造业数字化水平不断提升

数字经济是经济发展的新模式、新形态，推动制造业同数字经济融合发展，是东北地区制造业转型发展的必经之路。辽宁省大力推进制造业数字化发展，全面推动制造业数字化转型，建设智能化、融合化的制造业产业集群和现代制造业产业体系，2022 年全省数字经济在工业领域渗透率达到 24%，高于全国平均水平；全省工业企业数控化率达到 59.7%。截至 2023 年上半年，辽宁省建成数字化车间和智能工厂 152 个，不断展现制造业数字化转型新活力。吉林省推动制造业"智改数转"，推动优势产业汽车产业全面提升产业链数字化水平，加快转变制造业发展方式，以数字化引领制造业实现质量变革、效率变革、动力变革。黑龙江省坚持提效率、降成本，制造业全面向数字化升级，打造"弯道超车"新引擎，支持装备、石化等优势制造业智能化改造，开展传统装备制造联网、关键工序数控化等数字化改造，加强数字基础设施建设，建设智能制造哈大齐先导区等，截至 2022 年，黑龙江省建成数字化车间和智能工厂 229 个，不断以数字经济助推传统制造业与新产业融合发展。

二 东北三省制造业转型发展存在的问题

目前，东北三省制造业转型发展仍面临一些亟待解决的问题，如一些关键核心技术没有掌握在自己手中，一些制造业行业创新能力较弱，现有技术水平难以满足更高标准质量要求，一些制造业行业还存在较大程度的技术"卡脖子"问题；制造业产业结构偏重，轻工业、消费品工业领域投入不足，技术水平、产品质量与发达地区存在较大差距，存在结构性短板；大部分中小制造业企业处于产业链、价值链中低端，技术能力偏弱，工艺水平、质量标准偏低，专业化、精细化、特色化、新颖化水平较低；一些制造企业转型升级、创新发展的意愿不强、行动迟缓等。

（一）整体创新能力有待提升

东北三省制造业创新基础依旧薄弱，创新对于制造业转型发展的支撑作用不强，这成为制约东北三省制造业转型发展的关键因素。当前，东北三省一些制造业企业具备突破国际封锁的能力，逐渐迈向产业链中高端，但从整体来看，东北三省制造业的创新水平、创新能力与东、中部地区相比仍有较大差距，很多企业研发投入不多，一些关键领域、关键行业的发展仍受制于人，部分领域的关键核心技术缺乏，产业链自主化程度较低。一流的大学与科研院所是科技创新的源头，东北地区拥有数量众多的高校与科研院所，但也存在人才流失、科技创新成果产业化转化不足等问题。良好的营商环境和市场环境可以激发企业的创新意愿。近些年，尽管东北三省高度重视优良营商环境的建设，但仍然需要进一步优化完善营商环境和市场环境，努力为市场主体提供更加优良的发展环境，充分激发制造业企业的创新活力，提升制造业企业的创新能力。

（二）民营中小制造业企业转型升级"负担"较重，存在"不愿转""不会转"现象

部分中小制造业企业对自身行业所需要的具体数字化转型目标不够明确，或者找不到能够解决实际问题的数字化方案提供商；还有一些企业难以承担现有数字化转型方案的高额成本，投资回报率低，短期内看不到投资回报，导致企业数字化、网络化、智能化转型意愿不高。制造业包括众多门类庞杂的产业链，身处各个产业链之中的制造业企业具有高度差异化、个性化的数字化转型需求，而数字化转型方案提供商大多提供标准化的数字化服务，难以切中企业的"痛点"，也就难以给企业带来有效价值。

（三）高素质人才资源较为缺乏

制造业的转型升级需要一大批高素质高技能人才。近年来，东北三省年末常住人口呈现下降趋势。虽然东北三省每年有大批的高素质高技能人才毕

业走向工作岗位，但其中大部分人还是会选择去经济更为发达的北京、上海、广州、深圳、杭州、苏州等城市就业发展，导致东北三省高素质、高技能人才流失问题较为突出。高素质、高技能人才相对缺乏制约了东北三省制造业转型升级步伐。近年来，东北三省经济总量增速总体较慢，就业创业环境、营商环境还有不少需要补齐的短板弱项，在基础设施条件、基本公共服务条件、现代化产业体系发展水平、就业机会和环境等方面与发达地区还有较大差距。在市场配置资源的情况下，东北三省人口和人才外流现象较为突出，高素质、高技能人才较为缺乏，现有人才有效利用不足，制约了制造业转型升级。

（四）制造业"走出去""请进来"整体水平较低

推动制造业转型升级、高质量发展需要走开放合作之路，利用好国内国际两个市场、两种资源，补短板、强弱项，不断提升制造业各门类的技术水平和质量效益。当前，东北地区的开放合作水平较低，大部分中小制造业企业技术能力不足、产品质量达不到国际标准，难以打开国际市场，即使有出口，也大多处于国际产业链中低端。对高水平制造业的认识不足、对标高水平制造标准的意愿不够强烈，也会间接影响东北制造业转型升级的发展进程。

三 推动东北三省制造业转型发展的对策建议

（一）推动传统制造业结构升级

东北三省制造业实现转型发展，应不断调整、优化制造业内部结构，以此增强制造业转型发展的内生动力。推动传统制造业转型升级，发展先进制造业，把握好制造业转型发展过程中"量"与"质"的关系。东北三省传统制造业所占比重大，但也具有一定的转型发展底蕴、优势与潜力，应立足时代发展需要，顺应制造业智能化、数字化、绿色化发展趋势，打破路径依赖，将新发展理念落实为东北三省制造业转型发展的实践，在量的发展基础上不失时机地实现质的飞跃。一是推动传统制造业数字化转型，数字经济渗透力强，配置资源效率高，是推动制造业转型升级、实现新旧动能转换的必然选择，应把握数字经济这一新赛道，以数字产业化和产业数字化为主线，加强顶层设计，探索数字经济赋能制造业发展的新模式、新路径，加快数字工厂和智能化车间建设，完善数字基础设施，加强数字人才培养，加快实现传统制造业数字化、网络化、智能化转型，提高全要素生产率，以数实融合发展推动传统制造业转型。二是推动传统制造业绿色化转型，摆脱既有的粗放型发展模式，坚持走绿色发展道路。

（二）发展先进制造业集群

做大做强东北制造业需要发挥比较优势，也需要分类指导、优化结构。东北三省制造业转型发展，应加快发展先进制造业，走新型工业化的发展道路，提升制造业协同发展水平。一是发展航空装备、电子信息、智能制造等先进制造业，不断增强制造业发展动能，以先进制造业为主体带动全产业链建设，不断掌握更多制造业关键核心技术，实现产业链、价值链的跃升。二是提高现代制造业集群化程度，发挥先进制造业的引领带动作用，打造新兴产业集群，促进集群内部生产要素的高效流动，降低整体交易成本。三是培育支持先进制造业发展的配套产业，推动先进制造业同现代农业、现代服务业融合发展。

（三）提升科技创新水平

创新通过变革劳动过程的技术条件和社会条件，从而变革生产方式本身。东北三省制造业实现转型发展，应抓住科技创新这个关键变量，以思维创新、技术创新、制度创新推动制造业转型发展。一是推动思想创新。加大解放思想力度并落到实处，杜绝"等、靠"思想，破除旧有的思维定式，不断在思想、思维层面破题，以新思维、新理念引领制造业转型发展。二是推动制度创新。完善激励创新的基本制度和体制机制，鼓励原始创新，保护

知识产权，以制度创新保障制造业转型发展。三是加强政策支持引导。科技创新和技术突破的投资规模较大，研发投入持续时间较长，企业自身财力有限，应更好发挥政府的作用，加大支持科技创新的政府基金投入，建设高水平的技术中心、实验室等，加强基础性、共性化先进制造技术研究开发，推动科技成果的落地转化，提升科技创新资源转化效率。四是重视企业提出的技术创新需求。企业是技术创新的主体，既是需求者，也是使用者。要开辟企业"出题"、研究机构"答题"、市场"阅卷"的技术创新突破路径，支持以企业为主体建设技术研发创新平台，提升科技成果落地转化效率。

（四）提升人力资源水平

东北三省人口流失、人才流失的现象较为突出，特别是技术人才、高端人才的缺乏制约了制造业转型发展。推动东北三省制造业转型发展，应注重提升人力资源水平。一是多措并举改变人才流失现状，引进人才、留住人才，不断完善政策和激励机制，出台人才新政，在住房、医疗、子女教育等方面给予相关优惠条件，加强人才服务相关配套设施建设。二是加大力度培养更多适应制造业发展需要的高技能专业化人才，大力发展高水平职业教育，加强技能型、专业化人才培养，培养造就一批掌握专业知识、技能精湛的高素质劳动者和大国工匠，培养制造业数字化、智能化转型专业人才。三是提升人力资源配置效率，提升市场化水平，打破人口在区域、城乡之间流动的壁垒，引导优质人力资源合理流动，以人才资源的合理配置助推制造业转型发展。

（五）加强国内国际开放合作

东北三省制造业实现转型发展，应跳出既有的"一亩三分地"，破除"偏安一隅"的思维定式，加强同国内先进地区合作，加强与国际高水平制造企业合作，发挥好沿边、沿江、沿海优势，充分利用好国内国际两个市场、两种资源，以开放合作塑造制造业转型发展新优势、激活制造业转型发展新动能。一是推动区域统一市场的建设，东北三省应发挥各自资源禀赋优势，推动区域内互助合作、相互嵌入彼此的产业链供应链，共同壮大东北地区先进制造业产业集群。二是加强国内合作，不断优化区域内营商环境，吸引国内先进制造业头部企业投资落户，积极承接发达地区制造业产业转移，积极引进制造业"智转数改""上网上云"方案提供商。三是加强国际合作，东北三省制造业企业应把握共建"一带一路"机遇，积极"走出去"（展销产品、开发海外市场）、"请进来"（对标国际高标准、引进制造业转型升级服务商），不断提升东北三省制造业对外开放水平。

参考文献

周民良：《以结构性改革推进东北持续振兴的八大关键措施》，《经济纵横》2017年第8期。

徐充、刘志强：《东北地区制造业转型升级的障碍与突破》，《求是学刊》2016年第1期。

程敏：《黑龙江省数字经济与制造业高质量融合发展的实现路径》，《商业经济》2023年第4期。

高君蕊：《促进黑龙江省民营传统制造业企业数字化转型》，《中国经贸导刊》2024年第2期。

王天慈等：《数字经济赋能吉林省制造业转型高质量发展研究》，《现代工业经济和信息化》2023年第7期。

邓斯文、翟璐：《数字经济赋能辽宁省制造业转型升级问题研究》，《中国市场》2023年第8期。

B.10
东北三省装备制造业高质量发展问题研究*

宋静波**

摘　要： 装备制造业高质量发展，是我国经济高质量发展的重中之重。东北三省装备制造业起步最早、门类最齐全、集中度最高，近年来立足"三新一高"，产业发展呈现良好态势，自主创新能力显著提升，但是仍然存在占制造业总体的营收份额偏低、研发投入强度不足等问题，本报告从加强产业规划、整合创新资源等方面提出东北三省装备制造业高质量发展的对策建议。

关键词： 装备制造业　高质量发展　自主创新

　　2023年9月8日，习近平总书记在黑龙江考察时强调，"要立足现有产业基础，扎实推进先进制造业高质量发展，加快推动传统制造业升级"。①建国以来，东北三省装备制造业为中国社会主义建设做出巨大贡献，获得长足的发展，但是现阶段，东北三省装备制造业仍然存在大而不强、自主创新能力以及核心技术偏弱等问题。面对世界百年未有之大变局，以及尽快畅通制造业国内国际双循环的复杂形势，国家"十四五"规划明确，"十四五"时期，先进制造业集群的建设与发展将全面提速。总体来看，推动东北三省

---

* 本报告为黑龙江省社科规划项目"双循环背景下黑龙江省装备制造业转型升级对策研究"（21JYE402）的阶段性成果。

** 宋静波，博士，黑龙江省社会科学院农业和农村发展研究所副研究员，主要研究方向为区域经济、农业经济。

① 《习近平在黑龙江考察时强调 牢牢把握在国家发展大局中的战略定位 奋力开创黑龙江高质量发展新局面》，习近平新时代中国特色社会主义思想文库，2023年9月8日，https://10-1-1-82. ra. cass. cn：8118/Search/talkDetail？id=3380。

装备制造业高质量发展已经迫在眉睫，本报告系统分析东北三省装备制造业高质量发展取得的成效、存在的问题，并在此基础上提出对策建议。

一 东北三省装备制造业高质量发展取得的成效

党的十九届五中全会明确提出，"十四五"期间，我国经济社会发展要以推动高质量发展为主题。习近平总书记指出，高质量发展是"十四五"时期我国经济发展的必由之路，装备制造业高质量发展更是重中之重。[①] 近年来，东北三省装备制造业立足"三新一高"，产业结构、创新能力、产业链构建等各方面工作取得了良好的实效。

（一）产业发展呈现良好态势

近年来，东北三省装备制造业呈现良好发展态势，2019 年辽宁省装备制造业增加值比 2018 年增长 7.2%，其中，计算机、通信和其他电子设备制造业增加值增长 25.3%，通用设备制造业增加值增长 5.0%，汽车制造业增加值增长 2.5%。[②] 2020~2022 年，辽宁省装备制造业增加值占规模以上工业增加值的比重均为 1/4 强。2023 年，辽宁省装备制造业增加值同比增长 9.1%，1~9 月汽车制造业同比增长 15.7%，高于全国 4.3 个百分点。[③]

2020 年吉林省装备制造业产业结构调整成效显著，装备制造业增加值同比增长 8.4%，在全省规模以上工业企业利润比 2019 年下降 10.5% 的情况下，装备制造业逆势而起，利润增长 3.0%。2021 年，吉林省装备制造业增加值同比增长 15.6%，2022 年同比下降 2.7%，2023 年逆势而上同比增长 12.5%，2023 年 1~9 月汽车制造业增加值同比增长 7.3%，明显高于全部规

---

① 2021 年 4 月 26 日，习近平总书记在考察广西柳工集团时强调；参见《科技创新驱动产业转型升级推动老工业基地焕发新活力实现新突破——全国人大代表、沈阳市委副书记、市长吕志成》，《智慧中国》2022 年第 3 期。
② 《二〇一九年辽宁省国民经济和社会发展统计公报》，《辽宁日报》2020 年 2 月 26 日。
③ 《全省工业经济持续恢复总体回升》，《辽宁日报》2023 年 10 月 25 日。

模以上工业增速和 GDP 增速，装备制造业利润占规上工业的比重继续提高，电气机械行业与铁路、船舶、航空航天运输设备行业利润保持较快增长。

2019 年，黑龙江省装备制造业增加值同比增长 11.0%，高于全省规上工业 8.2 个百分点，2020~2022 年装备制造业年均增速超过 10%，装备制造业成为全省制造业的重要支撑。2023 年 1~9 月，黑龙江省装备制造业增加值同比增长 9.0%（见表 1），其中通用设备制造业、汽车制造业增加值同比分别增长 12.7%、12.9%；规模以上工业高技术制造业增加值同比增长 13.5%，高于全国 11.6 个百分点，其中航空航天器及设备制造业增加值同比增长 19.5%，汽车仪器仪表制造业产品产量同比增长 36.4%。①

表 1 2019~2023 年东北三省装备制造业增加值同比增长情况

单位：%

区域	2019 年	2020 年	2021 年	2022 年	2023 年
全国	6.7	6.6	12.9	5.6	6.8
辽宁省	7.2	1.3	8.1	2.2	9.1
吉林省	1.9	8.4	15.6	-2.7	12.5
黑龙江省	11.0	13.5	13.3	5.5	9.0(1~9 月)

资料来源：2019~2023 年全国及辽宁省、吉林省、黑龙江省国民经济和社会发展统计公报。

（二）自主创新能力显著提升

作为老工业基地，东北三省装备制造业门类齐全，从"一五"时期开始，东北三省就成为国家重点扶持建设的装备制造业科研和生产基地，近年来，辽宁省在 C919 国产大飞机、神舟飞船等国家重大技术装备生产制造中承担了重要角色。2023 年，沈鼓集团产出全国首台套 150 万吨/年乙烯"三机"，辽宁通航研究院完成国内首款 4 座氢燃料内燃机飞机验证机首飞，② 中车大连首台零排放混合动力调车机车下线。一批大国重器接连在辽

---

① 黑龙江省统计局：《前三季度全省经济保持持续恢复性增长》，《黑龙江日报》2023 年 10 月 27 日。

② 《辽宁装备制造业着力转型升级》，《人民日报》2023 年 10 月 24 日。

宁问世，显示出辽宁装备在全国产业链条中不可替代的重要作用。

2023 年 5 月上海世博会上，全球首列氢能源市域列车正式亮相，该车由中车长客研制，首次使用"氢动力"绽放绿色创新品牌力量。2023 年 10 月，中车长客与塞尔维亚正式签署了动力分散型电力动车组车辆采购商务合同，此次签约的高速动车组根据欧盟铁路互联互通技术规范（TSI）和欧洲技术标准，为匈塞铁路量身打造，具有更智能、更绿色、更舒适等特点，实现了中国高端轨道交通装备"走出去"的重大突破，也是中国时速 200 公里以上高速动车组首次出口欧洲。2023 年 6 月，长光卫星的轻小型高分辨率光学遥感卫星"吉林一号"成功打破之前"一箭 16 星"的纪录，实现"一箭 41 星"的崭新纪录，创造了单次卫星发射最多的全国纪录。[①] 2023 年底，长光卫星的 140 颗卫星组网目标实现之后，将可以达到全球任意地点小于十分钟的重访能力。

2023 年，由哈电汽轮机设计制造的 4 号汽轮机组顺利通过 168 小时试运行考核，正式投入商业运营，标志着国内最大煤电项目 4 台超超临界百万千瓦机组全部投产发电；中车齐车主导研发的 NSG1256 型高铁救援起重机解决了国内救援起重机不能在高速铁路桥梁上回送运行和救援作业问题，填补了我国高铁应急保障装备领域空白；[②] 中国一重承制的全球首台海南昌江"玲龙一号"反应堆核心模块在一重集团大连核电石化有限公司竣工验收、启航发运，标志着我国在模块化小型堆技术创新和核电重大技术装备国产化方面实现了"零"的突破，跻身世界前列。[③]

（三）政策扶持体系持续完善

在厚重积淀的基础上，东北三省持续完善装备制造业规划布局。[④] 辽宁

---

① 《聚优势力量　促稳中向好》，《吉林日报》2023 年 11 月 1 日。
② 《让制造业变"智造"业》，《黑龙江日报》2023 年 10 月 3 日。
③ 隋安辉：《"大国重器"扬帆新时代》，《奋斗》2023 年第 10 期。
④ 谢方、王松、王彦堂：《东北装备制造业驶入发展"快车道"》，《东北之窗》2023 年第 10 期。

先后制定印发《辽宁省先进装备制造业"十四五"发展规划》《辽宁省深入推进结构调整"三篇大文章"三年行动方案（2022—2024年）》等发展规划,① 全力打造先进装备制造等3个万亿级产业基地,以2023年启动实施的先进制造业集群发展专项行动为契机,发展航空装备、新能源汽车等22个重点产业集群。

吉林省围绕现代汽车、轨道装备、光电装备、卫星制造等领域,② 以"六新产业"为主攻方向,以新装备作为代表产业,构建现代产业新格局。在现代汽车领域,抢占行业制高点,建设世界级商用车整车"智"造基地——一汽解放J7智能工厂,引领汽车产业驶入高端化、智能化、国际化顶级汽车智能制造赛道,启动奥迪一汽新能源汽车项目,带动全产业链向规模化、高端化、集群化演变。在轨道装备领域,集聚长客股份、长客庞巴迪、启星铝业、研奥电器等一批轨道交通装备行业重点企业,构建集研发设计、集成制造、综合检修、生产服务于一体的先进轨道交通装备产业集群。③ 在卫星光电领域,打造新兴"两翼",构建形成"屏、端、网、云、智"全领域、高端化的光电信息制造能力。在巩固扩大传统装备制造业优势的同时,做大做强集风电整机、电机、叶片、储能等设备于一体的新能源装备产业链。④

黑龙江聚焦以科技创新推动产业创新,改造提升传统装备制造业,让科技创新的"关键变量"成为振兴发展的"最大增量"。黑龙江先后印发《黑龙江省工业强省建设规划（2019—2025年）》《黑龙江省产业振兴行动计划（2022—2026年）》等发展规划,明确培育壮大航空航天、高端装备、农机装备等战略性新兴产业,加快推进汽车等传统优势产业向中高端迈进,

① 《辽宁装备制造业着力转型升级》,《人民日报》2023年10月24日。

② 《"新装备"塑造发展"新优势"——聚焦吉林省装备制造业发展》,《吉林日报》2022年5月30日。

③ 《"新装备"塑造发展"新优势"——聚焦吉林省装备制造业发展》,《吉林日报》2022年5月30日。

④ 谢方、王松、王彦堂:《东北装备制造业驶入发展"快车道"》,《东北之窗》2023年第10期。

着力打造国家重要的先进电力装备、特种轨道交通装备、高档数控机床、智能机器人、高端智能农机等先进制造业集群。①

（四）智能制造数字赋能加快实施

截至 2023 年 6 月，围绕"上云、用数、赋智"，辽宁已建成 152 个数字化车间和智能工厂，上云企业超过 10 万家，全省规上工业企业关键工序数控化率和数字化研发设计工具普及率分别达 60.3% 和 78.4%。② 新开通 5G 基站 5000 个，培育 20 个 5G 全连接工厂、15 个"5G+工业互联网"融合应用先导区；③ 推动工业互联网标识解析二级节点新增 3 个，累计达到 35 个，接入企业 5295 家。④

2023 年，吉林省持续推动"智改数转"，深入实施"百千万"产业培育工程和"十百千万"企业培育工程，加快传统制造业高端化、智能化、绿色化转型。面向全省 3000 多家规上工业企业推动智能化改造、数字化转型，截至 2023 年 12 月，已有 60 多家企业完成第一批的"智改数转"。

黑龙江省全面贯彻落实习近平总书记重要讲话重要指示批示精神，深入贯彻落实黑龙江省第十三次党代会构建"4567"现代化产业体系决策部署，坚持数字产业化和产业数字化协同发力，以新一代信息技术与制造业融合发展为主线、以智能制造为主攻方向，加快推动装备制造业数字化、网络化、智能化发展。⑤ 截至 2022 年 9 月，黑龙江省制造业关键业务环节、关键工序、生产设备数字化率分别达到 25.4%、37.7% 和 39.3%。⑥

---

① 谢方、王松、王彦堂：《东北装备制造业驶入发展"快车道"》，《东北之窗》2023 年第 10 期。
② 《辽宁装备制造业着力转型升级》，《人民日报》2023 年 10 月 24 日。
③ 《全省工业经济持续恢复总体回升》，《辽宁日报》2023 年 10 月 25 日。
④ 《辽宁装备制造业着力转型升级》，《人民日报》2023 年 10 月 24 日。
⑤ 延建林：《推进机器人产业抢占智能制造高点》，《光明日报》2016 年 7 月 20 日；李敏、黄海艳：《工业机器人应用与制造业企业创新绩效——基于研发投入和员工知识能力的中介效应》，《中国人事科学》2022 年第 3 期。
⑥ 《为国家建设持续输入强劲动力》，《黑龙江日报》2022 年 12 月 13 日。

二 东北三省装备制造业高质量发展面临的问题

（一）产业营收规模不大

从 2021 年东北三省装备制造业占制造业总体的营收份额来看，辽宁省为 26.31%，吉林省为 54.51%，黑龙江省为 20.29%，与全国平均水平 41.91% 相比，辽宁省与黑龙江省均有较大差距，吉林省则偏重于汽车产业（占比 47.99%）。从营业收入规模来看，全国装备制造业营业收入规模前三位的依次为计算机、通信和其他电子设备制造业（C39），汽车制造业（C36），电气机械和器材制造业（C38），[①] 三大行业营收份额分别为 12.68%、7.56%、7.46%，合计为 27.70%。

同期东北三省数据显示，辽宁省三大行业的营收份额分别为 2.08%、9.96%、2.28%，合计为 14.32%；吉林省分别为 1.26%、47.99%、0.66%，合计为 49.91%（汽车制造业偏重）；黑龙江省分别为 0.25%、4.96%、2.4%，合计仅为 7.61%，差距较大。全国排名前二的广东省、江苏省三大行业营收份额合计分别为 47.06%、33.03%，高于全国 27.70% 的平均水平。

可以看出，与先进地区相比，辽宁省专用设备制造业（C35）规模相对较小，2021 年辽宁省该行业规模以上企业营收仅为 708.63 亿元，同期广东省、江苏省分别是其 7.13 倍（5050 亿元）和 10.44 倍（7395 亿元）。2021 年黑龙江省计算机、通信和其他电子设备制造业规模以上企业营收仅为 20.9 亿元，规模过小，而同期广东省、江苏省分别是其 2219.86 倍（46395 亿元）和 1060.24 倍（22159 亿元），发展差距较大（见表 2）。吉林省除汽车制造业外，其余行业发展不足，严重依赖汽车产业。总体来看，东北三省装备制造业发展不足，3000 亿元以上级别的主导产业偏少，产业结构转型升级难度大。

---

① 付家雨、李飚、张梦轩：《服务业开放是否促进了制造业就业提升?》，《郑州大学学报》（哲学社会科学版）2022 年第 6 期。

表2　2021年东北三省与粤苏及全国规模以上装备制造业企业营业收入
及份额比较

单位：亿元，%

区域	C33	C34	C35	C36
全国	49681(4.28)	49384(4.26)	37352(3.22)	877244(7.56)
辽宁省	1093.2(2.97)	1250.11(3.40)	708.63(1.93)	3661.51(9.96)
吉林省	104.7(0.70)	93.1(0.63)	125.8(0.86)	7059.5(47.99)
黑龙江省	112.9(1.36)	256.2(3.09)	266.4(3.22)	410.6(4.96)
广东省	8599(5.33)	5639(3.49)	5050(3.13)	9646(5.98)
江苏省	8340(5.73)	10178(6.99)	7395(5.08)	8414(5.78)
区域	C37	C38	C39	C40
全国	18516(1.60)	86546(7.46)	147052(12.68)	9749(0.84)
辽宁省	1218.01(3.31)	837.36(2.28)	763.99(2.08)	139.5(0.38)
吉林省	337.1(2.29)	97.6(0.66)	185.8(1.26)	14.9(0.10)
黑龙江省	365.8(4.42)	198.9(2.40)	20.9(0.25)	48.8(0.59)
广东省	1524(0.94)	19904(12.33)	46395(28.75)	1540(0.95)
江苏省	3195(2.19)	17523(12.03)	22159(15.22)	2482(1.70)

注：1. 装备制造业分类 C33~C40 参见 GB/T 4754-2017《国民经济行业分类》标准。

2. 表中各区域括号外的数据为行业规模以上企业营业收入总额，括号内的数据为该行业规模以上企业营业收入占装备制造业规模以上企业营业收入的份额。

3. 受限于篇幅，表格仅列出东北三省与全国装备制造业规模以上企业营业收入排名前二省份数据。

资料来源：2022年全国、东北三省及粤苏统计年鉴。

（二）研发投入强度不够

2022 年，我国研发经费投入总量突破 3 万亿元，达到 30782.9 亿元，研发经费投入强度（研发经费与 GDP 之比）为 2.54%，比上年提高 0.11 个百分点，研发经费投入强度位列世界第 13。从全国 31 个省份来看，研发经费超过千亿元的省份有 12 个，2022 年广东省研发经费 4411.9 亿元，排名第 1，江苏排名第 2，研发经费 3835.4 亿元，北京市以 2843.3 亿元的研发经费排第 3 位。东北三省研发经费投入最高的省份辽宁省为 620.9 亿元（第 16 位），黑龙江次之为 217.8 亿元（第 22 位），吉林省再次之为 187.3 亿元（第 25 位），东北三省整体研发经费投入水平较低。

相比金额，研发经费投入强度更能反映国家和地区科技创新实力，从投入强度来看，2022 年研发经费投入强度超过全国平均水平的省份有 7 个，比上年增加 1 个，依次是北京（6.83%）、上海（4.44%）、天津（3.49%）、广东（3.42%）、江苏（3.12%）、浙江（3.11%）和安徽（2.56%）。东北三省中，辽宁研发经费投入强度最高，为 2.14%，低于全国平均水平 0.4 个百分点；吉林研发经费投入强度为 1.43%，低于全国平均水平 1.11 个百分点；黑龙江研发经费投入强度为 1.37%，低于全国平均水平 1.17 个百分点，都与中部"尖子生"有不小的差距。

从最能体现一个国家或地区科技实力，特别是自主创新能力和水平的研究与试验发展数据来看，研发投入长期偏低，影响了东北三省科技创新产出的质量，东北三省装备制造业龙头型科技企业缺乏、高新技术企业引领作用不突出，制约装备制造业高质量发展。

（三）成果转化效率不高

装备制造企业缺乏创新意识，主体地位不突出。2021 年，辽宁省规上工业企业中有研发活动企业占比 25%，吉林省开展创新活动企业占全部企业的 26.6%（2018 年），黑龙江为 14.8%，2021 年全国平均水平为 38.3%。东北三省高新技术企业规模不大、结构不优，截至 2023 年 5 月，辽宁省有高新技术企业 11618 家，吉林 2975 家，黑龙江 3671 家，占全国高新技术企业总数比重较低。

且从整体来看，东北三省科技成果常态化供需对接不够，成果转化专业机构、技术经理人数量少，截至 2022 年，辽宁有 111 家技术转移机构，其中国家级 16 家、省级 95 家；吉林有 113 家，其中国家级 10 家、省级 103 家；黑龙江有 58 家，其中国家级 11 家、省级 47 家。三省高校院所科技成果转化考核机制不健全，内生动力不足。[1] 2022 年上半年，辽宁省高校院所

---

① 朱宁宁：《科技进步法贯彻实施总体到位成效明显》，《法治日报》2023 年 10 月 23 日；蔡达峰：《全国人民代表大会常务委员会执法检查组关于检查〈中华人民共和国科学技术进步法〉实施情况的报告——2023 年 10 月 21 日在第十四届全国人民代表大会常务委员会第六次会议上》，2023 年 11 月 5 日。

科研成果本地转化率仅为 44.8%。2018~2022 年黑龙江省高校院所成果大多为满足国家战略和国防需求的单件产品，技术水平高、科技含量足，但往往成本较高，与实现产业化尚有一定距离。

（四）路径依赖仍然存在

东北三省装备制造业产业龙头与骨干企业多数担当"国之重任"、服务"国之大者"，沈鼓集团、大连船舶重工集团、中车长客、长光卫星、航空工业哈飞、中国航发东安、东轻等产业龙头和骨干企业的产品生产和技术研发能力主要以满足国家需求为核心，在民用产品上投入低、规模小，引领带动能力没有得到充分展现。部分企业在同类产品中名列前茅，但是细分市场规模较小，产业拉动作用较弱。

产业发展惯性思维路径依赖仍然存在，2021 年东北三省"十四五"规划均有涉及优先围绕自身的比较优势产业进行产业结构升级，重点先进装备制造万亿级别产业集群坚持稳字当头，围绕东北产业优势优先进行升级改造当然责无旁贷，但比较优势理论也显示，相对单一产业依赖性，固化某一单一产业链发挥"比较优势"，则更易陷入"比较优势陷阱"，进而给装备制造业转型升级带来更多困难。

三 东北三省装备制造业高质量发展对策建议

（一）加强产业规划，明确重点产业布局

强化规划引领。深入实施产业振兴计划，聚焦新材料、电子信息等优势产业，建设高端先进装备制造基地。创新发展深空、深海、深地产业，建设未来产业示范区，构筑未来产业新高地。推动产业链升级。围绕战略性新兴产业和未来产业，开展补链延链升链建链。依托产业基础，加大招商引资力度，引进行业领军企业，推动产业向中高端迈进。发挥龙头企业带动作用，提升产业配套水平，提升产业竞争力。建立重点产业链比较优势清单和短板

弱项清单，确定延链补链强链重点方向，促进产业结构优化升级。培育壮大装备产业集群。聚力培育战略性新兴产业，实施一批引领型重大项目和新技术应用示范工程，构建产业特色化、结构高级化、发展集群化的现代化产业体系，塑造更多竞争新优势。

（二）整合创新资源，引领装备制造产业创新发展

聚焦服务国家高水平科技自立自强，面向东北振兴发展需求，深入实施科教振兴计划，统筹科技创新资源，积极承担国家重大科技项目，在人工智能、航空航天等领域解决一批"卡脖子"技术难题。加强基础研究，持续提升原始创新能力，实现更多"从0到1"的前瞻性、原创性、颠覆性重大发现和科技成果。一体推进科技研发与成果落地转化，增强创新源头供给，健全企业需求导向的项目生成机制，加强创新链和产业链精准对接，建立成果转化和市场价值导向的项目遴选机制，加快核心技术研发和转化应用。制定和完善现代产业体系及细分领域重点产业技术发展路线图，做好支撑产业转型、战略性新兴产业发展、未来产业培育的科研攻关与转化统筹布局。[①]加快科技成果转化落地，坚持面向高新技术成果产业化发展，统筹推进高校、院所、企业三方成果产业化行动，实施一批创新水平高、产业带动性强、具有重大突破性的科技成果产业化项目。构建以成果转化绩效为导向的分类评价体系，提高成果转化、技术推广等评价指标权重。加强产业技术创新联盟、产业技术研究院建设。建设一批概念验证中心、中试熟化平台，为实验阶段的科技成果提供技术概念验证、商业化开发等服务。构建支撑产业振兴的创新平台体系，聚焦战略性新兴产业和未来产业，发挥创新平台作用。

（三）引育创新人才团队，服务装备制造业高质量发展

加强创新人才团队建设，加大战略性新兴产业和未来产业领域战略科

---

① 李丽云：《黑龙江：实施专项行动加快形成新质生产力》，《科技日报》2023年11月24日。

学家、科技领军人才等培养引进力度，打造高水平创新创业人才团队。加快高水平大学和重点学科建设，发挥自然科学基金对青年科技人才引导作用，为装备制造业高质量发展储备一批基础性人才和团队。围绕产业需求培育高技能人才队伍。订单式培养技能人才，打造集技术研发、成果转化、推广应用于一体的高技能人才培养链条，加快形成数量充足、供需适配的装备制造业高质量发展高技能人才队伍。强化人才团队激励评价和服务。围绕发展需求，在人才培养、使用、引进等方面充分赋能。完善人才评价、激励机制，持续营造有利于装备制造领域人才成长集聚的生态环境。搭建实战型学习交流平台，培育一大批懂科技、懂资本、懂市场、懂金融的战略企业家。

（四）健全政策体系，支撑装备制造业高质量发展

开展东北三省现有支持科技创新和装备产业发展的政策评估，做好政策动态调整，加快推动相关政策落地见效，围绕科技成果转化、科技创新平台、技术转移机构等方面研究出台实施细则。完善科技金融政策。围绕装备制造业高质量发展，设立天使和创业投资基金。引入高端基金和投资团队，对前瞻性科技成果转化项目进行投资。深化与国内知名金融机构合作，开展针对三省装备制造业的科技成果转化战略研究，探索科技金融业务单独管理机制。向上争取政策，聚焦装备制造产业发展需求，积极争取国家重大生产力、重大战略科技力量、重要战略备份基地政策支持，争取产业基础再造工程、重大技术装备攻关工程等国家战略任务在东北三省布局。

参考文献

《中华人民共和国国民经济和社会发展第十四个五年规划和 2035 年远景目标纲要》，中国政府网，2021 年 3 月 13 日，https：//www.gov.cn/xinwen/2021-03/13/content_5592681.htm。

《国民经济行业分类》（GB/T 4754-2017），https：//www.mca.gov.cn/images3/www/

file∕201711∕1509495881341. pdf。

金碚:《关于"高质量发展"的经济学研究》,《中国工业经济》2018 年第 4 期。

任保平、宋雪纯:《以新发展理念引领中国经济高质量发展的难点及实现路径》,《经济纵横》2020 年第 6 期。

尹彦罡、魏芳、高艳:《新发展阶段河北省制造业高质量发展着力点探析》,《河北经贸大学学报》(综合版)2023 年第 4 期。

B.11

东北三省高新技术产业高质量发展研究

刘欣博　张诗悦*

摘　要：　东北三省科技创新水平不断提高，赋能高新技术产业高质量发展。东北三省高新技术企业实力稳步提升、产业创新产出能力不断提升、产业投入力度加大、国家级高新区建设稳步推进。但同时存在高新技术企业融资面临困境、产业自主创新能力不强、产业集聚度较低、科技成果转化率偏低等制约因素。下一步，东北三省要大力培育企业创新主体、强化创新人才支撑、加快建设新型研发机构、完善产业支撑体系、强化科技创新金融支撑。

关键词：　东北三省　高新技术产业　科技创新　高质量发展

随着高新技术的不断进步和新科技革命的深入发展，大力发展高新技术产业已经成为世界各国（地区）推动产业结构升级、促进社会经济发展和提升国际竞争力的重要战略。高新技术产业的高质量发展，不仅可以实现经济增长方式由粗放型向集约型的转型与升级，也会带动相关产业的快速发展与升级，创造新的经济增长点。近年来，东北三省大力实施创新驱动发展战略，持续优化科技创新环境，健全科技创新体系，积极实施各类扶持政策，高新技术产业发展水平实现快速提升。

---

* 刘欣博，吉林省社会科学院软科学研究所助理研究员，主要研究方向为产业经济、区域经济；张诗悦，吉林大学图书馆馆员，主要研究方向为图书情报。

一 东北三省高新技术产业发展现状

（一）高新技术企业实力稳步提升

近年来，东北三省加快培育高新技术企业，实施高新技术企业提升行动和倍增计划，制定一系列扶持政策和税收减免刺激政策，促进各类创新要素向企业集聚，高新技术企业在数量、从业人员、工业总产值、营业收入以及净利润等方面均得到了较大的提升。

近年来，东北三省高新技术企业数量呈现持续稳定增长的趋势（见图1）。2022年，辽宁省高新技术企业达10439家，同比增长19.7%；吉林省高新技术企业达3112家，同比增长7.2%；黑龙江省高新技术企业达3649家，同比增长31.16%。2021年，辽宁省高新技术企业实现营业收入11844.71亿元，同比增长11.9%，其中技术收入993.63亿元，同比增长42.54%，技术收入占营业收入比重同比增加1.8个百分点；从业人员92.28万人，同比增长12.78%；工业总产值9284.55亿元，同比增长12.88%；净

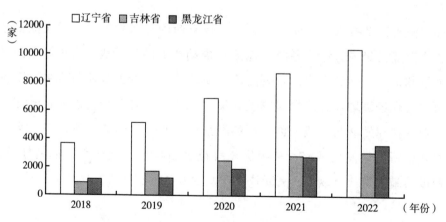

图1 2018~2022年东北三省高新技术企业数量

资料来源：各省历年国民经济和社会发展统计公报。

利润 497.84 亿元,同比下降 4.93%。2021 年,吉林省高新技术企业实现营业收入 8604.08 亿元,同比增长 1.13 倍,其中技术收入 415.45 亿元,同比增长 50.4%,技术收入占营业收入比重同比下降 2.02 个百分点;从业人员 38.89 万人,同比增长 33.18%;工业总产值 7795.56 亿元,同比增长 1.29 倍;净利润 867.23 亿元,同比增长 2.41 倍。2021 年,黑龙江省高新技术企业实现营业收入 3619.54 亿元,同比增长 19.04%,其中技术收入 287.26 亿元,同比增长 25.12%,技术收入占营业收入比重同比增加 0.39 个百分点;从业人员 28.02 万人,同比增长 7.98%;工业总产值 3053.28 亿元,同比增长 21.89%;净利润 84.38 亿元,同比下降 15.2%(见表 1)。①

表 1 2021 年东北三省高新技术企业主要经济指标

单位:亿元,万人

省　份	营业收入	从业人员	工业总产值	净利润
辽　宁	11844.71	92.28	9284.55	497.84
吉　林	8604.08	38.89	7795.56	867.23
黑龙江	3619.54	28.02	3053.28	84.38

资料来源:《中国火炬统计年鉴 2022》。

(二)高新技术产业创新产出能力不断提升

2022 年,辽宁省有效发明专利拥有量 64049 件,同比增长 14.1%;每万人口发明专利 15.14 件,同比增长 2 件;每万人口高价值发明专利 5.59 件。② 吉林省有效发明专利拥有量 26420 件,同比增长 21.8%;每万人口发明专利 10.97 件,同比增长 1.17 件;每万人口高价值发明专利 3.57 件。③ 黑龙江省有效发明专利拥有量 39256 件,同比增长 19.85%;每万人口发明

---

① 根据《中国火炬统计年鉴 2022》东北三省数据整理。
② 参见辽宁省人民政府网站省情概况"科技教育",www.ln.gov.cn/zjln/kjjy/。
③ 《吉林省强化知识产权保护 有效发明专利大幅增长》,中新网,2023 年 4 月 20 日,https://www.chinanews.com.cn/cj/2023/04-20/9993615.shtml。

专利 13.8 件，同比增长 3.52 件；每万人口高价值发明专利 4.01 件（见表 2）。① 2023 年上半年，吉林省和辽宁省技术合同成交额分别为 21.21 亿元和 468 亿元，同比分别增长 216.6% 和 49.8%。② 2022 年，黑龙江省技术合同成交额为 463.5 亿元，同比增长 31.4%。③

表 2　2022 年东北三省高新技术产业创新产出情况

单位：件

省　份	有效发明专利	每万人口发明专利	每万人口高价值发明专利
辽　宁	64049	15.14	5.59
吉　林	26420	10.97	3.57
黑龙江	39256	13.8	4.01

资料来源：各省知识产权局网站。

东北三省通过加快建设技术转移示范机构、高新技术创新平台，以及培育高新技术创新企业等方式，推动高新技术产业创新产出能力不断提高。2023 年 6 月，辽宁省、吉林省、黑龙江省、内蒙古自治区"三省一区"科技成果转移转化战略联盟正式成立，旨在拓展区域科技成果转化渠道和提升科技成果转化率。2022 年，吉林省新增 3 家全国重点实验室，新组建 2 家国家技术创新中心。长春国家自主创新示范区、吉林长春国家农业高新技术产业示范区成功获批并启动建设。新认定省级技术转移示范机构 10 家，制定实施科技成果转化"双千工程"，累计推动 1205 项成果在本地转化。以

① 《2022 年黑龙江省知识产权保护状况新闻发布会》，黑龙江省人民政府网站，2023 年 4 月 26 日，https://www.hlj.gov.cn/hlj/c108472/hdjl_zxft_detail.shtml? id = a5937ee5dc514add a0e8db89277a7d23。

② 《吉林省上半年技术合同成交额达到 21.21 亿元》，吉林日报网，2023 年 7 月 13 日，https://www.cailianxinwen.com/app/news/shareNewsDetail? newsid = 397555；《上半年全省技术合同成交额同比增长近五成 畅通"产学研用"链条 激发创新创造活力》，辽宁省科技厅网站，2023 年 7 月 11 日，https://kjt.ln.gov.cn/kjt/cxdt/20230711084345498 37/index.shtml。

③ 《科技创新"第一动力"持续释放》，黑龙江省人民政府网站，2023 年 1 月 11 日，https://hlj.gov.cn/hlj/c107856/202301/c00_31518135.shtml。

长春高新区为载体，联合吉林大学建设"环吉大双创生态圈"，统筹推进国家级"长吉图科技成果转移转化示范区"建设。新认定长春圣博玛生物材料等国家级专精特新"小巨人"企业25家、长春博立电子科技等省级"专精特新"中小企业409家，新认定科技型中小企业1804家。辽宁省新认定省级技术转移示范机构11家，辽宁材料实验室、辽宁辽河实验室、辽宁滨海实验室、辽宁黄海实验室等创新平台建设有序推进。培育省级"专精特新"中小企业556家、"小巨人"企业310家、国家专精特新"小巨人"企业76家。黑龙江省省级技术转移机构总数达到58家、产业技术创新联盟总数达到59家，新增国家级科技企业孵化器和众创空间17家，成果产业化项目新增经济效益50.7亿元，新设省重点实验室15家、新型研发机构6家。

（三）高新技术产业投入力度加大

高新技术产业具有高投入性的特点，技术的创新和产品的研发是一个漫长且充满不确定性的过程，高技术产品需要在多次试验后才会投入市场，企业才会获取相应的收入。整个研发过程需要不断投入资金，其中包括人力资本的投入和研发经费的投入。《中国火炬统计年鉴2022》数据显示，2021年，东北三省高新技术企业研究开发人员总计36.35万人，同比增长14.03%。其中，辽宁省高新技术企业研究开发人员20.7万人，同比增长10%；吉林省高新技术企业研究开发人员8.77万人，同比增长27.1%；黑龙江省高新技术企业研究开发人员6.87万人，同比增长11.53%。2021年，东北三省高新技术企业研究开发经费内部支出总计1001.14亿元，同比增长27%。其中，辽宁省高新技术企业研究开发经费内部支出528.1亿元，同比增长12.47%，研究与试验发展经费支出223.84亿元，同比增长19.76%；吉林省高新技术企业研究开发经费内部支出301.59亿元，同比增长70.16%，研究与试验发展经费支出66.54亿元，同比增长18.82%；黑龙江省高新技术企业研究开发经费内部支出171.48亿元，同比增长21.05%，研究与试验发展经费支出82.68亿元，同比增长16.4%。可以看出，东北三省高新技术企业不断加大技术研发人

员和技术研发经费投入力度，不仅推动了越来越多高水平高质量科技成果的涌现，同时加快了高新技术产业高质量发展的步伐。

（四）国家级高新区建设稳步推进

国家级高新区发展至今经历 30 余年，已然成为支撑高新技术产业高质量发展的重要力量。国家级高新区在创新体制机制、优化产业结构、升级生产方式等方面，起到了重要的示范引领和辐射作用。国家级高新区建设工作稳步推进，集聚越来越多的高新技术企业、科研机构、风险投资机构、孵化器等创新要素，以建设各省创新驱动示范区和高质量发展排头兵为核心目标，积极培育新动能。《中国火炬统计年鉴 2022》数据显示，2021 年，东北三省共有 16 个国家级高新区，其中辽宁省 8 个、吉林省 5 个、黑龙江省 3 个。辽宁省国家级高新区内拥有高新技术企业 2991 家，同比增长 32.76%，工业总产值6454.45 亿元，同比增长 57.62%；吉林省国家级高新区内拥有高新技术企业1229 家，同比增长 16.6%，工业总产值 5848.51 亿元，同比降低 3.84%；黑龙江省国家级高新区内拥有高新技术企业 1017 家，同比增长 54.1%，工业总产值 2890.33 亿元，同比增长 21.35%。国家级高新区具备良好的创新生态、创新资源和前沿的科学技术，吸引了越来越多的科研人才，企业的研发支出也稳步上升。辽宁省国家级高新区有研究开发人员 10.06 万人，同比增长22.98%，研究开发经费支出 297.44 亿元，同比增长 47.88%；吉林省国家级高新区有研究开发人员 4.86 万人，同比增长 24%，研究开发经费支出 168.14亿元，同比增长 43.81%；黑龙江省国家级高新区有研究开发人员 2.8 万人，同比增长 4.87%，研究开发经费支出 59.87 亿元，同比增长 20.15%。

二 东北三省高新技术产业高质量发展存在的制约因素

（一）高新技术企业融资面临困境

高新技术企业是高新技术产业发展的重要载体。由于高新技术产业具有资金需求量大、风险高、研发周期长等特点，近年来东北三省针对高新技术企业积极出台一系列资金扶持政策，以确保企业能够快速得到资金支持。但东北三省的高新技术企业大多为中小企业，尤其是对于初创期的中小企业来说，技术、产品和市场尚未成熟，可投入基础研究、技术研发的资金较少，一旦出现资金紧张甚至是资金链断裂问题，企业将陷入巨大的风险，所以高新技术企业常常面临融资难的困境。一方面，高新技术企业的融资渠道较为单一，多为银行间接融资。同时，由于高新技术中小企业以流动性较高的轻资产为主，难以向金融机构抵押获得高额贷款。在自身抵押物不足的情况下，高新技术企业会向担保机构寻求信用担保，但是担保机构在确保自身所承担风险可控和获取一定利益的前提下，会提升担保的赔付率，极大地提高了企业的融资成本。另一方面，东北三省的风险投资、天使投资等多元化投资体系亟待完善，风险投资的资金来源以政府扶持资金、财政引导拨款为主，缺少多元化的投资主体，很大程度上阻碍了高新技术企业的发展。

（二）高新技术产业自主创新能力不强

高新技术企业的数量、R&D 人员全时当量和 R&D 经费内部支出指标在一定程度上可以反映其自主创新能力。根据《中国火炬统计年鉴 2022》数据，2021 年，虽然东北三省高新技术企业的数量呈现稳定增长的趋势，但是从全国范围来看，东北地区的入统高新技术企业数量占全国比重仅为 4.43%，远不及东、中、西部地区。从企业数量看，东部地区入统高新技术企业 219945 家，中部地区入统高新技术企业 55003 家，西部地区入统高新技术企业 34819 家，分别是东北地区的 15 倍、4 倍和 2.5 倍。与国内其他城市相比，北京入统高新技术企业 25071 家，上海入统高新技术企业 19189 家，东北三省主要城市高新技术企业数量仍存在较大差距。从指标 R&D 人员全时当量来看，东北地区 R&D 人员全时当量 93569 人年，占全国的 3.4%，东、中、西部地区分别占 69%、16.5% 和 11.1%。辽宁省、吉林省和黑龙江省 R&D 人员全时当量分别为 58460 人年、12399 人年和 22710 人

年，与北京（213856 人年）、江苏（406987 人年）、浙江（252950 人年）等省市相比差距较大。从 R&D 经费支出指标来看，东、中、西和东北地区 R&D 经费支出分别为 10617 亿元、2129 亿元、1542 亿元和 373 亿元，占全国比重分别为 72.41%、14.52%、10.52% 和 2.55%。通过上述对比可以看出，东北三省企业 R&D 经费内部支出不足，极大地阻碍了企业技术创新的脚步，导致产品的附加值较低、企业利润空间较小，降低了企业自主创新的积极性。

（三）高新技术产业集聚度较低

高新技术产业集聚的方式主要有两种，一种是由政府主导，建立高新技术产业开发区或工业园区；另一种则是产业自发集聚而产生的创新产业集群。东北三省拥有 16 个国家级高新区，经过多年快速发展，已然成为东北地区经济社会发展的重要支撑，对高新技术产业发展起到了突出的促进作用，但是目前高新区存在不同程度的产业布局不合理、结构层次较低、技术创新水平偏低等问题。部分高新区内企业没有形成以龙头企业为核心的产业集群，虽然高新区内企业数量较多，但区域内没有形成完整的产业链条，企业间的协作效应也没有得到充分发挥，企业集聚度不高，对区域的辐射带动能力较弱。大多数高新区与高校、科研机构、企业孵化器联系较为紧密，但是与高新技术企业的匹配性不强，无法发挥产学研协同创新效应。高新区创新体系尚未完善，创新政策落地效果不佳，创新体制机制不健全，高新技术企业之间的合作交流仅停留在表面。

（四）科技成果转化率偏低

高新技术企业的技术研发周期较长，且前期企业会投入大量的人力资本和财力资本，如果最终技术无法转化成商品，没有形成较高的商业价值，企业甚至会面临亏损的局面。高新技术产业化指的是技术成果的市场化、商品化过程。《中国区域科技创新评价报告 2022》显示，2022 年，辽宁省高新技术产业化指数为 65.81%，排名全国第 15；吉林省高新技术产业化指数为

63.36%，排名全国第 18；黑龙江省高新技术产业化指数为 51.38%，排名全国第 28。虽然指数较上一年有所增长，但是仍处于全国高新技术产业化指数 69.87% 之下，且排名相对靠后。本报告选取专利申请数、专利授权数和有效专利数三个主要指标，衡量区域的科技成果转化程度。2022 年，东北三省专利申请数分别为辽宁省 88504 件、吉林省 38807 件、黑龙江省 47577 件；专利授权数分别为辽宁省 80191 件、吉林省 29879 件、黑龙江省 38884 件；有效专利数分别为辽宁省 256908 件、吉林省 91913 件、黑龙江省 118272 件。上述指标远低于广东（分别为 980634 件、872209 件和 2895945 件）、江苏（分别为 696693 件、640917 件和 1973116 件）、浙江（分别为 503197 件、465468 件和 1592452 件）（见表 3）。

表 3   2022 年东北三省与广东、江苏和浙江专利主要指标对比

单位：件

省份	专利申请数	专利授权数	有效专利数
辽宁	88504	80191	256908
吉林	38807	29879	91913
黑龙江	47577	38884	118272
广东	980634	872209	2895945
江苏	696693	640917	1973116
浙江	503197	465468	1592452

资料来源：各省知识产权局网站。

三   东北三省高新技术产业高质量发展的对策建议

（一）大力培育企业创新主体

高新技术企业是高新技术产业高质量发展的重要载体，只有加大企业创新主体培育力度，强化企业创新主体地位，充分激发创新主体活力，企业技术创新能力才会进一步提升。东北三省需结合自身优势，增强企业创

新动能，深挖创新能力强、产品具有高附加值、成长性好的科技型企业，孵育新兴产业。合理优化创新资源配置，制定实施高新技术企业倍增计划，推动区域龙头企业、重点企业和中小企业开展资源分享、业务合作，建立稳定的上下游产业链关系。推进支持中小科创型企业发展的政策举措有效落地，各类科技计划项目、产业重点扶持项目应加大对中小企业的资金支持力度。加快培育创新领军型企业，完善培育扶持体系。引导企业加大技术研发投入，支持规模以上企业建立研发机构，推动企业加大基础研究经费支出，鼓励有技术研发基础和资源的企业开展前沿性技术创新研究，加快培育一批核心技术突出、创新能力强的高新技术产业龙头企业。打通产学研协同创新通道，建立企业牵头的产学研协同创新联盟，加强企业与科研机构、大学、国家级实验室等创新主体之间的联系，加快形成由企业主导技术研发创新的发展格局。强化企业创新主体地位。支持有实力的龙头企业发挥对高新技术产业创新的带头作用，推动上中下游、大中小企业联合创新，进而带动中小企业创新发展。推动企业在管理、技术、产品、市场等方面加大创新力度，加大技术研发和人力资本的投入，将企业打造成为强大的创新主体。

（二）强化创新人才支撑

面向全球招才引智，积极引进各类海内外高层次人才。依托国家级和省级创新人才计划，大力培养和引进科技创新领军人才、青年人才和各类人才团队。加大基础研究领域人才培养力度，提高原创成果产出水平。依托吉林大学、长春理工大学、哈尔滨工业大学、大连理工大学、东北大学等工科类重点高校平台，加强基础研究人才队伍建设。立足东北地区高新技术产业高质量发展重大需求，聚焦以工业软件、人工智能等为核心的电子信息领域，以轨道交通、智能装备等为核心的先进制造领域，以医疗器械制造、药物研发等为核心的医药健康领域，以清洁能源、风能发电等为核心的低碳绿色领域，紧扣核心"卡脖子"技术，着力培育引进一批能够攻克重大科学难题，具备国际前瞻性的高层次、高水平基础研究人才和科研团队，力争突破一批关键核心共性技术，着力研发一批具有自主知识产权的创新产品。建立省内高校、中国科学院各院所围绕高新技术产业和科技企业发展需求的产业技术研发人才培养联盟，调整优化学科专业设置，为企业提供"对口化"急需人才，深入推进产教融合、产学研合作。强化创新人才的激励机制、评价机制，进一步改革省级科技创新人才计划选拔方式，鼓励采取由高校、科研机构和龙头企业推荐认定制。进一步完善奖励激励制度，强化科技人才待遇激励，从税收优惠、薪酬奖励、收益分成、荣誉奖励以及职称、技术等级评聘奖励等方面，加大对科技创新人才的支持力度，建立以创新能力、创新质量、创新贡献为重点考核指标的创新人才评价机制。不仅指标要客观地反映创新的价值，同时要坚持多元评价，实现对各个领域创新人才评价的全覆盖，让各类人才各展所长。完善高校和科研院所人才考核评价机制，淡化固有标签，让真正想干事、能干事、干成事的人才担负创新重任。坚持以市场为导向，推进高层次创新人才市场化，充分发挥市场配置人才资源的决定性作用。

（三）加快建设新型研发机构

建立现代化的研发机构管理机制，充分发挥市场合理配置科技创新资源的作用。聚焦高新技术产业尖端领域，联合政府、高校、科研机构和企业开展协同创新，建设具有技术研发、成果转化、产业孵化、创业服务、融资服务等功能的新型研发机构。完善科技人才管理机制。依托省级科技创新人才引进平台和政策，引进国内外顶尖科研人才和技术团队，为建设一流新型研发机构提供人才保障。积极探索科研机构和高校与新型研发机构之间兼职、交流任职的政策，采取科研成果、工作业绩、创新贡献等成就互认机制，打通流动任职存在的障碍，充分调动人才开展科研工作积极性，鼓励更多优秀创新人才到新型研发机构任职。尝试采用市场化人才管理机制，下放人才招聘自主权，建立与人才创新成果、创新绩效相匹配的薪酬待遇制度。实行人才"项目经理制"，实行市场化一流人才聘任制度，赋予项目经理组织科研团队和科研经费自主使用权。推动以企业为核心建设新型科研机构。鼓励科

技龙头企业成立新型科研机构，以市场需求为导向，建立企业家、科研人员共同研发和转化合作机制。建立龙头企业与中小企业创新资源共享协同机制，促进龙头企业为新型科研机构赋能。激励以企业为核心建立的新型科研机构提升自主创新能力，承接国家重点科研项目和与国际接轨的大型科研项目。建立新型科研机构多元化投资体系。引导政府设立科技发展专项资金，支持新型科研机构正常运营。鼓励风险投资、私募股权投资、知识产权基金等社会资本参与新型科研机构建设发展，形成政府财政资金+社会资本的多元化投资体系。加大对科技创新成果转化、产业化的投资支持力度，鼓励金融机构为新型科研机构提供知识产权质押等贷款，同时对在孵企业提供股权投资、天使投资等投资基金支持。

（四）完善产业支撑体系

建立健全高新技术产业政策体系。加快落实企业技术创新投入的补贴激励政策，鼓励企业充分利用国家和省、市出台的各类扶持政策，提高企业技术自主研发的积极性。相关厅局、部门要做好高新技术企业项目申报的政策解读、申报辅导等服务工作，积极动员具有申报资格的中小企业参与申报，支持符合条件的高新技术产业项目优先列入省级重点扶持项目。加大政策发布和宣传力度，确保符合条件的高新技术主体能够享受政策红利。加快完善科技成果转化体系。以大幅提升科技成果转化率为目标，建立科技成果转化服务体系。加快建设政府主导、市场化运作的科技成果转化综合服务平台，为科技成果的交易、产业化提供专业的技术评价、价值评估、拍卖交易等综合服务。完善技术转移服务体系。构建有助于促进新成果产业化的体制机制，建立市场化的科技成果转移转化体系，提升科技成果转移效率。大力发展技术产权交易市场，引进和培育各类专业技术转移服务机构，加快建设职业技术经理人团队，打造汇聚技术成果信息、技术成果挂牌交易、技术交易合同登记等功能的科技成果转移转化服务平台。完善技术创新孵化服务体系。加大"万众创新、大众创业"宣传力度，提升技术创业孵化体系有效性，强化政策支撑。支持高校、科研机构、高新技术企业围绕自身优势领域建设专业化众创空间、孵化器、加速器等创新创业服务载体。打造一批汇集创新资源的众创集聚区。加强各类科技创新创业孵化器规范化管理，通过并购和整合的方式做强做大，推动孵化器进行规模化、标准化经营，打造省内外知名品牌。鼓励具备条件和优势的企业孵化器积极对接海外创业团队、投资机构，提升全球创新资源的配置能力。

（五）强化科技创新金融支撑

加快建立符合创新链需求、覆盖高新技术企业全生命周期的科技创新金融支撑体系。支持社会资本进入创新链全链条环节，加快发展天使投资、产业投资等科技创新金融服务。完善资本流通市场体系，支持符合资质的企业发行公司债和短中长期融资债券，扩大直接融资范围，稳妥推进知识产权证券化。大力支持科创型中小企业在科创板上市，制定相应的激励扶持政策。大力发展金融机构的科技信贷，支持金融机构开发知识产权质押融资、科技融资租赁等融资方式。拓展贷款、保险捆绑的专利权、商标权等质押融资业务。完善政策性融资担保体系，为科创型中小企业服务。积极发展绿色金融科技创新，规范发展新型科技金融业态。建立跨境投资基金机制，搭建跨境引资平台。挖掘科技创新租赁、信托等新兴金融业态，拓宽科技创新企业融资渠道。打造科技创新金融融资服务平台，依托银行、证券、保险等金融机构以及风险投资机构举办科技创新金融融资会议，吸引专业科技融资机构和服务团队，提升科技金融融资服务的效率和质量，营造金融服务科创的良好氛围。

参考文献

王宁：《河南省产学研协同创新绩效评价与提升策略研究》，硕士学位论文，河南科技大学，2020。

付龙昌：《辽宁省协同创新驱动区域经济发展的模式、路径和政策研究》，硕士学位论文，大连交通大学，2018。

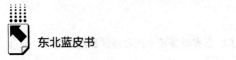

许文：《河南高新技术产业产学研协同创新发展问题研究》，《河南工业大学学报》（社会科学版）2020 年第 1 期。

李恩璞：《国外发达国家产学研协同创新的主要模式及启示》，《天津科技》2022 年第 1 期。

康子冉：《新时期关键核心技术环节产学研协同创新的障碍与突破机制》，《科学管理研究》2021 年第 6 期。

东北三省"专精特新"中小企业
发展研究

田 晔 宋帅官*

摘 要: 推动"专精特新"中小企业高质量发展,是我国实施的一项重大战略举措,这对于推动我国经济发展有着十分重大的作用。同时,构建多点支撑、多业并举、多元发展产业新格局的有力举措,是全面实施高质量发展战略的重要支撑。东北三省科学统筹、认真落实稳经济大盘各项政策措施,不断优化营商环境,最大限度释放企业活力,经济呈现量质齐升、效速双增的良好发展态势。但是东北三省"专精特新"中小企业普遍处在发展初期,仍存在一些突出困难和瓶颈,经营压力依然较大,经济企稳回升的基础仍不牢固。需切实采取有效措施,精准帮扶激活发展动能,加大企业投资力度,加快提升企业基础能力,加快数字化转型升级,为新时代东北全面振兴、全方位振兴提供强大动力。

关键词: 专精特新 中小企业 东北三省

一 东北三省"专精特新"中小企业发展现状

党的二十大报告提出:"实施产业基础再造工程和重大技术装备攻关工程,支持专精特新企业发展,推动制造业高端化、智能化、绿色化发展。"

---

* 田晔,辽宁社会科学院经济所助理研究员,主要研究方向为国民经济;宋帅官,辽宁社会科学院经济所研究员,主要研究方向为区域经济。

"专精特新"，即专业化、精细化、特色化、新颖化的简称。"专"是专门的、专业化的技术，是企业对某一部分或某一种产品的集中和深入；"精"是精细化，即企业生产的精细化、管理的精细化、服务的精细化；"特"是一种商品或服务的独特性和独有性，具有在本领域或地区独有的、独一无二的、独家生产的特征；"新"是一种独立的创造性和一种模式创新。"专精特新"中小企业是一类具有专业化、精细化、特色化和新颖化特点的中小企业，它们具有较强的发展潜力。它们是中小企业的领导者和开路先锋。它们通常在某一特定的行业内具有独立的创新能力与核心能力，是"单项冠军"或"隐形冠军"，具有高研发投入、专业化水平高、支撑能力强、高成长性和发展潜力大等特点，将极大地促进企业的高端化、智能化和绿色化发展。习近平总书记在致2022全国专精特新中小企业发展大会的贺信中提出，中小企业联系千家万户，是推动创新、促进就业、改善民生的重要力量。希望"专精特新"中小企业聚焦主业，精耕细作，在提升产业链供应链稳定性、推动经济社会发展中发挥更加重要的作用。[1] 2022年，工信部印发了《优质中小企业梯度培育管理暂行办法》，明确了"创新型中小企业"、"专精特新"中小企业、专精特新"小巨人"企业三个梯度。"专精特新"企业一般是小企业，但是它们都有自己的"独门绝技"，在自己的行业里，已经形成自己的竞争优势，在自己的地盘上占据一席之地。"专精特新"企业主要集中在新一代信息技术、高端数控机床及机器人、先进轨道交通装备、节能环保汽车、海洋工程装备和高科技船舶、航空航天装备和电力装备等领域。"专精特新"中小企业是中国制造的重要支撑，也是保产业链供应链稳定的关键所在。

（一）企业数量稳步上升[2]

当前，我国"专精特新"中小企业呈现较好的发展态势，科技创新水平不断提高，经济实力不断增强。东北是中国近代工业起步最早的地区之

---

① 《习近平致2022全国专精特新中小企业发展大会的贺信》，中国政府网，2022年9月8日，https://www.gov.cn/xinwen/2022-09/08/content_5708951.htm。

② 本部分数据来源于东北三省工信厅网站。

一,历来对中小企业的发展和壮大给予了高度关注。尤其是"专精特新"企业,更是我国东北地区重点关注的企业群体。

2021 年,辽宁省授予 223 家企业省级"专精特新"中小企业称号。2022 年,授予 556 家企业省级"专精特新"中小企业称号。2023 年 5 月 31 日,辽宁省工信厅公布了 546 家省级"专精特新"中小企业名单,并对 2019 年度省级"专精特新"和"小巨人"企业进行了复核,最终确定 560 家辽宁省"专精特新"中小企业。其中,有 555 家企业主营业务收入占营业收入的比例在 80% 以上;有 529 家企业主要产品是与国外大型企业直接配套的,占 94.5%;研发投入占营业收入比重为 3%,408 家企业高于 5%,488 家企业高于 4%;58% 的企业具有第一类别的发明和其他类型的知识产权;拥有全省或以上科研院所的企业有 112 家;481 家企业的发展定位与产业升级"三篇大文章"相吻合。截至 2023 年 12 月,辽宁已有 1131 家"专精特新"中小企业、524 家专精特新省级"小巨人"企业,5248 家"专精特新"企业(技术)、1898 家创新型中小企业。辽宁已有 287 家专精特新"小巨人"企业获得了国家级认证,总体上位居全国前列。

2023 年 3 月 29 日,吉林省工信厅确认 286 家企业为 2023 年度吉林省省级"专精特新"中小企业。2020 年,吉林省遴选出 146 家"专精特新"中小企业;2021 年,吉林省认定 197 家省级"专精特新"中小企业,获批 35 家国家级专精特新"小巨人"企业,涵盖汽车、石化、食品、装备、电子信息、医药等支柱和优势产业,包括 98 家全省产业链布局的重点企业、45 家"科创型"科技公司。2022 年认定 409 家"专精特新"中小企业。吉林省已有"专精特新"中小企业 892 家。

2020 年,黑龙江省遴选出 146 家省级"专精特新"中小企业;2021 年,遴选出 180 家省级"专精特新"中小企业;2022 年遴选出第一批 248 家、第二批 293 家,共计 541 家省级"专精特新"中小企业。黑龙江省已有省级"专精特新"中小企业 867 家,国家级专精特新"小巨人"企业 60 家,哈尔滨市共有 39 家省级专精特新"小巨人"企业,占比达 65%。此外,还有省级制造业单项冠军 48 家,国家级制造业单项冠军 8 家,省级、

国家级小型微型企业创业创新基地共 76 个。

"专精特新"企业数量不断增多,在支撑产业链供应链、掌握关键核心技术、关键领域"补短板"、主导产品填补国内国际空白等方面发挥了重要作用,做出了突出贡献。

(二)行业分布进一步集中①

2019 年国家级专精特新"小巨人"培育计划正式实施以来,工信部已分 4 批累计公示 9279 家国家级专精特新"小巨人"企业,实际认定 8997 家,接近《"十四五"促进中小企业发展规划》提出的 1 万家专精特新"小巨人"企业目标,"小巨人"企业培育计划已初见成效。其中第一批入选公示 248 家,实际复核认定 155 家;第二批入选公示 1744 家,实际认定 1584 家;第三批入选公示 2930 家且全部通过认定。随着《优质中小企业梯度培育管理暂行办法》对专精特新"小巨人"企业认定标准进行了进一步明晰,第四批入围的国家级专精特新"小巨人"企业数量大幅提质扩容,4357 家企业入选公示并实际认定 4328 家。从行业分布看,我国已培育 848 家制造业单项冠军企业,国家级专精特新"小巨人"企业主要集中在制造业,共有制造业企业 8084 家,占比为 89.85%。国家级专精特新"小巨人"企业数量排名前十的行业中 9 个为制造业。

辽宁省已有国家级专精特新"小巨人"企业 287 家,根据工信部四批公示分别为第一批 9 家、第二批 66 家、第三批 136 家、第四批 76 家。吉林省已有国家级专精特新"小巨人"企业 63 家,第一批 2 家、第二批 15 家、第三批 21 家、第四批 25 家。黑龙江省已有国家级专精特新"小巨人"企业 61 家,第一批 2 家、第二批 18 家、第三批 22 家、第四批 19 家。

辽宁省在沈阳和大连两大"龙头"的带领下,立足于装备和石油化工等重点产业,已经初步具备三个比较突出的产业基础。一是在产品上的技术领先,有 161 家国家级专精特新"小巨人"企业的主要产品弥补了国内外

---

① 本部分数据来源于工信部及三省工信厅网站。

的不足，157家企业在重点行业弥补了不足。二是在产业链上具有较强的配套优势，国家级专精特新"小巨人"企业一般都与大企业和龙头企业有较强的协作关系。三是科技企业的自主研发实力强，辽宁90%的国家级专精特新"小巨人"企业为高新技术企业，平均拥有的有效专利数为23.9件。

在黑龙江省，从行业分布来看，国家级专精特新"小巨人"企业的分布较为分散，主要从事专用设备生产、通用设备生产、科研开发等领域。黑龙江国家级专精特新"小巨人"企业以特专用设备制造业企业为主，共计7家。

（三）政策体系不断完善

辽宁省出台了《关于进一步推进中小企业实现"专精特新"发展工作方案》《辽宁省优质中小企业梯度培育管理实施细则（暂行）》等一系列引导中小企业健康成长的支持措施和指南。《进一步优化营商环境 加大对中小微企业和个体工商户纾困帮扶力度的政策措施》指出，要对科技型、"专精特新"等企业提供资金扶持。

《吉林省"专精特新"中小企业培育计划（2021—2025）》明确指出，到2025年，全省将有1000家省级"专精特新"中小企业成为全省重点扶持对象，力争完成国家级专精特新"小巨人"企业培育目标。推动"专精特新"企业成长的《吉林省人民政府关于进一步支持民营经济（中小企业）发展若干政策措施》也提出了推动"专精特新"企业快速发展。大力发展"专精特新"中小企业，重点扶持规模在1000万元以上、研发成本占比年均在1.5%以上、对全省重点创新型中小企业起到强链带动作用的科技型中小企业。"十四五"时期，全省共拨出1亿元用于支持中小型企业发展的专项经费，对全省"专精特新"企业进行信贷补贴、补助，力争到2025年，全省培育"专精特新"中小企业1000家。《吉林省人民政府关于实施"专精特新"中小企业高质量发展梯度培育工程的意见》明确，到2025年，力争创建10个国家制造业单项冠军企业和100个专精特新"小巨人"企业，形成1500家省级"专精特新"中小企业、3000家市（州）级"专精特新"

中小企业、10000 家高品质"种子企业"。到 2025 年，争取在"新三板"上挂牌 20 家"专精特新"中小企业，争取在上海、深圳和北京证券交易所上市 15 家"专精特新"中小企业。

黑龙江省工信厅制定了《黑龙江省创新型中小企业评价实施细则》《黑龙江省专精特新中小企业认定实施细则》，《黑龙江省培育"专精特新"中小企业专项规划（2022—2025）征求意见稿》提出梯度培育优质中小企业，以高水平的经济发展为先导。黑龙江省工信厅、黑龙江省知识产权局共同发布《黑龙江省知识产权助力专精特新中小企业创新发展的实施方案》，旨在持续提升"专精特新"企业的知识产权创造、运用、保护与管理水平，推动"专精特新"企业的创新发展，推动"4567"现代产业体系建设，具有重要的现实意义。《黑龙江省"专精特新"中小企业发展计划（2022—2025）》提到，要构建"专精特新"中小企业名单推送与共享机制，引导银行根据"专精特新"中小企业的需要，设计专门的信贷产品，为"专精特新"中小企业开展应收账款、存货、仓单融资等业务，引导保险机构加大对"专精特新"中小企业的信用保险力度，推动银行为"专精特新"中小企业开展科技创新与转型升级提供融资。黑龙江省人民政府办公厅发布的《黑龙江省科技成果产业化行动计划（2022—2025 年）》提出，到 2025 年，实现 1200 项科技成果产业化，"专精特新"中小企业达到 3000 家，高技术产业投资占同期固定资产投资比重达到 11%，规模以上工业企业新产品销售收入占营业收入比重达到 21%。

二 制约东北地区中小企业发展的主要瓶颈

（一）中小企业发展支持政策尚未形成体系，政策力度精度有待提升

在制度和机制层面，东北三省还没有充分建立有利于中小企业发展的制度环境，虽然政府部门制定了一些支持"专精特新"中小企业的财税、金

融、人才、市场等方面政策，但在具体执行过程中，由于政策宣传不够、政策衔接不畅、政策执行不严或享受政策的门槛过高、程序过繁、效率过低等多方面原因，一些"专精特新"中小企业享受不到应有的优惠待遇。从市场结构来看，既有一些旧问题没有得到很好的解决，又有一些新的问题在我国出现，这些新旧问题已经成为制约我国中小企业创新发展的瓶颈。从配套服务的视角来看，我国"专精特新"企业大多属于中小型企业和民营企业，大部分"专精特新"企业也面临融资难、融资贵、融资慢的问题，这些企业一般都具备"轻资产高技术"的特点，在发展的早期阶段，往往由于缺乏充足的抵押物而无法从银行得到充足的信贷支持。"专精特新"中小企业在融资方面也存在许多共同的难题。

（二）中小企业应用基础研究较少，关键技术方面的研究还需加大力度

我国中小型企业在发展初期往往出现增长缓慢的问题，其中一个主要因素就是研发体制与企业的发展需求不相适应。目前，国家既没有建立科学的科学研究支持系统，也没有建立一套完善的产、学、研相结合的协同创新体系，合作方式与收益分配机理不明确，导致科研成果难以有效转移转化。由于在关键技术上的应用基础研究薄弱，"专精特新"中小企业在世界范围内的长远竞争能力也存在一定的不确定性。

（三）人才吸引力不足，创新人才存在缺口

第七次全国人口普查主要数据结果显示，2022 年末辽宁省常住人口4197 万人，全年出生人口 17.2 万人，出生率为 4.08‰；死亡人口 38.1 万人，死亡率为 9.04‰；人口自然增长率为 -4.96‰。2022 年末吉林省常住人口为 2347.69 万人，全年出生人口 10.23 万人，出生率为 4.33‰；死亡人口 19.84 万人，死亡率为 8.40‰；人口自然增长率为 -4.07‰。2022 年末黑龙江省人口出生率为 3.34‰，死亡率为 9.09‰，人口自然增长率为 -5.75‰，年末常住人口 3099 万人，比上年减少 26 万人。

"抢人缺工"现象尤其明显，技术人才流动大、培训难、基层员工年龄大、人才储备不足，面对新旧交替、应接不暇的严峻挑战。在东北三省，适龄的劳动力人口已经减少很多，而外出的适龄工作人员大部分是高技能人员，这就造成了科技人员、技术工人、市场营销人员等在面对发展私营经济方面的需求时严重紧缺。

（四）"数字鸿沟"带来转型动力能力不足，数字转型路径有待探索

由于投资周期长、成本高，中小企业在技术、资金、人才等方面都比较匮乏，因此，试错成本很高，并且面临很高的转型风险，往往会遇到"一转即死、不转等死"的困境，而中小企业之间的"数字鸿沟"则呈不断拉大的态势。而在这些问题当中，中小企业最大的难题就是对数字化的认识不足、技术基础薄弱、融资困难等。首先，我国中小企业对数字化技术的未来认知不足，对数字化转型充满担忧，"不愿转""不会转"等问题难以有效解决。此外，中小企业在进行数字化转型时，自身的基础较差，缺乏足够的信息化能力，因此在走向数字化的过程中，还面临技术运用与业务匹配方面的缺陷。其次，我国中小企业在实现数字化转型过程中，存在资金与人才两方面的难题，而且中小企业融资受限、人才匮乏制约其踏出数字经济转型的"第一步"。

（五）创新生态体系中主体间协同不足，开放共享机制有待完善

地方政府在促进地方经济社会发展方面有一些认识上的偏差，忽略了对地方中小企业的技术支持。此外，对科技创新的共性问题关注不足，缺少对基础与产业共性问题的统一协调机制，使得中小企业在发展过程中经常遇到"从头干"的难题。此外，创新发展的基础平台建设亟待加强。我国"专精特新"中小企业发展面临较大的不确定因素，且由于自身的不健全，其在协同和行业支持能力上还不够强。在将来，要想将创新链条的每一个环节都打通，从研究走向市场，就必须在建立一个协调的创新体系上下功夫，这也是我们国家融入全球创新生态体系的基础保障。

三 推动东北地区中小企业发展的对策建议

"专精特新"以创新为核心,而促进"专精特新"中小企业高质量发展,也需要从制度机制、基础投入、科技优势等五个层面入手。

(一)增强创新发展制度保障

首先,必须树立创新生态观,改变目前形成的与创新要素不匹配的竞争思路,并改变管制型治理模式,用加强监督的管理模式取代传统的管制型治理方式。其次,做实做细金融服务,确保最大限度发挥政策效能。出台"专精特新"中小企业专项金融服务支持政策,从企业的早期研发、成果转化、市场拓展、数字化转型等环节,对"专精特新"中小企业融资给予专项政策支持,通过加强金融扶持,切实为小微企业减负;对"专精特新"中小企业实行"白名单"制度,引导其根据需求制定相应的金融服务计划,推出"专精特新领航贷""专精特新科创信用贷""科技成果转化贷"等专属信贷产品,充分利用企业融资服务平台和各类融资服务机构的优势,对中小企业进行金融知识科普和培训,为中小企业进行金融惠企政策解读,为金融产品和服务宣传做好准备,打通政策落地"最后一公里"。要充分利用好人才评级制度的指挥棒,加速推动科研院所的创新制度改革,完善激发创造力的评估机制,提升科研成果的质量与效益。此外,各地要根据当地实际情况,积极开展专业服务工作,逐步建立具有代表性的工作模式。同时,有关部门还应该加大对当地政府人员的教育力度,增强他们为中小企业提供服务的意识与能力。在此基础上,建立扶持机制,促进中小企业发展和保护其权益,充分调动当地的创新和创业资源,促进传统中小企业向"专精特新"发展。

(二)打造充满活力创新生态

一是重视原始创新,"集中力量办大事"。一方面,要充分利用新型

举国体制的优势，着力解决核心共性与尖端先导问题；另一方面，要构建长期的科学创新机制，为"无用"的基础性研究营造良好环境。二是进一步健全和发展科技成果转化应用机制，营造一个充满生机和活力的创新生态。构建和发展创新生态系统，核心在于完善的制度，而多元的创新主体又是维持系统活力的必要条件。要突出企业在技术创新中的主导作用，注重对处在"生态位"上的企业与机构进行培育，以提升其创新生态的稳定性与竞争能力。与此同时，还要注意建立和健全公共服务示范平台，充分利用它们集聚资源的能力，推动中小企业与行业龙头企业、科研机构等协同创新。

（三）推动科技优势加速转化

围绕产业链部署创新链，全链条一体化谋划科技项目。下大气力培育新产业、打造新动能。要彻底跳出资源诅咒和传统产业路径依赖，突出创新优势和先发优势，着眼战略性新兴产业发展的新机会，精准定位一批有创新基础、市场空间、先发优势的细分产业链。一区一主导产业，建设一批高水平产业园区。按照产业、创新、招商、园区四位一体的理念，重点依托省级以上高新区、经开区规划布局建设一批专业产业园。要打造具有比较优势的政策环境。按照反向工程理念，系统对标发达地区产业政策和服务环境，省市联动，集中政策和资源精准发力，每个细分产业相对于全国务求在政策环境、营商服务和产业配套等方面形成一些明显的比较优势，实现靠环境招商、靠成本留企、靠发展留人。要强力推进科技招商做大增量。根据细分产业技术树和产业链，瞄准核心技术持有企业和技术团队招商，招科技商、招人才商、招头部企业商。同时，加强专业产业园区创新创业平台载体建设，打造专业众创空间—科技企业孵化器—产业园的垂直孵化链条，为创业企业从无到有、从小到大培育成长提供全程专业服务，逐步形成完整产业链和完善的产业生态。

企业是技术创新的主体，是构成产业竞争力的主体，也是成果转化应用的主体，加大企业研发投入是推进高新技术成果产业化的重要基础和保障。

要大力培育科技领军企业牵头的创新联合体，加强产学研合作。建立省财政科技经费支出稳定增长和柔性调整机制，面向产业技术创新和成果转化环节精准施策，引导和支持企业加大实验发展阶段投入，加强科技部门与产业部门的计划和政策协同，提高资金使用效率，引领和推动高新技术成果产业化各环节协调高效运转。积极引导企业加大研发投入。全面落实企业研发费用加计扣除、高新技术企业所得税减免等科技型企业税收优惠政策，做到应享尽享、用好用足。要支持企业提升创新实力。省重点研发计划、科技重大专项和重大成果转化资金项目等省科技计划要精准向产业链重大创新需求聚焦，重点支持产业龙头企业、创新领军企业、专精特新企业、高新技术企业等开展高水平成果研发和产业化。

（四）全面强化营商环境建设

从软性制度环境来看，一是不断地深化市场化改革，用法治手段强化对产权的保障，放开市场准入条件，让企业有更多的权利救济途径，还要加强反垄断的力量，为中小企业的发展创造条件。二是强化创业者权益保障，包容各方共同积极投身于企业改革发展全过程，使创业成为组织创新资源配置的重要力量。就硬性基础条件而言，重点是要有高品质的基建及配套公共服务。在发展较差的区域，要强化传统基建，以互联互通带动均衡发展；要加速推进新型基础设施建设，促进人才、数据、技术等各种要素的充分流动。坚持以软硬结合的双重服务不断优化营商环境，以提升稳定、扶持培育壮大、项目建设拉动、招商引强"四个一批"方式，优化存量、引进增量、壮大总量，培育一批百亿级别的龙头企业，加速构建"小微有活力，民企有实力，发展有动力"的新经济生态格局。推动资源型民营企业通过标准化系统的建立，提升质量及价值，形成中高端产品品牌。要引导、扶持中小企业"专精特新"发展之路，加速培育一批"小巨人"企业，提升其专业化程度。要促进民营企业创新发展，利于小微企业成长、规上企业培育等，以"顶天立地"的民营企业为主重点发展，以"铺天盖地"的小微企业为主要目标重视培养。

（五）加速数字赋能中小企业

"专精特新"中小企业要实现高质量发展，不仅要注意培育增量，更要注意对其进行升级改造。利用数字化技术改造和平台化服务，让传统中小企业得到更好的发展，同时，可以提升产业链上下游的协作程度，帮助它们向"专精特新"方向发展。面对中小企业之间的数字化差距，政府与行业组织应该积极地给予"外力"支持，加大扶持中小企业数字化改造的力度，推进行业大数据平台的构建与企业间的信息分享，构建具备强大服务功能的数字服务平台，指导企业把自己的业务转移到云端，探讨数字技术与行业转型升级之间的关系。中小企业还应该从长远的角度出发，主动接受数字化，提升自己的"内力"。其间，还可以通过使用云服务来提升自己的数字化管理水平，而从长远来看，也可以基于自身数据价值与相关的数据服务商合作，实现更好的智能生产与科学决策，促进产业的协同发展。以"内外合力"来加速数字赋能促进"专精特新"发展。加快实现数字经济和实体经济的深度融合。"专精特新"中小企业要实现高质量发展，必须在培育增量的基础上加强更新和转型。通过数字化技术的革新与平台建设，为传统的中小企业提供更好的发展空间，并促进其在"专精特新"方面的合作与发展。面对中小企业之间存在的数字化差距，政府与行业组织要积极地为其供给"外力"，积极扶持中小企业实现数字化转型，促进产业大数据平台的构建以及企业之间的信息交流，构建具备强大业务功能的数字服务平台，并指导企业进行云端迁移，探究数字技术与行业转型升级之间的内在关系。中小企业要站在更高的高度，积极接受数字化，增强自身"内力"。同时，利用云计算服务提高自身的数字化管理能力，长期来看，也可以基于数据价值与数据服务商合作，实现更好的智能生产与科学决策，促进行业的协调发展。要加快数字化赋能，以"内外合力"推动"专精特新"企业发展，加快推动数字经济和实体经济的深度融合。

农业农村篇

B.13
东北三省促进农民农村共同富裕问题研究

赵 勤*

摘 要： 促进农民农村共同富裕是实现全体人民共同富裕的重点难点所在。党的十八大以来，东北三省农业农村发展取得了历史性成就，为促进农民农村共同富裕奠定了良好的基础，但农民生活水平偏低、农村发展不充分、城乡发展差距大等不平衡不充分问题突出。促进东北三省农民农村共同富裕，要重点从收入分配、城乡融合、区域协调三方面探索实现路径，持续推进乡村产业振兴，加快推进新型农村集体经济发展，推动小农户与现代农业有机衔接，优化农村基本公共服务，加强农村基础设施建设，全面深化农村土地制度改革，完善粮食主产区利益补偿机制。

关键词： 农民农村 共同富裕 东北三省

---

* 赵勤，管理学博士，黑龙江省社会科学院农业和农村发展研究所所长、研究员，主要研究方向为农业经济理论与政策、农村区域发展。

党的二十大报告指出，中国式现代化是全体人民共同富裕的现代化。促进农民农村共同富裕是实现全体人民共同富裕的重点难点所在。基于我国国情农情，从共同富裕内涵出发，农民农村共同富裕是指在不断实现经济社会高质量发展的基础上，农民实现物质生活富裕和精神生活富足，农村产业高质高效，农村集体经济实力雄厚，农村环境宜居宜业，城乡之间、农村之间和农民群体之间的差距逐步缩小，实现农民发展更加全面自由、农村社会更加稳定和美、城乡区域更加融合协调，稳步迈向共同富裕的理想境界。作为国家重要的粮食主产区，东北三省一直担负着保障国家粮食安全的重任。受经济下行、种粮比较效益下降、限制开发区生态约束等多重因素影响，东北三省城乡发展不平衡、农村发展不充分、农民共同富裕程度偏低等问题突出。扎实推进东北三省农民农村共同富裕，是新时代推动东北全面振兴的一项重大战略任务，也是践行新发展理念、构建新发展格局的重要体现。

一 东北三省促进农民农村共同富裕的现实基础

党的十八大以来，东北三省农业农村发展取得历史性成就，农业经济持续稳定增长，农村居民人均可支配收入保持较快增长、消费水平稳步提高，农村基础设施建设加快推进，农村基本公共服务水平全面提升，农村人居环境持续改善，农村居民生活质量显著提高，实现了全面小康的目标，为促进农民农村共同富裕奠定了良好的基础。

（一）农村居民人均可支配收入增长较快

自 2004 年中共中央、国务院下发第一个以促进农民增收为主题的一号文件以来，一系列强农惠农富农政策相继落地，推动了东北三省农村居民收入水平不断提高，增幅始终大于城镇居民。2022 年，东北三省农村居民人均可支配收入达到 18950 元，按现价计算，比 2016 年高出 6663 元。其中，辽宁省农村居民人均可支配收入达到 19908 元，比 2016 年高出 7027 元；吉林省达到 18134 元，比 2016 年高出 6011 元；黑龙江省达到 18577 元，比 2016 年高出 6745 元（见表 1）。

表1 2016～2022年东北三省农村居民人均可支配收入及增速

单位：元，%

年份	辽宁		吉林		黑龙江	
	收入	增速	收入	增速	收入	增速
2016	12881	6.8	12123	7.0	11832	6.6
2017	13747	6.7	12950	6.8	12665	7.0
2018	14656	6.6	13748	6.2	13804	9.0
2019	16108	9.9	14936	8.6	14982	8.5
2020	17450	8.3	16067	7.6	16168	7.9
2021	19217	10.1	17642	9.8	17889	10.6
2022	19908	3.6	18134	2.8	18577	3.8

注：收入为绝对值。

资料来源：2016～2022年《辽宁统计年鉴》《吉林统计年鉴》《黑龙江统计年鉴》，东北三省《2022年国民经济和社会发展统计公报》。

从收入来源看，东北三省农村居民收入结构也在持续改善。如表2所示，经营净收入仍然是东北三省农村居民最主要的收入来源，2022年辽宁省农村居民经营净收入占人均可支配收入的比重为44.4%，吉林省为61.0%，黑龙江省为52.2%。但2016～2022年，吉林、黑龙江两省农村居民的经营净收入占人均可支配收入的比重分别下降了1.4个、2.1个百分点。此外，2016～2022年，东北三省农村居民其他收入也有所增加，其中吉林省农村居民工资性收入增幅最大，提高2.5个百分点；黑龙江省农村居民财产净收入增幅最大，提高2.3个百分点；辽宁省农村居民转移净收入增幅最大，提高1.2个百分点。

表2 2016～2022年东北三省农村居民人均可支配收入构成

单位：%

省份	收入来源	2016年	2017年	2018年	2019年	2020年	2021年	2022年
辽宁	工资性收入	39.4	39.4	38.5	38.6	37.3	37.0	37.4
	经营净收入	43.8	42.3	42.7	43.5	45.1	45.1	44.4
	财产净收入	2.0	2.2	2.3	1.8	1.7	2.1	2.1
	转移净收入	14.9	16.1	16.5	16.1	15.9	15.8	16.1

续表

省份	收入来源	2016 年	2017 年	2018 年	2019 年	2020 年	2021 年	2022 年
吉林	工资性收入	19.5	23.3	25.6	26.3	25.0	24.4	22.0
	经营净收入	62.4	57.1	56.4	55.3	56.9	57.6	61.0
	财产净收入	1.9	2.2	1.9	2.1	2.3	2.2	2.5
	转移净收入	16.2	17.3	16.1	16.3	15.8	15.8	14.5
黑龙江	工资性收入	20.5	22.4	21.8	22.2	19.5	18.6	18.4
	经营净收入	54.3	52.8	51.1	48.0	52.3	52.3	52.2
	财产净收入	4.8	4.4	4.9	5.1	5.2	6.2	7.1
	转移净收入	20.3	20.4	22.2	24.7	23.0	22.9	22.3

资料来源：国家统计局。

（二）农村居民消费水平稳步提升

随着农村居民收入水平的持续提高，农村数字基础设施的加快建设，消费新业态、新模式的快速崛起，东北三省农村居民消费结构不断优化升级，除受新冠疫情影响的个别年份外，农村居民人均消费水平稳步提高（见表3）。2022年，东北三省农村居民人均消费支出达到14166元，按现价计算，比2016年高出4527元。其中，辽宁省农村居民人均消费支出达到14326元，比2016年高出4373元；吉林省达到12729元，比2016年高出3208元；黑龙江省达到15162元，比2016年高出5738元。

从消费支出看，2016年以来，东北三省农村居民的吃穿等生存型消费支出占比总体呈下降趋势，除了受新冠疫情影响的年份，农村居民家庭恩格尔系数均低于30%；发展型、享受型消费支出占比呈逐年上升趋势。2022年，辽宁、吉林、黑龙江农村居民人均交通通信、文教娱乐、医疗保健支出分别为5276元、4878元、5828元，比2016年分别高出1698元、1083元、1841元。此外，农村居民家庭主要耐用消费品拥有量也不断提高，彩电、冰箱、洗衣机基本实现了户均1台，汽车拥有量也有较大幅度提高。

表3 2016~2022年东北三省农村居民人均消费支出及增速

单位：元，%

年份	辽宁		吉林		黑龙江	
	支出	增速	支出	增速	支出	增速
2016	9953	12.2	9521	8.4	9424	12.3
2017	10787	8.4	10279	8.0	10524	11.7
2018	11455	6.2	10826	5.3	11417	8.5
2019	12030	5.0	11457	5.8	12495	9.4
2020	12311	2.3	11864	3.6	12360	-1.1
2021	14606	18.6	13411	13.0	15225	21.0
2022	14326	-1.9	12729	-5.1	15162	-0.4

注：支出为绝对值。

资料来源：2016~2022年《辽宁统计年鉴》《吉林统计年鉴》《黑龙江统计年鉴》，东北三省《2022年国民经济和社会发展统计公报》。

（三）农村居住条件与人居环境明显改善

党的十八大以来，东北三省不断加大城乡住房保障力度，农村居住条件得到有效改善。到2022年底，东北三省村庄内道路长度达247125公里，村庄内道路面积达127611万平方米；集中供水的行政村达到21132个，供水普及率达80.2%，供水管道长度达176331公里，排水管道沟渠长度达114233公里；村庄住宅混合结构以上建筑面积占比超过80%。截至2022年底，东北三省农村公路长度已超过33万公里，覆盖县、乡、村、屯的农村交通运输体系全面建成。

2018年以来，东北三省相继出台了《农村人居环境整治三年行动方案（2018—2020年）》和《农村人居环境整治提升五年行动方案（2021—2025年）》，从生活垃圾、生活污水、厕所改造、村容村貌等方面加快推进农村人居环境整治，农村居民生活居住环境明显改善。到2022年，东北三省乡镇已建成生活垃圾转运站1427座，拥有环卫专用车辆9401辆，农村生活垃圾处理率和生活垃圾无害化处理率均有一定程度的提升（见表4）；共有551个建制镇、80个乡对生活污水进行处理，乡镇累计建有442个污水

处理厂，农村生活污水处理率有较大幅度提高。此外，东北三省加快推进农村厕所革命，农村卫生厕所普及率大幅提高；持续加强农村公路和村内道路建设，积极治理村内河道和黑臭水体，统筹推进秸秆综合利用和畜禽粪污资源化利用，大力倡导清洁能源使用，村容村貌得到稳步提升。

表4 2017~2022年东北三省农村生活垃圾处理率及生活垃圾无害化处理率

单位：%

地区	年份	生活垃圾处理率		生活垃圾无害化处理率	
		建制镇	乡	建制镇	乡
辽宁	2017	61.99	45.86	12.50	7.89
	2018	61.10	43.78	16.97	7.84
	2019	62.48	43.37	17.41	7.70
	2020	70.80	44.99	30.4	22.81
	2021	71.60	51.19	38.44	30.73
	2022	71.24	46.84	41.21	27.66
吉林	2017	64.44	62.93	11.41	8.18
	2018	66.83	62.00	23.70	11.95
	2019	66.11	53.67	26.83	13.04
	2020	98.77	97.57	91.70	91.69
	2021	99.06	97.93	91.81	90.84
	2022	99.07	97.40	92.31	90.51
黑龙江	2017	17.61	11.49	2.01	2.81
	2018	17.81	10.79	6.03	2.68
	2019	18.07	9.15	9.09	3.43
	2020	43.74	38.54	26.47	30.63
	2021	54.68	49.94	46.69	45.23
	2022	61.12	55.22	52.77	47.15

资料来源：2017~2022年《中国城乡建设统计年鉴》。

（四）农村居民受教育程度普遍提升

党的十八大以来，东北三省高度重视农村教育，加大教育经费投入力度，统筹推进城乡义务教育一体化改革，加快普及农村高中阶段教育，加强职业教育，农村居民受教育程度普遍提升。2021 年，东北三省农村 6 岁及以上人口中高中和大专以上学历人数分别为 232.1 万人、159.0 万人，所占比重分别为 7.3%、5.0%，比 2012 年分别提高了 2.4 个、3.4 个百分点；农村居民平均受教育年限达到 8.20 年，比 2012 年提高了 0.40 年。

分省来看，2021 年，辽宁省农村 6 岁及以上人口中高中和大专以上学历人数占比分别为 6.1%、3.8%，农村居民平均受教育年限为 8.16 年；吉林省农村 6 岁及以上人口中高中和大专以上学历人数占比分别为 6.9%、6.5%，农村居民平均受教育年限为 8.20 年；黑龙江省农村 6 岁及以上人口中高中和大专以上学历人数占比分别为 8.9%、5.0%，农村居民平均受教育年限为 8.25 年。

（五）乡村文化建设不断加强

近年来，东北三省将乡村文化建设作为乡村全面振兴的重要一环，围绕繁荣乡村文化，加快推进乡村信息基础设施全面升级，重点打造一批新时代文明实践中心（所、站）等乡村文化载体，深入挖掘农耕文化，大力推动乡村文化多元化，积极推进乡村文化传承发展，为乡村振兴强心铸魂。截至 2022 年，东北三省按照有场所、有队伍、有活动、有项目、有机制"五有"标准，基本实现了新时代文明实践中心（所、站）在县、乡、村三级的全覆盖，共建成新时代文明实践中心 296 个、新时代文明实践所 4102 个、新时代文明实践站 39415 个。到 2023 年，东北三省共有 14 项中国重要农业文化遗产。

（六）农村医疗卫生体系加快建设

近年来，东北三省不断加强农村医疗卫生体系建设，不断发展医疗卫生队伍，强化基层医疗卫生服务网，农村居民医疗健康保障水平逐步提高。2016~2021 年，辽宁、吉林、黑龙江每万农村人口拥有的执业（助理）医师数分别从 10.6 人、12.1 人、11.4 人增加到 17.3 人、17.9 人、17.9 人；每万农村人口拥有的注册护士数分别从 5.8 人、6.2 人、4.1 人增加到 9.3 人、10.3 人、6.6 人；每万农村人口医疗卫生机构床位数分别从 40.7 张、

40.1 张、36.2 张增加到 61.4 张、70.0 张、61.1 张。同时，随着城乡居民基本医疗保险制度的整合、大病保险制度的建立及基本医保药品报销范围的扩大，农村居民医疗保障水平持续提高，健康水平得到进一步提升。

（七）农村社会保障水平逐步提升

东北三省注重发挥农村社会保障体系的兜底作用，统筹社会保险、社会救助、医疗救助、慈善救助等保障措施，在保障农民基本生活、提高农民收入中发挥了积极作用。2022 年，东北三省城乡居民基本医疗保险政府补助标准提高到每人每年 610 元。辽宁、吉林、黑龙江的农村最低生活保障人数分别为 64.2 万人、53.6 万人、82.5 万人，比 2016 年分别减少了 13.7 万人、25.1 万人、38.4 万人；农村低保标准分别为每人每年 7211 元、4980 元、5292 元，比 2016 年分别提高了 3564 元、1535 元、2149 元。

二 东北三省促进农民农村共同富裕面临的主要问题

尽管东北三省农村居民生活水平有了大幅提高，也在 2020 年如期实现了全面小康的目标，但当前东北三省促进农民农村共同富裕还面临诸多问题。

（一）农村居民收入水平整体偏低

从收入来看，东北三省农村居民人均可支配收入不到 20000 元，均低于全国平均水平，且差距呈扩大趋势。2022 年，辽宁省农村居民人均可支配收入为 19908 元，居全国第 10 位，比全国平均水平低了 225 元；吉林省农村居民人均可支配收入为 18134 元，居全国第 22 位，比全国平均水平低了 1999 元；黑龙江省农村居民人均可支配收入为 18577 元，居全国第 20 位，比全国平均水平低了 1556 元。分区域看，东北三省农村居民人均可支配收入低于东部地区、中部地区，高于西部地区。2022 年，东北三省农村居民人均可支配收入与东部地区的差距由 2016 年的 3211 元扩大到 6087 元；与中部地区的差距由 2016 年的-493 元扩大到 130 元①；虽然仍高于西部地区，但优势在逐步缩小。

（二）农村居民工资性收入占比低

工资性收入是农村居民人均可支配收入中的重要组成部分，其所占比重在一定程度上反映了城乡关系的变革。如表 5 所示，从收入构成来看，东北三省农村居民人均可支配工资性收入占比始终低于全国平均水平。2022 年，辽宁省农村居民人均可支配工资性收入占比为 37.4%，低于全国平均水平 4.6 个百分点，且 2016 年以来总体呈下降趋势；吉林省农村居民人均可支配工资性收入占比为 22.0%，低于全国平均水平 20.0 个百分点，2016 ~ 2019 年处于上升趋势，2020 年起呈下降趋势；黑龙江省农村居民人均可支配工资性收入占比最低，仅为 18.4%，低于全国平均水平 23.6 个百分点，呈波动下降趋势。

表 5　2016~2022 年全国及东北三省农村居民人均可支配工资性收入占比

单位：%

地区	2016 年	2017 年	2018 年	2019 年	2020 年	2021 年	2022 年
辽宁	39.4	39.4	38.5	38.6	37.3	37.0	37.4
吉林	19.5	23.3	25.6	26.3	25.0	24.4	22.0
黑龙江	20.5	22.4	21.8	22.2	19.5	18.6	18.4
全国	40.6	40.9	41.0	41.1	40.7	42.0	42.0

资料来源：2016~2022 年《中国统计年鉴》。

（三）农村居民消费水平处于中下游

"十三五"以来，东北三省农村居民人均消费支出一直低于全国平均水平，且与全国的差距呈扩大趋势。2022 年，东北三省农村居民人均消费支

---

① 2016 年东北三省农村居民人均可支配收入高于中部地区 493 元，2022 年低于中部地区 130 元。

出仅相当于全国平均水平的85%，比2016年低了10个百分点，与全国平均水平的差距也由2016年的491元扩大到2466元。其中，辽宁省农村居民人均消费支出同比增长-1.9%，比全国平均水平低了2306元，居全国第21位；吉林省农村居民人均消费支出同比增长-5.1%，比全国平均水平低了3903元，居全国第26位；黑龙江省农村居民人均消费支出同比增长-0.4%，比全国平均水平低了1470元，居全国第17位。

（四）城乡居民收入绝对差距呈扩大趋势

从绝对差距来看，东北三省城乡居民收入绝对差距虽然小于全国平均水平，但呈现持续扩大的趋势。2016~2022年，辽宁省城乡居民收入绝对差距由19995元扩大到24095元；吉林省城乡居民收入绝对差距由14470元扩大到17337元；黑龙江省城乡居民收入绝对差距由13904元扩大到16465元（见表6）。从相对差距来看，东北三省城乡居民收入比持续缩小，且均低于全国平均水平。2022年，辽宁省、吉林省、黑龙江省城乡居民收入比分别为2.210、1.956、1.886，均低于2.450的全国平均水平。需要强调的是，尽管吉林、黑龙江两省的城乡居民收入比已落入2以内，但并不代表高质量的城乡均衡发展，而是低水平、不充分的城乡发展状态，城市特别是大城市的带动能力不强。

表6　2016~2022年东北三省城乡居民收入差距变化

单位：元

年份	辽宁		吉林		黑龙江	
	绝对差距	相对差距	绝对差距	相对差距	绝对差距	相对差距
2016	19995	2.552	14470	2.188	13904	2.175
2017	21246	2.546	15369	2.187	14781	2.167
2018	22686	2.548	16424	2.195	15387	2.115
2019	23669	2.469	17363	2.163	15963	2.065
2020	22926	2.314	17329	2.079	14974	1.924
2021	23834	2.240	18004	2.021	15757	1.881
2022	24095	2.210	17337	1.956	16465	1.886

资料来源：国家统计局。

（五）城乡基本公共服务水平不均衡

尽管近年来东北三省农村基本公共服务水平有了较为明显的提高，但城乡之间基本公共服务发展不平衡问题仍十分突出，城乡公共服务在资源配置、供给保障、服务水平等方面差异较大，农村基本公共服务短板明显。一是农村地区居民受教育水平、教育资源、教学质量落后于城镇地区，办学条件存在较大差距。二是农村地区医疗卫生服务落后于城镇地区，医疗卫生从业人员数量偏少、学历偏低，每万人拥有的医疗机构床位数也不到城镇的1/2。三是农村居民社会保障待遇与城镇居民存在差距，农村居民以参加城乡居民医疗保险为主，城镇居民以参加城镇职工医疗保险为主，两者在报销比例上存在较大差距[1]；农村居民以参加城乡居民基本养老保险为主，城镇居民以参加城镇职工基本养老保险为主，两者在缴费标准、给付金额上存在较大差距。

（六）农村公共基础设施建设短板明显

公共基础设施建设是推动乡村振兴的重要抓手，为农民农村共同富裕提供有力支撑。经过多年发展，东北三省在农村道路交通、农田水利、垃圾污水处理等公共基础设施建设方面有了长足进步，但东北三省地域辽阔，农村区域发展不平衡，与城市相比，农村公共基础设施仍不完善，成为乡村振兴的突出短板。一是行政村虽然通硬化路，但建设标准较低，路窄、硬化层薄、道路老化等问题导致通行质量不高，村内巷道、田间路等的建设滞后。二是部分村庄垃圾处理设施不足，缺少污水处理设施，农村厕所改造任务仍然较重，农村污水治理率、村庄绿化覆盖率等偏低，农村人居环境仍须改善。三是农村物流基础设施覆盖率不高，特别是村一级网点覆盖率较低，仓储、加工以及冷链物流功能相对不足，物流服务水平和效率偏低。四是农村

---

[1] 魏后凯、杜志雄主编《中国农村发展报告（2022）——促进农民农村共同富裕》，中国社会科学出版社，2022。

文化教育、医疗卫生、互联网等人文方面的公共基础设施建设相对滞后，特别是存在比较明显的供需错位问题。五是农村公共基础设施管护机制不健全，资金投入严重不足，缺乏管护技术标准，农村公共基础设施长期运行和效益发挥缺乏有力保障，设施损耗较为严重。

三 东北三省促进农民农村共同富裕的路径选择与对策建议

（一）路径选择

推动农民农村共同富裕是实现全体人民共同富裕的重点难点所在。新发展阶段，东北三省促进农民农村共同富裕，要坚持高质量发展这一首要任务，加快推进农业农村现代化，重点从收入分配、城乡融合、区域协调三方面入手，推动农民农村共同富裕取得实质性进展。

1. 收入分配优化路径：在统筹效率与公平中推进农民农村共同富裕

一是发挥好初次分配的基础作用，完善按要素贡献参与分配的市场机制，千方百计增加东北三省农村居民的工资性收入和财产净收入。二是发挥好再分配的调节作用，加大对东北粮食主产区的转移支付力度，健全防返贫监测机制，完善农村易返贫人口、低收入群体就业帮扶和社会救助制度等。三是发挥好三次分配的补充作用，完善慈善捐赠机制和税收优惠政策措施，引导企业或个人帮扶东北地区农民农村发展。

2. 城乡融合发展路径：在缩小城乡差距中推进农民农村共同富裕

深入实施乡村振兴战略，重塑新型城乡关系，特别是推进以县域为基本单元的城乡融合发展。一是大力推进城乡要素市场融合发展，实现城乡要素双向流动和平等交换，提高要素配置效率。二是推进城乡产业融合发展，重点围绕产业链延伸、价值链提升和供应链优化，合理布局城乡产业，构建现代农业产业体系，推进农村一二三产业融合发展，积极培育县域现代特色产业集群。三是推进城乡公共产品融合发展，促进城乡基础设施互联互通，促进城乡公共服务普惠共享。四是推进城乡生态融合发展，改变重城轻乡、忽视乡村生态环境问题的倾向，从城乡梯度污染向城乡生态环境互促互补转变。

3. 区域协调发展路径：在区域联动发展中推进农民农村共同富裕

一是深化区域合作，推进东北三省与京津冀、长三角、长江经济带、粤港澳大湾区等区域协调发展，促进东北三省更好融入全国统一大市场。二是加强区域互助，开展对口支援，探索县乡村"飞地"发展、"抱团"发展，加快建立基本公共服务跨区域流转衔接制度等。三是完善粮食主产区利益补偿机制，特别是探索建立粮食产销区省际横向利益补偿机制，做大做强主产区粮食产业，缩小地区间发展差异。

（二）对策建议

促进东北三省农民农村共同富裕是一项复杂的系统工程。要坚持系统观念，多措并举，在高质量发展基础上，不断提高农村居民物质生活、精神生活水平，不断缩小城乡差距、区域差距，推进农民农村实现共同富裕。

1. 持续推进乡村产业振兴，拓宽农民增收渠道

乡村产业是农业农村发展的物质基础，加快乡村产业发展是促进农民农村共同富裕的有效途径。现阶段，推进东北三省乡村产业发展，必须立足当好国家粮食安全"压舱石"这个首要任务，以现代化大农业为主攻方向，坚持因地制宜、扬长避短、绿色发展，加快形成支撑有力、保障有效的乡村现代产业体系。一是重点培育特色优势产业。发挥东北三省优势，以"粮头食尾""农头工尾"为抓手，重点打造水稻、玉米、大豆、乳品、肉类等农产品加工产业链，培育农产品精深加工产业集群，积极推动副产品综合利用。二是着力推进乡村三产融合发展。深入发掘农业多种功能和多重价值，促进农业与物流、文化、旅游、教育、康养等产业交叉渗透，推进农业功能拓展融合；以循环发展为导向，加快农牧、农林、农渔、农牧渔等农业内部行业交叉融合；促进农业与新一代信息技术融合，加快发展数字农业、智慧农业、可视农业等，推进农业现代化与信息化融合。

2. 加快推进新型农村集体经济发展，助力农民农村共同富裕

农村集体经济是实现农民农村共同富裕的坚实保障。大力发展新型农村集体经济，要坚持因地制宜、共享发展的原则，顺应产业发展趋势，依托东北三省区位条件、资源禀赋等优势，积极探索村级集体经济发展的多种实现形式，提高农民收入。一是利用集体土地、水面、林地等资源，大力发展特色种养、林下经济、设施农业、农产品加工，以特色高效农业构筑农村集体经济发展新优势。二是大力发展农村休闲文旅产业，促进三产融合，不断拓展农村集体经济组织的盈利空间，带动组织成员就业增收。三是鼓励农村集体经济组织依法依规盘活闲置存量资产，发展农村电商直播，推动电子商务进村，促进东北三省特色产品有效接入市场。四是积极开展社会化服务，为农户提供生产托管、家政服务、物流配送、养老托育等生产生活服务，增加集体经济收入。五是加大政策扶持力度，用好中央和省级财政扶持发展壮大农村集体经济专项资金，发挥好资金撬动作用；市、县政府可采取以奖代投、项目资助等方式重点扶持经营性收入少的农村集体经济组织。

3. 推动小农户与现代农业有机衔接，扩大小农户增收空间

在当前和今后相当长的一段时期内，小农户仍是推动东北三省农业农村发展的重要力量，小农户发展问题也成为实现农民农村共同富裕的关键所在。促进小农户与现代农业有机衔接，最大限度提升小农户发展能力，有利于促进农民农村共同富裕。一是注重提升小农户的自我发展能力。针对小农户开展多层次、多形式的技能培训，大力培育新型职业农民，提高其就业增收能力；积极发展普惠式农业金融，推进农村土地抵押贷款，探索生产性贷款担保方式，提高小农户财产净收入；引导小农户增强市场意识，推动联合联营，推进农村一二三产业融合发展，使小农户分享产业发展的红利。二是强化新型农业经营主体与小农户的利益联结。创新新型农业经营主体与小农户的联结方式，积极推广合同制、合作制、股份制等多种利益联结形式[①]，把"让小农户受益"作为扶持新型农业经营主体的前置条件，带动小农户

---

① 赵勤：《东北地区乡村产业空心化及应对策略》，《智库理论与实践》2019 年第 6 期。

增收。三是健全农业社会化服务体系。大力发展农业生产性服务业，重点推进相关农产品生产托管服务，积极搭建科技信息、仓储物流、融资担保、检验检测、劳动用工、农产品营销等农业社会化公共服务平台，通过服务带动小农户与现代农业有机结合。

4. 优化农村基本公共服务，促进公共服务均等可及

针对东北三省城乡公共服务不平衡的现实，要优化农村基本公共服务，提高其均等性、可及性。一是围绕农村教育培训、医疗卫生、文化体育、养老托幼等基本公共服务健全标准体系，推动标准体系在城乡间衔接。二是构建农村基本公共服务多元化投入机制，引导社会资本投资农村基本公共服务领域，促进基本公共服务资源向农村覆盖、向边远地区和生活困难群众倾斜，扩大基本公共服务在农村的有效供给，增强城乡基本公共服务同步性。三是提高农村居民基础养老金最低标准，将基础养老金政府补贴增长率与农村居民人均可支配收入增长率挂钩[1]。四是健全防返贫监测和帮扶机制，完善就业帮扶政策，加强普惠性、兜底性农村社会救助体系建设，有效防范化解规模性返贫风险，补齐农村社会福利短板，确保农村低收入群体实现共享发展。五是加快推进农村基本公共服务数字化，补齐农村数字化基本公共服务设施短板，搭建城乡互通兼容的基本公共服务一体化平台，构建文化教育、医疗卫生、社会保障等基本公共服务大系统，提高服务水平与服务效率。

5. 加强农村基础设施建设，不断缩小城乡差距

完善、现代化的基础设施是实现农民农村共同富裕的基础保障。加快补齐东北三省农村基础设施短板，促进城乡基础设施互联互通、无缝对接，有利于提高农民生产生活便捷程度，使城乡居民共享现代文明的成果，推进城乡融合发展。一是加强高标准农田、抗旱抗涝、水利灌溉、田间道路、气象设施等生产性基础设施建设。二是提高交通物流仓储、信息通信、农村电网、人畜饮水设施等生活性基础设施保障能力，重点提高乡道、村道建设标

---

[1] 魏后凯、杜志雄主编《中国农村发展报告（2022）——促进农民农村共同富裕》，中国社会科学出版社，2022。

准，将林区公路、边防巡逻路、旅游观光路纳入农村公路建设，加快实现高速公路、干线公路与农村公路互联互通；积极谋划布局一批旅游道路、旅游厕所、停车场、景区服务中心等基础设施项目；加快农村信息基础设施建设，重点对农村宽带通信网、移动互联网、数字电视网进行改造升级，推动共建共享，特别是提高偏远农村的通信设施通达率。三是加强河道、水库、水资源治理、垃圾处理、污水排放等生态基础设施建设。此外，还要加强对农村基础设施的管护。

6. 全面深化农村土地制度改革，赋予农民更加充分的财产权益

以农民与土地的关系为主线，全面深化农村土地制度改革，赋予农民更加充分的财产权益，提高农民财产净收入，促进农民农村共同富裕。一是深化承包地"三权分置"改革。探索"三权分置"下的农地流转新模式，提升农地流转效益；规范推进经营权抵押贷款，健全农地风险防范机制，分散抵押贷款风险。二是稳慎推进农村宅基地制度改革。加快"房地一体"的农村宅基地确权登记颁证，探索农村集体经济组织以出租、合作等方式盘活利用空闲农房及宅基地，增加农民财产净收入。

7. 完善粮食主产区利益补偿机制，提高转移净收入

东北三省是国家重要的粮食主产区，其经济社会发展具有一定的特殊性。促进农民农村共同富裕，需要借助国家力量，不断完善粮食主产区利益补偿机制。一是完善粮食生产者利益补偿机制，建议采取适度的累进补贴、赠送大型农机具、无偿派发农业保险等方式对种粮大户进行"特惠"补贴，以实现土地流转和规模经营；对粮食经营耕作面积在一定范围内却又达不到种粮大户标准的专业农户，用于农田水利等基础设施建设投资可采取项目申请支持等方式给予补贴；扩大三大粮食作物完全成本和收入保险试点范围，适当开展大灾险试点，稳定粮食主产区农业保险覆盖率。二是探索建立粮食产销区省际横向利益补偿机制。从国家层面，通过设立商品粮调销补偿基金、粮食产销合作基金等形式，运用中央纵向与地方横向两级财政转移支付手段，统筹建立粮食净调入省区与净调出省区之间的利益补偿机制，平衡粮食产销区域利益关系，真正做到"饭碗一起端、责任一起扛"。

参考文献

魏后凯、杜志雄主编《中国农村发展报告（2022）——促进农民农村共同富裕》，中国社会科学出版社，2022。

张社梅：《西部地区推进农村农民共同富裕的内在逻辑与实现路径》，《四川农业大学学报》2022 年第 2 期。

赵勤：《东北地区乡村产业空心化及应对策略》，《智库理论与实践》2019 年第 6 期。

赵勤、陈芷珊：《粮食主产区农民生计满意度调查研究》，《黑龙江粮食》2021 年第 10 期。

B.14
东北三省保障国家粮食安全对策研究

孙国徽[*]

摘　要：　东北三省始终把保障国家粮食安全摆在首位，当好粮食安全"压舱石"。东北三省粮食安全贡献度稳步提升，不断提升高标准农田建设水平，重视种业发展，注重黑土地保护，提升耕地质量。与此同时，资源消耗、粮食损耗浪费、农村空心化导致的劳动力不足和自然灾害频发仍然是影响东北三省粮食安全的重要问题。本报告提出推进黑土地保护工程、实施增产计划等保障粮食安全的对策建议。

关键词：　粮食安全　粮食产业　东北三省

习近平总书记在新时代推动东北全面振兴座谈会上强调，要始终把保障国家粮食安全摆在首位，加快实现农业农村现代化，提高粮食综合生产能力，确保平时产得出、供得足，极端情况下顶得上、靠得住[①]。习近平总书记对东北三省的粮食生产十分重视，多次进行考察调研，对东北三省保障国家粮食安全的重要地位和作用给予了高度的肯定，也对东北三省进一步促进粮食稳产保供、维护国家粮食安全提出了新的要求。研究东北三省保障国家粮食安全的现实情况，探讨存在的问题，提出有效的对策建议，对提升东北三省保障国家粮食安全的战略地位有重要的现实意义。

---

[*]　孙国徽，黑龙江省社会科学院农业和农村发展研究所助理研究员，主要研究方向为农业生态经济与区域发展。
①　《各地区各部门始终把保障国家粮食安全摆在首位 着力提高粮食综合生产能力》，中国政府网，2023年10月28日，https://www.gov.cn/yaowen/liebiao/202310/content_6912461.htm。

一 东北三省国家粮食安全保障能力情况

东北三省始终把保障国家粮食安全摆在首位，当好粮食安全"压舱石"。2023 年，黑龙江、吉林和辽宁粮食产量分别为 1557.6 亿斤、837.3 亿斤、512.7 亿斤，实现"二十连丰"。尤其是黑龙江粮食产量连续 14 年位居全国第一，为保障国家粮食安全、端牢"中国饭碗"做出了重大贡献。

（一）粮食产量呈现稳步提升态势

作为国家粮食安全的重要支撑和保障，东北三省在粮食生产供给方面做出了重要贡献。近年来，东北三省的粮食产量占全国的 20% 以上，商品粮总量约占全国的 25%，粮食调出量约占全国的 30%。2023 年，东北三省的粮食播种面积为 36225.15 万亩，占全国粮食播种面积的 20.3%（见表 1）；粮食总产量为 2907.6 亿斤，占全国的 20.9%；大豆产量占全国的近 50%。2010~2023 年，东北三省粮食播种面积不断扩大。粮食播种总面积增加 5677.7 万亩，其中黑龙江省、吉林省、辽宁省分别增加 3446.6 万亩、1727.9 万亩、503.2 万亩。粮食总产量也呈现增长趋势。2010~2023 年，东北三省粮食总产量增长 843.7 亿斤，其中，黑龙江省、吉林省、辽宁省分别增长 447.0 亿斤、249.7 亿斤、147.0 亿斤。单产水平也有一定幅度提升，黑龙江省、吉林省、辽宁省粮食单位面积产量分别提高 20.72%、13.57%、29.0%。总体来看，东北三省粮食总产量和玉米、大豆、水稻的产量均呈现稳步提升的态势，为保障国家粮食安全做出了重要贡献。

表 1 2023 年全国及东北三省粮食播种面积和产量情况

省份	播种面积（万亩）	总产量（亿斤）	单位面积产量（公斤）
黑龙江	22114.65	1557.6	5282.6
吉林	8742.90	837.3	7186.4
辽宁	5367.60	512.7	7163.5
全国	178452.75	13908.2	5845.3

资料来源：国家统计局。

（二）高标准农田建设夯实国家粮食安全根基

习近平总书记在新时代推动东北全面振兴座谈会上强调"加大投入，率先把基本农田建成高标准农田"①。国家不断加强东北三省耕地保护和建设，夯实国家粮食安全物质基础。2022 年，中央投入农田建设补助资金约 279 亿元，用来支持高标准农田建设。东北三省认真贯彻落实习近平总书记的嘱托，在高标准农田建设上取得突出成绩，高标准农田建设面积不断扩大，有效夯实了国家粮食安全根基。截至 2022 年底，黑龙江省标准农田建成规模连续 4 年居全国首位，达到 1.03 亿亩，实现亩均增产近 200 斤，黑龙江省成为全国第一个超亿亩省份；吉林省累计建成高标准农田 4725.5 万亩，玉米亩均增产 300 斤以上；辽宁省建设高标准农田 3411.0 万亩，约占全省耕地总面积的 43.8%。

（三）重视种业发展，破解"卡脖子"难题

习近平总书记提出要实施种业振兴行动②，东北三省作为全国农业主产区、粮食安全"压舱石"，对种业发展十分重视，积极开展种业技术攻关，解决"卡脖子"难题，不断探索、试验和推广优良品种，确保种业有效支撑国家粮食安全。2023 年，黑龙江主要农作物中自主选育品种占 88%，常规粳稻和大豆自主选育品种占 100%，农业科技进步贡献率达到 70.3%。2020 年以来，辽宁省启动实施优质米品牌创建工程，主要在沈阳、铁岭、盘锦等地打造水稻丰产增效核心示范区，重点推广 10~15 个优质水稻新品种。吉林省致力于推进种源技术攻关、破解育种创新难题，截至 2023 年良种覆盖率达 100%，粮食增产贡献率达 45%。

---

① 《主攻发展现代化大农业 当好国家粮食稳产保供"压舱石"》，中国吉林网，2023 年 9 月 19 日，https://news.cnjiwang.com/jlxwdt/sn/202309/3773296.html。
② 《农业农村部党组召开会议：认真学习贯彻习近平总书记重要讲话精神 全力以赴推进种业振兴》，中国政府网，2021 年 7 月 13 日，https://www.gov.cn/xinwen/2021-07/13/content_5624553.htm。

（四）注重黑土地保护，提升耕地质量

习近平总书记在黑龙江省考察时指出，强化数字技术和生物技术赋能，优先把黑土地建成高标准农田，切实把黑土地保护好①。东北三省作为粮食主产区，近年来面临黑土地"变薄"、"变瘦"和"变硬"等问题，为了提升耕地质量、保护黑土地、确保国家粮食安全，东北三省进行了一系列探索。黑龙江省自 2020 年以来投入各级财政资金超 628 亿元，出台《黑龙江省人民代表大会常务委员会关于切实加强黑土地保护利用的决定》《黑龙江省黑土地保护利用条例》，建立了以秸秆翻埋还田、秸秆粉碎还田和秸秆覆盖免耕还田为主的黑土地保护"黑龙江模式"，有效提升了黑土耕地质量。吉林省推广玉米秸秆覆盖保护性耕作、水稻抗低温减灾生产、盐碱地以稻治碱改土增粮等 23 项技术，推广"梨树模式"，2023 年保护性耕作面积达到3300 万亩以上；辽宁省实施黑土地保护工程，涉及面积达 1000 万亩。

（五）金融服务助力保障国家粮食安全工作

习近平总书记强调，国家要加大对粮食主产区的支持，增强粮食主产区发展经济和增加财政收入能力②。资金是粮食主产区迫切需要的支持之一，金融服务是增强粮食生产能力的重要因素。国家开发银行对东北三省保障国家粮食安全工作给予足够的支持，对夯实粮食生产基础、改善粮食生产条件、提高粮食生产能力起到重要作用。2022 年，国家开发银行向北大荒集团发放贷款超过 11 亿元，助力北大荒集团深入实施建设现代农业大基地、大企业、大产业等重大工程；向吉林累计发放贷款 13.6 亿元，支持盐碱地改造项目，扩大耕地面积，提高了粮食产能；向辽宁省盘山县发放银团贷款 1.36 亿元，用于 32 万亩农用地提质改造建设，助力提升农田基础设施和地力水平。

---

① 《黑龙江：打造更加坚实可靠稳固大粮仓》，中国政府网，2024 年 1 月 5 日，https：//www.gov.cn/lianbo/difang/202401/content_6924446.htm。

② 《确保粮食安全，习近平把这几大问题谈透了》，"新华网"百家号，2020 年 10 月 16 日，https：//baijiahao.baidu.com/s？id=16806666832159871155&wfr=spider&for=pc。

二 东北三省保障国家粮食安全存在的问题

(一)资源消耗仍是核心问题

肥沃的土壤和丰富的水资源是粮食生产最重要的前提条件。随着粮食产量的不断提升,东北三省耕地退化、水土流失、水资源短缺问题凸显。《中国水土保持公报(2023年)》数据显示,2023年,东北黑土区水土流失面积为20.89万平方公里,占土地总面积(108.76万平方公里)的19.21%。其中,水力侵蚀面积为13.32万平方公里,风力侵蚀面积为7.57万平方公里。节水灌溉技术水平不高,水资源利用效率不高,高耗水且地下水利用率较高的水稻种植面积较大,加之全国水资源区域分布不均衡,严重制约东北三省的粮食生产。2000~2021年,东北地区农业灌溉用水量增加78.06亿立方米,增加幅度较大。耕地面积扩大,地下水灌溉利用率不断增长,水资源利用力度不断加大,导致东北三省平原粮食主产区的地下水位出现不同程度的下降。三江平原早期以稻治涝,水稻种植面积不断扩大,开采地下水过量,导致地下水位年均下降约30厘米,甚至出现干旱;西辽河地区玉米种植面积快速扩大,导致地下水位年均下降超过20厘米。东北三省的有效灌溉面积不足,超过50%的耕地仍然"靠天吃饭"。可以预见的是,随着水利设施完备,未来灌溉量会逐年增长,东北三省粮食持续增产与水资源供给不足的矛盾将更加突出。

(二)粮食生产效率仍有很大提升空间

东北三省粮食产量虽处于增长态势,但单产水平与发达国家相比仍有很大的提升空间。从2018~2023年东北三省的粮食产量、粮食单位面积产量等数据发现,粮食产量处于稳定增长态势,增长率达到9%,而粮食单位面积产量下降了8%,这说明粮食产量增长更大程度上源于种植面积的不断扩大,而粮食生产效率仍然较低,造成单产不高甚至出现下降趋势。

（三）粮食损耗浪费依然不容忽视

粮食损耗贯穿粮食生产、加工、存储、运输、销售和消费等环节。粮食收获环节由于收割机械的精细化作业水平不高，粮食籽粒丢失和破损问题比较普遍。存储环节设施简陋，烘干能力不足，缺乏先进的存储技术，造成粮食发霉、鼠食、虫蛀等。粮食加工环节追求精细化，尤其是大米在多次抛光后易造成损耗。据测算，损耗、霉变、虫蛀、鼠食造成的粮食损耗超过10%，必须加以重视。我国每年因粮食霉变和真菌毒素超标损失的粮食达420亿斤，加工导致的粮食损耗量也高达150亿斤。另外，食物剩余丢弃和过期浪费现象也比较普遍，餐饮企业加工、储藏标准执行不到位，造成餐饮环节浪费严重。粮食损耗浪费问题不容忽视，保障国家粮食安全，不仅要保障粮食生产的数量和品质，更要认真对待损耗和浪费问题。

（四）农村空心化导致的劳动力不足影响国家粮食安全

随着生活条件改善、城市化水平提升，东北三省农村人口大量流入城市，城乡人口结构失衡。青壮年劳动力、有一定技术和经营管理能力的乡村人口离开乡村进入城市，留下老人、幼儿等弱势群体，造成有效劳动力严重不足。对国家粮食安全的影响主要表现为农业劳动力不足，粮食生产先进技术使用推广效果下降，现代化智能化农业机械使用、操作、维修水平低，严重影响农业生产效率。

（五）自然灾害频发影响国家粮食安全

近年来，东北三省自然灾害频发，严重影响粮食生产。比如，春季低温影响作物发芽破土，苗不壮，产量不高；降雨分布不均，局部地区受水灾影响出现绝产减产；台风造成作物倒伏减产。自然灾害给东北三省保障国家粮食安全工作带来了许多挑战。

三 东北三省保障国家粮食安全的对策建议

习近平总书记在新时代推动东北全面振兴座谈会上强调："加大投入，率先把基本农田建成高标准农田，同步扩大黑土地保护实施范围，配套实施河湖连通、大型灌区续建改造工程，实施种业振兴行动，建设适宜耕作、旱涝保收、高产稳产的现代化良田。"① 习近平总书记为东北三省保障国家粮食安全工作指明了方向并提出了具体要求，东北三省要结合实际情况加以贯彻落实，不断增强保障国家粮食安全的能力。

（一）推进黑土地保护工程，提高水资源利用效率

对于东北三省粮食主产区而言，确保水土资源可持续利用是提升保障国家粮食安全能力的基本前提。要推进黑土地保护工程，继续推广吉林"榆树模式""龙江模式""三江模式"等黑土地保护性耕作模式，提升秸秆还田效率，积极推进农业"三减"；严格执行《中华人民共和国黑土地保护法》，杜绝黑土地破坏和不合法使用行为；积极推进盐碱地改造和利用，加强盐碱地研究工作，加强科技创新技术应用，研究适合盐碱地生产的优良品种，推广有效做法，有效解决盐碱地粮食生产问题；进一步推进农田水利设施建设，发展高效节水型农业，提高农业水资源利用效率，减少地下水使用量；提升地表水使用效率，推进引江灌溉工程，继续加强大中型灌区建设，完善干支渠输水排水体系，科学合理设置干支渠、高效储水渠，提高地表水代替地下水比例，保护地下水资源；加快推进农村沟渠排水设施专项治理工作，全面提升水资源利用效率。

（二）实施增产计划，持续提升粮食单产水平

稳定粮食产量是保障国家粮食安全的基本条件，东北三省耕地资源有

---

① 《主攻发展现代化大农业 当好国家粮食稳产保供"压舱石"》，中国吉林网，2023 年 9 月 19 日，https://news.cnjiwang.com/jlxwdt/sn/202309/3773296.html。

限，不能只依靠扩大播种面积提升产量，提高粮食单产水平才是关键。东北三省要围绕提升粮食单产水平进行研究，制定增产方案，实施增产计划。一是加强种业技术攻关，加快对高产优良品种的研究推广。优质种源是粮食高产的前提，应加强育种基础性研究和重点育种项目长期支持，对东北三省不同区域的种质资源进行保护，加强种子资源库建设，保障种源安全；支持有实力的农业企业、相关科研机构进行种业研究和推广，推进优质新品种转化，提升粮食生产能力。二是发展现代农机装备产业，提升农机耕作效率。研发制造高端智能农机具，促进北斗智能监测终端和辅助驾驶系统的应用，采取有效措施推进现代农业机械装备的推广和应用，以智慧化农业机械应用提升粮食产量。三是提升防灾减灾能力，降低粮食减产风险。要增强农业气象信息的共享性，将农业气象信息及时准确传达给经营主体和农户，实现全员共享信息；建立气象灾害应对工作机制，及时准确研判灾情，发布预警和应对措施；加强智能化气象服务，提升人工降雨抗旱和精准防雹水平，避免旱灾雹灾带来粮食减产风险；重视对水利设施的检修和维护，加固中小型水库沟渠，提升水利利用、防洪泄洪水平；加强对粮食病虫害的防控、监测和预警，及时采取措施，防患于未然，确保粮食稳产。

（三）加强粮食损耗和浪费治理，加强国家粮食安全保障

习近平总书记强调："粮食安全是事关人类生存的根本性问题，减少粮食损耗是保障粮食安全的重要途径。"[①] 节粮减损在一定程度上等同于粮食增产，是增加粮食有效供给的"无形良田"，是保障国家粮食安全的有效途径。建立粮食损耗管理规章制度，依法管理粮食损耗，明确各级政府、企业和经营主体责任，建立节粮减损的长效机制。加强农业机械、加工设备研发，提高精密性，减少损耗。对农机设备的使用者进行培训，掌握操作技术，降低损耗，围绕粮食仓储等重点岗位人员、重点环节，提高粮食从业人

---

① 《走实节粮减损每一步》，"海外网"百家号，2022 年 6 月 16 日，https://baijiahao.baidu. com/s？id=17357604506404909118&wfr=spider&for=pc。

员对节粮减损政策的理解程度和实操能力。对购置先进机械设备的农民给予补贴。加强粮食仓储管理和服务，提升粮食清理、烘干、收储和加工等环节的管理水平。提升粮食加工副产物的综合利用水平，提升粮食利用效率。深入开展"光盘行动"，完善反食品浪费制度，以企事业单位和高校的食堂为重点建立硬性规范，制止粮食浪费行为，增强全社会节粮意识。通过多种宣传教育途径培养健康消费意识，营造全社会节粮氛围。

（四）加强政策支持，提升东北三省粮食产量

农业是弱势产业，粮食生产的比较效益低，东北三省作为粮食主产区，在提升粮食产量、保障国家粮食安全方面付出了大量的机会成本。保持粮食生产积极性，推动东北三省经济发展，必须有完善的政策支持体系做保障。一是加大粮食生产补贴力度。粮食最低收购价格政策是粮食生产的稳定器，继续完善动态的最低收购价格政策机制，提高粮食生产积极性；针对比较效益低的特点，继续完善科学合理的种粮补贴政策，提高粮食生产者的收入水平；对东北三省粮食产量大县给予奖励，以经济发展水平和粮食安全贡献度确立奖励标准，建立科学完善的奖励机制；研究建立粮食产销区合作机制，鼓励主销区企业到主产区建立储备、物流等基础设施，减轻主产区压力。二是建立完善的金融信贷机制。加大信贷支持力度，提升信贷资金额度，延长信贷周期，降低信贷成本；完善农业信贷担保体系和风险防控机制，创新信贷产品，探索农机、耕地收益、各类固定资产以及畜禽生物活体等抵押贷款，增强贷款灵活性，有效助力粮食产量提升。

（五）重视人才培育，支持东北三省粮食产业发展

东北三省人口外流趋势明显，相关人才的整体从业能力下降，成为不利因素，必须加以重视，改善不利状况，提升粮食生产领域人才水平。一是研究制定人才支援服务机制，将具有专业技能和管理能力的人才由原工作单位选派到粮食生产相关单位，优化人才配置，助力粮食生产水平提升。二是建立人才培养机制，联合职业院校、粮食企业共同建立人才培养实训基地，结

合岗位需求和生产实际开展定向、专业和特色培训；鼓励东北三省人才跨省学习培训。三是制定引进人才的政策，提升粮食生产领域企事业单位人才的整体水平。

参考文献

孙中叶、李治：《保障粮食安全须重视损耗问题》，《光明日报》2022 年 6 月 21 日。

崔宁波、殷琪荔：《气候变化对东北地区粮食生产的影响及对策响应》，《灾害学》2022 年第 1 期。

黄季焜：《对近期与中长期中国粮食安全的再认识》，《农业经济问题》2021 年第 1 期。

余志刚、崔钊达、宫思羽：《东北地区建设国家粮食安全产业带：基础优势、制约瓶颈和建设路径》，《农村经济》2022 年第 5 期。

B.15
东北三省发展乡村特色产业研究

宋晓丹*

摘　要： 东北三省乡村人口数量较大，农产品供给丰富，农产品加工能力不断增强，具备发展乡村特色产业的基础条件。与此同时，乡村特色产业在东北三省的脱贫攻坚与乡村振兴中起到了较大的助力作用，"一村一品"也成为因地制宜发展乡村特色产业的重要抓手。通过剖析东北三省发展乡村特色产业面临的科学技术赋能不足、新型农业经营主体和服务主体发展水平不均、特色资源开发不足、与文化元素的结合度不够等制约因素，本报告为东北三省更好发展乡村特色产业、拓宽农民增收致富渠道提出路径选择。

关键词： 乡村特色产业　"一村一品"　科技赋能　东北三省

　　2023年，农业农村部提出大力发展乡村特色产业，彰显乡村价值，延伸产业链，提升价值链。乡村特色产业不仅让特色农产品"涨了身价"，拓宽了农民增收致富渠道，也为推进乡村振兴进一步夯实了基础。乡村特色产业是涵盖特色种养、特色加工、特色林果、特色食品、特色农业休闲旅游、特色制造和特色手工业等的农业特色产业。乡村特色产业的迅速发展是新时代农业发展的需要，也是农业结构不断调整和优化的体现。

---

　　* 宋晓丹，黑龙江省社会科学院经济研究所助理研究员，主要研究方向为经济学、区域经济学。

一 东北三省乡村特色产业的发展现状

东北三省发展乡村特色产业，有利于提升东北地区乡村经济的市场竞争力，有利于促进东北乡村地区的社会和谐，有利于培育更多的新农人、打造乡村振兴新引擎。

（一）具备发展乡村特色产业的基础条件

1. 东北三省乡镇人口数量较大

辽宁省有 16 个县级市 25 个县（其中 8 个自治县）640 个镇 201 个乡（其中 54 个民族乡）11561 个行政村，2023 年城镇人口为 3074 万人，占常住人口的比重为 73.51%，乡村人口为 1108 万人，占常住人口的比重为 26.49%。吉林省有 20 个县级市 19 个县（其中 3 个自治县）426 个镇（其中 6 个民族镇）181 个乡（其中 28 个民族乡），延边朝鲜族自治州是中国唯一的朝鲜族自治州和最大的朝鲜族聚居地区，2023 年吉林省城镇人口为 1514.07 万人，占总人口的比重为 64.72%，乡村人口为 825.34 万人，占总人口的比重为 35.28%。黑龙江省共有 67 个县（市），其中县级市 21 个；891 个乡镇，其中乡 345 个、镇 546 个；1 个自治县和 1 个民族区，即杜尔伯特蒙古族自治县和齐齐哈尔梅里斯达斡尔族区；69 个民族乡（镇）。2022 年黑龙江省城镇人口为 2052 万人，乡村人口为 1047 万人。

2. 东北三省农产品供给丰富

无论是作为"米袋子""油罐子""肉盘子"，还是"菜篮子""鱼篓子""果盘子"，东北三省都是名副其实的中国粮食安全"压舱石"。辽宁省是东北最大的"菜篮子"，也是中国最大"菜篮子"的北起点，日光温室蔬菜的面积和产量稳居全国第一，设施蔬菜面积位居全国第三，设施蔬菜年均产量近 1000 万吨。2022 年辽宁省蔬菜及食用菌产量达 2055.4 万吨。辽宁省海参养殖面积占全国的 62.5%，辽宁丹东盛产的贝类占据了国内近 70% 的海贝市场，葫芦岛的多宝鱼占全国产量的约 1/3，营口的海蜇占全国产量

的 80%，大连的裙带菜占全国产量的 85%。

吉林省粮食总产量位居全国第五，净调出量位居全国第二，为全国提供了 10%的商品粮。2022 年，吉林省新建棚室 2.99 万亩，冬季地产新鲜蔬菜自给率突破 12%，全省范围内有 178 个"菜篮子"应急保障基地，肉牛饲养量达到 652.6 万头，位居全国前列。吉林省人参产业领跑全省乡村特色产业，2022 年人参全产业链总产值达 642.5 亿元。

黑龙江省是我国重要的商品粮基地，粮食总产量、商品量、调出量稳居全国第一；绿色食品认证面积居全国第 1 位；优质奶粉产量居全国第 1 位；黑木耳栽培规模和产量居全国第 1 位，约占全国总销量的 3/5。黑龙江省的食用菌和雪花肉牛产业集群被列入国家级优势特色产业集群。

3. 东北三省农产品加工能力不断增强

2022 年，辽宁省粮油全产业链总产值达到 2300 亿元，规上粮油工业企业达 441 户，实现营业收入 1517 亿元。粮油加工业总体规模排在全国第 10 位，饲料、植物油产量位居全国前列①。辽宁省将农产品加工集聚区作为推进食品工业大省建设的重要抓手，编制《辽宁省食品工业大省发展规划（2023—2027 年）》，2023 年上半年全省规上食品工业营业收入同比增长 10%，粮油、畜禽产业规上加工业产值同比增速均超过 10%。2021 年，吉林省主要粮食作物加工转化率达到 60%以上，农产品加工业和食品产业产值达到了 3300 亿元，增速超过 10%。2022 年，吉林省规上农产品加工业产值达 3350.7 亿元，实现正增长（同比增长 0.56%）。吉林省舒兰市以打造"中国最大的白鹅产业园区和世界高品质白鹅绒生产基地"为发展目标，投资的 14.2 亿元白鹅产业园区日屠宰量达到 1.5 万只以上。2021 年底，黑龙江省主要农产品加工转化率达到 63.5%，2022 年黑龙江省主要农产品加工转化率提升 1.5 个百分点。截至 2023 年 6 月，黑龙江省规上农产品加工企业发展到 1929 家，加工能力超过 1 亿吨。小浆果加工企业年加工产值近 30 亿元，位居全国之首。大鹅年屠宰加工能力超过 6000 万只，8 家骨干企业

---

① 《重磅！辽宁将这样建设大粮仓》，《辽宁日报》2023 年 7 月 25 日。

屠宰加工能力达 2000 万只。中药材产地初加工能力达到 36.8 万吨。九三集团大豆加工能力在国内首屈一指，达 1350 万吨，已成为大豆消费市场中的"领头羊"，市场份额约为 17%~20%。飞鹤自建全产业链，年设计产能提升至 26.7 万吨，牧场鲜奶 2 个小时内便可运至工厂加工成奶粉。

（二）乡村特色产业助力脱贫攻坚与乡村振兴

乡村特色产业对全面推进乡村振兴、让脱贫群众共同走上致富道路起到了不可替代的作用。乡村特色产业带动农民增收致富，在新时代辽宁全面振兴中出现了众多典型代表。2021 年，大连市主要"菜篮子"产品自给率居辽宁省首位，全市农村常住居民人均可支配收入为 23763 元。肉鸡产业作为瓦房店市第二大支柱产业，直接或间接从业人员达 20 多万人，所创利润相当于全市农民每人每年增加收入 600 元。以"肥、鲜、甜、碱"为显著特点的盘锦稻田蟹膏红脂满，堪比南方大闸蟹，截至 2022 年底，盘锦已成为全国最大河蟹种苗生产基地，通过盐碱地改良而成的稻蟹田一亩地收益可达 3000 元左右，经推广在全国范围内种养面积超千万亩，累计为农民增收超过 500 亿元。同为盘锦特色经济作物的碱地西红柿也让农民实现了年均收入达 3 万元的致富梦。认养农业、民宿产业、乡村旅游等乡村特色产业也在盘锦方兴未艾，乡村特色民宿以盘锦特有的稻米文化为主题。截至 2023 年 3 月，盘锦已有 10 个 3A 级旅游村，民宿及农家乐床位达 8600 张。

吉林省的乡村特色产业在脱贫地区快速发展。许多脱贫村实现了乡村特色产业"从无到有"的历史跨越，脱贫攻坚期全省累计建设包括棚膜瓜菜、食用菌和中药材特色种植，乡村旅游、电商和光伏以及猪牛羊禽养殖在内的帮扶项目 5485 个，每个脱贫县都至少形成了 2~3 个特色支柱产业。吉林省因地制宜发展"庭院经济"，历时 5 年时间对全省 1489 个脱贫村实现全覆盖，促进脱贫户（监测户）年均增收 800 元以上，使"庭院经济"成为脱贫群众稳定增收的"助推器"。由村级电商服务站站长组织集中收购脱贫户"庭院经济"农产品，有效解决脱贫群众农产品"卖难"问题。东辽县居安村"笨种"的草莓柿子，价格虽然高出普通柿子几倍，但仍旧成为超市里

的抢手货;通过实施现代化的智能养殖模式,"东辽黑猪"摇身一变成了"金猪";已经实现规模化生产的纯手工笤帚,不仅让农民致富,也为推进"一村一品"、乡村振兴打下了坚实的基础。

黑龙江省以脱贫县为单位规划发展乡村特色产业,实施特色种养业提升行动,建设一批中草药、马铃薯、高端肉牛、蔬菜等特色种养基地。2022年,黑龙江省脱贫人口人均纯收入增速高于全国平均增速0.3个百分点。截至2023年7月,全省各地支持帮扶产业项目1791个,培育乡村特色产业基地472个,新型农业经营主体达1.19万个,脱贫地区乡村特色主导产业达340个,累计带动42.42万脱贫人口增收①。牡丹江市乡村特色产业拉动农民人均年收入达8000元,乡村特色产业成为牡丹江农民收入连续20年(2003~2022年)位居全省第一的主要推动力。

(三)"一村一品"成为乡村特色产业重要抓手

近年来,以"一村一品"为重要抓手,充分发挥农业资源和自然生态比较优势,因地制宜发展乡村特色产业,已经成为促进农业增效、农民增收、农村增色的重要途径。2006年中央1号文件从国家层面正式提出推进"一村一品",2007年农业部发布"一村一品"特色产业项目指南,2017年中央一号文件提出打造"一村一品"升级版,发展各具特色的专业村,突出村镇发展的特色性,积极发展新产业、新业态。2011~2022年,我国已先后公布了12个批次"一村一品"示范村镇名单,让乡村特色产业为推进乡村脱贫、乡村产业融合、乡村振兴及壮大县域经济助力。截至2022年,我国已累计认定"一村一品"示范村镇4068个,其中东北三省的认定情况如表1所示。并且,东北三省乡村特色产业的涵盖品类非常丰富,除粮食、蔬果、肉类,还有中药材、山特产品、手工制品等(见表2)。

---

① 《千方百计兴产业　持续增收谱新篇——黑龙江省乡村振兴局积极推进脱贫地区帮扶产业发展与增收》,《黑龙江日报》2023年7月18日。

表1 2011~2022年东北三省入选全国"一村一品"示范村镇数量情况

单位：个

省份	第一批	第二批	第三批	第四批	第五批	第六批
辽宁	12	9	4	3	7	5
吉林	10	10	9	9	7	8
黑龙江	10	9	8	10	6	10
省份	第七批	第八批	第九批	第十批	第十一批	第十二批
辽宁	7	6	10	11	11	10
吉林	8	8	10	8	8	8
黑龙江	9	9	10	14	15	13

资料来源：根据农业农村部网站公开信息整理。

表2 东北三省乡村特色农产品基本情况

省份	名称
辽宁	水稻、花生、小米、甘薯、肉牛、肉鸭、蛋鸡、海参、生蚝、河蟹、西瓜、草莓、树莓、苹果、白梨、樱桃、圣女果、碱地西红柿、南果梨、葡萄、燕红桃、歇马杏、大根萝卜、绿茄子、胡萝卜、生姜、大蒜、黄瓜、多宝鱼、野山参、山野菜、榛子、五味子、花卉、柞蚕、酸菜、手工刺绣
吉林	稻米、糯玉米、小米、绿豆、花生、雪猪、延边大米、人参、蒲公英、肉牛、黑猪、梅花鹿、苹果、黄菇娘、樱桃、草莓、苹果梨、蓝莓、辣椒、甜瓜、食用菌、山野菜、芦笋、瓜菜、烟叶、蜜蜂、大葱、圆葱、豆角、韭菜、榛子、百合、贝母、桑黄、五味子、酱腌菜、笤帚
黑龙江	稻米、黑稻、鲜食玉米、大豆、杂粮、马铃薯、花生、生猪、奶牛、大鹅、鲟鳇鱼、西瓜、香瓜、白瓜、葡萄、蓝莓、红林之莓、中草药、北药、白菜、甘蓝、油豆角、毛葱、洋葱、大蒜、番茄、吊瓜、韭菜、黄瓜、食用菌、辣椒、牛乳、酸菜、山药黏豆包、白瓜子、甜菜、榛子、婆婆丁、狐貉獭兔、紫苏、苗木、万寿菊、烤烟、芦苇编织

资料来源：根据农业农村部网站公开信息整理。

　　乡村旅游成为乡村特色产业的重要组成部分。截至2023年3月，辽宁省策划推广10条红色旅游（乡村）精品线路和19条全国"乡村四时好风光"旅游线路，串联全省300多个乡村，全省乡村民宿入库数量已达600余家①。吉林省培育了资源依托型、政府推动型、区位依托型、产业依托型等发展模

——————————

① 《到2025年，辽宁力争培育创建60个全国乡村旅游重点村镇》，《辽宁日报》2023年3月27日。

式，打造了临江松岭雪村、延边金达莱朝鲜族民俗村、舒兰二合雪乡、吉林神农庄园等省内乡村旅游发展典范。2021年，黑龙江省休闲农业经营主体和营业收入分别达到4601个、43.3亿元。除此之外，东北三省利用农村闲置住房，依托乡村的好山好水好吃食，结合当地特色种植与粮食加工产业，打造了一大批优秀的乡村旅游目的地，使休闲农业、乡村旅游成为"一村一品"的特色代表（见表3）。

表3 东北三省拟入选第四批全国乡村旅游重点村和第二批全国乡村旅游重点镇（乡）名单

省份	拟入选第四批全国乡村旅游重点村	拟入选第二批全国乡村旅游重点镇（乡）
辽宁	1. 大连市金州区向应街道土门子村 2. 丹东市宽甸满族自治县青山沟镇青山沟村 3. 抚顺市清原满族自治县大苏河乡南天门村 4. 锦州市义县大榆树堡镇石匣子村 5. 阜新市彰武县大德镇大德村 6. 朝阳市喀喇沁左翼蒙古族自治县水泉镇南亮子村	1. 抚顺市新宾满族自治县永陵镇 2. 本溪市本溪满族自治县小市镇 3. 大连市庄河市步云山乡
吉林	1. 白山市抚松县漫江镇锦江村 2. 松原市前郭尔罗斯蒙古族自治县查干湖镇西索恩图村 3. 吉林市永吉县北大湖镇南沟村 4. 延边朝鲜族自治州龙井市东盛涌镇东明村 5. 长春市九台区龙嘉街道红光村 6. 辽源市龙山区工农乡大良村	1. 通化市辉南县金川镇 2. 白城市通榆县向海蒙古族乡 3. 松原市前郭尔罗斯蒙古族自治县查干湖镇
黑龙江	1. 哈尔滨市延寿县玉河镇新城村 2. 牡丹江市宁安市渤海镇上官地村 3. 佳木斯市汤原县汤原镇北靠山村 4. 鸡西市城子河区永丰朝鲜族乡丰安村 5. 伊春市金林区丰茂林场 6. 大兴安岭地区塔河县十八站鄂伦春族乡鄂族村	1. 黑河市五大连池市朝阳山镇 2. 大庆市杜尔伯特蒙古族自治县连环湖镇 3. 大兴安岭地区漠河市北极镇

资料来源：文化和旅游部网站。

二　东北三省发展乡村特色产业的制约因素

（一）科学技术赋能不足

农业科技水平的高低直接关系农业产业成果转化的程度，对盘活乡村特色经济产业、推动农业农村现代化发展起着关键作用。尽管在名优商品展会上可以看到东北三省被科技赋能的乡村特色产品，如3分钟可以喝上的小米南瓜粥、13分钟可以喝上的大碴粥等，但就目前来看相关企业仍属少数，科技成果成功落地转化的乡村特色产业数量也不够多，直接导致地方特色农产品普遍存在多而不精问题，长时间未能成为消费市场的高端产品，也没能帮助农民群体实现增收致富。同时，东北三省存在农业科技示范区、科技产业园区引领效果不明显，农业科技信息共享资源平台利用率不够高，农业科技成果与产业需求契合度不高等诸多问题。

（二）新型农业经营主体和服务主体发展水平不均

种植养殖大户、农业企业、农民专业合作社、家庭农场等新型农业经营主体在带动乡村脱贫攻坚与农民增收致富中起到了"领头雁"的作用，乡村特色产业在新型农业经营主体的示范引领下也发展得如火如荼。必须注意的是，发展乡村特色产业应以农民为主体，乡村振兴的最终目的是让农民有事做、有活干、有钱赚、有参与感和获得感，但一些乡村特色产业存在忽略"农民主体地位"的现象，尤其是有些外来投资企业聘用的员工并不是农民，降低了本地农人建设家乡的参与度。部分新型农业经营主体的带农意识不强、与农民的联系不紧密，只注重追求片面的物质利益和回报率，致使特色产业并未给乡村带来生态、经济与文化等方面的进步。同时，留守在乡村的农民受自身文化水平和能力的限制，在获取信息、参与市场竞争、利用资源和开展经济合作等方面的能力不强，在乡村特色产业建设中只能被动按照安排参与或做最普通的劳动力。2020年中央一号文件把"健全面向小农户的农业社会化服务体系"作为农村重点改革任务，因此，提升服务主体发

展质量、加快服务主体发展速度、规范服务主体行为等在乡村特色产业发展中尤为重要。

（三）特色资源开发不足，与文化元素的结合度不够

乡村特色产业贵在凸显当地的核心优势和地方特色，但在实际发展过程中，很多地方为追求高利润而争相对发展效果佳的产业进行仿制，仅获得短期效益，不能持续发展。同质化问题体现为：对产业定位不清、缺乏高附加值和多种价值形态的产品；不同地方在生产品类和外包装上相互模仿，品质却参差不齐，阻碍了消费者做出选择；乡村特色产业开发模式相似度较高，如休闲农业多为餐饮、观光等，特色纪念品也缺乏文化内涵和创意设计。并且，有些地方发展的产业已经脱离了乡村这个基础，如盲目发展乡村民宿等非农产业，但消费体验和特色品位又不到位，导致农民发展"庭院经济"等乡村特色产业缺乏支撑。乡村特色产业拥有独特的魅力，涵盖了乡村风俗、乡村美食等，但现实中对乡村特色资源的开发尚未与农耕文化有效结合，相比南方地区，东北三省的乡村特色产业缺少文化底蕴。创造特色的同时一定要保护特色，同文化相结合的特色才会深受消费者喜爱，如知名的乌镇、张家界、西塘、平遥、九寨沟等，都代表着中国不同地区的文化特色，文化元素的融入可以支撑乡村特色产业获得更为持久的发展。

三 东北三省发展乡村特色产业的路径选择

党的二十大强调，不断做大做强乡村特色产业，让乡村活力更充沛，为全面推进乡村振兴提供坚实产业支撑。

（一）坚持科技创新、提质增效，变特色产业为优势产业

习近平总书记在吉林考察时强调，农业现代化，关键是农业科技现代化[①]。

---

① 《农业现代化关键是农业科技现代化》，学习强国网，2020年8月12日，https：//www. xuexi. cn/lgpage/detail/index. html？id=4228516736040377534。

农业农村现代化的根本动力在于科技创新，培育乡村发展新动能、支撑乡村全面振兴也必须依靠农业科技进步。科技创新是绿色发展的核心驱动力，科技创新有利于延长农业产业链，催生新产业、新业态，培育经济新增长点。科技作为引领要素，对乡村特色产业发展具有非常显著的促进作用。科技创新有助于破解乡村特色产业发展中遇到的技术难题，提升特色农产品供给质量，改善农村人居环境和生态；开发多功能示范田，建立特色种苗及生产技术研究与示范基地，有助于研究成果落地转化；把农业科技专家"请进来"，对基层农技人员进行培训，有助于发展壮大基层农业科技力量；让"黑科技注入黑土地"，实现"南果北种"，有助于拓展致富新路径；运用数字化平台，实时掌握市场需求和市场动态，有助于畅通特色农产品销售渠道。东北三省应坚持科技赋能乡村特色产业，提升乡村特色产业全链条现代化水平，持续拓宽农民增收渠道，使特色产业转变为优势产业，真正实现农业提质增效。

（二）积极培育多元融合主体，注重一二三产业融合发展

《2021年乡村产业工作要点》提出，强化联农带农，形成乡村产业融合发展新优势，培育多元融合主体；支持发展县域范围内产业关联度高、辐射带动力强、参与主体多的融合模式，扶持一批龙头企业牵头、家庭农场和农民合作社跟进、广大小农户参与的农业产业化联合体，构建分工协作、优势互补、联系紧密的利益共同体，实现抱团发展①。积极培育多元融合主体可以促进小农户与现代农业有机衔接，可以发挥农村各种新型经营主体（农业企业、乡村创客、新农人、职业农民、专业大户等）的作用，可以弥补农民无法应对市场变化的缺陷，提升参与主体的内生动力，持续增进利益共同体间的信任。东北三省应积极推进农业与信息、旅游、康养、文化、教育等产业的融合，充分发挥乡村功能价值，使农民实现跨界增收、跨域获利。

---

① 《关于印发〈2021年乡村产业工作要点〉的通知》，农业农村部网站，2021年2月2日，http://www.moa.gov.cn/ztzl/2021gzzd/gsjgzyd/202102/t20210204_6361222.htm。

单一产业的发展不足以支撑乡村经济可持续发展，多元化的产业融合发展才能激发与释放乡村新业态的发展活力。东北三省应注重一二三产业融合发展，做优绿色产业，做强制造产业，做活服务产业。注重一二三产业融合发展，核心是让农民分享更多增值收益，开发农业产品更多经济功能；关键是健全产业链价值链，带动资源要素在乡村整合和优化。

（三）用心保护农业文化遗产，有效发挥农业文化资源价值

农业文化遗产是千百年来勤劳质朴的人们在农耕生产过程中，通过不断摸索、实践、总结、传承下来的能够保持土地可持续性生产的农业耕作成果。东北三省黑土地所承载的独特的稻作文化尤为突出，黑龙江宁安响水稻作文化可溯源至公元 7 世纪末，辽宁桓仁京租稻栽培系统距今已有 140 多年的历史，吉林九台五官屯贡米栽培系统在明永乐年间就有记载。除此之外，东北三省还有多项农业文化遗产入选中国重要农业文化遗产名录，这些具有较高生态价值、文化价值与美学价值的农业文化遗产必须受到高度重视和保护，对它们用心的保护就是对家禽家畜、农耕作物、生产方式、生活习俗、乡村景观等乡村特色的保护，更体现了对无数代辛勤劳作农人的尊重和致敬。促进传统农耕文化和现代文明并进为推进农业农村现代化指明了方向，东北三省应不断推动农耕文明守正创新，发挥农耕文明软实力作用，立足乡村地域特色和文化资源禀赋，创作符合时代特点、群众喜爱的优秀农耕文化作品，开发与节令、歌谣、耕技等风俗文化相结合的具有农耕文明特色的商品，为推进农业农村现代化赋能。

参考文献

《农业部办公厅关于深入实施贫困村"一村一品"产业推进行动的意见》，农业农村部网站，2017 年 12 月 27 日，http：//www.moa.gov.cn/gk/tzgg_1/tfw/201801/t20180104_6134040.htm。

《关于印发〈黑龙江省"十四五"特色经济作物发展规划〉的通知》，黑龙江省农业

农村厅网站，2021 年 12 月 27 日，http：//nynct. hlj. gov. cn/nynct/c115422/202112/c00_ 31 233496. shtml。

《不输山东！这个东北第一蔬菜大省低调太久了！》，"中国蔬菜"微信公众号，2022 年 9 月 29 日，https：//mp. weixin. qq. com/s?＿＿biz＝MzA3MTA3OTczMw＝＝&mid＝267 5098118&idx＝1&sn＝f2e14a43d9f2fee9c26964ed39491b7f&chksm＝85b5605cb2c2e94a87136 62a8bf4f97f62a0957f2d3608acad008e7eccc6ad454c7734848818&scene＝27。

《发展乡村特色产业（全面推进乡村振兴）》，《人民日报》2022 年 11 月 14 日。

《黑土地上的农业文化遗产》，中国农村网，2022 年 9 月 1 日，http：//journal. crnews. net/ncpsczk/2022n/d14q/dcyj/949676_20220901063236. html。

《三大亮点推动吉林省乡村特色产业发展》，人民网，2022 年 5 月 10 日，http：// jl. people. com. cn/n2/2022/0510/c349771-35261978. html。

《加快培育新型农业服务主体》，中国农村网，2020 年 6 月 4 日，http：//journal. crnews. net/ncgztxcs/2020/dshiq/snlt/932281_20200604093641. html。

B.16
东北三省大力推进农产品品牌建设研究

马 琳*

摘 要： 发展现代化大农业是未来农业发展的主要趋势，农产品品牌化是发展东北三省现代农业的必然选择，是农业提升商品价值、开拓市场的有效途径，也是农民增收的有力抓手。本报告通过对东北三省农产品品牌建设现状进行分析，从政策制定、人才培育及品牌开发等不同层面提出了制约东北三省农产品品牌发展的突出问题，并探索了相应的解决策略，提出了加强统筹管理及资金支持、培育壮大农产品品牌经营主体和推动营销业态创新等对策建议。

关键词： 农产品 品牌战略 东北三省

2023 年是东北振兴战略实施 20 周年。2023 年 9 月初，习近平总书记在黑龙江省哈尔滨市主持召开新时代推动东北全面振兴座谈会，再次强调东北作为保障国家粮食安全"压舱石"的重要性和现代化大农业这一主攻方向[1]。品牌化是农业现代化的重要标志，是推动农业生产规模化、标准化、专业化的有力抓手。东北三省作为我国粮食基地，有着丰富的农业资源和农产品种类，打造具有东北特色的农产品品牌是东北三省发展现代化大农业的重要内容。

---

* 马琳，辽宁社会科学院农村发展研究所助理研究员，主要研究方向为农村经济、农产品品牌。

[1] 《习近平总书记在新时代推动东北全面振兴座谈会上的重要讲话提振信心催人奋进》，中国政府网，2023 年 9 月 10 日，https://www.gov.cn/yaowen/liebiao/202309/content_6903134.htm。

一 东北三省农产品品牌建设现状

（一）各省农产品品牌制度建设力度不断加大

辽宁省大力推动农业品牌标准化建设，为了使农业品牌发展更规范、更有效，制定了《辽宁省农产品品牌建设指南1.0》《关于加快推进农业品牌建设的实施意见》，明确了农业品牌建设的发展目标、重点任务和推进措施。制定和完善农产品区域公用品牌、农产品品牌评价地方标准，推进品牌产品标准化生产、经营典型示范和推广工作。形成"五化""六统一"模式，即品牌产品生产规范化、产品安全化、营销品牌化、管理信息化、服务专业化和统一品牌、统一规程、统一标准、统一农资、统一包装、统一销售，有效提升了品牌农产品的质量和市场信誉度。

为了推动区域品牌建设，吉林省政府于2021年印发了《关于打造吉林区域品牌推动高质量发展的实施意见》，明确提出加强对吉林区域品牌建设的统筹规划和顶层设计，挖掘品牌潜力，赋能品牌价值，推动实施品牌战略，高标准引领质量提升，塑造优质优价优服务的品牌形象，提高吉林区域品牌的知名度和美誉度。2021年吉林省人民政府出台的《关于加快农产品加工业和食品产业发展的意见》提出了到"十四五"末，吉林省绿色、有机、地理标志农产品总量达到2000个，区域公用品牌达到100个的目标。

2022年9月26日，黑龙江省农业农村厅等12部门联合印发《黑龙江省品牌农业建设工作方案》，提出了打造多层次协同联动"1141"品牌体系的主要目标，即创建1个省级优质农业品牌，打造10个"龙字号"优势农产品品牌系列，做强40个区域公用品牌，培育100个领军企业品牌。同时，组织省级工作专班制定《黑龙江省品牌农业工作专班考核评价细则》《全省品牌农业建设工作任务清单》，分季度和年度开展考核评价工作，确保目标按时完成。

（二）各省农产品品牌发展成效显著

近年来，辽宁省十分重视推进农产品区域公用品牌和知名农产品品牌建设，在粮油、蔬菜、畜牧、水产品、水果、特色农产品等六大产业进行布局，成效显著。2020 年以来，辽宁省深入拓展农业产业链，壮大新产业新业态，培育新产品新品牌，增加了农民收入，提升了辽宁省农业品牌的知名度、美誉度和影响力，推动了现代农业发展。2022 年 6 月，农业农村部办公厅印发《农业品牌精品培育计划（2022—2025 年）》，辽宁省的盘锦大米、东港草莓、大连樱桃名列其中。截至 2023 年 4 月，辽宁省共培育辽宁农产品区域公用品牌 64 个、农产品知名品牌 323 个、地理标志农产品 100 个、绿色食品标志产品 1083 个、有机农产品 88 个，15 个品牌入选中国农产品区域公用品牌目录，北镇葡萄、大连海参、鞍山南果梨等 7 个品牌优势区入选中国特色农产品优势区。近年来，辽宁省采取多种方式大力推介本省优质特色农产品品牌。一是充分利用传统媒体宣传推广。持续在央视投放绿色农产品广告，重点宣传盘锦大米、盘锦河蟹、大连海参、大连大樱桃、东港草莓等 5 个农产品区域公用品牌，带动了当地经济发展和农民增收。2021 年，辽宁卫视推出黄金纬度栏目 50 期，宣传推广农产品区域公用品牌 15 个、地理标志农产品 35 个。二是积极组织展会、创造推介平台。2021 年，依托第十二届辽宁国际农业博览会和第四届中国农民丰收节（辽宁主会场）等活动，辽宁省共举办推介会 37 场，推介品牌农产品 83 个，现场签约额达 324.9 亿元。三是充分发挥电商平台资源和渠道优势。会同沈阳农业大学等高校及辽宁卫视、新浪辽宁、国际在线等媒体举办 10 场推介会，宣传推广农产品区域公用品牌 27 个、优质特色农产品品牌 83 个。经过多年的培育和发展，辽宁省知名农产品品牌价值得到明显提升，其中盘锦大米达到 525.7 亿元，盘锦河蟹达到 295.5 亿元，东港草莓达到 77.5 亿元，绥中白梨达到 51.6 亿元，新民小梁山西瓜达到 40 亿元，凌源花卉达到 34.5 亿元。为了进一步推进辽宁农业品牌建设，提升"辽字号"品牌农产品的知名度、美誉度和影响力，助力乡村产业振兴，辽宁省农业农村厅将 2022 年确定为辽宁农业品牌建设年，全力开展品牌强农行动。从农产品品牌标准着手，建立系统完善的评价体系，制定权威精准的产品目录，构建严格规范的准入和退出机制，定期检查并实施动态管理，确保辽宁农产品品牌的含金量。建立辽宁农业品牌评价体系，组建辽宁农业品牌专家委员会，开展 2022 年农业品牌精品培育工作以及辽宁农业品牌评选活动，全力推进"辽米、辽菜、辽果、辽畜、辽鲜、辽花、辽药"等"辽字号"品牌创建，集中资源打造辽宁农业品牌优势，全面提升农产品竞争力。

吉林省的农产品品牌数量自 2008 年有了较大幅度的提升。根据吉林省农业农村厅的统计，截至 2023 年 1 月，吉林省绿色、有机和地理标志"两品一标"认证有效用标农产品达到 1359 个，全国名特优新农产品名录收录 36 个申报单位、38 个产品。《2022 中国地理标志农产品品牌声誉评价报告》显示，在 1568 个地理标志品牌中，吉林人参品牌作为中药材品牌进入最具有感知力中国地理标志品牌的前 10 位。吉林省的农业资源丰富且有区域特色，为发展特色农业、品牌农业提供了坚实的自然资源基础。从农产品品牌的分布区域看，粮油类品牌主要分布于吉林省的中部地区，该区域有着得天独厚的黑土资源优势，为种植农业的发展提供了自然资源基础，形成了以"吉林大米""四平玉米""双辽小米"等为代表的粮食类品牌。东部地区以山地为主，逐渐形成了区域特产品牌，如"长白山人参""长白山蓝莓"等。吉林省农产品品牌建设对其他行业的拉动作用也十分明显。从行业建设角度来看，农产品品牌建设使整个行业提高了发展质量；从对当地经济的影响来看，农产品品牌建设带动了经济发展，对当地农民收入的提升也起到了一定的作用。农产品品牌价值高，产品质量好，农民的收入也会提高。有些农产品如木耳、人参等，已成为吉林当地的主导产业，拉动了地方经济增长，带动了乡村产业振兴。这些优秀农产品品牌价值的不断提升，有效带动了农民增收。

黑龙江省现有地理标志农产品 168 个，数量位居全国前列。地理标志农产品种类较多，包括粮食和油料、水产动物、果品、食用菌、蔬菜、肉产品、蜂产品、烟草、棉麻桑蚕、蛋产品、其他植物、药材、糖类 13 类。近年来，黑龙江举全省之力打造"黑土优品"省级优质农业品牌，坚持以

"大食物观"为引领，打造高品质生产基地，建设"1141"农业品牌体系，提升"龙字号"品牌市场影响力，构建全生命周期农业品牌管理机制，持续擦亮"黑土优品"金字招牌，推动将"更优、更绿、更香、更安全"的农产品卖向全国、卖出好价。2023 年 5 月 11 日，新华社、中国品牌建设促进会等单位联合发布"2023 中国品牌价值评价信息"，黑龙江省五常大米、庆安大米、方正大米、通河大米、延寿大米、九三大豆、响水大米、绥化鲜食玉米等 8 个地理标志农产品荣登 2023 中国品牌价值评价区域品牌榜百强，黑龙江省入榜品牌数量居各省前列。同 2022 年相比，黑龙江省入选的地理标志区域品牌平均排名上升了 3.58 位，其中，五常大米品牌价值超 700 亿元，高居第 4 位；九三大豆排名由 2022 年的第 73 位提升至第 55 位。为了更好地推广黑龙江农产品品牌，拓展优质农产品展销渠道，同时让消费者能够更加放心、省心、安心地购买正宗的黑龙江特色农产品，黑龙江省农业农村厅积极利用网络平台，依托天猫黑龙江省原产地旗舰店建立了"天猫黑龙江地理标志农产品展销专区"，截至 2023 年 5 月，天猫黑龙江省原产地旗舰店累计上架黑龙江地理标志农产品 179 个、"黑土优品"标识授权产品 105 个，帮助省内超过 100 家地方企业提升销售额。

二 东北三省农产品品牌建设中存在的主要问题

（一）品牌建设整体规划和监管不足

各级政府部门对品牌建设的整体规划和监管仍显欠缺，区域公共品牌准入、管理和退出等方面的机制不够完善。比如，黑龙江省以五常大米注册的商标已经超过 20 个，辽宁省获准使用盘锦大米地理标志的企业高达 196 家，经营主体众多导致品牌监管和保护难度加大，产品的标准和质量得不到有效保障。重视公共品牌创建，忽略企业品牌培育，导致区域公共品牌、企业品牌、产品品牌没有形成体系。政策延续性不强，缺乏长期的品牌跟踪管理制度，3~5 年的短期规划对于一个农产品品牌来说远远不够。农产品品牌的建设重点不在于数量，而在于质量，在于有多少农产品品牌能够真正"走出去、立得住"。

（二）经营主体的品牌保护措施欠缺

作为品牌的经营主体，部分企业、合作组织对农产品品牌的认知不够全面，在品牌维护、品牌管理等方面缺乏顶层设计，仍停留在短期经济价值上，只注重品牌的创建，在管理、服务、开发等层面缺乏维护和活化意识，仅有少数企业在品牌维护方面建章立制。大多数农产品品牌经营者知识产权意识比较淡薄，认为品牌申请通过就大功告成，没有意识到品牌需要长期的维护和保护，对农产品品牌侵权的危害没有清晰的认识。相当一部分农产品品牌经营者缺乏可持续经营理念，不重视后续的创新研发，仍然"就生产论生产"，没有充分发挥农产品品牌在现代农业发展中的作用。

（三）品牌经营和管理人才不足

农产品品牌的发展需要与时俱进，不管是在新产品新技术研发方面，还是在产品宣传推广方面，都需要紧跟时代潮流，充分利用新科技新机遇，不断提升自身竞争力。这就需要品牌经营和管理人员具备较高的科学文化素养和自我发展能力。但第三次全国农业普查数据显示，东北三省农业生产经营人员年龄主要集中在 36~54 岁（见表 1），35 岁及以下的年轻人占比偏低。

表 1　东北三省农业生产经营人员年龄构成

单位：万人，%

指标	35 岁及以下		36~54 岁		55 岁及以上	
	人数	占比	人数	占比	人数	占比
农业生产经营人员	375	17.6	1063	49.8	695	32.6
规模农业经营户农业生产经营人员	49	22.6	128	59.2	39	18.2
农业经营单位农业生产经营人员	29	22.9	81	63.6	17	13.5

资料来源：第三次全国农业普查。

东北三省农业生产经营人员受教育程度多为初中，高学历人群偏少（见表 2）。规模农业经营户农业生产经营人员多为种植、养殖大户，更需要专业的高素质人才来引进新技术、引导经营和发展，但这一群体中拥有大专

及以上学历的人员占比仅为 0.9%，甚至低于农业生产经营人员，这不利于规模农业品牌化发展。年轻人偏少、受教育程度偏低已经成为制约东北三省农产品品牌建设的重要因素之一。

表 2   东北三省农业生产经营人员受教育程度

单位：%

指标	未上过小学	小学	初中	高中或中专	大专及以上
农业生产经营人员	1.9	36.1	55.0	5.6	1.4
规模农业经营户农业生产经营人员	1.0	28.6	64.3	5.2	0.9
农业经营单位农业生产经营人员	1.2	9.8	44.5	31.3	13.2

资料来源：第三次全国农业普查。

（四）品牌影响力有待提升

东北三省绝大多数农产品品牌只在局部地区具有一定的影响力，从全国乃至国际角度来看，东北三省的农产品品牌仍然存在多而不精、品类单一、影响范围有限的问题，多数品牌仍无法与国内乃至世界知名农产品品牌比较。农产品区域公用品牌的引领带动作用有限。2021~2023 年《中国品牌》杂志社区域农业品牌研究中心发布的中国区域农业产业品牌影响力指数百强榜单数据显示，2021 年东北三省共有 8 个品牌上榜，2022 年和 2023 年均有 9 个品牌上榜（见表 3）。

表 3   2021~2023 年东北三省中国区域农业产业品牌影响力指数百强榜单上榜品牌

年份	黑龙江	吉林	辽宁
2021	五常大米（排名 4） 东宁黑木耳（排名 22） 方正大米（排名 89）	长白山人参（排名 26）	辽参（排名 23） 大连海参（排名 33） 盘锦河蟹（排名 47） 盘锦大米（排名 51）

年份	黑龙江	吉林	辽宁
2022	五常大米（排名 2） 方正大米（排名 76）	长白山人参（排名 3） 抚松人参（排名 11） 吉林大米（排名 72）	大连海参（排名 35） 大连苹果（排名 51） 辽参（排名 57） 盘锦大米（排名 97）
2023	五常大米（排名 4） 响水大米（排名 74） 方正大米（排名 83）	长白山人参（排名 9） 抚松人参（排名 21） 吉林大米（排名 59）	辽参（排名 5） 大连海参（排名 10） 盘锦大米（排名 34）

根据榜单可以看出，近几年东北三省具有影响力的农产品品牌没有明显增加，并且种类更趋单一，都以大米为主，只有五常大米排名靠前，这说明东北三省众多农产品品牌中影响力更突出的仍是东北大米，但东北的各个大米品牌在全国的影响力还没有普遍提升。一些耳熟能详的东北特色农产品品牌如辽宁丹东草莓、黑龙江九三大豆等并未上榜。

（五）品牌宣传手段亟须创新

东北三省农产品品牌影响力偏低的主要原因是品牌建设和宣传力度不足。品牌建设是指对品牌进行规划、设计、宣传、管理。东北三省的农产品品牌没有很好地提炼文化内涵、文化属性，没有发挥文化内涵对品牌发展的助推作用，没有利用品牌故事实现产业增值。东北三省在宣传农产品品牌方面力度不足，随着互联网经济的发展，很多省份都利用互联网平台的优势打造自己的特色产品，做好特色产品宣传，但是东北三省在利用新媒体宣传方面明显落后于其他省份。

（六）品牌附加值不高

东北三省大部分农业企业仍以初加工为主，精深加工能力不强，技术含量偏低，创新能力十分有限。现有的农产品品牌多为初加工农产品，仍然保持常规生产、传统做法，缺乏规模化、标准化的生产管理模式。产品科技含

量和附加值不高，企业专业研发人才比较匮乏，研发投入不足，且多局限在相似产品的开发上，创新意识不强，与科研机构合作较少，缺乏有效推动品牌发展的科技成果，转化增值能力弱。农业产业链延伸不足，不能借助现有品牌的影响力发展相关产业。

三　东北三省农产品品牌建设的对策建议

（一）加强统筹管理及资金支持，大力推进品牌建设

进一步完善政策支持和制度保障体系。政府相关部门应牵头做好协调工作，设立明确的区域农产品品牌保障体系、工作机制及扶持政策。整合相关部门资源，建立品牌农业发展专项工作领导小组，解决农产品品牌管理过程中出现的监管缺位和重复管理现象，提高农产品品牌建设效率。在制定各类标准化政策的同时，要加强对农产品品牌经营主体的监管，使其在生产和经营过程中切实执行标准，更要建立严格的准入和退出机制，保证农产品品牌的质量和信誉。提升金融服务水平，设立品牌农业发展专项资金，为具有市场潜力的优势农产品品牌提供金融支持。拓展金融贷款业务，因地制宜地推出适合当地农产品品牌发展的金融贷款产品，在信贷条件和信贷规模上要更贴合实地情况，支持企业依法以驰名商标为质押获得贷款。

（二）健全品牌法治保障，完善品牌保护机制

在开发创建新品牌的同时，要注重对已有品牌的维护。相关部门要健全品牌发展保护机制，完善相关法律法规，加大执法力度，严格执行监督流程，为农产品品牌营造绿色健康的发展环境。严厉打击侵犯知识产权和制假售假行为，对可能发生的影响力大的商标抢注、侵犯知识产权等事件，要提前制定应急预案，理顺举报程序，健全快速反应处置机制。行业内部要强化诚信体系建设，做到行业自律，行业协会要起到监督作用。

（三）培育壮大农产品品牌经营主体，推进产业化经营

要发展现代农业，必须发展大规模集体经营。鼓励形成以龙头企业为引领、合作社为纽带、农业种植大户和家庭农场为基础的链条完整的生产经营联盟。龙头企业是农产品品牌建设的核心力量，也是农业生产经营的主导者。龙头企业可以利用品牌资源进行技术创新，促进技术迭代和质量提升，同时发挥引领和示范作用，带动更多小企业的发展。合作社可以有效促进小农户与现代品牌农业有机衔接。农业种植大户和家庭农场是品牌农产品的直接生产者。只有培育壮大农产品品牌经营链条上的每一环，才能确保品牌高质量、高效率发展。

（四）注重人才培养，加强产学研结合

农业科技人才是农产品品牌发展的助推器，人才的培养至关重要。一是积极引进高端农业技术人才，鼓励高科技人才投身区域品牌建设，吸引省内外农业大学及农业相关专业毕业生进入企业。二是利用分层次培训提高农民的整体文化水平和综合农业技能。相关部门要整合省内科研资源，鼓励农产品品牌经营者充分利用农科院等科研机构的资源，必要时可借助全国乃至世界科研力量，开发附加值高的新产品，重点开发精深加工产品及技术含量高的农产品，用科技支撑品牌升级，增强农产品品牌活力。三是搭建科技成果推广转化平台，将优质的科研成果及创新技术快速推广到现实生产中。

（五）推动营销业态创新，提高品牌推介能力

充分利用线上线下营销平台，加强与主流媒体的合作，策划主题推介栏目，进行深度报道，讲好品牌故事。鼓励与网络新媒体合作，利用短视频及直播电商平台，扩大品牌传播圈层，多渠道、立体式对农产品品牌进行宣传推介。鼓励中小农产品品牌多参加国内外农业展会，提升曝光度与知名度，

并依托各大农业节庆活动提升品牌知名度，在产业基地打造体验式、沉浸式、互动式营销场景，建立电商直播基地，实现与消费者的"零距离"接触。深入挖掘农产品品牌与当地文化的内在联系，包括区域文化、历史文化、民俗文化、饮食文化等，深入挖掘本土特色人文底蕴，对农产品品牌进行精准定位，将本土文化与农产品品牌相结合，打造具有本地特色的高辨识度的农产品品牌，使消费者在享用农产品的同时体验当地历史文化的浓厚气氛，带有浓厚地域文化特色的品牌也会自带"乡愁"气质，可以培养本地消费者的购买情怀。

（六）延长产业链条，加强品牌消费联动

推动城乡联动，促进农旅融合，延长农产品品牌产业链条，将农产品品牌产业基地与近郊休闲农业相结合，用特色农业资源与乡土文化为休闲农业提供物质文化基础，利用休闲农业的业态优势搭建农产品品牌与消费者近距离接触的平台，为农产品品牌做最直观的宣传推广，促进农业与休闲、旅游、教育、健康、养老等产业充分融合、共同发展。集中并规范管理产业链，发展原料基地，实现规模化、标准化生产，促进生产要素集聚，建立现代农业产业园区，提高产业集中度，扩大品牌集聚效应，使品牌化生产更专业、更高效，打造更高标准的农产品品牌。

（七）加大研发投入力度，推进农产品精深加工

农产品精深加工是农产品品牌做强产业链、优化供应链和提升价值链的重要基础。可与科研院所对接，加速农业科技成果转化，推动产学研结合，注重对农产品的商品化包装，促进农产品生产、加工、销售等环节的技术进步，重点研究推广规模化的保鲜储藏和农产品精深加工技术，为农产品品牌建设提供技术保障，提升品牌的技术含量和增值潜力。

参考文献

王梓同、徐衍：《黑龙江省农产品品牌建设情况调研》，《黑龙江科学》2023 年第 5 期。

《黑龙江省打造农业品牌体系》，《经济日报》2022 年 8 月 26 日。

李越：《辽宁省公布首批农产品区域公用品牌目录》，《辽宁日报》2023 年 5 月 5 日。

《黑龙江省 8 个地理标志农产品荣登国家百强榜》，哈尔滨新闻网，2023 年 5 月 13 日，https：//www.my399.com/p/215381.html。

《黑龙江省地理标志农产品达 168 个数量在全国位居前列》，中国农网，2023 年 5 月 13 日，https：//www.farmer.com.cn/2023/05/13/wap_99928359.html。

《吉林省人民政府办公厅关于打造吉林区域品牌推动高质量发展的实施意见》（吉政办发〔2021〕45 号），2021 年 11 月。

马琳：《辽宁农业品牌发展研究报告》，载张燕楠、李晓南、樊强强主编《辽宁品牌发展报告（2023）》，社会科学文献出版社，2023。

B.17
东北三省数字农业发展对策研究

丁 冬*

摘 要： 东北三省作为国家重要的商品粮基地，其现代农业高质量发展对保障国家粮食安全有重要的战略作用。东北三省农业科技创新进程逐步加快，为数字农业赋能现代农业发展奠定了技术基础，未来的新农业也必将朝数字经济与传统农业高度融合的方向发展。本报告以东北三省作为研究区域，梳理东北三省数字农业发展现状，分析数字农业发展过程中存在的问题，包括数字农业专业人才梯队尚未成形、数字农业技术创新平台相对落后、农业全产业链数字化进程缓慢。基于数字经济背景下东北三省数字农业发展现状和未来发展趋势，本报告提出有针对性的对策，包括：发展后备人才，打造专业化数字农业人才队伍；鼓励数字农业领域的技术创新，建设数字农业基础数据资源体系；推动数字化转型融入农业全产业链全流程，加速转型升级；为各主体发展数字农业提供优惠政策，调动各经营主体积极性；全面推进三级数字农业大数据中心及云平台建设，着力开展平台技术与功能升级。

关键词： 数字农业 数字化衔接 乡村振兴 东北三省

当前，数字农业已经逐步拓展到农业管理、农业服务、农业决策的各个领域，实现了顶层布局、理论深化、技术应用的全面推进。数字农业带来的技术变革，可以促进农作物科学估产、粮食安全预警系统构建、农业机械化自动升级、通信与控制智能化，最终推动现代农业高质量发展。

---

* 丁冬，吉林省社会科学院农村发展研究所副研究员，主要研究方向为"三农"问题与乡村振兴。

一 东北三省数字农业发展现状

（一）数字科技不断赋能东北三省现代农业发展

2021年7月，中央网信办等部门共同印发《数字乡村建设指南1.0》，聚焦农业数字化，具体包括数字化"三情"监测分析、病虫害监测数字化、农田自动化生产管理以及数字农场建设。2022年2月，中央网信办等部门印发的《数字乡村发展行动计划（2022—2025年）》明确了新时代我国发展数字农业的思路，为深化数字农业发展注入了新的动能。这些数字农业政策为东北三省数字农业发展提供了思路与未来的发展导向。近年来，东北三省开启了以智慧治理为内核的数字化建设，加速推进地区现代农业的精细化、智慧化发展。数字经济蓬勃发展，已经逐渐渗透各行各业，特别是在物流、资金流、信息流与技术流发展中的表现非常突出。"十三五"以来，东北三省作为我国最大的商品粮基地，以数字化、信息化引领农业产业变革，并设计了"农业作业智能化—智能管控生产周期—农业全产业链智能调控"流程，将数字科技各项功能应用到现代农业全产业链，促进智能管理、自然灾害监控预警、风险防控的综合发展。同时，东北三省不断探索数字农业发展新模式，通过与互联网多产业融合，形成现代农业产业新业态，加快数字农业创新进程，推动传统农业向现代农业升级。

（二）东北三省数字农业发展模式与现状

近年来，黑龙江、吉林、辽宁三省紧跟国内外复杂多变的经济形势，持续在现代农业生产与经营过程中应用数字科技，并加大科研投入力度，积极鼓励各类技术创新，提高成果转化能力，提高了现代农业的生产效率。黑龙江省从2020年起逐步构建数字农业综合服务体系，并将大数据、AI与农业产业相结合，促进数字科技赋能现代农业高质量发展。黑龙江省比较典型的数字农业发展经验来自北大荒集团，该集团于2017年着手发展数字农业，

先后建成数字农场 20 个，应用无人化智能管理理念，将数字高端技术与智能装备广泛投入示范区，并率先应用数字化托管模式，2022 年服务托管约 5200 万亩次，大幅降低了生产与经营成本。此外，黑龙江省还搭建了国家数字农业先行示范区，构建了数字农业示范性生态系统。以黑龙江五常水稻为例，可以通过物联网等现代网络技术实时监控水稻种植过程中的土壤、病虫害、水质以及自然变化等情况。

吉林省不断完善现代化乡村产业体系，加强数字乡村基础设施建设，扩大信息技术扩散效应，推动乡村产业数字化、智能化，以现代信息技术服务产业发展与乡村振兴。近年来，吉林省通过"吉农云"线上农业服务平台，以数字科技赋能现代农业高质量发展。2023 年，在全球科研城市排名中，吉林省会长春跃升至第 31 位，辐射引领区域科技创新的能力不断提升，为现代化都市圈科技创新竞争力和综合经济竞争力的提升积蓄了新动能。农户通过"吉农云"可以实时、全方位监控土壤、农作物长势等相关情况。此外，吉林省依托"吉林一号"卫星，利用卫星遥感信息技术优化农情服务，实现农业生产智能化和农业管理数据化。吉林省九月丰家庭数字化农场搭建了"企业+农场"型平台，为合作双方打造"各取所需、强强联合"的共赢渠道，产生"1+1>2"的经济效益和社会效益，具有较强的稳定性、可操作性和可持续性。吉林省九月丰家庭数字化农场作为吉林省唯一入选全国第二批家庭农场典型案例的新型农业经营主体，其农业机械、土地、劳动力等生产要素优势明显，具备规模适度、生产集约、管理先进、效益明显等发展特点。

辽宁省近年来持续推动数字技术赋能现代农业发展，以数字经济释放农业农村发展新动能。首先，辽宁省针对数字农业需求，组建了数字型"智囊团"作为地区数字农业发展人才队伍，并通过产学研合作加强数字农业相关复合型人才培育；其次，辽宁省选取省内典型地区作为数字农业示范基地，建立"数字农业应用场"，在应用基地范围内利用农业机械自动化、种植养殖智能化、仓储数字化等覆盖现代农业全产业链；再次，辽宁省通过加大农机、耕地等农业科技研发力度，从"端、网、云、数、用"等方面升级数字化耕作与无人化管控技术；最后，辽宁省通过搭建数字农业物联网信息平台，促进农业生产、经营、管理和服务数据信息的准确、及时反馈，并在典型试点区域精准应用。

二 东北三省数字农业发展存在的问题

近年来，东北三省在现代农业发展过程中越来越重视数字科技的应用，建立了示范基地，取得一些成绩。但与此同时，由于政策原因、经济原因以及技术原因，东北三省数字技术赋能现代农业发展仍存在短板与瓶颈，具体如下。

（一）数字农业专业人才梯队尚未形成

近年来，受经济下行压力加大、就业环境不佳等影响，东北三省高校人才持续外流，数字农业人才更为紧缺。现有农业产业人员队伍中，部分人员学历水平较低，缺乏掌握高新技术的高素质人才，特别是既懂技术业务又懂组织管理的人才相当少。农业管理人员中缺少思想观念先进、有开拓精神和企业家素质的人才。从短期看，数字农业专业人才短缺将对东北三省数字农业产业投资与消费产生不利影响，导致数字农业发展内需不足、增长乏力；从长期看，人才是数字农业发展和现代农业升级的核心驱动要素，高素质人才外流将导致东北三省经济社会整体建设的长期动能不足。

（二）数字农业技术创新平台相对落后

目前，东北三省数字农业发展尚处于起步阶段，仍以引进技术设备为主，技术开发与创新平台尚未完善，多数处于生产环境建设过程中，农业大数据平台建设和应用能力与发达地区相比较为落后。此外，东北三省战略性新兴产业发展迟缓，在公共服务领域，数字技术仍有较大的发展空间。

（三）农业全产业链数字化进程缓慢

农业全产业链既包括农业生产环节，也包括农业流通与消费等核心环节，是一个涵盖多主体的复合链条，数字化发展需要与农业全产业链深度融合。当前，东北三省农业全产业链数字化进程缓慢，农业科技创新人力、物力投入不足，高科技成果产出效率较低，影响了农业科技创新的有效供给。此外，东北三省农业数字化应用目前更多投入产业链上游，流通环节与消费环节的数字化应用还不够，数字化发展缺乏后劲，产业链中游、下游的小规模企业实力不强，难以快速进行数字化转型。社会资本与政府扶持不足，科技创新资源衔接与共享受限，导致部分产业链主体的数字化升级难以开展。

三　东北三省数字农业发展对策

针对东北三省数字农业发展现状与现存问题，准确把握新发展阶段东北三省农业提质增效对数字科技发展的重大需求，着眼于未来，按照"抓重点、补短板、强弱项"的总体思路，本报告提出如下对策。

（一）发展后备人才，打造专业化数字农业人才队伍

针对东北三省数字农业相关领域人才外流、农业人才数量与农技人才比重较低的状况，应借鉴我国发达地区经验，针对创新人才和年轻人才出台新政，不断扩大东北三省公共资源和基本服务对外来人口的覆盖面，促使人才、技术等优质要素资源加速集中。数字农业发展必须与各地实际有机结合，这就要求东北三省围绕农村劳动力年龄、知识结构等特点构建具有东北不同区域特色的现代农业发展场景，解决现代农业发展中的特殊问题，加速推进数字农业技术落地应用。加强农业基层从业者业务培训，提高基层从业者对数字农业的适应能力，避免出现把数字农业简化成大数据平台等情况。同时，东北三省应加大高质量农业品牌建设力度，提升农民收入，推进家庭农场、农业合作社、种植大户等新型经营主体的深度合作，内部进行政策扶

持，外部进行品牌推广，重点培养适应数字化建设的农业生产主体，为东北三省数字农业建设奠定基础。

（二）鼓励数字农业领域的技术创新，建设数字农业基础数据资源体系

东北三省应坚持创新在数字农业发展全局中的核心地位，重视多领域技术创新，实现技术升级与产业发展的动态平衡。重点突破农业专用传感器技术、智能装备控制技术、农业全产业链大数据智能服务技术、黑土地保育技术、智能育种技术等数字技术，着力开展智能农机装备、智能机器人等产品的研发，推动数字农业技术集成应用。推动农业产业链和农业创新链相互促进，聚焦玉米、水稻、设施蔬菜、食用菌等重点产业，着力加强数字农业科技基础研究与前沿性关键共性技术研发，建设数字农业基础数据资源体系。谋划建设一批核心关键技术创新中心与条件平台，持续实施一批数字科技重大专项与应用示范工程，建立以数字科技为支撑的东北现代农业创新体系，全面提升农业质量效益与竞争力。从"全局性创新"角度看，数字农业基础性创新要着力解决基本规律、基本架构、基础设施、基础部件、基层人才、基层治理等方面的问题。关于技术领域的基础性创新问题，可以在全国创新网络层面予以解决，但是关于制度、人才领域的基础性创新，必须在东北三省的基层实践中予以突破，这是东北三省数字农业发展面临的关键挑战之一，也是未来几年的重点难点。特别要对具有一定优势和潜力的玉米、肉牛等产品的相关数据安全予以进一步重视，除升级技术手段外，要制定数字农业领域数据安全地方性法规，防止相关领域敏感数据被泄露。

（三）推动数字化转型融入农业全产业链全流程，加速转型升级

针对东北三省农业数字化转型需求，可开展全链条规划布局，延伸种植业数据资源链条，让数字经济成为乡村振兴的引领力量。以传统农业为内核的全产业链条的系统转变涉及农业软件、硬件环境的更新升级，由于目前东

北三省数字农业发展多处于生产环境建设阶段，若想从根本上改变传统管理模式，就要推动数字化转型融入农业全产业链全流程，加速转型升级。东北三省之间的产业链要加强跨区域统筹规划和合作，共同支撑数字农业建设，从总体上提升数字科技创新能力，促进农业全产业链的数字化衔接，增强资源获取可行性，促进"数字科技能运用、智能管控能实现"，推动数字农业建设。

　　未来，在东北三省数字农业规划推进过程中，应提前布局、加速转型升级。综合关注前端标准建设、中端田间生产以及后端数据分析等数字农业产业化发展的全域规划，同时在建设初期明确数据资产的采集、运用及保护流程，为东北三省数字农业的中长期发展奠定基础。将农业农村大数据、云计算与存储中心、公共数据标准规范体系、公共数据运维管理保障体系有序融入农业全产业链全流程，开展东北三省农业政务数据信息资源的开放共享和深度挖掘利用，形成全省农业农村数据资源"一张图"，为东北农业大数据辅助决策、业务协同、公共服务等应用提供数据支撑，形成从土地流转、生产托管、农业气象、水利水文、农机作业、田间管理到收割作业、仓储物流等全产业链过程的粮食生产数据库。此外，在数字化转型融入农业全产业链全流程的过程中，东北三省应针对数据链建设提供精准服务。一是加强农业全产业链全流程数据筛选服务，分类筛选有用数据和无用数据、保密数据和开放数据、政策数据和技术数据，筛选出更有价值的数据。二是加强农业全产业链全流程数据分析服务，统筹人工分析与智能分析、案例分析与全局分析、生态分析与经济分析，加速数据向政策、技术转化的进程。三是加强农业全产业链全流程数据转化服务，结合数据分析结果，及时将分析结论反馈给市场主体、创新主体或者农业生产主体，推动各类主体及时调整市场策略、技术路径。四是加强农业全产业链全流程数据反馈服务，及时根据数据应用情况调整数据的采集指标和频次、分析方法和路径以及数据转化模式等，推动数据链的升级和全链条主体的高质量发展。

（四）为各主体发展数字农业提供优惠政策，调动各经营主体积极性

数字农业发展是一个系统工程，需要多主体协调发展。东北三省各地数字农业科技成果转化效率存在一定差异，应打破地区发展边界，促进不同地区人才的流动，谋求不同地区人才的协同创新发展，共同确立发展目标，进一步建立科技创新合作交流平台、整合区域间创新资源、合理调整区域间资源，避免要素投入产出无效率和资源浪费。政府应出台优惠政策，促进农业全产业链数字化转型。同时，可谋划推进一批高新技术、现代服务业、劳动密集型项目，不断推进储备项目落地实施。围绕国家和东北三省的投资方向和重点，加强与国家和省相关部门的衔接，争取资金扶持。积极向金融部门推介项目，争取银行信贷支持，用好用活中小企业信用担保基金，切实解决中小企业投资项目融资难问题。加强项目管理，认真落实项目建设各项责任制，保证工程质量和资金安全。以重大项目建设为载体，创新数字农业管理模式，推进产业间融合与互通，不断增强经济发展后劲。

通过加强多领域数字化应用优化发展环境。一是加快市政相关基础设施数字化改造，提升公共资源配置和服务效率。通过农村信息化基础设施建设，加快实现全区域行政村宽带网络全覆盖。创新数字农业管理模式，同时构建制度完善、风险可控、监管有效的质量安全保障体系。可通过引入传感器、物联网和大数据分析等技术，实现对现代农业基础设施运行状态的实时监测和预警；加快建设智慧交通系统，充分利用新兴技术提升交通管理和出行服务水平，优化交通流量，减少拥堵和排放；强化数字化生态农业管理，实现智能化的垃圾分类、污水处理和环境监测，改善农业产业发展环境。二是推进数字技术与公共服务深度融合，形成更高效、更智能化的服务模式，进一步简化农业生产、经营与服务管理的手续和流程。三是加快农业政务服务的数字化转型，优化在线办事、电子政务和数据共享等服务。比如，推进电子政务发展，提高办事效率；应用大数据分析和智能化决策支持系统，及时掌握农户诉求，快速响应并提供有针对性的解决方案；探索建立统一的数

据平台和开放接口，将数据适度对外开放，方便东北三省各界实时了解公共数据或开展创新应用。

（五）全面推进三级数字农业大数据中心及云平台建设，着力开展平台技术与功能升级

数字化已经成为提升东北三省现代农业发展能力的关键因素之一，有必要加快数字化进程，拓展数字化应用场景，全面推进三级数字农业大数据中心及云平台建设，以提供更加便捷、高效和创新的现代农业高质量发展环境。可以围绕东北三省农业全产业链，构建包含"一个体系、一个平台、N个系统"的大数据平台，建设覆盖生产、经营、管理、服务等环节的种植业大数据中心，力争在2025年实现数据共享交换，为产业政策制定提供数据支撑。全面推进省、市（州）、县（市、区）三级数字种植业大数据中心及云平台建设，覆盖东北三省农业农村管理部门和各类农业新型经营主体，使个体农户应用率达到80%。利用大数据、云计算、区块链等技术，全面升级平台的农业生产、经营、管理、服务等应用功能，提升数据采集、传输、整理、分析能力，打通数据应用各个环节，畅通省与各市（州）、县（市、区）互联互通的渠道。将云平台打造成东北三省农业农村一站式综合服务平台，提升数字农业相关平台的综合服务能力。与此同时，推进东北三省平台联通共享，实现农业信息有机整合。全面盘点东北三省现有农业平台资源，以各地数字农业云平台为核心，有机整合各地农业信息资讯服务系统，如"易农宝"、测土配方施肥信息服务系统、农村经营主体管理平台等以PC、手机App为载体的各形式线上平台，形成"1+N"的省、市（州）、县（市、区）三级数字农业云平台集群，实现各类农业经营主体全面应用。以科技引领智能化管理，建立农产品"三优一体"标准化生产示范园，应用自主研发的技术成果，提高数字农业发展科技水平，带动周边多产业的发展升级。充分利用各种媒体、展销展览会和产品评选活动等，加大东北三省公用品牌宣传力度，讲好东北特色故事，不断提高品牌影响力、知名度。

参考文献

王海倩：《基于乡村振兴背景下数字农业高质量发展的路径选择》，《农村经济与科技》2022 年第 21 期。

尚庆伟等：《数字农业背景下"连天下"品牌发展对策》，《江苏农村经济》2022 年第 11 期。

赵艳丽：《黑龙江省数字农业带动乡村振兴战略研究》，《农业经济》2023 年第 1 期。

金文成、靳少泽：《加快建设农业强国：现实基础、国际经验与路径选择》，《中国农村经济》2023 年第 1 期。

朱红根、陈晖：《中国数字乡村发展的水平测度、时空演变及推进路径》，《农业经济问题》2023 年第 3 期。

B.18
东北地区农村基层社会治理的成就、挑战和对策

孙 璐[*]

摘 要： 本文对东北振兴战略实施以来，特别是党的十八大、党的十九大以来，东北地区农村基层社会治理的已有成就经验进行了总结，包括政治（加强党建引领，发挥党组织核心作用）、法治（坚持法治为本，培育法治思维）、自治（订立村规民约，实行村民议事）、德治（培育文明乡风，提升人文素养）、智治（提高互联网普及率，初建数字治理体系）等方面。分析了东北地区农村社会治理当前仍面临的一些挑战。在此基础上提出新时期完善东北地区农村社会治理的对策建议，包括及时跟进和完善立法，行政管理措施由运动式为主变为常态化为主，广泛培育并创新激发农民主体性，进一步提高乡村治理数字化水平等。

关键词： 农村基层社会治理 村规民约 乡村治理数字化

农村基层社会治理既是健全国家治理体系的重要组成部分，也是支撑乡村振兴的有力保障手段，因此成为东北振兴战略的一项基本内容，是东北全面振兴、全方位振兴中一个必不可少的构成因素。在"产业兴旺、生态宜居、乡风文明、治理有效、生活富裕"的乡村振兴总体要求中，农村基层社会治理发挥了巨大作用。在贯彻落实党的二十大精神和建设农业强

---

* 孙璐，吉林省社会科学院法学所副研究员，主要研究方向为非传统国家安全、法治、权利保护等。

国的开局之年，对东北振兴战略实施过程中东北地区农村基层社会治理取得的成就和积累的经验进行总结，对当前东北地区农村基层社会治理面临的机遇与挑战做出科学分析，并提出新时期进一步完善农村基层社会治理的对策建议，具有十分重要的现实意义。

一 东北地区农村基层社会治理已取得的成就和积累的经验

自东北振兴战略实施以来，特别是党的十八大、党的十九大以来，东北地区农村基层社会治理取得了大量脚踏实地、可见可感的成效和经验，党和国家、地方政府领导广大农（牧）民，在这片广袤的大地上勠力同心，实现共建共治共享，创造了业兴、家富、人和、村美的乡村振兴美好现实。

（一）政治：加强党建引领，发挥党组织核心作用

东北地区努力把党的政治优势、组织优势转化为强大动能，在党建引领和组织保障下，全面推进乡村振兴：发展集体经济、培育富民产业、建设美丽乡村、改善人居环境、涵养乡风文明、推进平安建设。使农村基层治理水平、治理现代化程度都得到全面提升。内蒙古自治区，以赤峰市敖汉旗古鲁板蒿镇为典型，坚持党建引领推进"五大振兴"：大力发展农业机械化及新型农业经济，截至 2022 年，全镇农机保有量达 2804 混合台，培育家庭农场 63 家、农民专业合作社 206 家，发展肉牛、肉羊、黑猪、中药材、牧草等特色产业；抓好生态保护，党员在厕所改造等行动中发挥模范带头作用，全镇建设 1 处库容 2.6 万米^{3}的垃圾处理场、11 处垃圾集中转运点、1 处污水处理厂，新建 2324 个无害化户厕；涵养乡风文明，发挥典型示范作用，全区共评选道德模范 12 人、优秀共产党员 35 人、文明家庭 8 户、最美家庭 46 户；融合党建与基层治理，健全网格化治理体系，共划分镇级网格 1 个、村级网格 12 个、组级网格 133 个，同时内嵌党小组 80 个；把基层党组织嵌入村集体经济组织，充分发挥引领作用，带领农户抱团经营，共同致富。2022

年，全镇村集体经济收入达 600 万元，各村集体经济收入均在 30 万元以上。① 辽宁省通过党建引领把党密切联系群众的优势转化为乡村振兴发展优势。沈阳市，推进村党组织领办创办合作社，与广大群众结成利益共同体，已有 205 个试点村党组织领办了股份合作社，30 个村创办专业合作社，引导带动 7538 户党员群众入社，村均集体经济增收 16 万元，全面摸清、管好"家底"；共清理经济合同 1.6 万份，其中违约、无效合同 2045 份，经重新发包使村集体增收 1365 万元，化解集体债务 2046.23 万元，收缴欠款 450.75 万元，收缴私自占用集体资源资产费 181.19 万元。铁岭市，依产业基础、发展空间等建立了果蔬种植、畜禽养殖、乡村旅游等 27 个"跨村产业联合党委"，覆盖 154 个村、92 家合作社，统筹资源、统一决策、总揽协调、为民服务，带领合作社经济组织和农户实现共同富裕。朝阳市，统筹项目、公益和社会资源，累计投入资金 6300 余万元，2022 年新建 78 个、修缮 290 个村级组织活动场所，"党群服务中心"集党群议事、教育培训、便民服务等功能于一体，与村卫生室、农家书屋等统一规划、建设、管理和使用，健全公示公开、卫生安全、应急管理、服务群众等规章制度。本溪市，面向 288 名村党组织书记、315 名驻村干部、290 名"归雁行动"人员、1832 名农村网格员和致富能手等开展"擂台比武"，激发其在乡村振兴各方面工作中的干事热情，发挥示范引领作用。②

（二）法治：坚持法治为本，培育法治思维

注重完善农业农村法规体系，推进农业综合执法体系建设和改革，严格农资市场执法监管，推动涉农事项"放管服"改革及营商环境建设，提高部门依法治理水平特别是依法化解涉农矛盾纠纷和办理信访事项，扎实开展农业农村普法宣传活动等。吉林省：进行涉农地方性法规的立、改、废工

① 《非凡十年——敖汉旗古鲁板蒿镇乡村振兴阔步行》，内蒙古自治区农牧厅网站，2022 年 11 月 4 日，http://nmt.nmg.gov.cn/xw/msdt/cf/202211/t20221104_2167933.html。

② 《抓党建引领拓新路促乡村振兴落实招》，辽宁省农业农村厅网站，2022 年 9 月 30 日，https://nync.ln.gov.cn/nync/index/ywgl/xczx/8B1A8EECF9D9494F8472102AC7F28B32/index.shtml。

作；推动农业综合行政执法改革和农资打假专项治理等行动，2022 年前三季度开展日常巡查、突击检查等，共出动执法人员 7.2 万人次，执法车辆 1.9 万台次，检查农业领域生产经营场所 6.4 万个次，查办重点涉农领域案件 1745 件，移送司法机关 9 件，涉案金额 556 万元；通过"最多只跑一次"改革、优化流程、信息共享、批量处理、容缺办理、"告知承诺"等，减少了审批证明事项 12 项，2022 年全省共受理各类审批事项 796 件，办结 770 件，办结率达 97%，准确率达 100%；2022 年接到转办信访件 13 个，办结 12 个，现场接待信访 131 人次，重点领域专项治理信访件 1035 个，化解了 1003 个，化解率达 97%。① 内蒙古自治区：依法分类处理农村土地承包经营纠纷等涉农涉牧信访事项，指导土地调解仲裁机构依法依规及时调处矛盾纠纷，切实维护群众、集体经济组织、新型经营主体等的合法权益，2022 年共接待群众来访 143 人次，依法办结涉农涉牧信访事项 54 件；开展形式多样的法规政策宣讲活动，2022 年累计开展 200 余次，发放宣传手册 2.4 万册。② 其中，兴安盟积极开展内容丰富、切合节点的各类普法宣传活动，统筹推进"宪法进农村""民法典进农村"等主题宣传活动，同时宣传《乡村振兴促进法》《信访工作条例》《种子法》《农药管理条例》等；采用电视、网络直播等方式进行宣传推广，以播放食用农畜产品质量安全合格证小视频、直播现场活动等方式，开展食品安全宣传周暨《农产品质量安全法》宣贯活动；2022 年 3 月 15 日，举办"农机 3·15"等消费者权益日活动，在群众家门口、农资经销店、农机市场等地普及农机、种子、农药、饲料、肥料等农资产品知识及法律法规；在乡村集市开展《农村土地承包法》等法规宣传活动；在全民国家安全教育日，为增强维护国家安全的意识，开展各类宣传教育活动；开展 12316"三农"服务热线主题宣传活动，现场讲授知识，拓展信息服务途径；为提高老年人的识骗防骗能力，举行防范非法集

① 《吉林省农业农村厅关于 2022 年法治政府建设情况的报告》，吉林省人民政府网站，2023 年 1 月 31 日，http://xxgk.jl.gov.cn/zcbm/fgw_98047/xxgkmlqy/202301/t20230131_8664444.html。
② 《2022 年度内蒙古自治区农牧厅法治政府建设工作报告》，内蒙古自治区农牧厅网站，2023 年 2 月 2 日，http://nmt.nmg.gov.cn/gk/zfxxgk/fdzdgknr/gsgg/202302/t20230202_2225566.html。

资宣传日活动；深入乡村振兴驻村帮扶点，向一线工作者和群众宣讲党的二十大精神；结合高素质农牧民专题培训班课程，进行铸牢中华民族共同体意识教育等。①

（三）自治：订立村规民约，实行村民议事

通过在广大农村地区完善村规民约，建立村民议事会、乡贤理事会、文明理事会等群众自治机构，探索"积分制""爱心超市"等激励措施，激发广大农牧民脱贫致富的内生动力和参与基层治理的主人翁意识，突出表现在主动参与村容村貌改善、环境卫生整治等方面。内蒙古自治区，以赤峰市克什克腾旗为代表，创新乡村自治模式，激发群众自治意识，引导村民踊跃参与改变人居环境等志愿服务，推动形成乡村善治局面。新开地乡共成立8支志愿服务队伍，引导群众参与扶贫帮困等志愿活动，尤其在环境整治方面呈现"人人参与，户户融入"的良好氛围，由环境治理志愿者与专职保洁员和乡村干部一起抓村组净化，设立73个公益岗位，有劳动能力的低保户负责清理公共区域环境卫生，全乡新建垃圾池76处、设置垃圾桶304个，在推进"厕所革命"中落实新式户厕190座、公厕112处。经棚镇推行农村人居环境整治星级评定制度，与农户签订"门前四包"责任书，实施"积分兑换制"，积分按月统计，满分为30分，村民可随时凭在环境卫生、乡风文明、民主管理等方面获得的积分到"爱心超市"暨"三位一体"服务站兑换商品，极大地激发了群众爱护环境卫生、参与民主自治等的热情。②黑龙江省，以通河县为典型，各村充分发挥"一约四会"在乡村自治中的重要作用，订立村规民约，健全村民议事会、红白理事会、道德评议会、禁毒禁赌会，通过村规民约合理规定了红白喜事的随礼标准、酒席规模等事项，通过村民议事会等机构进行评议、奖惩和执行，使之逐渐内化为村民自

---

① 《科右前旗农牧和科技局3.15普法在行动》，内蒙古自治区农牧厅网站，2022年3月17日，http：//nmt. nmg. gov. cn/xw/msdt/xam/202203/t20220317_2018318. html。

② 《克什克腾旗新开地乡打造新型乡村加快乡村振兴步伐》，内蒙古自治区农牧厅网站，2022年8月9日，http：//nmt. nmg. gov. cn/xw/msdt/cf/202208/t20220809_2100242. html。

觉遵守的行动准则，用制度化的形式推动村民有序地进行自我管理和自我服务。其中，2021 年入选全国村级"乡风文明建设"优秀典型的桦树村，对村里好人好事、不文明现象、封建迷信现象分别进行评议，以引导群众，近年来全村没有 1 家通过大摆酒席的方式庆贺，而由村干部和村民兴高采烈地敲锣打鼓簇拥着绕村一周以表庆贺。[①]

（四）德治：培育文明乡风，提升人文素养

把乡风文明的涵育作为推动乡村振兴的内在基础和重要组成部分，坚持精神文明与物质文明共同发展，围绕新时代文明实践中心（站）深入开展文明实践活动，大力培育社会主义核心价值观，广泛宣传科普知识、法律法规和政策精神，经常组织丰富多彩的群众性文化体育活动，尽力倡导文明和谐的乡风民俗和健康科学的生产生活方式，多方引导广大农牧民彻底破除封建迷信、攀比浪费等陈腐风气，切实养成尊老爱幼、邻里相助、团结友爱、诚实守信、勤俭节约、整洁卫生等良好风尚，全面提升农牧民人文素养，成功塑造现代新型农牧民。吉林省注重利用农村道德讲堂及"草根"宣讲员，深入村集体活动中心、千家万户、田间地头，将社会主义核心价值观的"大道理"融入与广大农民日常生产生活息息相关的"小故事"；发挥榜样的带动作用，截至 2018 年底，全省共评选出"吉林好人"1450 人、"吉林好人标兵"197 人、"吉林省道德模范"43 人，累计评选出"最美人物""身边好人"等各类典型 7 万余名；在广袤乡村开展"我们的节日"主题活动等，以民俗节庆、文体活动为载体，深度挖掘传统风俗节日中蕴含的文化内涵，弘扬中华民族的优秀传统，营造国家统一、民族团结、社会和谐、家庭幸福的良好环境；农村公共文化服务日益丰富，文化基础设施逐步完善，实现村村通广播电视，村村有文化小广场、文化大院、乡村图书室或乡村学

---

① 《价值引领环境整治移风易俗文化惠民通河让文明乡风吹遍农家小院田间地头》，《黑龙江日报》2021 年 2 月 4 日。

校，全省累计建设行政村文化小广场 6091 个。① 其中，通化市通过与乡村美化、村庄清洁等行动相结合推进乡风文明建设，实现为美丽乡村塑形、铸魂，2021 年累计投入专项资金 16 亿元，清理庭院 39.4 万个（次）、道路 1.5 万公里、生活垃圾 43.3 万吨、畜禽粪污等废弃物 68.2 万吨，实现全市"村村干净""家家干净"，共创建美丽乡村 101 个、3A 级示范村 52 个，美丽庭院、干净人家 20.3 万户，村通硬化路实现全覆盖，对村庄、河流、沟渠、道路、庭院、闲置地块进行绿化，并在打造美好家园的基础上，促进乡村农耕文化、传统民俗艺术、村史典故、民族文化等传承和发展。② 黑龙江省，以绥化市为代表。近年来，该市深入开展文明村镇创建活动，截至 2022 年底，全市共有国家级文明村 11 个、省级文明村 58 个、市级文明村 229 个、县级文明村 622 个，其中安达市太平庄镇双兴村成功入选 2021 年中国美丽休闲乡村。通过完善村规民约、设立"红黑榜"引导村民在婚丧嫁娶等事务上移风易俗，全市 1341 个村全部制定或修订村规民约，1251 个村设立"红黑榜"，占比为 93%；积极探索推进村级"道德银行"建设，鼓励爱心善举，以"道德储蓄账户"、道德积分的新模式使村民分享精神和物质成果，如今各村助人为乐、义务捡拾垃圾、清扫大街的群众越来越多，已蔚然成风。③

（五）智治：提高互联网普及率，初建数字治理体系

数字乡村建设已取得初步进展，在不断夯实乡村数字化基础设施的同时，注重提高乡村社会综合治理现代化水平，借助现代科技结合社区网格化管理、综治中心建设等，推动建立平安村屯，并重视通过正向引导巩固乡村网络文化阵地，大力运用互联网宣传中国特色社会主义思想道德和文化。自党的十八大以来，吉林省重视完善立体化、信息化、智能化社会治安防控体

① 《文明乡风滋养美丽乡村——吉林省实施乡村振兴战略推进乡风文明建设综述》，《吉林日报》2018 年 12 月 18 日。
② 《产业兴活力足乡村美 聚力而行绘就乡村锦绣画卷》，《通化日报》2021 年 12 月 21 日。
③ 《文明乡风润民心乡村振兴添活力》，《黑龙江日报》2022 年 8 月 15 日。

系，创造性地打造了视频监控、情报导控等治安防控"十张网"，着力强化科技运用、风险管控、实战指挥、整体联动。① 近年来，吉林省又推动"无讼村屯"创建与法官进网格、诉源治理等相结合，全省法院在未设法庭的村镇新设巡回审判点 429 个，形成"一站式"多元解纷机制。② 注重农村警务创新，全省实施"一村一警"工程，在警务室设立调解室或调处点，助力矛盾纠纷多元化解，搭建农村警务管理应用平台，研发运用了具有基础信息采集、情报线索收集、任务指令接收、日常巡逻守护、便民咨询服务、工作监督管理等功能的农村警务 App，着重利用信息技术和智能手段完善预警机制，最大限度地预防和减少"民转刑、刑转命"案件发生。截至 2019 年底，全省在 9338 个行政村全部配齐辅警，共化解矛盾纠纷1.1 万起，整治安全隐患 2 万余处，提供线索协助破案 1203 起，全省农村治安和刑事案件同比下降 35.1%、20.92%。③ 辽宁省推进农村基层党建信息化及村委会规范化，依托辽沈智慧党建云平台创新党组织、村委会的活动及监督方式，以智能化手段深化平安乡村、法治乡村建设，加快推进实施农村"雪亮工程""互联网+公共法律服务"，确保涉农行政审批等政务服务事项在线办理，推进数字广播电视户户通，鼓励"三农"题材网络文化优质内容创作和传播，引导乡村网络文化健康正向发展，并通过加强巡查监督遏制消极文化的网络传播，防范各类涉网风险。截至 2020 年底，全省行政村 4G 网络已实现全覆盖，农村互联网普及率达 68%，农村社区数字治理体系初步建立，党务、村务、财务公开数字化应用率达55%，行政村主要出入口高清视频安全监控覆盖率接近 90%，涉农县级应急广播覆盖率达 15%。④

---

① 《创新完善社会治安防控体系扎实推进平安吉林建设》，中国法院网，2016 年 10 月 21 日，https://www.chinacourt.org/article/detail/2016/10/id/2322376.shtml。
② 《我省基层社会治理新格局亮点扫描》，《吉林日报》2020 年 10 月 14 日。
③ 《吉林"一村一警"全覆盖夯实乡村治安基础》，《人民公安报》2019 年 12 月 11 日。
④ 《关于数字乡村建设，辽宁发布重磅文件》，中国农业农村信息网，2020 年 8 月 24 日，http://www.agri.cn/zx/xxlb/ln/202008/t20200824_7494682.htm。

二 当前东北地区农村基层社会治理面临的挑战

（一）法律依据要及时完善

在蓬勃发展的农业农村各项事业面前，东北地区要主动迎接社会转型、情势变化带来的挑战，为农村治理及时提供完备的法律依据。近年来，东北地区不断健全地方性涉农法规体系。2022年，吉林省修订的《吉林省黑土地保护条例》通过二审，《吉林省农民负担管理条例》等3部较早起草的法规予以废止。2021年，辽宁省有《辽宁省乡村振兴促进条例》和《辽宁省实施〈中华人民共和国农村土地承包法〉办法》两部法规被列为省人大立法论证项目，完成调研，形成论证报告、法规草案，报送省人大。对《辽宁省农民承担费用和劳务管理条例》等5部已不适应当前形势的法规规章建议废止，对《辽宁省果树管理办法》等3部法规规章按需要提出修改建议。① 2022年，完成《辽宁省农作物种子管理条例》等重点项目的立法调研，形成论证报告和法规草案，计划2023年形成《辽宁省黑土地保护条例》等3部法规的起草说明、草案、对照表等，研究制定未来5年共7部法规的立法规划。②

（二）执行机制应走向长效和固定

通过各类不定期开展的治理行动，促使工作人员及群众共同努力按时实现某一专门领域的特定目标，是推进基层社会治理在短时间内取得显著成效的一种常用方法。但在这些治理行动顺利结束后，往往因失却动力、缺乏监督，一些隐藏的问题逐渐凸显出来。如何将短期行动转化为长效机制，面临一定挑战，须转变思维、不断摸索。黑龙江省开展农村人居环境整治三年行

---

① 《辽宁省农业农村厅2021年度法治政府建设情况报告》，辽宁省农业农村厅网站，2022年2月10日，https：//nync. ln. gov. cn/nync/index/tzgg/16DA540992064B5C8BBC73CC2FB4AC73/index. shtml。

② 《辽宁省农业农村厅2022年度法治政府建设情况报告》，辽宁省农业农村厅网站，2023年2月6日，https：//nync. ln. gov. cn/nync/index/tzgg/2023030710460462788/index. shtml。

动（2018~2020 年）。进行厕所革命，2020 年黑龙江省建设室内水冲厕所
14.6 万户，室内水冲厕所普及率提高至 17.6%；进行垃圾革命，增设垃圾
桶 680 万个、收集转运车辆近 2 万台（套），建设中转站 140 座、村级分拣
中心 7806 座；进行污水革命，完成水源地 222 个村屯生活污水收集工程，
738 个自然村污水设施建设；进行能源革命，建成秸秆固化成型燃料站 1471
处，户用生物质炉具 13.2 万台；进行菜园革命，共带动 55 万亩小菜园建
设，户均增收 500 元。全省建设通屯路 4900 公里，改造各类危房 21.2 万
户，安装村屯路灯 12 万盏，清理农业生产废弃物 306 万吨、村内河塘沟渠
2486 公里，绿化面积达 147.07 万亩，覆盖率达 17.7%。此外，全省开展清
查整改活动，通过建立问题台账督促相关责任人立行立改。[①] 内蒙古自治
区，以通辽市为例，在农村牧区扎实开展厕所革命，其"寒冷地区农村改
厕模式案例"被全国政协纳入典型案例，在改厕模式、使用效果、农牧户
满意度等方面获得自治区调研组肯定，并积极开展改厕问题排查整改，及时
解决出现的各类问题。2020 年，奈曼旗人居环境整治项目共投资 2000 万
元，采购垃圾清运车 15 辆、吸污车 19 辆、餐厨车 15 辆、电动三轮车 362
辆。全区大力开展农村牧区人居环境整治提升五年行动（2021~2025 年），
巩固三年行动的成果，促进美丽乡村建设。[②]

（三）农民主体性有待进一步激发

农民主体作用的充分发挥和素质的全面提高在农村基层社会治理中至关
重要。近年来，东北地区日益重视并加紧推进高素质农牧民培育，目前，已
经接受过相关培训的人员在广大农牧民群体中尚属少数。内蒙古自治区，以
呼伦贝尔市为典型，组织人员参加农业农村部开展的"耕耘者振兴计划"
新型经营主体专题培训（遴选 19 人参加大豆油料单产提升全国调训班）、

---

① 《黑龙江省农村人居环境整治三年行动圆满收官》，黑龙江省农业农村厅网站，2022 年 11
月 9 日，http://nynct.hlj.gov.cn/nynct/xczxxx/202211/c00_31368336.shtml。
② 《奈曼旗 2020 年人居环境整治项目》，内蒙古自治区农牧厅网站，2021 年 5 月 28 日，，
http://nmt.nmg.gov.cn/xw/msdt/tl/202105/t20210528_1930767.html。

2022年农村实用人才带头人等系列培训班（连续3期共培训300名嘎查村党组织书记），承办内蒙古自治区基层农技人员知识更新系列培训班（第3期培训110人、第4期培训109人、第5期培训65人）等，举办各年度高素质农牧民培育活动（如2021年培训农机手42名、2022年培训渔民25名）；通过丰收节庆、趣味运动会、大豆品种现场观摩会、乡村振兴职业技能大赛、相牛赛马会等活动激发广大农牧民的主体意识。① 重视提升农牧业综合行政执法人员素养，2022年全市聚焦农资打假、农产品质量安全、渔政、农牧业机械和农机事故处理、动物卫生、畜禽屠宰等法规知识开展22期专项培训，共培训835人。② 2021~2022年，吉林省认定吉林农业大学等103个省级高素质农民培育实训基地。2023年，吉林省计划培育高素质农民16000人，即在重要作物单产提升、农村产业发展、农业机械化生产等领域开展专项培训，其中玉米单产提升项目拟培训5000人、大豆单产提升项目拟培训1000人、专业农机手项目拟培训3000人，③ 还有重点区域产业带头人项目（第一届乡村产业振兴带头人培育"头雁"项目已培训201人④）、农民综合素养提升培训行动等。

（四）数字化水平需进一步提高

在乡村治理的数字化方面，目前东北地区处于试点应用阶段，包括信息进村入户工程、农业电子商务、物联网区域试验等，这些试点活动虽然取得了一定的成效，但是很多数字化技术及设备的覆盖范围还有待拓展，仍需要在探索试点、打造样板的基础上，拓展应用范围。在科学技术发展日新月

---

① 《呼伦贝尔市首届高素质农牧民培育渔民能力提升培训班顺利举办》，内蒙古自治区农牧厅网站，2022年9月20日，http://nmt.nmg.gov.cn/xw/msdt/hlbe/202209/t20220920_2137817.html。

② 《呼伦贝尔市农牧局2022年法治政府建设工作报告》，内蒙古自治区农牧厅网站，2023年3月22日，http://nmt.nmg.gov.cn/xw/msdt/hlbe/202303/t20230322_2277733.html。

③ 《吉林省2023年计划培育高素质农民1.6万人》，《农民日报》2023年7月18日。

④ 《头雁领航群雁齐飞——我省首届乡村产业振兴带头人培育"头雁"项目正式开班》，吉林省农村经济信息中心网站，2023年3月20日，http://agri.jl.gov.cn/xwfb/bmdt/202303/t2023 0320_8682308.html。

异、更新换代频繁的背景下，乡村治理面临与时间赛跑的巨大挑战，亟须加紧努力。辽宁省作为全国信息进村入户首批试点省，按农业农村部要求，努力实现信息进村入户工程的可持续运营，截至 2019 年共建设 9800 个益农信息社，占全省行政村的 87%，极大地提升了全省广大农民的"互联网+"意识，使信息社社长具备"懂经营、善管理、能服务"的能力。吉林省也是信息进村入户首批试点省，自 2019 年以来，在部分市（州）、县（区）开展"数字村"试点建设，进行"智慧农场"改造升级、"吉农云"的"数智乡旅"栏目应用、"数字三资"应用。[1] 其中，在建的"农安长安"工程包含县、乡、村级指挥中心，将信息系统延伸至乡、村，接入 1 万个以上摄像头，配置 360°全景"守望者"摄像机、巡逻无人机、移动执法终端等[2]，加强其在治安防控、社会治理、民生服务等领域的应用。

三　加强东北地区农村基层社会治理的对策

（一）及时跟进和完善立法

当前在乡村治理领域，面对各种不断变化的形势、日益完善的管理举措等，亟须健全立法，将已有的良好做法加以固定，对可能的风险隐患进行排查，并明确未来的发展路径。应紧密结合农业、农村、农民的实际情况和需求，围绕国家和地方当前重点工作任务，针对目前存在的问题或风险，加紧完善涉农地方性立法。在深入开展调研、征询意见、充分论证的基础上，就新兴领域的重要事项迅速启动立法工作（如涉及农牧业生产及社区治理社会化服务、农畜产品质量网格化管理），顺应变化了的主客观形势及时修订原有的立法（如涉及农村牧区"三变"改革、集体"三资"管理），并注意尽快完善下一级法规或配套规章、措施。

---

① 《我厅加快推进"数字村"试点建设工作》，吉林省农村经济信息中心网站，2022 年 12 月 19 日，http://agri.jl.gov.cn/xwfb/bmdt/202212/t20221219_8650210.html。
② 《让数字技术融入乡村生活——我省数字乡村建设纪事》，《吉林日报》2022 年 1 月 6 日。

（二）行政管理措施由运动式为主变为常态化为主

通过清晰划分各方权利、义务，尽可能设想各种情况和问题，明确规定出现问题时的处理程序和相关方应承担的责任，获得对他人行为的准确预期、自身行为的正向激励，可以提高交易效率，强化规则意识，在农村社会治理中也应更多推行常态化制度。坚持攻坚战与持久战相结合、治隐患与建机制相融合，将各种整治、检查、督导等行动加以固定，使之成为长期制度；按系统、整体、全局思维的要求，在相关治理领域的全部环节建立相互协调的长效工作机制；在当前抓好整改落实、巩固排查成果的同时，系统地分析问题出现的深层次原因，有针对性地探索各种行之有效的长效机制。健全村庄环境治理长效机制，确保垃圾清运、厕所管护、污水处理、公共场所清扫等都有专人负责；完善农户门前卫生"三包"、定期大扫除制度；推行街长制、塘长制，与志愿者服务制度有效结合；探索村庄的市场化专业保洁服务制度等。

（三）广泛培育并创新激发农民主体性

农民主体性是农村地区实现中国式现代化过程中最基本的主观能动因素，应结合实际创造性地探索各类方式，引导广大新型现代农牧民以不竭动力、热情和创造精神，积极主动参与农牧业及相关产业发展、脱贫帮扶及创收致富、农村集体产权制度等改革的深化及"三资"管理、宜居宜业和美乡村建设、基层党组织领导下的农村社区自治等事务。具体而言，应大力培育高素质农牧民，制订务实详尽的计划，逐步扩大受培训者的范围，以尽快覆盖所有农牧民；持续拓展课程内容，从当前迫切需要的种养殖技术、机械化能力、与农民切身利益相关的法规政策等，逐渐延伸至人文素养的培育等；增加资源投入渠道，探索多种方式，通过线上与线下相结合的方式，加大对广大农牧民的教育培训力度，包括开发使用各种线上教育培训平台、推动建立各类农民大学等。

（四）进一步提高乡村治理数字化水平

通过数字化手段对传统农业生产、村级治理等事务进行现代化转型升级，是在广大农村地区实现中国式现代化的具体方式和重要举措，应进一步提高农村社会治理的数字化、智能化水平。要以数字乡村建设的推进和深化为契机，进一步提升农村社会治理的数字化、智能化和现代化水平，争取早日缩小与东南沿海先进省份之间的差距。具体而言，在数字乡村指挥中心、新农民新技术创业创新中心、智慧农（牧）业数字乡村平台、农牧业综合服务平台、农畜产品质量安全智慧监管与服务平台、合作社数字化应用等的完善过程中，进一步发展农业数字经济及农产品网络零售、乡村智慧物流配送、畜禽养殖数字化基地、智慧绿色乡村、农产品质量安全追溯体系等的同时，注意以数字化手段及智能化装备助力完善乡村治理体系，推动农村党务、村务、财务公开数字化，各类公共安全风险应急预警智能化，服务信息化。

参考文献

张云帆、谢朝阳：《乡村全面振兴背景下现代农村社会综合治理体系构建研究》，《农业经济》2023 年第 8 期。

赵祥云：《嵌入与交换：企业参与农村社会治理共同体建设机制研究》，《云南民族大学学报》（哲学社会科学版）2023 年第 2 期。

程静：《中国农村社会治理法治化面临的问题与应对策略》，《农业技术经济》2022 年第 11 期。

李祖佩：《村级治理视域中的农民参与——兼议农村社会治理共同体的实现》，《求索》2022 年第 6 期。

李敬：《创新社会治理视角下农村社会治理难点及对策建议》，《农业经济》2022 年第 11 期。

王瑞娜：《农村社会治理结构与发展的路径选择》，《农业经济》2022 年第 10 期。

朱慧劼、姚兆余：《乡村振兴背景下农村社会治理的新路径》，《中南民族大学学

报》（人文社会科学版）2022 年第 10 期。

刘兴平：《基层党建引领新时代乡村治理的逻辑理路》，《人民论坛》2022 年第 16 期。

李玲：《乡村振兴背景下农村地区社会治理创新研究》，《核农学报》2022 年第 2 期。

柯尊清、陈瑞：《文化赋能农村社会治理的机制研究》，《中国文化产业评论》2021 年第 2 期。

B.19
东北三省农业绿色发展：
成效、问题与对策建议

陈秀萍*

摘　要：　近几年，东北三省农业绿色发展整体取得了显著成效，绿色食品原料标准化生产基地建设整体加快推进，黑土地保护利用成效显著，"三减"和秸秆综合利用成效明显，绿色食品供给量不断提升。同时，可以看到东北三省农业绿色发展也存在一些问题，包括三个省份农业绿色发展差距较大，绿色食品生产资料获证企业数量与产品数量较少，秸秆销售无法形成统一大市场，农产品绿色加工业发展滞后。据此，本文提出以下几点对策建议。辽宁省和吉林省农业应加快绿色转型的速度；东北三省应积极开发绿色生产技术、发展绿色食品生产资料产业，打造农业绿色全产业链，充分利用智慧农业提升农业的绿色化水平。

关键词：　东北三省　农业绿色发展　高质量发展

党的十八届五中全会提出"创新、协调、绿色、开放、共享"五大发展理念。绿色发展是我国的重大战略，是产业变革的方向。绿色发展"是顺应自然、促进人与自然和谐共生的发展，是用最少资源环境代价取得最大经济社会效益的发展，是高质量、可持续的发展"。[①] 发展绿色农业，不仅

---

* 陈秀萍，黑龙江省社会科学院研究员，主要研究方向为农业经济理论与政策、"三农"问题。

① 中华人民共和国国务院新闻办公室：《新时代的中国绿色发展》，2023，人民出版社。

能够增加优质安全农产品供给，更好地满足我国居民消费结构的升级需求，更是践行"绿水青山就是金山银山"理念、实现农业可持续发展的必由之路。东北三省气候寒冷，具备发展绿色农业的天然优势，近几年绿色农业发展整体取得了显著成效。

一 东北三省农业绿色发展取得的成效

（一）绿色食品原料标准化生产基地建设加快推进

2022 年全国绿色食品原料基地建设情况整体较好，与上年相比，标准化生产基地数量和基地面积都呈现增长态势，分别增加 2.61% 和 3.75%（见表1）。2022 年，东北三省绿色食品原料标准化生产基地数量也呈现上升态势，比上年增加 1.12%，同时基地面积比上年增长 1.45%。但是，这两个指标占全国的比重出现下滑，基地数量占比减少 0.35 个百分点，基地面积占比减少 0.95 个百分点，说明，东北三省绿色食品原料标准化生产基地建设速度低于全国平均水平。从东北三省内部来看，3 个省份绿色食品原料标准化生产基地建设情况有所不同。黑龙江省绿色食品原料标准化生产基地建设一直保持全国第一，目前已发展成为全国最大的基地。2022 年，黑龙江省绿色食品原料标准化生产基地数量和面积分别增长 3.97% 和 2.50%，增速在东北三省中位居第一。目前，全省绿色有机食品认证面积达 9100 万亩，其中标准化生产基地面积达 6846.2 万亩。2021 年吉林省绿色食品原料标准化生产基地建设速度加快，但 2022 年出现较大幅度回落，绿色食品原料标准化生产基地的数量和面积同比分别下降 15.00% 和 7.88%。辽宁省绿色食品原料标准化生产基地数量、面积都较小，2021~2022 年两项指标连续出现大幅下滑，2021 年绿色食品原料标准化生产基地数量和面积分别下降 24.6% 和 33.3%，2022 年分别下降 12.50% 和 26.79%。

表1　2021~2022年东北三省绿色食品原料标准化生产基地数量、面积及占全国的比重

地区	累计建成基地数量(个)			累计建成基地面积(万亩)		
	2021年	2022年	2022年同比增长(%)	2021年	2022年	2022年同比增长(%)
全国	729	748	2.61	16806.7	17436.8	3.75
辽宁	8	7	-12.50	123.2	90.2	-26.79
吉林	20	17	-15.00	380.9	350.9	-7.88
黑龙江	151	157	3.97	6679.2	6846.2	2.50
东北三省合计	179	181	1.12	7183.3	7287.3	1.45
东北三省占全国的比重(%)	24.55	24.20	—	42.74	41.79	—

资料来源：中国绿色食品发展中心发布的2021~2022年《绿色食品统计年报》。

（二）黑土地保护利用成效显著

黑龙江省拥有1.56亿亩黑土地，占东北三省黑土地面积的56%，其中，黑土耕地面积为9811.01万亩，典型黑土区耕地面积为7202.4万亩。辽宁省现有典型黑土区耕地面积2766万亩，其中2382万亩分布在辽河平原，占全省黑土区耕地面积的86%，余下的黑土区耕地分布在东部丘陵山区。近年来，我国高度重视对黑土地的保护利用工作，连续3年（2021~2023年）将其写入中央一号文件，并于2022年6月颁布《中华人民共和国黑土地保护法》，以保护东北三省的黑土地。2022年，国家继续在东北典型黑土区83个县（市、区、旗）中选择40个以上开展黑土地保护利用项目，因地制宜、集中连片实施保护任务。东北三省积极贯彻落实《中华人民共和国黑土地保护法》、《东北黑土地保护规划纲要（2017—2030年）》和《国家黑土地保护工程实施方案（2021—2025年）》等，并出台地方性法规。2022年，黑龙江省颁布《黑龙江省黑土地保护利用条例》，吉林省制定《吉林省黑土地保护条例》。各省积极探索适合本地区的黑土地保护方式，目前已探索出几十种保护利用模式，黑土地保护取得了显著成效，黑土地"变薄、变瘦、变硬"问题得到了一定程度的缓解。

黑龙江省设立黑土地保护"田长制",压实黑土耕地保护责任,全省落实七级田长338万人。围绕数量、质量、生态"三位一体"的保护目标和任务,探索出多种黑土地保护利用模式。例如,齐齐哈尔市龙江县因处于半干旱区,存在风沙问题突出、土壤风蚀水蚀严重、黑土耕层薄等问题。为解决这些问题,该地区从2013年开始尝试以秸秆覆盖还田、免耕作业的保护性耕作模式种植玉米。目前,黑龙江省"玉米保护性耕作形成了秸秆覆盖还田免耕播种、秸秆覆盖还田条带少耕播种、秸秆归行覆盖还田免耕播种三种主要技术模式;大豆保护性耕作形成了秸秆覆盖还田结合深松免耕播种的技术模式"。① 其中,"龙江模式"和"三江模式"已被列为《国家黑土地保护工程实施方案(2021—2025年)》黑土地保护主推技术模式。2022年,全省落实保护性耕作面积2586万亩,同比增长94.4%。"目前,黑龙江省耕地质量平均等级3.46,高出东北黑土区0.13个等级;土壤有机质平均含量36.2克/千克;秸秆翻埋和深松整地地块耕层厚度平均达到30厘米以上。"②

吉林省建立了"田长制",颁布实施全国首部黑土地保护地方性法规。探索构建了东部固土保肥、中部提质增肥、西部改良培肥的技术路径,探索出多种黑土地保护利用模式,其中典型模式是"梨树模式"。推动形成黑土地在利用中保护、以保护促利用的可持续发展格局。2022年,全省推广保护性耕作面积达3283万亩,稳居全国首位。

2022年辽宁省大力实施耕地质量提升工程,集成推广11项黑土地保护利用技术模式,分类实施黑土地保护工程,实施保护性耕作作业1023万亩,探索出"辽河模式""辽北模式"等黑土地保护利用模式。

截至2022年底,东北三省已建成高标准农田1.80亿亩,黑龙江省、吉林省和辽宁省分别建成10265万亩、4330万亩和3411万亩。高标准农田的建设提升了耕地旱涝保收、生态防护和可持续利用的能力,提升了耕地的产能。

① 《黑龙江省耕地总量稳居全国第一,总面积达2.579亿亩》,《黑龙江日报》2021年11月18日。
② 《〈黑土地保护法〉实施一周年 多方齐发力提地力增肥力》,央视网,2023年8月1日,https://news.cctv.com/2023/08/01/ARTIssgY3OYJ4nOStqwQl4k9230801.shtml。

（三）"三减"实施效果明显

东北三省冬季气候寒冷、病虫害较少，具有发展绿色农业的天然优势。为发展绿色农业，还需要"减农药、减化肥、减除草剂"。目前，东北三省农药、化肥、除草剂使用量最少的省份是黑龙江省，其次是吉林省，再次是辽宁省。2017～2021 年东北三省"三减"实施效果明显（见表2），化肥、农药和农用塑料薄膜使用量都在持续减少，其中农药使用量和农用塑料薄膜使用量减少幅度较大。三个省份中，黑龙江省的"三减"实施效果最为明显。如表 3 所示，2021 年黑龙江省农作物总播种面积占比为 8.93%，但农用化肥施用量、农药使用量和农用塑料薄膜使用量分别占全国的 4.60%、4.61% 和 2.59%，三项指标都显著低于全国平均水平，说明黑龙江省农业绿色发展水平远超全国平均水平。2021 年吉林省农药使用量和农用塑料薄膜使用量低于全国平均水平，但农用化肥施用量占比高于其农作物总播种面积占比，说明吉林省的农用化肥施用量超过全国平均水平。2021 年，辽宁省农用化肥施用量占比、农药使用量占比和农用塑料薄膜使用量占比三项指标都高于农作物总播种面积占比，说明辽宁省化肥、农药和农用塑料薄膜使用量都超过了全国平均水平，农业绿色发展水平还较低。

表 2　2017～2021 年东北三省农用化肥施用量、农药使用量和农用塑料薄膜使用量减少情况

单位：%

省　份	农用化肥施用量	农药使用量	农用塑料薄膜使用量
辽　宁	7.22	24.51	8.34
吉　林	3.46	19.82	21.56
黑龙江	4.86	31.40	23.52

资料来源：依据《中国农村统计年鉴 2022》中的数据计算得出。

表3 2021年东北三省农作物总播种面积、农用化肥施用量、农药使用量
和农用塑料薄膜使用量占比

单位：%

省　份	农作物总播种 面积占比	农用化肥施用量 占比	农药使用量 占比	农用塑料薄膜使用量 占比
辽　宁	2.57	2.60	3.50	4.85
吉　林	3.67	4.30	3.64	2.02
黑龙江	8.93	4.60	4.61	2.59

资料来源：依据《中国农村统计年鉴2022》中的数据计算得出。

（四）秸秆综合利用成效明显

东北三省均是粮食大省，也是秸秆大省。因秸秆量大、冬季气温低，秸秆肥料化相对困难。近几年秸秆处理成为东北三省面临的一个挑战。黑龙江省作为我国第一产粮大省，也是第一秸秆大省，年产农作物秸秆9000万吨左右。从2017年开始，黑龙江省连续多年下发《秸秆综合利用工作实施方案》，持续加大资金投入力度，推动秸秆综合利用能力和水平持续提升。目前，其秸秆综合利用能力走在全国前列，基本形成以肥料化利用为主，饲料化、燃料化稳步推进，基料化、原料化为辅的综合利用格局。2022年，黑龙江省秸秆综合利用率超92%，秸秆还田率超66%。吉林省大力推广秸秆全量化处理和"五化"利用，压紧压实县（市、区）党委和政府责任，严格实行秸秆全域禁烧。吉林省出台《吉林省"秸秆变肉"工程实施方案》和《吉林省做大做强肉牛产业十条政策措施》，明确从2021年起，全面推开"秸秆变肉"暨千万头肉牛建设工程，对品种繁育、规模养殖、精深加工等给予全链条支持。截至2021年底，全省秸秆饲料化利用收贮加工企业、合作组织已达474家，同比增长187%。2022年，全省秸秆综合利用率达78.9%，其中饲料化利用超过30%。辽宁省年产各类农作物秸秆3200万吨左右，以玉米秸秆为主，约占80%。辽宁省采取"以奖代补"方式对重点县给予补助，补助资金由各重点县根据秸秆综合利用任务自主统筹安排，用于秸秆"五化"综合利用和收储运服务体系建设等关键环节。2023 年"辽宁省建设秸秆综合利用重点县 20 个，实施整县推进秸秆综合利用项目。重点县秸秆综合利用率应不低于 90%，以县为单元建设秸秆资源台账，全省建设秸秆综合利用展示基地 80 个"。[①] 因辽宁省秸秆产量相对较少，秸秆综合利用率相对较高，目前已经达到 90% 以上。

（五）绿色食品供给量不断提升

在东北三省中，黑龙江省的绿色食品供给量最高。如表 4 所示，2022 年黑龙江省有效用标绿色食品单位有 1175 家，产品数为 3228 个。绿色食品企业（合作社）牵动农户近 100 万户。2022 年，黑龙江省制定农业地方标准 30 项以上，农产品检测合格率维持在 97% 以上，主要食用农产品质量安全例行监测合格率保持在 98% 以上。吉林省和辽宁省有效用标绿色食品单位与产品数量都较低，2022 年吉林省有效用标绿色食品单位与产品数量分别占全国的 1.63% 和 2.01%，辽宁省为 2.21% 和 1.83%，可见，吉林和辽宁两省绿色食品供给量不高。

表 4　2022 年东北三省有效用标绿色食品单位与产品数量

地　区	单位数量（家）	占比（%）	产品数量（个）	占比（%）
全　国	25928	—	55482	—
辽　宁	573	2.21	1016	1.83
吉　林	423	1.63	1113	2.01
黑龙江	1175	4.53	3228	5.82

资料来源：中国绿色食品发展中心发布的 2022 年《绿色食品统计年报》。

二　东北三省农业绿色发展存在的问题

1. 东北三省农业绿色发展差距较大

总体来看，黑龙江省的绿色农业发展起步较早，且能够持续发展，绿色

[①] 《辽宁到"十四五"末，力争推动全省地膜回收率超 85%》，农业农村部网站，2023 年 7 月 26 日，http://www.moa.gov.cn/xw/qg/202307/t20230726_6432942.htm。

发展水平全国领先。吉林省和辽宁省农业绿色发展相对滞后。如表1所示，辽宁省和吉林省各项指标都滞后于黑龙江省，部分指标也低于全国平均水平。可见，辽宁省和吉林省在农业绿色发展方面与黑龙江省差距较大，今后需要加快发展速度。

2. 绿色食品生产资料获证企业数量与产品数量较少

有机食品指来自农业生产体系，依据有机农业生产的规范进行生产加工，并经独立认证机构认证的农产品及其加工产品等。有机农产品在生产加工过程中禁止使用农药、化肥、激素、食品添加剂及转基因物质等人工合成物质，并且不允许使用基因工程技术；有机农产品在土地生产转型方面也有严格规定，土地生产有机农产品需要2~3年的转换期；有机农产品在数量上需要进行严格控制，要求定地块、定产量。所以，发展绿色农业，首先要投入绿色生产资料。目前，东北三省绿色食品生产资料产业发展相对滞后，如表5所示，3个省份粮食总产量占全国的21%，但绿色食品生产资料获证企业数量和产品数量仅占全国的4.95%和3.70%，明显偏低。

表5　2022年东北三省绿色食品生产资料获证企业数与产品数及占全国的比重

地区	企业数（家）	产品数（个）
全国	202	783
辽宁	2	5
吉林	—	—
黑龙江	8	24
东北三省合计	10	29
东北三省占全国的比重（%）	4.95	3.70

资料来源：中国绿色食品发展中心发布的2022年《绿色食品统计年报》。

3. 秸秆销售无法形成统一大市场

由于秸秆体积大，流通困难，远程运输成本过高，其只能在附近区域销售。秸秆的价格只能由本地区的小市场供求状况决定，各地区秸秆价格差距较大，无法形成国内秸秆销售统一大市场。这一状况对秸秆大省——东北三省秸秆销售的负面影响较大。东北三省地理位置偏远，秸秆运输成本较高，秸秆的价值被压低。如表6所示，辽宁、吉林和黑龙江三省的秸秆产量逐渐增加，但秸秆市场价格逐渐降低，且差距较大。即使是同一个城市，不同县（市、区）的秸秆价格差距也较大。由于秸秆综合利用技术开发不够，东北多数地区秸秆利用出现大量剩余，一些农民认为秸秆返田数量过多会造成虫害草害，不利于农作物生长，因此不愿意翻埋秸秆，出现私自偷偷焚烧秸秆的现象，造成严重的空气污染。可见，如何克服秸秆销售市场割裂带来的负面影响是东北三省秸秆综合利用迫切需要解决的问题。

表6　2023年8月19日东北三省部分县（市、区）秸秆市场价格

单位：元/吨

项目	辽宁省		吉林省		黑龙江省	
玉米秸秆	朝阳市北票市	900	长春市农安县	647	齐齐哈尔市克东县	340
	铁岭市调兵山市	600	长春市南关区、长春市德惠市	460		
	铁岭市开原市	670	长春市双阳区	760		
	沈阳市浑南区	500	吉林市船营区	760		
			吉林四平市伊通满族自治县	490		
稻草	铁岭市调兵山市	650	长春市二道区、吉林市昌邑区	460	哈尔滨市五常市	683
	沈阳市浑南区	700	长春市农安县	660	大庆市龙凤区	700
			长春市朝阳区	860		
			长春市南关区	560		
秸秆饲料	朝阳市北票市	960	四平市伊通满族自治县	680	哈尔滨市依兰县	400
	铁岭市调兵山市	280			齐齐哈尔市讷河市	553

资料来源：惠农网，https://www.cnhnb.com/hangqing/cdlist-2003721-0-8-0-0-1/。

4. 农产品绿色加工业发展滞后

"十三五"期间，全国共创建2121家绿色工厂、2170个绿色设计产品、189条绿色供应链和171个绿色工业园区。东北三省绿色食品加工产业存在的主要问题是企业规模小、投资少。以黑龙江省为例，全省现有37家绿色

工厂、11个型号（系列）绿色设计产品和2条绿色供应链入选，分别占全国的1.7%、0.5%和1.1%，尚无绿色工业园区入选。2016~2021年，黑龙江省绿色食品加工企业数量增长30%，但产品产量仅增长15%，投资额仅增长9%。辽宁省和吉林省农产品绿色加工业发展更加滞后。

三　加快东北三省农业绿色发展的对策建议

1. 辽宁省和吉林省农业应加快绿色转型的速度

党的二十大报告指出，高质量发展是全面建设社会主义现代化国家的首要任务。加快推进农业高质量发展是农业发展进入新阶段的现实要求，是农业现代化的必由之路，是实现乡村振兴的重要抓手，是推进农业大国向农业强国转变的重大战略。绿色发展是农业高质量发展的前提条件，离开绿色发展，农业就谈不上高质量发展。绿色发展就是要充分尊重自然规律，坚持利用自然与保护自然相结合，要提高资源利用率，要维护自然生态平衡，要实现资源的综合利用、循环利用、可持续利用，要进一步实现"三减"，要不断提高农业绿色发展水平。近些年，我国农业绿色发展总体水平显著提高，农业持续向绿色化转型。目前，辽宁省和吉林省农业绿色转型滞后于黑龙江省，也低于全国平均水平，今后农业的发展应更快地向绿色转型。特别是辽宁省，作为东北地区主要果蔬生产基地，发展绿色农业，积极缩减投入品数量，建立绿色产业链，发展循环农业，对提升农产品竞争力具有重要意义。

2. 积极开发绿色生产技术、发展绿色食品生产资料产业

农业绿色技术和绿色投入品因其安全、环保、对有益昆虫的伤害小、不产生抗性、不破坏生态系统平衡等特点，在发展绿色农业和有机农业生产过程中具有重要意义，是有机农业生产体系的重要组成部分。东北三省作为农业大省，耕地面积广袤，年消费化肥、农药、农用塑料薄膜数量巨大。地方政府应切合国家低碳发展需要，鼓励经营主体积极开发绿色生产技术，发展新型肥料，研发可以应用的高效低残留农药和生物农药等绿色投入品，这是农业实现绿色发展的必要前提，也是抓住未来农业生产资料销售市场的重要手段。东北三省在此方面需要尽早地转型。

3. 打造农业绿色全产业链

农业绿色产业链需要全链条、多层次、整体性的发展。东北三省不仅要发展绿色种植业，更要打造"绿色产业链"，生产出绿色终端产品。如果仅仅发展绿色原料生产基地，后面的加工仓储等环节不能实现绿色化，产品的绿色化水平会下降，甚至可能被后面的环节完全损耗掉，导致前期发展绿色农业付出的成本无法收回，反而造成成本高、产量低、经济效益差。所以东北三省在发展绿色农产品原料生产基地的基础上，还要发展绿色投入品产业、绿色农产品加工产业、绿色农产品仓储产业、绿色农产品物流产业，打造农业绿色全产业链，实现降本增效，延伸绿色农业的价值链。

4. 充分利用智慧农业提升农业的绿色化水平

智慧农业的建设理念是环保和节约，其生产方式必然是低碳环保的绿色发展方式。发展智慧农业能够促进农业生产的绿色化和生态化。借助物联网和数据分析技术，能够实现对农业投入品的监控，以更加科学的手段进行农业生产，进而实现投入品数量的缩减，减少资源浪费，更有效地保护农村生态环境。

专题研究篇

B.20
东北地区共建"冰上丝绸之路"
对策研究

陆佳琦*

摘 要： 中俄共建"冰上丝绸之路"倡议为新时代东北全面振兴带来新机遇，有利于东北地区扩大高水平对外开放、向海发展，在带动东北地区基础设施互联互通的同时，促进东北地区经贸投资合作升温，提升科技创新能力，加快构建新发展格局。然而，"冰上丝绸之路"建设与东北全面振兴仍面临着国际环境、产业结构、基础设施、科学技术、人才方面的困难与挑战，须尽快形成合力，突出重点并予以破解。

关键词： "冰上丝绸之路" 东北振兴 新发展格局

---

* 陆佳琦，吉林省社会科学院俄罗斯研究所副研究员，主要研究方向为国际合作和中俄地方合作。

一 东北地区共建"冰上丝绸之路"的成效

(一)不断完善的政策支持

"冰上丝绸之路"源于俄罗斯主动邀请中国参与北方海航道建设,是"一带一路"倡议重要组成部分。东北地区是我国离北极地区最近的区域,被视为我国与俄共建"冰上丝绸之路"的桥头堡,新时代东北全面振兴与"冰上丝绸之路"建设对接契合发展所需,近年来,国家和地方都对其予以大力的政策支持。2017 年 6 月发布的《"一带一路"建设海上合作设想》,首次明确"北极航道"为"一带一路"三大主要海上通道之一;2018 年 1 月,中国政府发表首份北极政策文件——《中国的北极政策》白皮书,提出中国愿依托北极航道的开发利用,与各方共建"冰上丝绸之路";黑龙江、吉林、辽宁分别出台《黑龙江省冰雪经济发展规划(2022—2030年)》《沿中蒙俄开发开放经济带发展规划(2018 年—2025 年)》《辽宁省"十四五"海洋经济发展规划》等。此外,有关东北振兴战略的政策文件有《中共中央 国务院关于实施东北地区等老工业基地振兴战略的若干意见》《国务院关于近期支持东北振兴若干重大政策举措的意见》《中共中央 国务院关于全面振兴东北地区等老工业基地的若干意见》《东北全面振兴"十四五"实施方案》《东北四省区合作框架协议》等。不断完善的政策支持为"冰上丝绸之路"建设与东北振兴发展提供稳定的基础。

(二)不断强化的合作机制

东北地区与俄罗斯保持着密切友好往来,与"冰上丝绸之路"共建国家也形成了良性互动。黑龙江、吉林、辽宁、内蒙古四省区分别连续多年举办智库论坛,如黑龙江举办的中俄经济合作高层智库论坛、吉林举办的东北亚智库论坛、辽宁举办的辽宁与俄罗斯远东经贸交流会、内蒙古举办的中蒙俄智库国际论坛、东北三省共同主办的首届东北振兴发展高端智库论坛等。来自中、俄、日、韩等国家的地方政府代表、专家学者、企业负责人、媒体

等参加会议，形成"政产学研用"的深度融合，推动地方合作机制不断完善。同时，为更好贯彻实施东北振兴战略，推动东北地区经济和社会全面快速发展，东北四省区正式建立区域合作行政首长协商机制，重点在大生态、大交通、大电网、大开放等四大领域开展合作，力推东北区域形成经济区一体化发展新格局。此外，为促进东北地区经济和金融良性循环、健康发展，成立"东北振兴金融合作机制"，促进东北产业与金融对接，提高东北实体经济发展的质量和效益，加快实现东北振兴。

（三）不断提升的产业优势

近年来，东北地区持续升级实体经济、落实东北振兴，现代化农业与制造业、战略性新兴产业成为共建"冰上丝绸之路"的优势产业。农业方面，东北地区注重黑土地保护性耕作。2020~2022年，东北三省一区黑土地保护性耕作实施面积大幅增加，由4600万亩增加至8300万亩左右，随着藏粮于地、藏粮于技战略落实，东北农业的竞争力和产业优势持续强化。制造业方面，东北地区在国家先进制造业体系中占据重要的地位。航空航天领域，东北是我国最大最重要的航空工业中心，其中沈阳和哈尔滨都具备先进航空航天装备制造水平；汽车领域，吉林是新中国汽车工业的发源地，是新中国汽车工业"长子"，2022年汽车产量排全国第三名，共计215.58万辆；船舶工业领域，大连有着技术最先进的生产基地，辽宁号航空母舰和我国第一艘国产航母山东号在大连完成改造和生产；钢铁工业领域，辽宁鞍山是国务院批复的重要钢铁生产基地，2022年的粗钢产量数据显示，世界钢铁生产公司中鞍钢集团排名第三。此外，东北地区将在新兴产业方面发力，如黑龙江发挥石墨原料优势，吉林全力打造"中国碳谷"，辽宁要建造世界级冶金新材料产业基地等。东北地区是我国重要的工业和农业基地，在推动"冰上丝绸之路"建设中独具优势。

（四）不断提高的基建水平

"冰上丝绸之路"是东北地区向北开放的重要通道，基础设施互联互通是东北地区共建"冰上丝绸之路"的客观要求，也是构建区域经济联动、打造"双循环"新发展格局的现实基础。黑龙江依托航空线路对外联通俄、蒙、日、韩等周边国家和我国东部、南部沿海地区客源大市场，依托高等级公路和高速铁路向南连接京津冀，向西联通内蒙古草原和万里茶道旅游线路，向北向东贯通俄罗斯远东联邦区，连接西伯利亚大铁路。吉林全力打通珲春经扎鲁比诺港至我国南方港口的内贸货物跨境运输航线；推进"长满欧""中欧"等国际货运班列扩增，协调推动开通"平蒙欧"班列；与宁波舟山港集团合作建设珲春国际港，开通面向俄、日、韩及我国东部发达地区的陆海大通道，打通经珲春、北冰洋至欧洲的陆海联运航线。辽宁整合港口功能，形成货物相互转运的"辽满欧"综合交通运输大通道；积极争取建设以锦州港、盘锦港、丹东港为起点，至蒙古国乔巴山的铁路出海通道；加快大连东北亚国际航运中心建设，推进"辽海欧"建设。东北地区通过通道建设，发展陆海联运、跨境物流，带动贸易和投资发展，积极融入"冰上丝绸之路"建设。

二 "冰上丝绸之路"赋予东北振兴新机遇

（一）加快构建东北地区新发展格局

"冰上丝绸之路"倡导合作开发北极航道，东北地区作为其起始点，地理位置优越，拥有我国东北振兴、向北开放、"一带一路"等多项国家级战略与倡议的支持，这促进东北地区加速构建"双循环"新发展格局，实现东北全面振兴。对内畅通经济大循环方面，"冰上丝绸之路"建设有助于加速推动东北区域经济一体化，以东北四个副省级城市为中心城市建设都市圈，增强辐射引领作用和分工协调能力，带动辽中南城市群和哈长城市群的发展，培育沈大、哈长两个双城经济圈，实现东北地区经济社会的协调发展。对外畅通国际经济循环方面，"冰上丝绸之路"建设将进一步促进东北地区扩大向北开放，增进与共建国家之间的交流与合作，有助于推动中国东

北与俄罗斯远东的联动发展,还将促进与日本、朝鲜半岛乃至欧洲地区的互联互通及经贸合作,开辟亚欧合作的新捷径,更好地提升东北对外开放水平。

(二)推动东北地区发展海洋经济

我国是一个海洋大国,建设海洋强国是实现中华民族伟大复兴的重大战略任务,"冰上丝绸之路"作为经北冰洋连接欧洲的蓝色经济通道,有着显著的安全价值和特殊的航运价值,为东北三省向海发展带来更多的发展机遇。一方面,"冰上丝绸之路"建设契合东北发展海洋经济的需求。东北地区只有辽宁省临海,吉林省近海而不临海,黑龙江省则是内陆省,两省缺乏发展海洋经济的自然条件,而共建"冰上丝绸之路"带动东北海洋经济区域协同发展,推动海洋资源要素跨区域流动,实现优势互补和合理分工。另一方面,共建"冰上丝绸之路"积极推进东北现代海洋产业体系的构建。依托海洋经济特色产业园区,建立并壮大优势海洋产业集群,形成规模效应,向海洋渔业、海洋能源、船舶制造、海洋工程装备制造、海洋生物医药开发等领域延伸产业发展链条,促进产业关联、融合发展。

(三)促进东北地区深化对外合作

"冰上丝绸之路"的东北航道建设与开发将为东北地区注入新的生机与活力,对推动东北与俄罗斯远东地区经贸投资合作发展繁荣发挥关键作用。俄罗斯总统普京在第八届东方经济论坛上宣布重置远东的战略部署,俄方计划投资 7.7 万亿卢布,来拉动远东地区的经济开发,并确定俄罗斯远东地区为对中国等"友好国家"的全面开放区。该计划与中国提出的全面振兴东北成功对接,东北地方政府大力支持参与对俄远东地区开发,通过加大投资力度和深化改革开放,促进中俄地方基础设施建设和产业升级,持续推动东北三省的经济转型和可持续发展。此外,"冰上丝绸之路"建设还扩大了东北对外经贸合作领域,东北地区正向跨境电商、绿色清洁能源、航空航天、中医中药等新兴产业的对外经贸合作迈进,在促进贸易畅通和便利化不断迈向新台阶的同时，还将解决东北地区经济发展瓶颈问题，提升区域竞争力。

（四）提升东北地区科技创新能力

"冰上丝绸之路"由于途经北极区域、贯穿北冰洋，有着恶劣的气候环境，是人类由于认知有限需要长期探索的区域，对高科技的研发和生产有着较高的要求，因其生态环境变化对我国气候和自然环境有着重要影响，其在自然条件认知、自然资源开发利用、污染防治、北极海洋观测、航运技术研发等方面具有很高的科学研究价值。东北地区拥有深厚的教育底蕴和雄厚的科研实力，有如哈尔滨工业大学、大连理工大学、吉林大学以及东北大学等知名高校，拥有光电、军工、农业等领域的科研机构，还有多个国家级重点实验室、国家重大科技基础设施、国家工程研究中心等，集聚创新资源，具备参与开发、保护、利用北极地区的基础。依托于"冰上丝绸之路"建设平台，能提升东北地区北极科探创新研发能力，使之积极参与我国北极地区的科考活动，为不断拓宽北极观测研究领域、保护北极生态环境、合理开发利用油气资源、畅通海洋海冰研究等方面贡献科技力量。

（五）带动东北地区旅游产业创新

"冰上丝绸之路"建设不仅表现在经济发展与基础设施建设等硬实力领域，更体现在文化软实力上。旅游产业和医疗康养产业作为增进东北地区间及对周边国家互动交流的桥梁，通过不同区域间的文化欣赏与碰撞拉近了人与人的距离。近年来，东北地区积极助推冰雪旅游业发展，尤其是在2022年冬奥会前后，哈尔滨、长春、吉林等多个东北城市借鉴长三角、京津冀模式，实施144小时过境免签政策，允许国外游客过境后在东北所有行政区域免签停留，便于与周边国家拓展国际旅游合作。同时，主动吸引、对接俄日韩等冰雪发达国家参与投资建设，形成了东北区域协同的"冰雪+旅游+文化+体育"发展模式。此外，积极探索旅游产业与医疗康养产业的融合，充分利用"冰上丝绸之路"平台，借鉴日、韩等较为发达的医疗康养产业，

东北蓝皮书

构建符合东北区域的"医疗+养老"体系，与日、韩企业共建康养产业园、医疗康复机构，共同开发智慧康养平台、医疗保健及康养护理用品等，将旅游、休闲与医疗康养服务等融为一体。

三 东北地区共建"冰上丝绸之路"的新挑战

（一）国际环境不确定性风险挑战

新冠疫情发生之后，国际供应链断裂，世界经济遭受严重打击；美国贸易保护主义升级破坏全球经济秩序，国际经贸合作面临严峻挑战，在此背景下，俄乌冲突爆发，世界格局和世界经济面临更多的不确定性。俄乌冲突是大变局下各国博弈导致的矛盾摩擦集中爆发的一个缩影，爆发至今双方陷入胶着状态，围绕乌东四州展现出犬牙交错的混战局面，但俄罗斯依然牢牢掌握战争的主导权。在此期间，美欧与俄全面脱钩，对俄实施一系列严厉制裁，重创俄罗斯经济发展的同时，也使得欧洲经贸合作受到严重影响，由于俄罗斯与欧洲矛盾的持续恶化，作为与俄罗斯具备新时代全面战略协作伙伴关系的我国也受到了美欧的排挤和防范，白宫表示："中方是唯一一个有意图也越来越有能力重塑国际秩序的竞争者。"在此情形下，"冰上丝绸之路"建设的参与范围被动缩小。同时，东北亚的地缘政治保持一个微妙的平衡，美国紧紧拉着日本和韩国作为其盟友，以朝鲜核导弹威胁为借口，给东北亚地区安全稳定带来新的威胁。此外，日本核污水排海引起了国际社会的广泛关注，韩国、俄罗斯等国纷纷表达了对日本政府决定的不满，并呼吁国际社会采取行动。日本核污水排海行为不仅严重污染和破坏了海洋生态环境，也给东北亚各国关系制造了矛盾。

（二）东北地区产业结构矛盾

"冰上丝绸之路"建设对东北地区经济振兴起到促进作用，同时，东北经济的发展成效决定了"冰上丝绸之路"的建设进度。东北振兴政策实施以来,东北在经济总量、体制改革、产业升级、社会民生、对外开放等方面均取得了一定成效,但其优势和潜力还没有充分发挥出来,因此,共建"冰上丝绸之路"可进一步推进东北产业结构优化升级。2022 年,辽宁 GDP 全国排第 17 位,同比增速为 2.1%,黑龙江和吉林 GDP 全国分别排第 25 位和第 26 位,同比增速分别为 2.7%和-1.9%,黑龙江 GDP 同比增速为东北三省最快,吉林由于疫情冲击经济大幅萎缩,出现负增长。2023 年,辽宁 GDP 全国排第 6 位,同比增速为 5.3%,黑龙江和吉林 GDP 全国分别排第 7 位和第 8 位,同比增速分别为 6.3%和 2.6%。[①] 虽然东北三省 GDP 在全国排名较 2022 年有了大幅提升,但东北发展水平离全面振兴目标仍有差距,目前东北处于传统产业多、新兴产业少,低端产业多、高端产业少,资源型产业多、高附加值产业少,劳动密集型产业多、资本科技密集型产业少的状况,虽然有国际环境复杂多变和新冠疫情席卷全球等外部因素,但根本原因还是:东北仍有部分地区产业结构单一,存在结构性矛盾;民营经济发展缓慢,市场经济发展活力不足;以生产性服务业为代表的上下游产业链条发展不充分,有待充分利用产业优势提升产业供给能力。

（三）区域基础设施建设水平参差不齐

东北参与共建"冰上丝绸之路"使部分共建国家和地区基础设施建设水平不断得到提升的同时,也出现了相关问题。一方面,东北沿边地区及与相邻国家接壤的口岸基础设施还较为落后,无法满足日益增长的经贸合作需求。由于东北地处东北亚地区几何中心,其地缘政治较为敏感,边境开放程度低且边贸经济受限,出现了推动双边边境口岸建设升级困难的情况,各地口岸基础设施建设水平发展不均衡,具有时滞性,受限于设施老旧、通关流程烦琐以及智能化水平不高等因素,货物运输效率尚需提升。另一方面,"陆海空"大通道联动运输能力尚未形成,物流运输成本高的问题仍然突

---

① 《数读中国 | 31 省份 2023 年 GDP 数据出炉》,"光明网"百家号,2024 年 1 月 31 日,https://baijiahao.baidu.com/s? id = 1789582783195674823&wfr = spider&for = pc。

出。受东北区域的地缘关系和各地所处的地理位置的影响,各地企业会优先选择更为便利的运输方式。如黑龙江省铁路运输体系发达,铁路是其对外贸易主要的运输方式;辽宁省由于临海,港口基础设施较为发达,港口成为其物流运输的首选;吉林省地处东北三省中间,其公路运输更具有优势。这导致了在发展过程中优先发展省内具有优势的通道建设,弱化其他物流运输方式的发展,但随着贸易类别多样化,"陆海空"联运有了更高的要求。

(四)北极航道开发技术有待突破

北极航道开发与利用是"冰上丝绸之路"建设的重要内容之一,东北地区积极融入北极航道建设,其开发技术层面的难题需要利用优势加大力度攻克,为中国参与北极治理贡献力量。随着北极航道的开辟,其具有的商业价值越来越明显,若开通将极大程度上缩短与欧洲和北美地区货物贸易的通道距离,或将改变东北地区乃至中国的航运格局,也有助东北与周边国家地缘政治关系的增进。但是,北极航道科学考察与开发技术方面有着极大的挑战。极地地区的自然环境较为特殊,在进行极地基础设施建设、资源开发、科学考察、海洋环境保护等方面需要较高的科学技术和装备技术作为支撑。东北地区装备制造业产业规模大、分类齐全、技术力量雄厚,有着为东北亚地区提供所需装备的供应中心,其中,大连更是我国船舶装备制造业的重要基地之一,虽然有良好的工业基础,但东北地区在参与极地开发方面仍存在统筹机制不完善、投资力度不足、科学技术水平不够等问题,尤其是北极海域通航需要更加高端的专业技术、更加先进的专业机械、更加高效的专业船舶。

(五)人口人才问题有待加速解决

东北三省是过去十年人口减少最多的省份,其人口减少和人才流失的情况为东北经济发展以及参与共建"冰上丝绸之路"带来了阻碍。东北三省人口自然增长率为负、常住人口下降,这表明东北地区出生人口持续减少。据统计,东北三省在人口自然增长率方面均出现负的情况,在我国各省份排名中均在下游，其中黑龙江为-5.75‰，吉林为-4.07‰，辽宁为-4.96‰。常住人口统计方面，东北三省 2022 年共减少 86 万人左右，其中辽宁省是常住人口降幅最大的省份，常住人口数量为 4197 万人，比上一年减少 32.4 万人，人口外流趋势进一步加剧。① 此外，东北三省人才流失形势同样严峻。智联招聘发布的《中国城市人才吸引力排名：2023》显示，在"中国最具人才吸引力城市 TOP100"排行榜中，东部城市占比超七成，东北三省竞争力较弱，其中沈阳排第 41 名，长春排第 67 名，哈尔滨未进入前 100 名。关于东北毕业生就业选择城市方面，据统计，相比东北省属高校，部属高校毕业生流失率更高，流失毕业生多数选择前往华南、华东和华北地区就业。主要原因还是东北经济发展活力偏弱、工资薪酬和社会保障水平不高、人才激励政策缺乏，以及企业创新发展缺乏动力等。

四 东北地区共建"冰上丝绸之路"的对策建议

（一）持续完善既有合作机制和对话平台

充分利用既有合作机制和对话平台，增进东北地区与"冰上丝绸之路"共建国家的战略互信。习近平指出，国家合作要依托地方、落脚地方、造福地方。② 地方合作越密切，两国互利合作基础就越牢固。目前，东北地区与相关国家已经建立的国家对话平台和地方合作机制包括中俄东北—远东合作委员会、中俄地方合作理事会、大图们倡议、东北亚地方政府首脑会议、哈尔滨国际经济贸易洽谈会、长春中国—东北亚博览会、辽宁国际投资贸易洽谈会、中俄经济合作高层智库论坛、中国吉林省与俄罗斯远东地区经济合作圆桌会议等。一方面，可充分利用这些既有合作机制和对话平台，确保彼此间的实质性合作。既降低沟通和交易成本，规范不同域外力量间的互动方式

① 数据来源于各省统计局。
② 《习近平和俄罗斯总统普京共同出席中俄地方领导人对话会》，中国政府网，2018 年 9 月 11 日，https://www.gov.cn/xinwen/2018-09/11/content_5321156.htm。

和互动类型，又避免为实现本国利益所出台的政策对冲。另一方面，双方可基于"五通"原则，切实落实好东北地区与"冰上丝绸之路"共建国家地方政府部门的战略合作规划，这有利于打破贸易、投资、金融等领域的壁垒，增进政治互信、经济互信、战略互信，从而共同防范外部风险与化解内部矛盾。

（二）合理布局产业重点领域

东北地区参与共建"冰上丝绸之路"，实现高质量发展、全面振兴，首先需要优化经济结构，以科技创新加快产业转型升级，培育经济发展新动能。俄罗斯是能源大国，在石油、天然气、煤炭等资源上具有得天独厚的优势，在其对外贸易中，能源产品出口的比重能高达40%，同时，俄罗斯当前的产业结构偏向重工业，亟待转型升级，俄罗斯希望改变与东北地区贸易合作结构单一的现状，弱化对石油和天然气等原材料的依赖，实现贸易多元化以及高附加值技术产品的贸易合作。双方可充分发挥各自优势，加强在高附加值制造业、现代化农业、数字经济产业等领域的务实合作，如东北可利用区位优势与俄、日、韩等国家强化高端制造，使日、韩和欧洲市场的高端产品在东北生产，带动本地企业形成产业集聚效应，不断壮大完善产业链。在符合共同利益的前提下，深化并拓展东北地区与周边国家的经贸合作关系，优化资源配置，推动产业升级，完善贸易结构，在共建"冰上丝绸之路"和东北振兴的大背景下，实现共同发展。

（三）共商共建内外循环通道

"冰上丝绸之路"是一个未来连接东北亚与欧洲的新兴运输通道，前期需要大量的极地高新技术研发和沿线基建投入，后期需要多国共同参与保障充足的贸易商品常态化运转，具有极大的科研价值和经济价值。"冰上丝绸之路"提出之初，多国纷纷表示出了极大的兴趣，其中，韩国提出"新北方政策"和"九桥战略"，意在"北向"发展拓展韩国经济合作市场，东北地区成为其北向延伸的关键点，同时指出在天然气、铁路、港湾、电力、北极航道、造船等九个领域加强与俄罗斯远东和北极地区合作。多国的共同利益和需求有助于共同合作开发北极航道，助推东北地区与朝鲜、日本甚至欧洲国家建设沿海物流走廊和沿边物流通道，构建国际物流大通道，形成互联互通的经贸合作与联动发展格局。此外，我国也积极布局国内大通道建设，哈尔滨和沈阳两个中心城市均位于京港澳—京哈物流大通道中，同时，将发挥东北地区滨海、沿边的区位优势，建设国内物流枢纽。

（四）强化共建"冰上科技丝路"

因北极的极端地理条件，"冰上丝绸之路"沿线的开发有更高的科技要求，包括极地海洋资源调查监测、海洋观测预报、北斗卫星导航基站建设、船舶设备制造等领域。首先，充分发挥东北科教资源优势，在技术上加强创新主体协同研发。辽宁可在新材料等领域突破一批关键核心技术；吉林谋划启动碳纤维等重大科技专项，组建创新联合体，支持一汽、长客、吉化等开展产业集成创新试点。其次，加快建设相关海洋产业技术孵化基地、转化中心、推广中心，以"政产学研用"的中外合作模式，探索并建立从实验测试到成果转化再到生产落地的全过程海洋科技创新服务平台和技术产权交易中心。再次，完善科技成果产权制度，强化知识产权保护，依据法律法规赋予科研人员职务科技成果所有权或长期使用权，提高科研人员成果转化收益比例。最后，完善成果转化奖励政策，政府主导搭建高校、企业和投资机构对接平台，鼓励引导企业吸纳先进适用技术，推动研发技术成果落地生产。

（五）加强科技人才体系建设

东北振兴与"冰上丝绸之路"建设都离不开高科技人才充足、合理、有效的支撑，无论是改善东北地区人口减少、人才流失情况，还是东北地区参与"冰上丝绸之路"建设攻克北极航道开发技术难题，人才均是关键。首先，研究制定符合东北振兴人才培养、发展的转向政策，用好人才并留住人才。目前东北三省正加大用人留人力度，哈尔滨市发布"人才新政30条"，对在哈企业及市、县、乡三级事业单位全职新引进的统招博士毕业

生、硕士毕业生、本科生和技工院校毕业生予以相应生活补助；吉林省在2022年底推出人才政策3.0版本，加大资金保障力度，大幅度提高补贴标准，新增安排资金1.2亿元，确保各项政策措施高质量落地；辽宁省实施"兴辽英才计划"，精准支持1000名高层次人才，加大博士后培养力度，支持100名优秀博士后留辽开展科学研究和技术创新。其次，不断完善东北地区人才发展的有效激励考核机制，依托丰富的教学资源、重点学科和重点科研基地等，给各类科技人才提供创业就业平台。最后，通过国内国际多种形式开展人才交流合作，促进人才在高校、科研单位和企业间合理流动。

参考文献

李铁、陈明辉：《实施"五大突破"连接"冰上丝绸之路"——我国向北开放战略实施路径探析》，《海洋经济》2022年第2期。

于涛、刘广东：《"冰上丝绸之路"建设促进东北经济振兴：机理与对策》，《东北亚经济研究》2021年第6期。

林建华、邹冠男、张心悦：《论"冰上丝绸之路"与新时代东北全面振兴的对接互动》，《辽宁师范大学学报》（自然科学版）2021年第2期。

《奋力谱写东北全面振兴新篇章》，《社会科学报》2023年12月14日。

《29省份常住人口数据出炉：浙江增量领跑全国，东三省负增长》，《时代周报》2023年4月10日。

B.21
蒙东地区融入东北现代化经济体系研究

辛倬语*

摘　要： 在新时代推动东北全面振兴的背景下，加快推动蒙东地区融入东北现代化经济体系，有利于东北地区加强与其他区域板块的互动与交融，更好融入全国统一大市场建设大局。蒙东地区融入东北现代化经济体系的路径在于，通过促进资本、技术、人才等要素跨区域流动，构建起蒙东五盟市与东北三省紧密联系的区域性市场。蒙东地区应聚焦推动完善企业公司治理机制、鼓励企业开展商业模式创新、推进共建产业合作园区以及组建区域性产业联盟等方面，将现代化企业作为联通内外的主体、增加与东北三省的要素融通渠道、搭建与东北三省的要素融合平台、构建提高要素流动效益的新机制，加快融入东北现代化经济体系。

关键词： 现代化经济体系　蒙东地区　东北三省

2023 年 9 月，在新时代推动东北全面振兴座谈会上，习近平总书记强调，当前，推动东北全面振兴面临新的重大机遇：实现高水平科技自立自强，有利于东北把科教和产业优势转化为发展优势；构建新发展格局，进一步凸显东北的重要战略地位；推进中国式现代化，需要强化东北的战略支撑作用。① 在新时代推动东北全面振兴的背景下，加快推动蒙东地区融入东北

---

* 辛倬语，内蒙古社会科学院马克思主义研究所研究员，主要研究方向为理论经济学与经济政策、区域经济与产业发展。
① 《习近平主持召开新时代推动东北全面振兴座谈会强调：牢牢把握东北的重要使命　奋力谱写东北全面振兴新篇章》，中国政府网，2023 年 9 月 9 日，https：//www.gov.cn/yaowen/liebiao/202309/content_6903072.htm？zbb＝true。

现代化经济体系，有助于东北地区挖掘区域整体优势，加强与其他区域板块的互动与交融，更好融入全国统一大市场建设，彰显出东北地区在新发展阶段的使命与担当。

一　蒙东地区建设现代化经济体系的现状

"十四五"时期，内蒙古确定了加快建设赤峰—通辽"双子星座"区域中心城市的任务，推动打造引领内蒙古东部地区高质量发展的增长极。随着围绕区域中心城市建设的重点项目落地，蒙东地区集约集聚发展势头良好。2022年，蒙东地区常住人口占全区的比重为48.07%，而地区生产总值占全区的比重仅为30.56%，经济增长速度持续多年低于全区水平。2023年，蒙东地区经济恢复速度滞后于全区水平，地区生产总值同比增速明显低于全区水平，地区生产总值占全区的比重也较往年有所下滑，仅为29.60%。近年来，赤峰—通辽的地区生产总值占蒙东地区的比重持续保持在50%以上的水平，并在2023年上半年呈现一定的上升趋势。2023年，蒙东五盟市加快推动现代化产业体系建设，努力构建体现区域特色和优势的现代化产业体系，为现代化经济体系建设奠定了一定基础。

赤峰市聚焦绿色农畜产品生产加工、特色文化旅游、新能源和生物制药等重点产业，破除产业结构偏能偏重、产业链条短、产业层级低、产业竞争力弱的阻碍，力图在产业转型升级与提质增效方面取得积极成效。当前，赤峰通过不断完善农牧业社会服务体系，推动蔬菜、杂粮杂豆、中药材等特色农作物种植，以及传统奶制品生产加工、肉牛产业发展；以提升工业园区承载能力为抓手，加快对钢铁、有色、化工等传统产业的技改升级，重点培育壮大冶金、新能源、化工、医药、食品和新材料等工业；坚持挖潜与扩能并重，积极推进经济恢复和消费扩大，聚焦现代物流、文旅产业等现代服务业推进提档升级。

通辽市聚焦产业多元化发展，不断加强产业建链延链强链，将解决发展后劲接续不足、科技创新短板明显、产业转型升级相对缓慢作为构建现代化产业体系的重点，力图在传统产业与新兴产业协同发展方面取得积极成效。当前，通辽市通过加快农牧业规模化、产业化、品牌化发展，推动农牧业创新提质；聚焦制造业振兴崛起，推动绿色农畜产品加工、铝镍基新材料以及玉米生物产业向中高端延伸，硅基新材料、现代煤化工以及现代中医药（蒙医药）产业突围突破，加快传统产业智能化、绿色化改造及培育壮大战略性新兴产业；加快推进现代物流及文化旅游产业的充分发展，积极培育发展信息技术、研发设计、运维服务等新兴服务业。

呼伦贝尔市产业投资偏少、市场主体活力不足仍是现代化产业体系建设中存在的突出问题。对此，呼伦贝尔市聚焦产业结构优化升级，在农牧业量质齐升、文旅产业提标提效、新旧动能转换加快等方面取得积极成效。当前，呼伦贝尔市坚持固根基、扬优势，补短板、强弱项，通过做深做实文旅产业提标提效发展、农牧业增量增质发展、新兴产业集约集聚发展、生态产业乘时乘势发展、传统产业创新创优发展的"五大行动计划"，全力推动构建以生态产业化、产业生态化为核心的现代化产业体系。同时，通过持续加大科技投入，不断强化创新驱动引领，全面塑造产业竞争新优势。

锡林郭勒盟聚焦产业转型升级，力图在支撑产业结构优化、推进产业转型升级的新项目选择上有所突破，在农畜产品区域公共品牌建设，现代能源、电池及电池材料等战略性新兴产业发展，以及文化旅游产业进步等方面取得积极成效。在现代化产业体系建设方面，锡林郭勒盟对未来五年做出的具体部署是，重点打造现代能源、装备制造、煤炭清洁高效利用、绿色农畜产品生产及精深加工等产业链、产业集群。当前，锡林郭勒盟通过推动能源和战略资源基地绿色低碳转型、做优做强优质肉牛肉羊和传统奶制品等特色产业链以及打造全国草原生态文化旅游首选地，加快推动构建绿色特色优势现代化产业体系。

兴安盟与蒙东地区其他盟市相比，经济总量与经济结构短板都较为明显，尚未完全摆脱对传统发展模式的路径依赖。科技在兴安盟现代化产业体系建设中的支撑带动能力还比较弱，发展中还存在较多结构性矛盾、局部性矛盾需要破题。为此，兴安盟聚焦稳定经济增长，推进农牧业质效双增、工

业转型升级以及服务业恢复发展。当前，兴安盟通过积极打造现代绿色农牧业、清洁低碳工业、生态文化旅游业、特色商贸物流业等"四大产业板块"，以及乳品制造、清洁能源、冶金装备、新型化工、农畜产品加工等"七条重点产业链"，提升产业链、供应链韧性和安全水平，加快推动现代化产业体系构建。

二　新时期建设现代化经济体系的内涵及要求

党的十九大报告中首次提出建设现代化经济体系的任务，它作为中国特色社会主义进入新时代背景下所确定的经济发展战略目标，是中国式现代化的重要组成部分。现代化经济体系的内涵主要包括七个方面的具体内容：一是建设创新引领、协同发展的产业体系；二是建设统一开放、竞争有序的市场体系；三是建设体现效率、促进公平的收入分配体系；四是建设彰显优势、协调联动的城乡区域发展体系；五是建设资源节约、环境友好的绿色发展体系；六是建设多元平衡、安全高效的全面开放体系；七是建设充分发挥市场作用、更好发挥政府作用的经济体制。其中，建设现代化产业体系是建设现代化经济体系的重要支撑和首要任务。

习近平总书记强调，"现代化经济体系，是由社会经济活动各个环节、各个层面、各个领域的相互关系和内在联系构成的一个有机整体"。① 建设现代化经济体系是一个复杂的长期的系统工程，其目标在于实现转变发展方式、优化产业结构与转换增长动力：第一，转变发展方式，指推动经济增长方式由粗放型向集约型，不可持续性向可持续性，结构失衡型向结构均衡型，高碳经济向低碳经济，出口拉动向出口、消费、投资协调发展等的转变；第二，优化产业结构，指推动新旧动能的接续转换，实现传统产业集群化发展、制造业高端化智能化绿色化发展以及现代服务业与现代农业、先进

---

① 《深刻把握现代化经济体系的科学内涵》，"光明网"百家号，2022 年 5 月 12 日，https：//m.gmw.cn/baijia/2022-05/12/35727922.html。

制造业的深度融合发展；第三，转换增长动力，指推动依靠土地、劳动力、资本等传统生产要素的增长驱动，转换为依靠人力资本和科技创新的增长驱动。实现上述三重目标，需要国家和地方政府更加注重推动有效市场和有为政府更好结合，不断提升经济治理体系和治理能力现代化水平。

2022年10月，党的二十大报告对建设现代化产业体系做出全面部署，强调：坚持把发展经济的着力点放在实体经济上，推进新型工业化；推动战略性新兴产业融合集群发展；推动现代服务业同先进制造业、现代农业深度融合；构建现代化基础设施体系。党的二十大以来，党中央进一步明确了建设现代化产业体系的内涵和要求。2023年5月，习近平总书记在二十届中央财经委员会第一次会议上强调，"现代化产业体系是现代化国家的物质技术基础，必须把发展经济的着力点放在实体经济上，为实现第二个百年奋斗目标提供坚强物质支撑"。还强调，要"构建以实体经济为支撑，具有智能化、绿色化、融合化特征，符合完整性、先进性、安全性要求的现代化产业体系"，① 进一步阐明了现代化产业体系建设的目标。当前，国际生产体系仍处于深度调整之中，现代化产业体系建设对于重塑区域经济发展格局尤为重要。在建设现代化经济体系的视角下，聚焦东北地区现代化产业体系建设，分析蒙东地区融入东北现代化经济体系的路径是新时代推动东北全面振兴的应有之义。

三 蒙东地区融入东北现代化经济体系的路径

推进东北全面振兴取得新突破的关键在于，加快建设现代化产业体系。建设全国统一大市场，要求推动市场设施高标准联通，打通生产、分配、流通、消费等环节，保持要素和资源市场、商品和服务市场的高水平统一，从而实现市场运行效率的全面提升。这就需要东北地区加快推动基础设施互联

---

① 《扎实推动以实体经济为支撑的现代化产业体系建设》，"光明网"百家号，2023年7月6日，https://baijiahao.baidu.com/s? id=1770635850548681732&wfr=spider&for=pc。

互通、破除行政壁垒、构建产业协作体系和公共服务共建共享，为蒙东地区融入东北现代化经济体系提供根本保障。

（一）东北三省现代化经济体系建设的主要方向

辽宁省聚焦打造先进装备制造、石油化工、冶金新材料等22个重点产业集群，在规模以上工业企业数字化赋能增效，化工精细化率、冶金新材料与高端装备制造业营收占比、新能源汽车产量增长率提升等方面取得积极成效，产业链、供应链韧性和安全水平进一步提升。当前，辽宁省聚焦产业结构调整，通过不断优化产业发展生态，构建多点支撑、多业并举、多元发展的产业发展格局。重点依靠科技和改革双轮驱动，加快农业强省建设，打造海洋经济强省，推动现代服务业同先进制造业、现代农业深度融合。与发达地区相比，辽宁省产业结构调整步伐还不够快，开放合作水平也不够高，在现代化产业体系建设过程中还存在一些亟待解决的矛盾和问题。

吉林省聚焦产业转型升级，在加快新能源汽车产业生态建设、推动石化和新材料产业向精细化工和新材料转型发展、大力发展医药健康产业以及新能源和清洁能源产业方面取得积极成效。与发达地区相比，吉林省还面临新旧动能接续不够的问题，在产业链、供应链建设上还存在堵点、卡点。当前，吉林省围绕现代化产业体系建设，明确提出了实施汽车产业集群"上台阶"工程、加快石化和新材料产业转型发展、提升医药健康产业竞争力、巩固扩大装备制造业优势、大力推进能源产业"源网荷储"协调发展、推动服务业高质量发展以及培育壮大数字经济等方向，致力于加快构建多点支撑、多业并举、多元发展的产业发展格局。

黑龙江省聚焦现代农业发展与工业经济提质增效，在农业综合生产能力持续提升、产业振兴发展及战略性新兴产业竞争力提升等方面取得积极成效。与发达地区相比，黑龙江省经济总量、发展速度、产业结构以及质量效益都还有待进一步提升。当前，黑龙江立足加快建设农业强省、工业强省，坚持以创新驱动构筑发展新优势，促进创新链、产业链、人才链深度融合，积极打造我国向北开放新高地。在现代化产业体系建设方面，黑龙江省聚焦构建"4567"现代化产业体系，加强189条重点产业链的延链补链强链建设，重点推进军民融合、哈尔滨生物医药、佳木斯高端玻璃、绥化生物发酵等产业集群建设。加快发展数字经济、生物经济、冰雪经济、创意设计产业，打造经济发展新引擎，打造新材料、航空航天、高端装备制造等战略性新兴产业，推动农副产品、医药、汽车等传统产业向中高端迈进。

（二）蒙东地区融入东北现代化经济体系的路径

与东北三省主要城市相比，蒙东五盟市的人口规模、经济总量总体上偏小，发展质量总体上也不高。蒙东地区行政区分散，建立赤峰—通辽"双子星座"城市增长极后的经济资源体量在东北地区仍然较小。自身产业发展相对东北三省滞后的现实状况，客观上决定了蒙东地区融入东北现代化经济体系的重要环节首先就在于，尽快提升产业运营主体的现代化水平。

现代化产业体系的主体是企业，政府推动建立统一市场服务的主体也是企业。我国社会主义市场经济体制，决定了蒙东地区融入东北现代化经济体系的路径在于，通过提升企业发展水平，促进资本、技术、人才等要素跨区域流动，通过企业治理体系带动要素跨行政区域融合、企业运营跨行政区域合作，构建起蒙东五盟市与东北三省的区域性市场，这就需要从激发市场主体活力与建设合作协作平台两个角度寻求破题。一方面，激发市场主体活力的关键在于，推动完善企业公司治理机制与鼓励企业开展商业模式创新。另一方面，建设合作协作平台的关键在于，推进共建产业合作园区与组建区域性产业联盟。

四 蒙东地区融入东北现代化经济体系的建议

蒙东地区融入东北现代化经济体系，应在改造提升传统产业、发展新兴产业和未来产业、培育创新驱动发展新优势以及持续优化营商环境等工作的基础上，更加注重在以下四个方面发挥有为政府和有效市场的积极作用。

（一）推动完善企业公司治理机制，将现代化企业作为联通内外的主体

蒙东地区应加快完善企业公司治理机制，逐步推动构建资本市场、产品市场、经理人市场形成的外部力量与股东会、董事会、监事会及经理层形成的内部力量共同作用的现代公司治理格局。推动蒙东地区企业公司治理体系和治理能力的现代化，将企业治理体系现代化作为吸引人才、资本要素的途径，突出发挥人力资本在调整发展战略、有效配置资源等方面的作用，推动市场主体在参与区域性现代化经济体系建设中释放出新活力、新动能。国有企业在蒙东地区构建现代化经济体系中要发挥好排头兵的作用，面向东北三省推进公司治理机制的现代化，把开放管理运营理念融入企业治理的各个环节，立足自身具体定位与发展优势对外部的吸引力，获取更多的外部资源，提升产业链现代化水平。而蒙东地区民营企业在构建现代化经济体系中也要发挥出生力军作用，通过引入现代化治理模式提升企业开放经营水平，实现将科学与高效率的高质量运营融入东北现代化经济体系。

（二）鼓励企业开展商业模式创新，增加与东北三省的要素融通渠道

现代化经济体系的增长动力主要来源于技术创新以及产品与服务、商业模式的创新。在数字经济发展背景下，数据驱动的商业模式创新成为现代化经济体系的重要影响因素。蒙东地区应积极鼓励企业开展商业模式创新，营造东北三省对蒙东地区商业模式创新关注和参与的氛围。第一，支持研究机构开展关于蒙东地区企业商业模式创新现状与趋势的研究，深入分析传统企业在商业模式创新上面临的主要瓶颈与突出问题，为出台相关政策提供依据。第二，培育提供商业模式创新服务的专业机构，通过组织商业模式设计与创新培训、举办商业模式创新大赛等方式，加强蒙东地区商业模式创新在东北三省的宣传推广。第三，给予商业模式创新企业税费

减免及增值税留抵退税的政策。第四，将蒙东地区盟市政府的地方品牌宣传商业化等商业推进活动向沈阳、长春、哈尔滨等东北三省重要城市延伸，提高蒙东地区商务活动在东北三省的曝光度，提升东北三省对蒙东地区的关注度。

（三）推进共建产业合作园区，搭建与东北三省的要素融合平台

作为蒙东地区经济发展的核心城市，赤峰、通辽是内蒙古参与区域竞争、促进区域合作的重要载体。以"蒙东承接产业转移示范区"建设为契机，积极推进蒙东地区与东北三省共建产业合作园区，搭建起赤峰、通辽与东北三省主要城市之间经济联系的重要平台。产业合作园区的建设，应遵循"共商、共建、共管、共享"的基本原则，共同协商选址和规划建设、运营管理、审批服务、成本分摊以及利益分配等事项，逐步构建起蒙东地区与东北三省之间的协同发展关系。通过共建产业合作园区，进一步破除地方保护和区域壁垒，改善地区间产业同质化发展以及低水平重复建设等问题，促进蒙东地区与东北三省的生产要素有序流动及利益合理分配，推动形成优势互补、合作共赢的区域经济布局。

（四）组建区域性产业联盟，构建提高要素流动效益的新机制

建设产业联盟是提升产业链、供应链现代化水平的重要抓手，有助于打造资源共享、信息通畅、合作共赢的产业发展共同体。基于蒙东地区与东北三省各自的资源禀赋与产业优势，推动组建多个区域性的产业联盟，充分发挥其在提升产业集聚度和竞争力上的引领作用。第一，组织开展招贤纳士、培训交流、供需对接以及产业协作等活动，助力联盟企业发展壮大。第二，提供政策咨询、品牌宣传推广、知识产权转移转化以及法律援助等服务，助力联盟企业做优做强。第三，及时了解与梳理联盟企业动态，加强细分产业产业链、供应链分析，为政府相关部门制定相关规划和政策措施提供有力支撑。第四，整合联盟企业资源，加强联盟企业产学研用深度融合。第五，围绕产业深入开展精准招商，带动产业链上下游企业集约集聚发展。

参考文献

高培勇等：《高质量发展背景下的现代化经济体系建设：一个逻辑框架》，《经济研究》2019 年第 4 期。

张可云、朱春筱：《东北地区现代化经济体系建设——基于产业—空间—创新环境三维分析框架的探讨》，《吉林大学社会科学学报》2021 年第 5 期。

吴俊：《关于建设现代化经济体系的研究》，《经济研究参考》2021 年第 16 期。

华汉阳、朱启贵、李旭辉：《我国现代化经济体系建设水平及演变测度》，《统计研究》2023 年第 9 期。

洪银兴：《建设现代化经济体系的内涵和功能研究》，《求是学刊》2019 年第 2 期。

郑梦婕：《建设现代化经济体系视阈下推动共同富裕路径研究》，《新经济》2022 年第 7 期。

任保平、张倩：《西部地区高质量发展中现代化产业体系的评价及其构建路径》，《中国经济报告》2020 年第 2 期。

孙智君、安睿哲、常懿心：《中国特色现代化产业体系构成要素研究——中共二十大报告精神学习阐释》，《金融经济学研究》2023 年第 1 期。

B.22
东北三省民营经济发展现状及对策研究

刘佳杰*

摘　要： 2023 年以来，东北三省各级党委、政府认真落实党中央"两个毫不动摇""三个没有变"方针政策，持续构建高水平社会主义市场经济体制，东北三省经济逐步从疫情的疤痕效应中恢复，民营经济主要指标开始呈现稳定向好态势。当前，东北三省经济运行好转以恢复性为主，经济发展基础并不稳固，经济运行还面临部分民营企业经营困难、隐形壁垒尚未完全消除等多重挑战。鉴于此，本报告提出了持续改善营商环境、促进企业转型升级、优化科技创新环境等对策建议。

关键词： 民营经济　民营企业　创新　高质量发展　东北三省

民营经济是推动东北三省实现振兴新突破不可或缺的力量。2023 年以来，东北三省各级党委、政府深入贯彻习近平总书记关于民营经济发展的重要论述以及在东北地区考察时的重要讲话和指示精神，全面贯彻新发展理念，持续优化民营经济发展环境，坚定不移支持发展、支持民营经济。东北三省民营经济延续恢复发展态势，民营企业发展信心不断恢复，不断为实现东北老工业基地振兴新突破增添发展动力。同时应看到，复杂严峻的内外环境下，东北三省民营经济持续恢复后劲不足，恢复向好基础尚不牢固，部分企业经营困难，发展预期偏弱。放眼全国，经济复苏整体不及预期，强调"两个毫不动摇"、推动民营经济运行持续回升向好是东北三省展现更大担当作为、实现高质量发展的根本遵循。

---

* 刘佳杰，辽宁社会科学院经济研究所研究员，主要研究方向为公共经济。

一 东北三省民营经济发展现状分析

2023年，东北三省上下认真贯彻落实各级党委、政府工作要求，广大民营企业保持韧劲拼劲，各地民营经济呈现持续恢复、稳中向好的发展态势。

（一）市场主体持续壮大

2023年，东北三省市场主体均实现有效增长。截至2023年6月末，辽宁市场主体同比增长6.88%，为高质量跨越式发展赋能。其中，私营企业总量为113.56万户，占全省企业总量的89.60%，私营企业与个体工商户同比增速分别达到5.20%、23.77%，全省民营企业呈现蓬勃发展态势。

吉林着力破解市场主体登记难题，保障市场主体健康发展。新登记市场主体34.8万户，同比增长61.2%。全省登记在册的市场主体351.4万户，同比增长12.3%，其中个体工商户269.0万户。全省实体经济规模不断扩大，显示出了较强的韧性。

黑龙江全省市场主体已突破313万户，同比增长9.10%。从各市市场主体实有数量及同比增速上看，哈尔滨市新登记企业数量24177户，占比由上年同期的19.38%提高到29.27%，其中，私营企业同比增长了23.93%，企业规模逐年扩大；大庆市市场主体加快转型发展，总量达29.66万户，同比增长8.75%，新增市场主体2.53万户，同比增长17.71%，其中新增个体工商户2.11万户，同比增长18.03%；佳木斯市民营经济市场主体达到20.63万户。个体工商户与私营企业数量多、活力足，成为黑龙江稳增长稳就业的底气所在。

（二）科技创新持续赋能

创新是引领发展的第一动力，民营企业已成为推动东北三省区域创新创造的"生力军"。企业创新主体地位不断夯实，创新活力不断迸发。持续扶持壮大以科技型企业为核心的创新主体是东北三省实现高质量发展战略、推动老工业基地振兴取得新突破的现实要求。辽宁省聚焦《辽宁全面振兴新突破三年行动方案（2023—2025）》中"在培育壮大市场主体上实现新突破"重点任务，通过分型分类培育帮扶、入企指导等方式，从源头挖掘优质科技型企业进行培育，促进全省科技型企业持续健康发展。截至2023年上半年，仅沈阳市浑南区科技型中小企业就累计注册3000多户，当年备案入库708户，占全市总量的1/3。全省新入库科技型中小企业6509户，同比增长62.7%，为辽宁省振兴发展提供坚实有力的科技支撑。通过深入实施创新驱动发展战略，辽宁省目前拥有296户国家级专精特新"小巨人"企业、1979户省级"专精特新"中小企业、2432户创新型中小企业，科技型企业梯度培育机制越发完善健全。吉林省科技创新主体培育工程取得新突破，省级以上"专精特新"中小企业达892户。长春市持续推进"3168"梯度培育体系建设，成功申报979户2023年第一批高新技术企业认定企业，1161户企业顺利通过评价入库科技型中小企业，助力吉林省全面实施"一主六双"高质量发展战略。黑龙江省通过实施三轮科技型企业三年行动计划，已入库3283户科技型中小企业，云容科技企业孵化器等晋级国家级科技企业孵化器，新禹管业、北墨汽车轮毂等高新技术企业顺利升级，"积极培育高新技术企业，加快壮大振兴发展新动能"经验得到工信部肯定性表扬。

加快以数字经济工业互联网为核心的产业创新集群建设。辽宁以"数字辽宁、制造强省"的产业部署，围绕制造业、服务业、农业数字转型，全力打造东北地区工业互联网创新示范基地。2013~2022年，辽宁数字经济核心产业的专利申请中，企业占比为62.2%，科技型中小企业成为提升辽宁工业互联网创新发展水平当之无愧的主力军。新松机器人作为国内机器人及智能制造产业集群的龙头企业，所在地沈阳产业链垂直配套分工协作完善，依托不同核心产品，形成众拓、奇辉、天仁合一、吕尚科技等龙头骨干企业关键产品和装配生产的区域产业链垂直配套分工协作体系，经过20多年的发展壮大，成为专业化的基础零部件等关键零部件配套供应商和服务商，全产业链发展为辽宁智能制造注入强大的区域核心竞争力。吉林围绕生

物医药、光电信息、新材料优势布局产业，着眼打造具有国际竞争力的智能化产业集群。中国商业航天龙头长光卫星技术股份有限公司以"吉林一号"为抓手，利用星地激光高速通信工程填补国内遥感数据技术空白，精准度达95%。禹衡光学、奥普光电、长光宇航、见真精密机械、长光辰芯等航天制造企业在产业链上游负责构筑卫星单机电路板、CMOS高性能图像传感器等关键核心部件，飞轮、碳纤维完全实现省内配套；"遥感数据+人工智能"广泛应用于农林、水利等14个领域，广阔的应用市场辐射带动见真精密机械、长光辰谱等省内光学制造、新材料、精密仪器加工类下游企业发展。全产业链企业围绕"芯、光、星、车、网"发力，"航天+"产业创新集群建设筑牢高质量发展优势。

（三）外贸活力持续释放

2023年，东北三省外贸逆势而上，民营企业进出口活力和韧性更是不断彰显。第一季度，东北三省民营企业进出口总额同比增速分别高于全国水平2.2、2.0、3.2个百分点，民营企业在推动区域外贸稳规模、优结构方面的作用愈加突出，持续发挥中流砥柱作用。2023年上半年，辽宁10802户民营企业进出口总额突破1800亿元，同比增长9.9%，创下历史同期最高水平，同比增速高于全省水平8.5个百分点，民营企业释放出强劲的外贸增长活力。吉林"长满欧""长珲欧"等跨境运输通道实现新突破，外贸进出口总额增长态势明显，珲春市的冷链、鲜活水产贸易聚焦了东鹏水产、海味多等百余户海产品贸易企业，垄断全国80%的俄罗斯活蟹进口量。黑龙江民营企业进出口规模不断扩大，有进出口实绩的企业同比增长324户，民营企业进出口总额同比增长50.6%，占全省对"一带一路"共建国家贸易总值的1/3，民营企业继续发挥外贸主力军作用。跨境电商助力民营企业高质量发展，487户入驻哈尔滨、黑河、绥芬河、同江跨境电商综试区，提升开拓国际市场能力。2023年上半年，黑龙江助推民企"出海"实现预期目标，民营企业获取订单数量持续上升，实现跨境电商贸易额29.3亿元，同比增长159%。

民营企业产品出口结构明显优化。东北三省民营企业持续加快新旧动能转换，产品出口结构由附加值相对较低的劳动密集型产品逐渐转向含金量更高的高新技术产品。在产业转型升级带动下，民营企业外贸不仅实现了量的稳步增长，质量和效益也稳步提升。2023年上半年，辽宁民营企业机电产品出口额同比增长24.8%，占同期民营企业出口总额的36.3%；黑龙江劳动密集型产品、钢材出口额分别增长44.9%、118.5%，出口的稳步扩大表明东北三省经济恢复明显加快。与此同时，随着东北三省经济结构日趋合理和产业结构的调整，东北三省民营企业高新技术产品出口额占比也在快速上升。2023年上半年，以沈阳联立铜业集团、天元军融、航宇星物联仪表等为代表的辽宁民营企业持续发展壮大，产品高新技术含量以及高附加值产品所占比重不断提高。全省高新技术产品出口额51.4亿元，同比增长3.4%，为辽宁经济高质量发展提供强力引擎；民企高新技术产品出口额占全省同类产品出口额比重提升2.1个百分点，达到20.3%，有力引领辽宁经济快速转型升级。黑龙江产品出口结构持续优化，2023年上半年，哈尔滨昆宇新能源有限公司、齐齐哈尔龙江阜丰生物等有进出口实绩的外贸企业对"一带一路"共建国家出口汽车、汽车零配件、锂电池等高附加值机电产品金额分别增长了468.9%、79.6%和766.1%，电动汽车、锂电池和太阳能电池等成为民企出口主力产品，出口额合计增长348.5%，产品出口结构日渐丰富，出口竞争力明显提升。

（四）营商环境持续改善

政务服务水平不断提升。辽宁全面落实行政许可事项清单化管理，印发《辽宁省行政许可事项清单（2022版）》，推动乡镇（街道）落实730项行政许可事项；印发《辽宁省人民政府办公厅关于印发辽宁省加快推进政务服务标准化规范化便利化工作方案的通知》，103项任务细化分解，全省政务服务事项统一管理、动态管理机制基本建立。推进"一件事一次办"改革，在沈阳市等地区选取16个场景试点"只提交一次材料"，沈阳市累计优化调整395项政府职能，2270项材料实现"只提交一次"或免于提交。吉林全面落实"一主六双"高质量发展战略要求，一体化政务服务能力稳

步提升，持续深化"证照分离""证照一码通"改革，政务服务事项规范化水平提升，实现了全省同一政务服务事项包括基本编码、事项名称等16个要素统一，"证照一码通"改革试点拓展至48个县（市、区），有效提升了政务服务事项规范化水平。哈尔滨市积极探索企业开办便利化改革路径，研发并改善"企业开办直通车"系统，企业开办全流程办理时间平均为46分钟，企业开办流程不断优化升级，便利化水平不断提升。

构建优良法治环境。辽宁完成《辽宁省大数据发展条例》立法工作，依法制定、备案规范性文件9份，为打造优质营商环境做到有法可依、有法必依。开展全省营商环境建设综合督查，对14个市及沈抚示范区开展营商环境建设综合督查，共核查涉企投诉问题线索66个，发现问题141个，并将问题纳入全省营商环境突出问题整改工作中。开展行政审批突出问题专项整治，督促指导15个地区集中整改。吉林持续推进高效便利政务环境、公平公正法治环境、利企惠企市场环境、保障有力要素环境4个建设工程实施方案落实，加强立法建设，《吉林省促进大数据发展应用条例》《吉林省知识产权保护和促进条例》《吉林省税收保障办法》等重点领域立法取得突破性进展，全力塑造公平正义的行政执法公信力。健全行政执法"三项制度"和行政裁量权基准制度，助力法治化营商环境建设。黑龙江构建优化营商环境效能监测与评价指标体系，设定5项指标70项监测与评价项目，营造依规经营、创新创业、诚实守信、公平竞争的市场环境。新修订《黑龙江省优化营商环境条例》，颁布《黑龙江省行政执法监督联系点管理办法》，强化营商环境的制度保障，加大高质量法律供给力度，优化法律服务，以法制化服务护航全省民营经济高质量发展。

二 东北三省民营经济发展存在的问题

受全球以及国内宏观经济形势的影响，不仅东北三省，放眼全国，各地民营企业在生产经营方面均出现了不同程度的困难，部分企业认为当前状况甚至不如疫情前。除面临成本攀升、大宗商品涨价、资金不足、市场难以推广等共性困难外，东北三省2023年夏季又遭遇历史罕见的极端天气冲击。民营企业整体参差不齐、两极分化，更多的小微企业出现了信心和活力不足的苗头。

（一）市场主体规模有待扩大

东北三省市场主体总量不足，按照2022年底的各省份统计口径，东北三省总计市场主体1103.0万户，同期广东1572.5万户、江苏1371.6万户、山东1385.4万户，三省的市场主体数量捆绑在一起尚不及一个发达省份。企业数量占比不高，全国企业与个体工商户数量比为46∶100，辽宁36∶100，吉林27∶100，东北企业数量占比较低，同期上海84∶100，广州60∶100，深圳64∶100，个体工商户数量比重偏大。辽宁新登记企业同比降幅较全国水平高7.5个百分点，黑龙江高4.0个百分点，作为区域经济发展水平的重要衡量指标，企业数量不足，对当地经济社会发展的支撑能力和贡献率就会有限。行业分布结构有待优化，东北三省规上服务业企业数量少，2022年基础生活性服务业普遍滞缓，辽宁批零、住宿餐饮、居民服务、修理及其他新登记个体工商户同比下降18.74%，服务业企业弱、小状况突出。同时，东北三省服务业企业以商贸、物流等传统领域为主，在产业链高端规模小而散，创新型企业偏少。辽宁总计29551户国家科技型中小企业，虽然在三省中脱颖而出，但在全国仅排第15位，与头部省份差距依然较大。

（二）部分民营企业经营困难

东北三省民营经济复苏任重道远。2023年，国内经济下行压力依然较大，东北地区部分民营企业经营困难、入不敷出的窘境尚未缓解。疫情导致民营企业活跃度持续下降。以辽宁为例，2022年，辽宁民营企业活跃度为63.29%，虽高于吉林、黑龙江，列全国第14位，但处于全国中游，同比下降1.81个百分点，民营企业市场主体发展较慢，资本流入有限；市场主体注销37.23万户，同比增长11.06%，每新增100户市场主体退出60户，与2021年的每新增100户退出50户相比，退出户数增加10户，说明小微企业

不再是仅感受到短期压力而是在悲观预期下彻底离场，缺乏雄厚资本的民营企业会面临狂风暴雨式的风险压力，疫情带来的心理性疤痕效应尤为明显。经营成本高导致部分个体工商户承压较大。以餐饮业为例，上游原材料涨价凶猛，2023年以来，吉林面粉每袋涨价14元，经历两次食用油涨价，白条肉的平均出厂价格同比上涨10.8%。上游难以承受的成本之重也无法转移到下游，疫情后的消费降级让价格尤为敏感，价格稍有调整客源就会流失，于是市场主体在中间面临"两头堵"问题。房租减免落地性差。虽然各地均有政策补贴跟进，但是个体工商户流动性大，为节约成本，与"二房东"乃至"三房东"签订租房合同，导致政策红利被截留。而房租需要提前支付，需要到下一年度才能享受减免政策，远水解不了近渴。招人难、用工贵也抬高了小微企业经营成本。东北三省城镇化率较高，剩余劳动力依然"孔雀东南飞"，滞留本土以打短工为主，尤其是青壮年，随机性转岗，流动性较大。此外，制度性成本过高。餐饮、美发部分个体工商户反映，平台的收费规则模糊不清、扣点收费过高、被动参与营销，刨去人工、租金等所剩无几，沦为平台打工人，急盼政府破解对策。

（三）隐形壁垒尚未完全消除

东北三省隐形壁垒依然亟待破除。观念上的隐形壁垒依然存在，部分行业领域虽然打破行政性壁垒、放开市场准入，但市场活动中仍有竞争性领域和环节存在行政性壁垒，国有和民营做不到一视同仁。尤其是在招投标和政府采购、信用建设等方面，国有企业因其产权属性而获得地方保护及行政垄断，制度供给质量不高，给社会信心和发展前景带来严重不良影响。要素获取方面，部分企业家认为银行在同等信用等级条件下，对国企、民企一碗水端不平，民营企业经营稍有不善银行随时抽贷短贷。政策持续性上，地方在环评、安检上层层加码，优惠政策申请过程中政策不公开透明、手续烦琐复杂、政策时效性差和不确定性大。部分地区对新企业设置歧视性门槛，要求固定办公面积、缴纳一年以上社保、明确跨区经营条件等，无法真正做到公开透明。

（四）融资难度依然较大

融资难、融资贵严重制约了东北三省民营经济的发展壮大。民营企业研发创新、成果转化等依托的是大量的资金保障，虽然各项金融扶持政策频频出台也发挥一定作用，但在实际操作过程中，民营企业实力弱、抗压差等各种因素直接影响企业融资。部分银行具有"重大轻小、投强轻弱"的属性，对民营企业名下资产、流水、纳税、担保资质等环节审查严格，小微企业甚至还要支付更多上浮利息与隐性成本。融资难的问题始终悬而未决，这对中小民营企业转型升级产生了较大影响。此外，对银行而言，民企信贷业务额度有限、周期性长，银行收益小、回报低，故其主动性差。因此，对东北部分中小民营企业而言，其宁可放弃烦冗的银行审核，民间借贷更为简单干脆，虽然利息高但可以直接提现解决企业燃眉之急。

三　当前影响东北三省民营经济发展的因素分析

（一）积极因素分析

2023 年，我国经济社会全面恢复常态化，发展质量稳步向好。东北三省上半年数据格外抢眼，彰显出发展的强大韧性，民营企业长期向好的基本面没有改变，民营经济发展韧性和潜力尚有释放空间。国家层面打出推动民营经济稳步提质政策组合拳，7 月出台的《中共中央　国务院关于促进民营经济发展壮大的意见》提出 31 条支持民营经济发展的政策措施，将民营经济定位为"推进中国式现代化的生力军"，民企举足轻重的地位跃然其中。从 2005 年的"非公经济 36 条"到 2010 年的"民间投资 36 条"，从 2019 年的"民营企业 28 条"到最新的"民营经济 31 条"，举国上下对民营经济的支持态度毋庸置疑，直击民营企业信心不足、不敢投的问题，强调政策稳定，加力助企纾困，极大激发了东北三省民营经济发展活力。在东北三省各级政府做强做优实体经济政策的持续推动下，农产品加工、装备制造、冶金

等特色优势产业基础进一步夯实，经济结构持续优化，成长性产业逐步恢复巩固，现代信息技术、人工智能等新动能对民营经济的带动作用将更加明显，民营经济总体呈现恢复向好态势。此外，从东北三省进出口总额看，1~7月共实现7064.7亿元，虽然增速有所放缓但同比仍增长1.3%。特别是黑龙江省，俄罗斯持续向东看，故进出口总额同比增长15.0%，开放发展步伐不断加快，方便更多民企参与国际化竞争。与此同时，吉林省新增俄罗斯符拉迪沃斯托克（海参崴）港为境外中转港口，黑龙江省绥芬河市、吉林省珲春市距其仅200公里左右，这将极大降低运输成本，方便民营企业形成东北三省的内外循环配套。

（二）消极因素分析

当前东北三省中小企业恢复的基础仍不牢固。从国际看，全球性经济社会环境错综复杂，受俄乌冲突、美联储长期量化宽松政策、全球性供应链断裂、国际能源价格波动等各种因素影响，全球性经济增长乏力，我国亦无法独善其身。从国内看，东北三省尽管经济企稳向好、释放振兴积极信号，但仍然面临较大的压力和挑战，内生动力依然不强。从发展基础看，2022年，东北三省辽宁、吉林、黑龙江GDP分列第17、26、25位，人均GDP分列第18、27、30位，民营企业活跃度差，与南方发达省份相比，差距较大；东北三省地方政府债务余额分别排在全国第14、24、25位，负债率分别达到37.9%、54.8%、45.9%，吉林、黑龙江财政仍高度依赖中央补助，社保就业服务等财政刚性支出多、负担重，终端消费机制难以构建。东北三省当前的指标增长高度依赖出口，一旦出口压缩，民营企业就很难靠扩大规模赚取利润。从产业结构看，东北三省民企多集中于制造业领域，仍有不少企业具有单纯依靠资源和传统产业的思维方式；升级转型过程中数字化转型滞后，有自主品牌，没有专利产品，产品处于产业链中游，附加值越来越低，抵御风险能力较差，提升产业链、供应链的数字化能力乃至推动产品特性的调整还有漫长的路要走。从人才建设看，人才缺乏是制约东北三省民营经济发展的重要因素。东北三省在老龄化的同时技术人才不断流失，人才难以集聚，企业发展前景不明、缺乏合理奖励机制导致技术人才流失严重，最终将影响企业持续发展的潜力和竞争力。

四　促进东北三省民营经济实现高质量发展的对策建议

（一）提振民营企业信心，持续改善营商环境

弘扬企业家精神，营造有利于民营经济发展的舆论环境和尊重企业家、呵护企业成长的社会氛围，增加对优秀民营企业家的报道、专访，充分发挥典型示范作用，共商民营经济发展大计。加强民营企业产权保护，贯彻落实"两个毫不动摇"，稳定民营企业预期，实现"恒产者有恒心"，依法保护各类市场主体合法权益。持续改善营商环境，让"民营经济31条"在东北三省落地生根。持续打造高质量政务环境，全面推进政务公开工作，尤其加强对企补贴、减免等的政策公开，做到权力运行到哪里，公开和监督就延伸到哪里，杜绝腐败，提升东北各级政府公信力。强化各级政府法律意识，完善公信力建设中的法律监督，建立动态化监督机制，健全政务考核制度，加大懒政等不作为的惩戒力度，必要时采取问责、追责，以政府的诚信提升稳定民间投资，提振企业家信心。提升办事效率，探索多种惠企助企服务模式，加强政策宣讲解读，细化办事指南，探索公众号等多种方式宣讲政策，为民营企业答疑解惑，激发企业发展信心。营造公平竞争市场环境，建立健全内部审查机制，加强工作人员专业化建设，深入推进公平竞争审查制度落到实处。全面实施市场准入负面清单制度，推进"非禁即入"普遍落实，打破各种形式的不合理限制和隐形壁垒，任何所有制成分均享有同等市场准入条件，给予民营企业同等待遇，破除在招投标过程中对中小企业的隐性歧视，持续加大民营企业平等使用资源要素的保障力度。规范监管执法体系，严格遵循"法无授权不可为"，推进执法规范化建设，实现执法活动正规化，制定统一的行政涉企检查事项清单，严格规范涉企执法检查行为，更好展示政府形象。

（二）促进企业转型升级，培育壮大骨干企业

聚焦东北三省主导产业，强化产业带动。推动东北三省装备制造、石化等传统产业改造升级和提质增效、做优存量。完善高端装备制造业规划布局，辽宁持续推进先进制造业集群发展专项行动，围绕集成电路、航空装备、数控机床等重点产业集群培育形成优势民营企业；吉林继续巩固扩大传统装备制造业优势，打造集风电整机、储能设备等于一体的新能源装备产业链，推动制造业向绿色化转型，通过转型助力企业提质增效；黑龙江拓宽业务领域，着力打造国家重要的先进电力装备、高端智能农机等先进制造业集群，推动产业集群不断升级。持续加快能源结构调整，推进辽宁石化行业龙头企业—产业链—基地模式建设，以"减油增化"发展化工新材料和精细化工，提升民营企业化工精细化率；黑龙江在"油头化尾"基础上，持续推广"整机+配套""原材料+制成品"等模式，支持民营企业通过产业链上下游深度合作，打造区域内一批关联度高、配套性强的核心基础零部件、石化精深加工等产业集群，实现产业转移与企业转型升级紧密结合。促进传统产业转型的同时，还要做大做强石墨新材料、工业机器人和智能装备、生物医药等战略性新兴产业集群，促进产业结构逐步由单一化向多元化转变。提升重点战略性新兴产业集群的基础研究投入强度，在核心关键技术上实现重点突破和持续攻关，以科技创新增强市场竞争力。梳理企业，多措并举，通过政策资金扶持等方式，加大对东北三省民营企业培育力度。重点扶持科技含量高、发展空间大的成长性企业，推动其成长为龙头企业，深化合作。支持有基础的民企进入重点战略性新兴产业，拓宽民营企业生产经营领域，培育形成优势企业。

（三）消除各种瓶颈，优化科技创新环境

打破企业发展各种瓶颈。构建资金保障体系，完善和落实《保障中小企业款项支付条例》，规范分包合同，保障民营企业合法权益，将分包商的违法行为纳入征信系统，从根本上解决中小企业应收账款拖欠问题。搭建技

术创新体系，聚焦战略性新兴产业领域，加大科技项目储备力度，完善科技创业孵化链，着力打造专业化发展孵化载体，推动产学研合作，鼓励民营企业发明创造，培育壮大各类创新型民营企业。搭建产学研融合创新平台，打破企业、学术机构和研究机构的壁垒和隔阂，充分调动发挥各主体的产学研融合积极性，加速科技成果的转化应用，释放中小企业共性技术平台的活力。完善人才配套体系，着力优化企业人才结构，发挥市场在人才资源配置中的决定性作用，精准施策，推进民营经济产业工人队伍建设。畅通民营企业职称评审渠道，深化完善绩效考评机制和激励机制，跳出属地范畴，为东北三省民营企业发展做好人才支撑。提升科技创新体系整体效能。重视培育东北三省"专精特新"和"小巨人"中小企业，聚焦能源、化工、食品、医药等重点高新技术产业链，抢抓碳达峰碳中和国家战略窗口期机遇，加大"蓄能"，不断提升创新能力和专业化水平。挖掘专精特新"小巨人"企业潜力，加大"小巨人"企业在创新资源配置中的主导权，在技术创新决策、研发投入、成果转化应用等方面充分发挥主体作用，在细分领域专注深耕细作。解决创新要素向企业集聚的"信用"和"利益"问题，把保护知识产权作为解决利益分配机制问题的中心环节，建立产学研长期合作的信用和约束机制，坚定各方合作信心和投入决心。

参考文献

徐建琴：《持续激发徐州民营经济发展活力的思路与对策》，《产业科技创新》2020年第5期。

毛建民：《苏州中小型民营企业发展问题及应对对策》，《中阿科技论坛》2021年第11期。

周志超：《新阶段广西民营企业高质量发展的路径研究》，《中共南宁市委党校学报》2022年第1期。

刘苹：《数字经济影响民营企业韧性的空间效应研究》，《工业技术经济》2022年第12期。

B.23
东北三省生态环境协同发展的路径研究

李　平*

摘　要： 　东北三省是我国传统的老工业基地，良好的生态环境既有助于东北三省的经济社会发展，也是加快东北振兴的有利因素。近年来，东北三省生态环境建设取得了较好的成效，环境空气质量明显改善、水环境质量持续优化、生态环境保护和修复扎实推进、生态环境治理体系不断完善。然而，我们在看到成绩的同时，也应注意到东北三省生态环境保护工作仍面临一些挑战，存在区域结构性污染压力依然较大、生态环境质量改善的基础还不稳固、生态环境治理体系和治理能力现代化水平有待提升等问题。为推动东北三省生态环境协同发展，加强污染跨界协同治理，本报告从统筹推进区域绿色协调发展、强化区域协作和重污染天气应急联动、建立健全流域污染联防联控机制、提升区域生态系统质量和稳定性等方面提出具体实施路径，以期持续改善生态环境质量，推进东北三省经济社会绿色转型，实现高质量发展。

关键词： 　生态环境　协同发展　绿色发展　东北三省

党的十八大将生态文明建设上升到了"五位一体"的高度，着力推进经济发展方式转变，促进经济社会发展与生态环境保护相协调。党的十九大将生态文明纳入"两个一百年"奋斗目标重大战略任务，强调在经济社会发展中要牢固树立社会主义生态文明观。随后，党的二十大报告明确了我国新时代生态文明建设的战略任务，总基调是推动绿色发展，促进人与自然和

---

* 李平，吉林省社会科学院城市发展研究所副研究员，理学博士，主要研究方向为城市发展与产业经济。

谐共生。东北三省是我国传统的老工业基地，良好的生态环境既有助于东北三省的经济社会发展，也是加快东北振兴的有利因素。自辽宁、吉林和黑龙江三省相继提出建设生态省以来，东北三省高度重视生态环境建设，推进生态文明建设和生态环境保护取得了较好的成效，但也面临诸多挑战。东北三省作为一个有机的整体，生态环境污染具有跨界性和流动性的特征，冲击着传统以行政区为界的治理模式，因此增强各个城市的生态环境协同发展能力，持续改善生态环境质量势在必行。

一 东北三省生态环境的发展现状

东北三省是我国北方重要的生态安全屏障。近年来，东北三省紧密结合地区经济社会发展的目标以及重点任务，以改善生态环境质量为核心，全力推进低碳发展，深入打好污染防治攻坚战，推进东北三省的生态环境质量持续改善，生态环境建设取得了较好的成效。

（一）环境空气质量明显改善

近年来，东北三省采取有力措施，坚决打赢蓝天保卫战，环境空气质量明显改善。深入开展环境空气质量巩固提升行动，落实主要污染物排放总量控制制度，实施节能减排重点工程，能源利用的效率得到了大幅的提高，东北三省的主要污染物排放总量持续减少。同时，东北三省强化大气重污染区域治理，采取有力措施应对重污染天气，统筹实施控制煤炭消费总量、整治各类污染企业、淘汰黄标车、防止秸秆露天焚烧等措施，进而减少重污染天数。2022 年，辽宁省城市环境空气质量持续改善，优良天数为 329 天，优良天数比例平均为 90.0%，$PM_{2.5}$ 年均浓度为 31 微克/米^3，同比下降 11.4%，可吸入颗粒物、二氧化硫、二氧化碳、一氧化碳的浓度同比下降。[1] 2022 年，吉林省深入开展环境空气质量巩固提升行动，环境空气质量

---

[1]《辽宁省生态环境状况公报（2022 年）》，https://sthj.ln.gov.cn/sthj/attachDir/2023/06/2023060508341395878.pdf。

稳步提升，9个地级市（州）政府所在城市优良天数比例平均为93.4%，高于全国平均水平6.9个百分点，"吉林蓝"已经成为常态，$PM_{2.5}$年均浓度为25微克/米³，同比下降9.1%。2022年，黑龙江省环境空气质量持续改善，优良天数比例平均为95.9%，同比上升1.3个百分点，是2015年实施环境空气质量新标准以来最好水平，$PM_{2.5}$年均浓度为24微克/米³，同比降低2微克/米³。同时，2022年，辽宁省的阜新市、大连金普新区获国家气候投融资试点，沈阳市、长春市、哈尔滨市、营口市、盘锦市、吉林市、白山市等城市纳入国家清洁取暖支持范围。由于东北三省的气象条件、产业结构较为相近，加上地形条件的影响，大气污染联防联控意义重大。2023年5月，为协同应对大气污染物的区域传输，共同巩固东北地区大气污染防治的成果，东北四省区共同签订了《大气污染联防联控合作框架协议》，这标志着东北四省区大气污染联防联控合作机制更加完善。

（二）水环境质量持续优化

东北三省坚持工业、城市生活、农业农村"三源齐控""三水统筹"，加大水环境治理力度，水质稳中向好。2022年，辽宁省碧水保卫战实现新突破，统筹实施溯源控污、截污纳管、面源管理、生态修复，深入开展20个重点河段达标攻坚，推动解决69个断面超标问题。出台了《辽宁省加强入河入海排污口监督管理工作方案》，累计整治7000余个排污口，极大地促进了水环境的改善。2022年，辽宁省河流水质状况良好，150个地表水国家考核断面中，88.7%的断面年均水质达到或优于《地表水环境质量标准》（GB 3838-2002）Ⅲ类标准，同比上升5.4个百分点。在农村生活污水治理方面辽宁省也积极探索，锦州市农村黑臭水体治理获得国家试点。吉林省紧紧围绕深入打好碧水保卫战的目标，以"两河一湖"为重点，全面推进水污染治理，组织地方制定"8+2"劣Ⅴ类水体整治方案，实施劣五类消除工程，建立"问题、措施、项目、责任"四个清单，111个国考断面中年均水质达到或优于《地表水环境质量标准》Ⅲ类标准的断面比例为81.8%。2022年，黑龙江省国控断面优良水体比例为81.3%，超额完成年度考核目标要求，松花江干流国控断面水质全部达到Ⅲ类标准，历史首次水质状况达到优，国控断面劣Ⅴ类水体清零。[1]

（三）生态环境保护和修复扎实推进

良好的生态环境有利于东北三省经济社会的高质量发展。近年来，东北三省稳步推进生态省建设，坚持系统保护和修复，生态环境质量显著提高，资源环境承载能力稳步提升。辽宁省积极推进生态环境保护和修复，持续开展"绿盾"自然保护地强化监督工作，筑牢生态安全屏障。2022年，辽宁省生态质量指数为64.51，生态质量为"二类"，在全国处于中等水平。盘锦市大洼区和兴隆台区、本溪市本溪县等县（区）先后入选国家生态文明建设示范区，丹东凤城市大梨树村、本溪桓仁满族自治县、沈阳棋盘山地区入选国家"绿水青山就是金山银山"（以下简称"两山"）实践创新基地。吉林省科学谋划区域战略布局，统筹东中西协调发展，加快建设西部生态经济区，河湖连通等一批重大生态水利工程取得突破性进展，加强中部地区生态环境保护和建设，依托中部地区的交通轴带，构建绿色生态廊道，务实推进东部绿色转型发展区建设、矿产资源勘探开发、生态环境保护和修复等重点工作，生态环境建设取得积极进展。2022年，吉林省生态质量指数为67.32，生态质量为"二类"。吉林省不断加强对生态环境的监督和检查，自然保护地违法违规问题整改率达到99%。全域推进生态示范创建，抚松县、敦化市入选第六批国家生态文明建设示范区，辉南县获得第六批"两山"实践创新基地命名。黑龙江省生态环境保护和修复扎实推进，开展"绿盾"行动，高质量推进小兴安岭—三江平原山水林田湖草生态环境保护和修复等国家重大工程，生态系统功能得到有效提升。哈尔滨市获评首批"国际湿地城市"，虎林市、黑河市爱辉区、漠河市、黑龙江省农垦建三江管理局获得国家生态文明建设示范区命名和表彰。

---

① 《2022年吉林省生态环境状况公报》《辽宁省生态环境状况公报（2022年）》《2022年黑龙江省生态环境状况公报》。

（四）生态环境治理体系不断完善

通过对生态环境治理的不断探索，东北三省的生态环境治理体系日益完善。在法律法规政策体系方面，结合东北三省的生态环境发展现状，进一步丰富生态环境的管理模式。东北三省全力推广排污许可证制度，辽宁省、吉林省、黑龙江省基本实现固定污染源排污许可全覆盖。如辽宁省出台了《辽宁省推动构建现代环境治理体系实施方案》等制度文件，初步建立"三线一单"生态环境分区管控体系，近 10 万家企业纳入排污许可管理范围，基本建立起生态环境损害赔偿制度体系，调查案件 300 件。吉林省法规体系进一步健全，修订实施《吉林省黑土地保护条例》等，制定《吉林省陆生野生动物保护条例》。吉林省全力落实《排污许可管理条例》，开展固定污染源排污许可证质量、执行报告审核，强化排污许可证后监管，4.9 万个固定污染源全部纳入管理范围。已经常态化、制度化推动生态环境损害赔偿，截至 2022 年，吉林省已有 4 家生态环境损害鉴定评估机构，有效满足社会对生态环境损害鉴定评估的需要，为深入打好污染防治攻坚战提供技术支撑。为深入推进东北地区生态环境执法协同联动，2023 年 7 月 21 日至 8 月 4 日，东北地区开展跨区域生态环境联合执法，共同打击省区交界处、重点流域、农村区域等跨区域生态环境违法犯罪行为，推进一区三省行政接壤区域污染综合整治，推动生态环境保护工作取得实效。

二 东北三省生态环境发展中存在的问题

经过多年的不懈努力，东北三省的生态环境建设取得了较好的成效，然而，我们在看到成绩的同时，也应注意到东北三省生态环境保护工作仍面临一些挑战，存在区域结构性污染压力依然较大、生态环境质量改善的基础还不稳固、生态环境治理体系和治理能力现代化水平有待提升等问题。

（一）区域结构性污染压力依然较大

东北三省均是工业大省，能源消费以煤炭消费为主，在产业结构中重工业所占的比重较大，公路运输在东北三省运输结构中占主导地位，经济增长对能源消费的依赖性比较强。偏重的产业结构，必然消耗大量的资源和能源，给生态环境带来较大的压力，不可避免地存在产业发展与生态环境保护之间的矛盾。近年来，东北三省注重产业的转型升级，大力推广和发展绿色产业，但绿色产业的整体规模依然较小，种类也有待进一步丰富。东北三省传统工业的发展，带来了一定的资源环境问题，导致资源过度开发，资源利用的效率也不高，给环境带来的压力也较大，资源环境承载力与工业发展之间的矛盾依然存在，2022 年辽宁省、吉林省、黑龙江省单位 GDP 二氧化碳排放量分别为 0.89 吨标准煤/万元、0.54 吨标准煤/万元、0.75 吨标准煤/万元，同期全国单位 GDP 二氧化碳排放量为 0.48 吨标准煤/万元，三省仍高于全国平均水平。东北三省大力推广和利用秸秆资源，但目前"秸秆肥料化和饲料化为主、燃料化为辅、原料化和基料化为补充"还处于起步阶段。此外，各类开发区和产业园区内上下游产业之间、各企业之间的循环经济发展模式还没有建立起来，资源和能源的利用效率有待进一步提高。

（二）生态环境质量改善的基础还不稳固

近年来，随着东北三省生态环境保护和修复工作的持续推进，生态环境质量进一步好转。但是，我们在看到生态环境保护与治理取得的成绩的同时，也应注意到东北三省生态环境质量改善的基础还不稳固，生态环境质量受自然条件变化影响较大，具有极大的不稳定性。在环境空气质量方面，东北三省在秋冬、冬春季节由于受不利气象条件的影响，此时段较易发生重污染天气，大气污染问题较为突出。2022 年东北三省秋冬季节重污染天气依然时有发生，根据相关统计，吉林省平均重度及以上污染天数比例为0.4%，辽宁省为 0.2%。2022 年黑龙江省采暖期优良天数比例平均为93.4%，非采暖期为98.3%。在水环境质量方面，东北三省境内地表水的区域性、流域性污染问题依然存在，尚有部分流域的水环境质量不稳定。2022年绥芬河水系水质为轻度污染，与上年相比无明显变化。松花江水系在吉林省内还有16.1%的国控断面为Ⅳ类水质、1.6%的国控断面为Ⅴ类水质。辽河流域在辽宁省内还有17.7%的Ⅳ类水质、1.3%的Ⅴ类水质。[①] 水环境质量受降雨等外部因素影响较明显，各地区成效改善不够均衡。在土壤环境质量方面，虽然东北三省的农用地和建设用地的土壤环境质量相对较好，但在工业企业周边、有色金属采选冶炼地区的土壤受到一定程度污染，这些地区土壤环境问题相对较为突出。

（三）生态环境治理体系和治理能力现代化水平有待提升

近年来，东北三省持续深化生态文明体制改革，加快构建现代化环境治理体系，取得了一定的成效。但是，东北三省生态环境保护相关的地方性法规标准、生态环境保护责任体系仍不完善，市场机制、监管执法等作用发挥依然不够。东北三省环境基础保障能力仍显不足，东北三省大部分县（市、区）的污水处理设施不完善，存在处理能力不足的问题。在垃圾处理方面，生活垃圾处理设施供需结构不平衡、发展不充分，短板比较明显，规划建设系统性不足，现有的收转运和处理体系难以满足分类要求，生活垃圾资源化利用水平不高，智能化水平低等问题，成为生活垃圾处理设施高质量发展的瓶颈。尤其是农村生活垃圾收运处置设施依然不完善，农村生活污水治理问题有待解决，畜禽粪污治理体系有待完善。此外，城乡接合部、乡镇、农村散煤污染问题较为突出。同时，仍有大量企业和园区分布在地表水及城区附近，环境风险防范压力仍然较大。此外，东北三省的环保执法队伍建设仍需加强，亟须提升环境监测能力、环境风险管控能力以及环境管理水平，在环境治理领域积极引进前沿的现代信息技术的力度还不够。

---

① 《2022年吉林省生态环境状况公报》《辽宁省生态环境状况公报（2022年）》《2022年黑龙江省生态环境状况公报》。

三 东北三省生态环境协同发展的路径选择

良好的生态环境是东北三省高质量发展的前提，针对东北三省区域结构性污染压力依然较大、生态环境质量改善的基础还不稳固、生态环境治理体系和治理能力现代化水平有待提升等问题，本报告从以下几个方面提出促进东北三省生态环境协同发展的路径，以期持续改善东北三省生态环境质量，提高东北三省经济社会发展与生态环境保护的协调能力，进而推进东北三省全面振兴、全方位振兴。

（一）统筹推进区域绿色协调发展

我国已进入高质量发展阶段，绿色转型发展步伐不断加快，绿色产业、绿色业态、绿色产品的发展为生态环境保护提供了强大助力。作为中国的老工业基地，东北三省经济社会发展与生态环境保护之间的矛盾一直都存在。未来，东北三省仍需加快转变经济发展方式，促进产业结构优化升级，统筹推进区域绿色协调发展。东北三省应充分发挥自身山清水秀的生态优势，在经济发展中坚持绿色发展的理念，加强生态建设和环境保护，推进经济朝绿色、低碳方向转型，加快构筑可持续发展长效机制。以绿色发展作为东北三省经济发展的本底，加快构建与本地产业相适应的绿色产业发展体系，通过建设绿色城市助力生态东北的建设。首先，促进城市产业绿色转型。按照绿色低碳转型升级、优化调整产业结构的要求，辽宁省加快改造升级传统制造业，与现代科技相结合，推进其向绿色化、智能化、高端化发展，对于冶金、石化等优势主导产业，不断延伸产业链条，构建完整产业链，进一步增强其核心竞争力，加快培育和壮大经济发展新动能，鼓励和支持高新技术产业发展。吉林省围绕"环保、节能、资源利用"等领域，发展绿色经济，加快产业的绿色化和生态化改造，推广最新研发的技术、新材料以及新标准，进而推动产业朝绿色化和生态化方向转变，促进城市经济转型，建立绿色产业链条，促进城市高质量发展。黑龙江省重点推进钢铁、石化等行业改

造和升级，促进其向生态友好型发展，推动工业绿色转型升级。东北三省应大力发展循环经济，加快阜新煤化工循环经济园区、蛟河石材循环经济产业园、吉林省化学工业循环经济示范园区、黑龙江东部循环经济产业园区等循环经济平台的建设和改扩建，促进可再生资源的有效回收和利用，从而推进东北三省经济的绿色转型发展。其次，东北三省要加快营造有利于绿色生态产业发展的环境，加大力度推进绿色城市以及智慧城市的建设，在经济社会的发展过程中倡导循环经济和绿色低碳发展理念，加快推动城市绿色转型，在发展中保护东北三省的生态环境。

（二）强化区域协作和重污染天气应急联动

在大气环境保护和治理方面，东北三省应强化区域合作，加强对重污染天气的应急联动。在东北三省大气环境治理方面，完善区域大气污染综合治理体系，推动城市大气环境质量达标及持续改善，落实城市政府大气污染防治主体责任，推进城市大气环境管理的精细化和科学化。区域协同开展 $PM_{2.5}$ 和臭氧污染防治，统筹考虑污染区域传输规律和季节性特征，制定精细化协同管控方案。建立大气重污染区域整治清单，实施动态管理，建立包保机制。推进大气污染联防联控，健全区域联合执法信息共享平台，实现区域监管数据互联互通，东北三省定期组织开展区域大气污染的专项治理。大幅减少重污染天气是解决老百姓"心肺之患"的有效途径，也是打赢蓝天保卫战的重中之重。东北三省秋冬季是重污染天气高发的季节，制定东北三省重污染天气应急预案，加强省、市、县和企业四级重污染天气应急体系建设，建立健全重污染天气应急处置机制，各地区积极参与东北三省重污染天气预警应急联动。特别是围绕东北地区的秸秆焚烧污染问题，及时加强信息沟通，交流工作经验，互相取长补短，完善以秸秆禁烧等为重点的协同监管，建立互查互督工作机制，共同推动解决区域大气污染难点问题，实现共赢。

（三）建立健全流域污染联防联控机制

深入打好碧水保卫战，以东北三省水环境持续改善为核心，统筹水资源保护和治理，建立健全流域污染联防联控机制，强化流域上下游各级政府协同机制。对于松花江、辽河、鸭绿江等跨界河流，探索建立跨区域联合河长制，通过联合巡河等形式共同开展河流治理工作，从而推进东北三省跨界河流的污染防治。深化东北三省流域分区管理体系，将国控断面汇水范围作为实施精准治污、科学治污、依法治污的流域空间载体，建立全链条管理的水污染物排放治理体系。实施重点流域入河排污口排查整治全覆盖，全面开展松花江、辽河、浑河、绥芬河、黑龙江干流及一级支流入河排污口排查，按照"取缔一批、规范一批、合并一批"工作原则，分类推进入河排污口规范整治。深入开展跨界河流上下游突发水污染事件联防联控，加强研判预警、拦污控污、信息通报、协同处置、纠纷调处、基础保障等工作。推进东北三省水生态智慧管理，建立水质自动监测网，健全预警预报体系。

（四）提升区域生态系统质量和稳定性

未来，东北三省继续加强国家重点生态功能区与实施生态保护红线地区等重要区域的生态系统保护和修复，统筹推进山水林田湖草沙冰一体化保护和治理，完善区域内森林、湿地、草原等的长效保护机制，提升区域生态系统质量和稳定性。在森林资源保护方面，东北三省应全面加强天然林保护，继续开展大规模国土绿化行动，确保森林总量扩充，筑牢绿色屏障，继续推进长白山森林生态保育，松嫩平原、三江平原农田防护林等重点防护林体系建设。坚持生态环境的自然恢复，加强湿地保护，重点围绕三江平原、松嫩平原以及松花江的沿岸，因地制宜制定修复方案，实施重大湿地保护修复工程。切实强化辽河口、鸭绿江口、向海、莫莫格、兴凯湖、扎龙湿地等重要珍稀候鸟迁徙繁殖地保护管理。以松嫩平原草原为重点，科学开展退化草原生态修复治理工程。推进绿色矿山建设，开展废弃矿山、政策性关闭矿山专项整治工作，统筹推进阜新市、抚顺市、辽源市、通化市、白山市等历史遗留矿山生态修复。优化防风固沙体系建设，加强松嫩平原盐碱地改良治理，开展小流域及侵蚀沟水土流失综合治理。完善东北三省整体的生态保护补偿机制，因地制宜地针对不同的主体功能区类型以及不同的生态资源本底，积

极探索建立跨区域的综合生态保护补偿机制，从而最大限度地激发地方政府在加强生态环境保护方面的积极性和主动性。

参考文献

王彦堂、冰城馨子：《东北生态环境建设明天更好》，《东北之窗》2022年第12期。

钱思彤：《东北三省生态环境服务质量演化及政策调控效果》，硕士学位论文，东北师范大学，2021。

刘姝、窦清华：《成渝地区双城经济圈生态环境协同治理研究》，《成都行政学院学报》2022年第5期。

李鹏：《京津冀生态协同治理的困境及其破解》，硕士学位论文，燕山大学，2022。

田玉麒、陈果：《跨域生态环境协同治理：何以可能与何以可为》，《上海行政学院学报》2020年第2期。

《辽宁省"十四五"生态环境保护规划》，https：//fgw. ln. gov. cn/fgw/attachDir/2023/10/20231013144432651447. pdf。

《黑龙江省"十四五"生态环境保护规划》，黑龙江省人民政府网站，2021年12月30日，https：//www. hlj. gov. cn/hlj/c108372/202112/c00_30494784. shtml。

《吉林省生态环境保护"十四五"规划》，http：//xxgk. jl. gov. cn/szf/gkml/202201/W020220129468991765773. pdf。

《"十四五"有河有水、有鱼有草、人水和谐目标如何实现？》，武汉市生态环境局网站，2020年12月9日，https：//hbj. wuhan. gov. cn/hjxw/202012/t20201209_1547928. html。

孙菲等：《东北地区资源型城市绿色发展效率测度——基于2008—2017年数据的实证研究》，《中国石油大学学报》（社会科学版）2021年第3期。

民生提升篇 ▶

B.24

东北地区推动实现更高质量就业研究

栾美薇*

摘 要： 经济发展是民生改善、就业扩大的物质基础；就业状况很大程度上取决于经济增长的质量和速度。东北地区经济恢复向好，促进就业形势总体好转。但近年来，东北地区人口持续负增长，人才流失情况严峻，每年有近一半的高校毕业生流向外省，就业市场"两难"现象仍十分突出。本文针对东北地区实现更高质量就业面临的问题、难题，从体制、机制、人才培训、权益保障等方面提出相应的建议，推动东北地区实现更高质量就业。

关键词： 稳就业 高质量就业 东北地区

就业是牵动千家万户的重大民生问题，是衡量群众幸福感、获得感、安全感的重要指标。党的十八大以来，以习近平同志为核心的党中央把促进就

---

* 栾美薇，黑龙江省社会科学院经济研究所助理研究员，主要研究方向为人力资源与环境。

业放在经济社会发展的优先位置，推动我国就业工作取得历史性成就。特别是近年来，各地区各部门深入贯彻落实党中央、国务院关于"六稳""六保"的决策部署，坚决扛起稳就业保就业的政治责任，强化就业优先政策，打出减负稳岗扩就业组合拳，落实落细各项政策措施，推动就业局势保持总体稳定，为民生改善和经济发展提供了重要支撑。实现从"劳有所得"到"劳有厚得"的转变，是新时代高质量充分就业的必然要求。应该以提升就业质量为核心，推动实现更加充分、更高质量就业，使人民群众的获得感、幸福感、安全感更加充实、更有保障、更可持续。在全面建设社会主义现代化国家的道路上，还需要不断优化就业结构，拓宽就业渠道，加强职业技能培训，完善劳动保障制度，构建和谐劳动关系，让每个人都能够通过辛勤劳动创造美好生活。同时，也要关注弱势群体的就业问题，采取措施保障他们的基本生活需要，努力实现高质量就业。

一　东北地区就业状况

就业是最基本的民生，也是经济发展的"晴雨表"、社会稳定的"压舱石"。近年来，随着经济结构的调整、产业升级的推进以及新型城镇化建设的加快，东北地区的就业形势呈现新的特点。

（一）就业规模持续扩大，失业率稳中有降

就业形势整体呈现积极态势，这主要得益于国内经济的稳健恢复与持续增长。经济发展作为民生改善和就业扩大的基石，对就业状况的改善起到决定性作用。2023年上半年，GDP达593034亿元，按可比价格计算，同比增长5.5%，这一增速较上年显著提升。在此期间，东北地区城镇新增就业人数达68.03万人，其中黑龙江新增18.03万人，同比增长2.03%，已完成年计划的60.1%。辽宁新增25.40万人，同比增长3.6%。值得一提的是，该省18~45岁群体的新就业占比稳步提升，达到65.2%，较上年增加3.2个百分点。此外，吉林新增就业13.10万人。在就业质量方面，东北地区的城

镇调查失业率均值保持稳定，其中黑龙江为 5.9%，辽宁为 5.3%，吉林为 5.9%。同时，数字经济的发展、生物经济的崛起、冰雪经济的兴盛以及创意设计产业的快速增长都创造了大量新业态和新模式，进一步激发了东北地区创造就业的潜力，促进了新岗位和新职业的不断涌现。这些新兴产业的发展不仅为经济增长注入了新的活力，而且为就业市场带来新的机遇。

（二）就业结构逐步优化，服务业发展势头强劲

随着产业结构调整的深化，东北地区的就业结构也在发生显著变化。传统重工业岗位占比有所下降，而服务业、高新技术产业、现代农业等领域的就业比例逐渐提升，尤其是现代服务业、数字经济、新能源、新材料等领域成为新的就业增长点。从产业结构来看，2023 年辽宁服务业增加值占地区生产总值的比重为 52.4%，吉林服务业增加值占地区生产总值的比重为 53.9%，服务业创造了大量就业岗位。在互联网+、大数据、人工智能等新技术驱动下，新兴服务业展现出强大的就业创造能力。2023 年，黑龙江全省网络零售店铺累计带动就业人数达 60.1 万人。这反映出电子商务等新兴服务业业态在黑龙江的蓬勃发展，以及它们对扩大就业，尤其是青年和创业人群就业发挥的积极作用。网络零售业作为服务业的重要组成部分，其就业规模的扩大体现了数字化转型背景下服务业就业的新趋势。

（三）就业服务开展情况较好，规模稳步提升

2023 年 1~5 月，辽宁在稳定就业和助力企业发展方面取得显著成效。据统计，该省累计为 72.9 万家企业提供了稳岗援助，并成功开展了 8.8 万次"送政策""送岗位""送服务"活动。此外，辽宁还组织了 11.92 万人次的补贴性培训，有效解决了 32.9 万个企业和项目的用工缺口问题。这些措施的实施，标志着"2023 年辽宁省为群众办实事"项目取得了阶段性成果。辽宁在人力资源和社会保障领域释放了 16.53 亿元的政策红利，以支持企业发展并减轻其负担。同时，该省积极摸排重大项目 194 个和重点企业 1811 家，为其提供了有针对性的服务。在此期间，辽宁还举办了 6500 场招聘活动，并成功新

增 2.59 万名高技能人才，为地方经济发展注入了新的活力。吉林省教育厅积极拓宽就业渠道，全省共组织招聘会 1475 场，参与企业 6136 家，提供岗位 25.64 万个。吉林持续稳定政策性岗位，落实研究生、专升本、第二学士学位等招生计划 8 万个，提供高校教师、基础教育教师岗位 1.12 万个，同时协调有关部门积极开发科研助理等岗位。吉林省教育厅还组织全省高校开展"就业促进周"等主题指导活动 1000 余场，参与毕业生超 30 万人次。

二　东北地区推动实现高质量就业存在的问题

东北地区作为中国传统的重工业基地，近年来受到经济结构调整和产业升级的影响，就业面临一定的困境。随着产业结构的优化升级，全球及国内经济环境的不断演变，东北地区的传统产业发展遭遇了严重冲击，由此产生的就业压力日益加大。解决就业问题，作为一项至关重要的长期战略任务，已刻不容缓。当前及今后一段时间，劳动力市场的供求矛盾仍十分突出，国际形势亦充满复杂性与不确定性，东北地区经济社会的持续健康发展面临一系列新的挑战。

（一）城镇调查失业率始终偏高

东北地区在产业转型升级过程中遇到许多困难，如企业改革滞后、创新能力不足、新型产业偏少等，这些问题不仅影响了企业的发展，也直接影响了就业市场的稳定。如受经济总量偏低、经济结构调整不到位、民营经济偏弱、冬季寒冷漫长、老龄化程度加剧、劳动年龄人口流失等因素影响，黑龙江城镇调查失业率近 5 年长期保持在 6.1% 以上，最高时比全国平均水平高 1.6 个百分点。2023 年，黑龙江城镇调查失业率为 5.9%，虽实现历史性突破，但仍高于全国平均水平 0.6 个百分点。2023 年，辽宁城镇调查失业率稳定在 5.5% 左右，高于全国平均水平。

（二）高校毕业生等青年群体就业压力加大

近年来，高校毕业生人数连年增长，就业压力逐年增大。2023 年，东北地区高校毕业生人数增幅高于全国平均水平，创历史新高，加之疫情3年积累的未就业毕业生，"增量"与"存量"叠加，导致就业总量压力较大。就业方面，因产业结构问题，一方面传统产业较多，新兴产业较少，导致产业需求与高校专业设置不匹配，难以就地消化高校毕业生；另一方面，产业所处产业链位置距离市场较远，得到市场反馈较迟，企业与职校的联系较弱，导致东北地区的职业教育与市场需求存在一定程度的脱节，许多毕业生难以找到合适的工作，从而加大了就业压力。近期，青年择业观念出现新的变化，对就业市场供需关系造成了一定的冲击。具体表现为以下三个方面。首先，学历需求与学历结构之间存在不匹配现象。由于岗位的学历要求与薪酬水平密切相关，目前大多数岗位对本科及以上学历的毕业生吸引力不足，从而加大了高学历者的就业难度。其次，能力需求与专业背景之间存在不协调现象。调研显示，企业最需要理工类专业的大学毕业生，但当前求职市场中，理工科毕业生的比例相对较低，而经管类、文史哲法类专业的求职者数量超过岗位需求。最后，企业性质与就业偏好之间也存在差异。民营企业提供了大量的岗位需求，但求职意愿相对较低；相反，国企、外企和上市公司提供的岗位较少，但求职需求较高。这种对不同性质企业的就业偏好差异，成为大学生就业市场上最为突出的供需错配问题。据统计，2023年6月黑龙江16~24岁青年群体的调查失业率为24.1%，高于全国平均水平2.8个百分点，对整体城镇调查失业率产生了负面影响。

（三）就业结构性矛盾仍然存在

目前，东北地区仍表现为招工难与就业难"两难"并存。公共就业服务机构统计数据显示，黑龙江大专以上学历岗位、中级技能等级以上岗位和35周岁以下岗位求人倍率均超1.4（求人倍率=招聘人数/求职人数），企业用工缺口难以满足；高中及以下学历岗位、无技术等级岗位、35周岁以上岗位求人倍率均不足0.8，岗位供给存在不足。农业人才缺口为2.52万人，其中县域缺口为0.97万人，农业类企业缺口为1.55万人。2023年5月辽宁人才供需资料显示，用人单位招聘各类人员的求人倍率为1.38，第一、第

二和第三产业需求人数占比分别为 2.55%、36.11% 和 61.34%。对技术等级的需求量为 36.92%，有技能的求人倍率大于 2，高技能人才大于 3；求职者占比最大、求职倍率最高的是 16~24 岁的年轻人。吉林最缺乏的 3 类人才依次为企业经营管理人才、高技能人才和专业技术人才，约 1/5 的企业缺乏高技能人才。从社会随访情况来看，制造业和服务业均表示招工难，主要原因有 3 个方面。一是传统产业对年轻就业人口吸引力较弱，如药店销售员、厨师、理发师、汽车机修工等需要一定技能、收入较高的岗位，难以找到学徒，导致市场供给不足。二是技能人才被大城市虹吸的现象严重，如电工、食品检验、IT 工程师等具备技能的岗位在地级、县级城市供给严重不足。三是薪酬吸引力不足，传统制造业和服务业利润较少，所能提供的薪酬对比快递、外卖等新兴服务业，较为有限。目前，东北地区就业的结构性矛盾仍然存在，"两难"并存。

（四）创业动能减弱

目前受疫情后经济下行压力大、经济好转预期不足等因素影响，社会上创业氛围不浓。从重点群体来看，农民工返乡创业面临的困境主要体现在政府、社会、个人三个层面，其中，政府层面包括融资困难、缺乏资金、技术支撑不到位；社会层面包括创业氛围不浓、创业环境不成熟；个人层面包括创业意识不强、缺乏创业理论知识体系、创业可选择项目种类稀少。造成这一系列困境的原因包括农民工自身认知的局限性、农村金融机构不完善、缺乏适合的服务以及良好的创业氛围等。大学生创业群体面临融资途径少、融资金额少、创业经验匮乏、缺少核心技术或优势项目、缺乏风险意识、人才招聘难等问题。这些问题来源于政府、学校和个人层面，其中政府层面难以做到对高校毕业生创业活动及整个过程进行有效指导和帮扶，更偏向于扶持和帮扶创业过程中的某个具体阶段，缺乏连贯性和长期性。学校层面，创业指导中理论指导较多、实践经验较少，创业实践机会提供不足。个人层面，大学生的社会经验少，有急于求成的心理，企业运营技能较弱，对风险认知不足。

（五）人口流失情况严重

2010 年东北三省常住人口为 1.21 亿人，而 2021 年是 1.20 亿人，减少了 1000 万人。东北地区是我国的资源基地，其经济以重工业、工矿业和农业为主。但随着经济社会的快速发展，一些传统产业逐渐萎缩，新兴产业缺乏支撑，导致就业岗位减少。而且东北地区的经济结构相对单一，缺乏多元化的产业和高端技术产业，而新兴产业又需要时间去打磨，这就导致当地就业岗位减少。很多人选择到其他地区或国家寻求更好的就业机会，这也减少了当地的就业人数。

三　东北地区推动实现高质量就业的对策建议

党的二十大报告提出，要强化就业优先政策，健全就业促进机制，以实现高质量充分就业。实现高质量充分就业的关键在于提高就业质量。尽管东北地区的就业质量总体上在不断提升，但与人民日益增长的美好生活需要相比，与高生活品质的要求相比，仍有一定的提升空间。高质量的就业不仅为每个劳动者提供了稳定的收入来源，还保障了他们的生活需求。在党的二十大报告中，就业问题被高频提及，报告强调了健全就业促进机制、促进高质量充分就业的重要性。当前，中国经济正在经历从高速增长阶段向高质量发展阶段的转变，就业领域除了实施现有的政策措施，如稳定企业岗位、拓展就业渠道、强化公共招聘服务等，还亟须解决就业供需两端的信息不对称问题。在当前的就业环境下，东北地区需要树立正确的就业观念，顺应新形势，改变传统的就业观念，不断改善就业结构以适应不断变化的市场需求，并努力构建和谐的劳动关系。在"互联网+""大数据+""共享经济"等新一轮科技革命和产业变革的推动下，东北地区应深入挖掘潜在的发展机遇，积极探索多元化的就业路径。必须深入学习并全面领会习近平总书记关于就业工作的重要论述精神，全面贯彻实施就业优先战略，持续激发市场主体的活力和发展潜力。必须精准有效地落实各项

稳定就业岗位、扩大就业的政策措施，以高质量充分就业为基石，推动城市的持续健康发展。

（一）推动就业政策落地见效，拓展更多就业岗位

高质量的发展需要扩大内需战略与供给侧结构性改革融为一体，正如高质量的充分就业需要就业优先战略与劳动力市场供给侧结构性改革紧密结合。东北地区应加快产业转型升级的步伐，提升企业的创新能力和市场竞争力，以适应不断变化的市场需求和发展趋势。同时，要持续打出"缓降返补"政策"组合拳"，用实实在在的政策红利激发市场主体的活力。在推进就业工作的过程中，应充分利用新兴业态、平台企业以及示范项目的独特优势，创造更多就业机会，进而拓宽就业"蓄水池"，有效缓解供需失衡的压力。具体而言，需要做到以下几点。首先，要确保就业政策与促进东北地区经济稳步复苏的政策相互协调、相辅相成。通过优化产业结构，推动就业结构转型升级，进而实现就业规模的持续扩大。其次，东北地区应聚焦重点企业、重大项目以及重大产业布局，深化用工对接服务，以发掘更多高质量的就业岗位。同时，全面落实社会保险的"缓缴""降费""返还"政策，并通过"免申即享""快速补贴"等方式，有效减轻企业运营负担，提升其吸纳就业的能力。此外，还应积极打造省级创业孵化示范基地，鼓励新就业形态的发展，并促进创业与就业有机结合，为就业市场注入新的活力。再次，需要加大对中小微企业的支持力度，从政策扶持、环境优化、资源供给以及能力提升等多个方面为其注入动力，促进其健康发展。最后，实施劳动关系"和谐同行"计划，协助企业完善用工管理、薪酬分配、休息休假等制度，并充当劳动关系的"协调员"。同时，通过举办"百日千万网络招聘""民营企业招聘月"等公共就业服务活动，积极发挥"联络员"作用，为企业招聘提供有力支持。

（二）关注高校毕业生就业，完善就业服务体系

高校毕业生，他们是国家的瑰宝，肩负着家庭的希望与国家的未来。

解决他们的就业问题，对每个家庭的幸福以及国家的繁荣稳定至关重要。针对青年群体的就业服务，必须保持工作的连续性和稳定性，持续优化高校毕业生的就业服务网络。要充分利用东北地区产业协同发展的优势，围绕重点产业布局，积极开发更多符合市场需求的高质量就业岗位。在推动市场化就业方面，进一步完善相关政策措施，激发各类企业，特别是中小微企业的岗位创造潜力。通过实施多样化的基层服务项目，为高校毕业生提供更多适合的优质就业机会，助力他们实现个人梦想。对于来自困难家庭的高校毕业生，建立专门的就业帮扶机制，为他们量身定制个性化的就业指导方案，并实施动态管理，确保每一位毕业生都能得到及时有效的帮助。此外，还应加强专项服务制度建设，不仅提供常规的就业援助活动，还针对不同青年群体的就业需求，提供更加精准、有效的就业指导服务，以推动青年就业工作稳步开展。在高校毕业生离校前后求职的关键期，实施"政策赋能扩就业、振兴龙江促就业、精准服务助就业、提升技能稳就业、权益护航保就业"五大行动，确保实名登记无遗漏，精准服务全覆盖。对于离校未就业的高校毕业生，百分百联系，百分百服务，让他们感受到社会的温暖与关爱。不断优化就业创业政策环境，利用好各种就业创业补贴、创业担保贷款、社会保险补贴等政策，支持高校毕业生创新创业。在媒体上发布并及时更新就业政策清单，为高校毕业生开辟人才招聘快速通道，引导优秀人才留在东北地区工作，为他们的梦想插上翅膀。为提供更多的就业机会，东北地区积极开展各种线上线下招聘活动，如"大中城市联合招聘高校毕业生行动""春风行动""就业困难人员援助月"等，组织更多行业招聘、地区招聘等特色专场招聘活动。举办专业化、小型化的定向招聘供需对接会，提供从招聘到签约的一站式服务。同时加大线上招聘力度，鼓励直播带岗模式，推行视频招聘、远程面试，实现求职者就业与企业岗位需求的精准匹配。

（三）开展专项技能培训行动，培养高素质人才

在推进高质量发展的过程中，劳动力需求已经从单纯的数量密集型转

向对知识与技术技能的高度依赖。这迫切要求加快构建一支素质全面、数量充足、结构合理、分布均衡的现代化人力资源队伍，以提升人力资源的使用效率。为此，必须强化就业导向，紧密对接市场需求，针对特定群体和关键行业开展专项培训，为经济的持续高质量发展和产业的转型升级提供坚实的技能人才支撑。首先，以培训促就业为核心目标，引导各类培训资源向市场急需和企业所需的方向集中。就业成功率作为衡量培训效果的关键指标，尤其要关注高校毕业生等初入劳动力市场的青年群体的就业能力提升问题，努力为他们提供更多高质量的培训机会，帮助青年群体顺利融入社会。其次，深入推进"工学一体化"和"校企合作"的育人模式，促进教育与就业的有机结合。广泛开展多层次、系统化的技能培训，为求职者提供丰富的实践机会和技能提升平台。同时，进行专题调研，探索实施职业技能赋能高校毕业生就业创业行动，从根本上提升高校毕业生的就业竞争力。再次，加强"政校企"联盟的协作，积极推动青年在新兴产业、智能制造、现代服务业等领域的职业技能培训。拓展学徒培训、技能研修、新职业和就业技能培训等多种模式，采取校企合作、订单式、定向式培训等有效途径，以提高培训后的就业率。通过完善多层次的培训体系，有效缓解就业结构性矛盾，为更多青年人提供实现梦想的机会。最后，充分发挥竞赛的引领作用，积极动员青年参加各类职业技能竞赛，引导他们走上技能成才之路。同时，充分利用各类资金如就业补助资金、失业保险基金、职业技能提升行动专账资金和企业职工教育经费等开展培训，并按规定给予职业培训补贴等。通过这些措施的实施，为经济社会的高质量发展提供坚实的人才保障。

（四）促进创业带动就业，吸引留住人才

创业是就业的源泉，就像灵活就业这块"蓄水池"，对稳定和扩大就业具有重要作用。为进一步激发群众的创业热情，应深入推进"放管服"改革，大力清除束缚创业的障碍，强化创业扶持。同时，应倾注更多的资源，培育并壮大创业孵化基地等创业载体，为创业者提供更加完备和优质的要素支持，包括金融、场地、培训等方面，以推动创业数量和质量的双提升。这些创业孵化基地成为人才发挥才智的重要平台，吸引更多的人才留在东北地区，进一步提升该地区的人才储备和发展潜力。通过这些措施的实施，东北地区迎来一个更加繁荣的创业时代，实现经济和社会的双重发展。这不仅为当地人民带来更多的就业机会和财富，也为全国的经济发展注入新的动力和活力。

（五）健全公共就业服务体系，提高就业满意度

一是积极推动人力资源服务业发展，通过完善市场化、社会化就业促进机制，更好地满足广大劳动者的就业需求。同时，建立健全人力资源市场运行机制和监管体系，确保就业市场的公平与透明。在此过程中，政府所属的人力资源服务机构发挥重要作用，通过提供专业化的服务，帮助劳动者提升自身能力，实现更好的就业。二是打造一个完善的就业信息发布平台，通过该平台及时发布各类就业信息，为劳动者提供全面的就业服务。组织和开展各种公共就业服务专项活动，创造更多的就业机会，帮助劳动者实现自我价值的提升。三是加强就业信息的监测与分析，通过建立健全就业失业信息监测制度，实时掌握就业市场的动态变化。这不仅有助于及时发现并解决问题，还可以为政策制定提供有力的数据支持。通过全国联网和统一发布就业信息，实现信息的共享与传递，帮助劳动者更好地了解就业形势。这些举措犹如一双双敏锐的眼睛，时刻关注着就业市场的变化。四是定期对就业形势进行深入的分析和研判，以便及时制定和评估政策并进行督导。为实现就业目标任务，建立健全政府促进就业责任制度和就业工作协调机制。同时广泛动员社会各方面的力量，齐心协力地完成就业目标任务，推动就业工作不断向前发展。

（六）强化风险防范，守住不发生规模性失业的底线

构建和谐劳动关系，深入剖析就业形势。健全新就业实名制数据核查比对机制，提升新就业人员实名制数据统计精确度。加强失业风险监测预警，

防范潜在的失业危机。一是严肃资金监管、就业统计、审计整改等各项制度，杜绝资金流失及统计数据造假等现象。开展清理整顿人力资源市场秩序专项行动，打击就业歧视、非法从事中介活动等行为。保持高压态势，持续开展根治欠薪专项行动，切实维护农民工等劳动者合法权益，确保欠薪案件"动态清零"。二是推进职业技能培训和评估专项整治，提升培训质量和效果。三是加强舆情监测和正面引导，积极回应社会关切，营造良好的舆论氛围。加大欠薪治理力度，妥善处理劳动关系领域矛盾纠纷，营造规范有序的就业环境，坚决守住不发生规模性失业的底线。

B.25
东北三省消费结构优化升级研究

高原 梁汉昭*

摘 要： 党的二十大报告指出要"增强消费对经济发展的基础性作用"，中央经济工作会议提出"着力扩大国内需求，要把恢复和扩大消费摆在优先位置"。2023年《政府工作报告》提出"把恢复和扩大消费摆在优先位置"。消费结构直接反映了消费水平和发展趋势，东北消费结构优化升级表明消费者对商品和服务质量、品牌和个性化需求不断提升。2023年，我国社会消费品零售总额达到历史新高，其规模达到471495亿元，同比增长7.2%，充分显示了消费在我国经济持续健康发展中的重要驱动作用，揭示了消费市场在品质化跃升的进程中展现出的无限潜力和广阔前景。自党的十八大以来，东北经济复苏成绩优异，多项经济指标高于全国平均水平，消费结构也呈现升级优化的良好态势，释放出振兴发展的积极信号。

关键词： 消费结构 扩大消费 东北三省

消费是经济增长的主引擎，也是人民对美好生活需要的直接体现。近年来，我国消费市场持续回暖。《2023年国民经济和社会发展统计公报》显示，2023年全国居民人均消费支出为26796元，比上年增长9.2%，扣除价格因素，实际增长9.0%。其中，人均服务性消费支出为12114元，比上年增长14.4%，占居民人均消费支出的比重为45.2%。消费对经济增长的拉动作用明显增强，我国消费复苏不仅有量的扩大，还有质的升级、结构的优

---

* 高原，哲学博士，黑龙江省社会科学院政治学研究所副研究员，主要研究方向为文化及现代化研究；梁汉昭，黑龙江省社会科学院硕士研究生，主要研究方向为马克思主义与当代思潮。

化。通过分析东北地区消费结构的变化，有助于观察消费升级对经济增长的显著拉动作用，助力实现东北老工业基地的全面振兴。

一　全国消费结构的四次优化升级

国内对于消费结构优化升级的阶段划分尚无定论，根据世情、国情以及经济政策的变化将我国消费阶段划分为四个时期，总体而言，东北三省消费结构的优化升级与我国整体消费结构的优化升级步伐是基本一致的。

（一）第一次消费结构优化升级：1978~1991年

第一次消费结构优化升级发生在改革开放之初，即 1978~1991 年。此时改革开放虽然还处于摸索期，但是我国已初步形成独立化、系统化、完整化的工业体系和国民经济体系，进而有效提升了生产水平。消费结构的变化直观地呈现了改革开放带来的变化，改革开放后人们消费范围逐渐扩大，粮食消费下降但轻工产品消费上涨，消费市场供给端和需求端较为充盈，出现了消费结构持续升级的局面，进而带动了第一轮经济蓬勃发展。这一时期的消费结构优化升级具有以下三个显著特征。一是消费广告的重现。受限于人们对广告行业初衷和认识的曲解，新中国成立初期广告行业一蹶不振。直到1978 年丁允明在《文汇内参》上建议恢复国内广告业务，次年上海电视台播出了中国第一条"参桂补酒"广告，标志着消费广告领域的强势崛起。二是配给式供应逐渐被自主性消费取代。80 年代中期延续了 30 年的布票取消，猪肉敞开供应，花生、瓜子、核桃等随时都可买到。不仅如此，人民的消费档次明显提升，电视机、录音机和电风扇等高档消费品逐渐从少数富裕家庭扩展到广大职工家庭。三是文化消费的超前发展。随着人们物质生活的改善和精神层次需求的提升，人民群众对"美"的追求成为生活的一部分。1979 年，全国电影观众达到惊人的 293 亿人次，平均每人看电影 28 次。随着改革开放以来的社会市场化转型，人们在服饰上也打破了高度统一的服装样式和颜色，进入个性化、时尚化阶段。

（二）第二次消费结构优化升级：1992~2000年

第二次消费结构优化升级发生在1992~2000年。由于我国经济起步艰难，改革开放虽然丰富了人们的消费选择，但是由于居民收入水平较低，在20世纪90年代之前，大多数人只能选择粗放型消费，消费主要是为了满足基本需求，对于其他产品的消费以电视机、自行车等物品为主。20世纪90年代初期，国家开始实施品牌战略，引进国际品牌，推动我国消费者的消费选择由粗放型向品牌型转变，居民消费逐步向高质量、高档次、高品位发展。1992年的市场经济体制改革将东北三省居民带入新的消费阶段，东北三省居民消费逐渐关注以空调、电脑为代表的各种新型家用电器。同时新型通信设备的普及也带动了与之相关的信息服务消费，最终促进东北三省消费优化升级。这一转变对电子、钢铁、机械制造业等行业产生了强大的驱动作用，进而带动了经济增长。

（三）第三次消费结构优化升级：2001~2012年

2001年，中国加入WTO，与世界的联系越来越紧密，个性化、多元化、异质化的居民消费偏好特征开始显现，在这一时期奢侈品消费异军突起。数据显示，中国奢侈品消费规模占全球市场的份额由2004年的12.0%增至2017年的22.1%，已是仅次于美国的全球第二大奢侈品消费市场。数据分析显示，消费领域的主要变化涉及餐饮、娱乐、服装、教育、旅游、医疗和交通等。以饮食消费为例，人们对食物的要求不再只是数量上的满足，更注重食品质量，饮食结构得到优化，有机食品和健康食品等开始流行，饮食变得更具意义；在住房消费方面，房地产业成为改革开放后中国发展最快的行业；在城市交通方面，越来越多的家庭拥有汽车，交通条件的改善和不同交通工具的出现，让居民有更多的机会探索外部世界，甚至捕捉更多致富机遇；在娱乐消费方面，随着改革开放的持续深化，中国消费者可以选择多种娱乐方式，娱乐支出大幅增加；品牌消费经历了从无品牌到本土品牌再到国际品牌的过程；在教育

消费方面,教育意识转变,学习投资增加;在医疗消费方面,居民更加注重身体健康,医疗保健消费成倍增长。

(四)第四次消费结构优化升级:2013年至今

党的十八大以来,在以习近平同志为核心的党中央坚强领导下,各地区积极推出扩大消费需求的政策举措。随着互联网、云计算和人工智能等新技术的快速发展,这一轮的消费结构优化升级取得历史性成就,具有以下几个特征。

首先,线上消费蓬勃发展,绿色消费水平不断提升。随着移动互联网技术加快应用,物流配送体系不断完善,网络购物已成为消费市场的重要增长点。2021年,反映快递物流业务量的邮政行业业务总量超过1.3万亿元,全国实物商品网上零售额达10.8万亿元,比上年增长12%。与此同时,随着绿色环保理念逐步深入人心,能耗水平较低、减碳低碳等绿色商品消费快速增长。据中国汽车流通协会统计,2021年新能源乘用车销售约300万辆,是2015年的25倍以上,2016~2021年年均增长超过70%。其次,品质消费成为热点,大宗商品消费增势良好。随着居民收入的提高,居民在商品消费时更加注重质的提升,大宗商品的需求不断增长。例如,2013~2021年,品牌专卖店数量年均增长超过6%,实现销售额年均增长超过10%。在以旧换新、下乡惠农以及加快废旧汽车报废等政策措施的带动下,汽车保有量持续增长。2021年末全国民用汽车拥有量近3亿辆,2013~2021年年均增长11.6%,高端汽车换购需求旺盛,MPV、SUV等车型销售良好。最后,服务消费热点纷呈,餐饮消费增长较快。居民稳定的生活水平激发了对服务消费的需求,文化旅游、教育培训、健康养生等服务消费逐步成为新的消费热点。2013~2021年,在全国居民人均消费支出中,人均教育文化娱乐消费支出年均增长超过8%,其中2021年比上年增长27.9%;2021年,餐饮收入超过4.7万亿元,是2012年的2倍,2013~2021年年均增长7.7%。

二　东北三省消费结构优化升级的特点

改革开放40多年来,东北三省消费领域发生巨大变化。转变经济发展方式、扩大内需是加速东北老工业基地转型发展及全面振兴的重要途径。随着东北三省人均可支配收入的增加，东北三省消费支出由单一转向多元，商品短缺和凭证供应的时代一去不复返，由实物型消费向服务型消费逐渐过渡。

（一）人均可支配收入增长，消费支出由单一转向多元

从东北地区的收入情况来看，2023年辽宁实现地区生产总值30209.4亿元，按不变价格计算，同比增长5.3%，经济增长空间巨大。2023年，辽宁实现社会消费品零售总额10362.1亿元，增长8.8%，高于全国平均增速1.6个百分点；2023年黑龙江实现地区生产总值15883.9亿元，按不变价格计算，比上年增长2.6%。2023年，黑龙江社会消费品零售总额比上年增长8.1%，高于全国平均增速0.9个百分点。2023年，吉林省实现地区生产总值13531亿元，同比增长6.3%，增速居全国第7位，创近30年最好成绩；社会消费品零售总额为4150.43亿元，比上年增长9.0%，高于全国平均增速1.8个百分点。

从东北三省的支出情况来看，1978~2018年，黑龙江、吉林和辽宁衣着类消费占比分别从15.55%、14.15%和14.52%下降至9.13%、9.03%和8.02%。交通通信消费支出比重上升明显，黑龙江、吉林和辽宁三省分别增加6.76个百分点、8.65个百分点和8.24个百分点。黑龙江、吉林和辽宁医疗保健类消费占比分别从7.44%、5.20%和5.66%提高到11.73%、11.03%和9.93%。黑龙江、吉林和辽宁教育文化娱乐类消费支出比重分别提高2.19个百分点、2.89个百分点和2.48个百分点。2023年，黑龙江构成居民消费价格调查的八大类商品及服务项目同比价格呈现"七涨一降"的态势。其中，医疗保健类价格同比上涨2.5%，拉动居民消费价格总水平上涨约0.3个百分点，是居民消费价格总水平上涨的首要因素。这些数据表明伴随东北三省经济的高速发展，城镇居民消费结构正在由生存型消费向发展和享受型消费转变。

（二）消费市场不断扩大，消费品由短缺转向供应充裕

恩格尔系数（指食品支出总额占个人消费支出总额的比重）是判断特定地区居民消费能否进入升级通道的主要依据。2019 年黑龙江城镇居民家庭恩格尔系数达到 26.2，2018 年吉林城镇居民家庭恩格尔系数达到 24.8，2018 年辽宁城镇居民家庭恩格尔系数达到 26.8，这表明东北三省消费进入升级转型通道具有巨大潜力。随着东北振兴政策的不断推进，东北人民的生活质量不断提高，在衣食住行等方面实现了历史性飞跃，物质生活越来越丰富。按照联合国粮农组织划定的标准，东北三省城镇居民从 2014 年开始（全国是 2015 年）就达到了最富裕标准，这表明东北地区消费品短缺的时代一去不复返。

过去的 30 年，东北三省城镇居民的消费支出均呈现上升趋势，体现出东北消费市场规模逐渐扩大，人民消费逐渐从生存型消费向享受型消费过渡。在消费满意度方面，中国消费者协会发布的《2022 年 100 个城市消费者满意度测评报告》显示，沈阳以 80.02 分位列全国第三十三，哈尔滨以 79.60 分位列第三十七，长春以 78.43 分位列第四十二，大连以 75.47 分位列第七十。可见，东北人民对东北地区消费品的种类、质量和供给速度较为满意，具有较强的消费意愿。

（三）新兴消费迅猛发展，由实物型消费转向服务型消费

东北各地结合自身社会条件与特色优势，积极挖掘本地新兴消费潜力。近年来，以东北三省四市为首的新兴消费市场迅猛发展，如沈阳拥有城市商业综合体 22 户，领先全国。大连则是早期东北三省时尚流行的国际窗口。例如，近年来吉林长春积极推动"新兴消费城"建设，先后打造了集旅游、度假、商业、休闲、美食等于一体的网红消费打卡地桂林路夜市以及中韩（长春）国际合作示范区等商业消费项目。重庆路、桂林路、红旗、前进四大老牌商圈逐步进行重新规划及升级改造，打造被誉为"东北首个四面呈现裸眼 3D 视觉效果屏""把山搬进商场"的"这有山"综

合型商业项目，不断吸引年轻群体来此打卡，获评"洋气又不失烟火气"。此外，集社交、购物、美食、娱乐等多种功能于一体，号称"夏天滑雪"的万达茂，以及华润万象城、远大购物中心、居然之家生活 MALL 等商业综合体陆续开工建设，助力长春培育建设新型消费城市。2023 年黑龙江、吉林和辽宁的旅游人次分别为 2.2 亿人次、3.14 亿人次和 5.1 亿人次；旅游收入分别为 2215.3 亿元、5277.0 亿元和 5022.6 亿元。2023 年，中秋国庆假期黑龙江旅游订单量同比增长超 6 倍。2023 年，吉林举办全省旅游产业高质量发展推进会，力争 5 年内实现万亿级旅游产业目标。2024 年春节期间，黑龙江旅游收入从 2023 年同期的 117.7 亿元增至 271.9 亿元，接待游客数量增长 75.9%；吉林旅游收入从 2023 年同期的 111.78 亿元增至 200.61 亿元，接待游客数量增长 55.5%；辽宁接待游客数量从 2023 年同期的 1022.6 万人次猛增至 4086.6 万人次，增速高达 299.6%，其中省外游客占比达 40%，实现旅游综合收入 412.7 亿元，同比增长 572.7%，两项指标均从上年同期东北三省垫底跃升至第 1 位。虽然新型消费暂未有独立核算，但这些数据的增长都充分说明新型消费对东北地区消费有重要的促进作用。

三 东北三省消费结构健康发展的限制性因素

（一）东北地区人民消费观念有待提升

作为国内早期的工业重镇，东北三省拥有大量国有企业，它们提供了稳定的就业机会和相对固定的收入来源。这种工业化和城镇化带来的经济稳定，为当地居民积累存款奠定了坚实的基础。由于这些省份有大量的国有企业和机关单位，退休人员众多，他们享有相对较高的退休金和良好的社会保障。加之东北三省的物价和生活成本相对较低，特别是住房成本远低于东南沿海地区，居民生活压力较小。这种环境促使居民更倾向于储蓄而非消费，形成了一种较为保守的金融消费观念和较强的存钱养老意识，使得存款的积累速度较快，进而导致东北三省消费结构

不均衡。通过对东北三省近 30 年的消费支出数据进行分析，发现教育文化娱乐和医疗保健类商品消费占比较小，特别是医疗保健领域仍处于被动消费阶段。

（二）社会保障体系亟须进一步完善

受养老、医疗、住房、教育、物价等因素影响，东北三省城镇居民的预防性储蓄心理较重。通过分析最新的人口数据和总存款数据，得出 2023 年我国居民人均存款十强（见图 1）。东北三省全部入围我国居民人均存款十强。造成东北三省居民预防性储蓄心理较为严重的主要原因之一是东北地区的社会保障体系亟须进一步完善。伴随经济高质量发展，中国的市场化进程也取得了较大进展，原有的养老、教育、医疗、住房等社会保障体系已不能满足新时代居民的生活需要，社会保障体系亟须更新和完善。面对未来的不确定性，城镇居民的预防性储蓄动机正在增强，这势必造成城镇居民的消费意愿减弱。因此，健全的社会保障体系可以消除人们对即期消费的担忧，促进居民健康积极的消费，优化居民消费观念和促进消费结构优化。

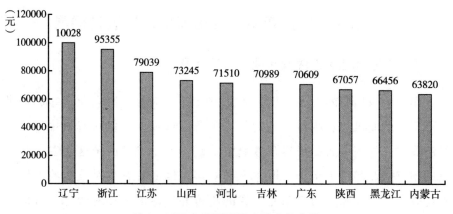

图 1　2023 年我国居民人均存款十强

资料来源：各省（区）统计局。

（三）东北居民主体收入不足

收入作为消费的基础和来源，在很大程度上决定了消费结构。近年来，在东北振兴政策的扶持下，东北三省正处于经济转型期，但产业结构不尽如人意，服务经济发展滞后，导致经济发展速度和质量明显滞后于其他地区，这些情况使得东北三省在全国经济发展中的地位逐年下降。在过去30年，东北三省的地区生产总值占GDP的比重从1998年的10.42%下降到2023年的4.73%。由于收入是居民消费需求的经济基础，居民的收入水平直接影响他们的支出水平和所消费商品或服务的种类。随着收入的增加，人们对各种消费品和服务的需求也在不断提升，不仅在基本生活需求的满足上有了更高要求，还追求如文化、教育、娱乐等更高层次的消费。然而，目前东北三省经济发展进入新常态，收入增速放缓，特别是黑龙江和吉林的人均可支配收入与全国平均水平的差距日益扩大（见图2）。人均可支配收入低是导致东北三省城镇居民消费支出偏低的重要原因，也是影响消费结构优化的主要因素。

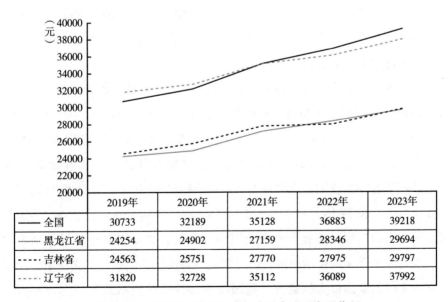

（元）	2019年	2020年	2021年	2022年	2023年
全国	30733	32189	35128	36883	39218
黑龙江省	24254	24902	27159	28346	29694
吉林省	24563	25751	27770	27975	29797
辽宁省	31820	32728	35112	36089	37992

图2 2019~2023年东北三省和全国人均可支配收入

资料来源：黑龙江省、吉林省、辽宁省统计局。

四 东北三省消费结构优化升级的路径

自党的二十大以来，国家从战略全局出发，高度重视在稳增长中着力恢复和扩大消费。实现东北三省全面振兴的重中之重在于产业转型升级，而东北三省消费转型升级正是其产业转型发展的现实表征。优化东北三省经济结构，转变东北三省经济发展方式，积极推动东北三省居民消费需求增加和消费结构优化升级，是实现消费主导型经济增长转型的关键路径，对提振东北经济增长的信心和预期、实现产业振兴至关重要。

（一）积极解决就业问题，切实增加居民收入

当前，东北三省居民消费结构转型升级，由传统的商品消费转为商品和服务消费并重。从全国居民人均消费支出的数据来看，服务消费占比已超过40%，这表明一种新兴消费将拉动制造业发展，提高生产能力，带动服务创新，促进灵活就业，畅通经济循环，带动经济增长。近年来，随着东北三省人口结构和消费习惯发生变化，越来越多的消费者选择购买生活服务。这种生活服务既包括人们日常接触最多的餐饮、旅游和文体娱乐，也包括育儿、保洁、养老，这些服务需求催生了新赛道、新行业，成为服务业蓬勃发展的"源头活水"。例如，2023 年 1~10 月吉林服务型网络零售额达 184.02 亿元，同比增长 42.58%。2023 年，黑龙江服务业企业 100 强实现营业收入 8727.74 亿元，较上年增加 1488.52 亿元，增幅为 20.56%。截至 2023 年 6 月，美团平台提供收纳整理服务的活跃商家超过 5700 家，与 2020 年同期相比商家数量增长 87 倍，订单量增长 92 倍。类似外卖点餐点药、收纳整理等服务零售的新兴赛道正充分利用互联网和数字化技术，为百姓提供更为便捷、高效、个性化的生活服务，同时创造更多的就业岗位。事实证明，新兴消费带来的就业岗位大幅提升了我国经济运行的就业承载力，充分发挥了重要的"蓄水池"和"稳定器"作用。就业是民生之本、收入是民生之源，居民可支配收入被认为是影响居民消费支出的决定性因素。提升居民

消费能力，促进东北三省消费结构持续优化升级，势必要保障居民就业和优化收入分配结构，扩大中等收入群体规模。东北三省应把握新兴消费带来就业岗位这一重要契机，在促进传统产业升级、催生各类新的商业形态的同时，为大量农民工、高校毕业生、待业人员提供灵活性强、收入相对较高、发展预期稳定的就业机会。积极解决东北三省的就业问题，进而增加居民收入，最终带动居民消费。

（二）优化消费观念，完善社会保障体系

东北三省经济发展水平较为落后的现状导致当地居民消费观念较为传统和保守。虽然国家出台了加快培育新型消费等政策，促进居民消费，但东北三省仍有不少居民消费观念比较保守，长期的"温饱消费"使得即便现在经济收入和生活水平普遍提高，东北三省人民也不敢轻易突破基于生存性需求的"温饱消费"，厉行节俭的预防性储蓄观念尤其普遍。东北三省传统的消费习惯抑制居民潜在消费需求，严重制约消费转型升级。因此，需要转变东北地区传统的消费观念，一方面要满足其生活品质提升的消费需求；另一方面要培养积极主动的消费观念，树立符合市场经济的现代消费理念，引导人们从基本吃、喝、穿、用消费转向精神文化层面的消费，从单一消费模式转向多样化消费。比如，不仅要在政策上改善消费结构、拓展消费领域，还要进一步扩大健康消费信贷体系，鼓励适度超前消费。健全的社会保障和服务体系可以削弱东北三省居民的储蓄心理，促进消费结构优化升级。同时，完善养老保险制度，扩大城镇居民基本养老保险覆盖范围；保障失业者基本生活需求，提供相关失业基金支持，促进失业人员再就业。这些社会保障制度的完善可以减少居民对未来消费的担忧，让人们更勇于消费，消除后顾之忧，加快构建以国内大循环为主体、国内国际双循环相互促进的新发展格局。

（三）培育消费新热点，丰富消费市场

马克思认为"消费直接也是生产"[1]，新兴消费推动再生产的同时，也

---

[1] 《马克思恩格斯选集》（第二卷），人民出版社，2012，第690页。

会推动居民向享受型消费过渡升级。我国东北三省消费结构优化升级呈现新趋势、新特征，消费层次由低品质消费向中高品质消费升级，如 Vogue Business in China 发布的"各城市时尚类消费支出占总消费额排行"，沈阳、大连位居第一、第二，成为时尚支出最大的两个城市。消费途径由线下消费向线上线下相结合转变，如 2023 年双十一期间，黑龙江消费者在京东平台的购买数量增速排名全国第九，也有越来越多的新用户通过京东平台网罗国内外好产品，黑龙江用户增速排名全国第十三。消费形态由商品消费向商品消费和服务消费并重转变，随着服务零售高速发展，大量新兴职业相继涌现，类似"茶艺师""收纳整理师""老人助浴师"，为东北三省经济发展注入"活水"。消费方式由传统向绿色转变。2023 年 4 月，辽宁绿色消费季暨优化消费环境活动在沈阳中街步行街拉开序幕，全省 14 个市同步启动，通过销售绿色家电使绿色消费理念深入辽宁人民心中。消费产业由单打独斗向抱团发展的模式转变。2023~2024 年冰雪季，"尔滨"的火爆"出圈"带动东北三省联合推出的"冰雪旅游""东北三省精华游"等线路和相关产品备受市场欢迎，让黑龙江乃至东北三省的冰雪旅游成为当之无愧的"顶流"。

习近平总书记关于新质生产力的重要论述为东北全面振兴及现代化建设指明了方向。培育东北消费新热点应以数字化为核心驱动力、以新兴技术为实现手段、以消费者需求为核心导向，将独特资源转化为产业发展优势，与内需大市场有机结合，对消费者、商品、场景之间的关系进行连接和重构，培育新的消费热点，打通消费堵点，以新质生产力释放消费潜力。通过冰雪资源和数字经济的加持形成促进东北三省消费的新热点，不仅可以打造属于东北的"网红城市"，提升东北人民的居住幸福感，同时可以"引客入东北"，吸引全国各地人民来东北消费，感受东北地区厚重独特的风土人情。

（四）营造放心消费环境，提升消费满意度

改善消费环境是消费结构优化升级的重要支撑，良好的消费环境可以有效带动消费。从淄博烧烤的爆火，到哈尔滨冰雪大世界的出圈，一个重要因素就是地方政府主动构建良好的消费环境，给消费者带来了良好的消费

体验。

　　一方面，营造放心消费环境，推动消费提质扩容。2023 年 12 月 25 日，哈尔滨发布致全市人民的一封信，发出"人人都是城市温度传递者"的倡议，进一步彰显"礼迎天下客，冰雪暖世界"的敦厚与担当，让"遇见冰雪遇见暖""不负美景不负情"变成全城热爱、自觉行动。冻梨变刺身、吃地瓜配勺、广场建起"温暖驿站"温暖南方游客、各地文旅局长亲自去中央大街宣传、从不涨价的索菲亚蛋糕、志愿者自发免费送热茶为游客驱寒、自发接送游客往返 731 罪证遗址……正是东北三省以人为本的精细服务，商家的推陈出新、真诚待客，换来了 2024 年初东北消费的新高潮。这说明，进一步了解社情民意，破解发展难题，自发营造良好的消费环境，能够有效增进东北地区民生福祉，带动东北地区消费转型，不断增强东北地区城市发展后劲。另一方面，强化对市场的监督和管理，把营造良好的营商环境作为东北产业振兴的重中之重。哈尔滨的爆火源于一封面向游客的道歉信和扎实有效的处理措施，从引导现场排队，到增加人力疏导；从延长营业时间，到丰富体验活动。针对"12345"民生热线等接收的涉旅投诉舆情，哈尔滨强化"接诉即办"，并不断加强负面舆情监测与收集。针对媒体报道的"跨年夜酒店集体涨价"线索，立即对涉事酒店进行调查，及时公布处理情况；针对各类"黑旅行团"信息，严查涉事旅行社和从业人员，维护市场秩序和游客权益。正是一套系统严谨的市场管理机制，哈尔滨才能迎来爆火，进而带动东北三省消费迈上新高峰。这要求我们未来应聚焦东北三省消费领域出现的新情况新问题，注重建立公平合理的市场秩序，不断推进改革创新，形成基于规则的信任。在监督形式上，可以通过新闻舆论监督、社会群众监督和行政执法监督相结合，形成可处理欺诈、信用失效等行为的合理的市场监督体系。只有营造一个消费者乐于消费和放心消费的良好消费环境，东北三省才能实现从"网红"变"长红"。

B.26
东北地区人口结构分析及优化对策研究

朱大鹏*

摘 要： 近年来东北地区一直面临人口总量持续负增长、人口老龄化、少子化严重等情况，虽然整体性别结构和教育结构较好，但人口结构问题依然对东北地区发展和社会稳定产生阻力。人口结构问题影响东北地区优质劳动力供给、制约产业结构升级，减弱了民众的投资和消费意愿，且导致社会养老负担不断加大，不利于新时期东北地区全面振兴发展。本文认为，东北地区应注重人口结构调整、增强区域人口吸引力，顺应人口变化大势、充分挖掘和利用新人口机会，不断推进人口结构的改善和优化，同时力争构建生育友好社会、逐步提高人口出生率、减缓老龄化进程，发展老年经济，促进老龄产业发展。力争提高人口整体素质，以人口高质量发展支撑东北全面振兴。

关键词： 人口结构 老龄化 东北地区

习近平总书记在新时代推动东北全面振兴座谈会上强调"要提高人口整体素质，以人口高质量发展支撑东北全面振兴"，党的二十大提出"优化人口发展战略""实施积极应对人口老龄化国家战略"。近年来东北地区人口持续负增长，虽然整体性别结构和教育结构较好，但人口年龄结构不断老化，依然对东北地区产生一定的负面影响。如何解决人口问题是未来影响东北地区全面振兴、经济高质量发展和中国式现代化实践的重要因素。人口变

---

* 朱大鹏，黑龙江省社会科学院经济研究所助理研究员，主要研究方向为发展经济学、产业经济学。

化是常变量，更是慢变量，应尽早促进人口结构转变，顺应国内人口流动大循环的趋势，积极推动人口高质量发展。

一 东北地区人口结构

（一）人口总量负增长趋势明显

近年来东北地区人口不断流失，其中以中青年劳动力为主。目前，东北地区人口逐年递减并呈现加速趋势。截至 2022 年，辽宁常住人口为 4197 万人，同比减少 32 万人；吉林常住人口为 2348 万人，同比减少 27 万人；黑龙江常住人口为 3099 万人，同比减少 26 万人。东北三省人口减少数量在全国都是比较靠前的。"十二五""十三五"期间，东北三省人口持续流失，2011~2022 年，黑龙江常住人口减少 18.1%，吉林常住人口减少 13.8%，辽宁常住人口减少 4.2%（见图 1）。

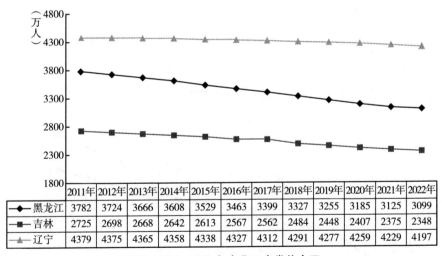

	2011年	2012年	2013年	2014年	2015年	2016年	2017年	2018年	2019年	2020年	2021年	2022年
黑龙江	3782	3724	3666	3608	3529	3463	3399	3327	3255	3185	3125	3099
吉林	2725	2698	2668	2642	2613	2567	2562	2484	2448	2407	2375	2348
辽宁	4379	4375	4365	4358	4338	4327	4312	4291	4277	4259	4229	4197

图 1　2011~2022 年东北三省常住人口

资料来源：国家统计局、第七次人口普查数据。

根据第七次人口普查数据，东北三省人口占全国总人口的比重相比于第六次人口普查降低了 1.2 个百分点，这说明东北三省人口负增长的速度要快于全国平均水平。其中，辽宁总人口为 42591407 人，占全国总人口的比重从 3.27% 降至 3.02%；吉林总人口为 24073453 人，占全国总人口的比重从 2.05% 降至 1.71%；黑龙江总人口为 31850088 人，占全国总人口的比重从 2.86% 降至 2.26%。

（二）人口年龄结构不断老化

东北三省人口老龄化程度不断加深，少子化与中青年人口流失造成东北地区人口老龄抚养比不断提升。从 65 岁及以上人口占比情况来看，在"十二五"之初，黑龙江和吉林的人口老龄化水平还在全国平均水平之下，2011 年全国 65 岁及以上人口占比为 9.10%，辽宁为 10.77%，吉林为 8.70%，黑龙江为 7.99%。2015 年东北三省老龄化程度已全部超过全国平均水平，全国 65 岁及以上人口占比为 10.50%，辽宁为 12.87%，吉林为 10.91%，黑龙江为 10.84%。"十三五"期间，东北三省老龄化程度同全国平均水平差距不断拉大，截至 2022 年底，辽宁 65 岁及以上人口占比为 20.02%，黑龙江 17.80%，吉林为 17.74%，已远超 14.90% 的全国平均水平（见图 2）。

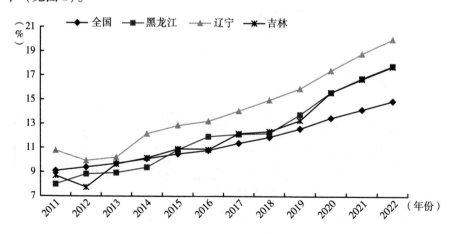

图 2　2011~2022 年东北三省和全国 65 岁及以上人口占比

资料来源：国家统计局、第七次人口普查数据、各省 2022 年国民经济和社会发展统计公报。

当前我国已全面进入快速老龄化阶段，而东北地区人口年龄结构老化问题严重，老龄化程度处在全国前列。第七次人口普查数据表明，黑龙江、吉林和辽宁65岁及以上人口占比均超过14%，均已进入中度老龄化阶段。其中，辽宁65岁及以上人口占比为17.42%，老龄化程度居全国首位，吉林和黑龙江65岁及以上人口占比均为15.61%，老龄化程度并列全国第六（见表1）。

表1　全国31个省（区、市）第七次人口普查年龄结构

单位：%

省（区、市）	0~14岁	15~59岁	60岁及以上	其中:65岁及以上
全　国	17.95	63.35	18.70	13.50
辽　宁	11.12	63.16	25.72	17.42
重　庆	15.91	62.22	21.87	17.08
四　川	16.10	62.19	21.71	16.93
上　海	9.80	66.82	23.38	16.28
江　苏	15.21	62.95	21.84	16.20
黑龙江	10.32	66.46	23.22	15.61
吉　林	11.71	65.23	23.06	15.61
山　东	18.78	60.32	20.90	15.13
安　徽	19.24	61.96	18.79	15.01
湖　南	19.52	60.6	19.88	14.81
天　津	13.47	64.87	21.66	14.75
湖　北	16.31	63.26	20.42	14.59
河　北	20.22	59.92	19.85	13.92
河　南	23.14	58.79	18.08	13.49
陕　西	17.33	63.46	19.20	13.32
北　京	11.84	68.53	19.63	13.30
浙　江	13.45	67.86	18.70	13.27
内蒙古	14.04	66.17	19.78	13.05
山　西	16.35	64.72	18.92	12.90
甘　肃	19.40	63.57	17.03	12.58
广　西	23.63	59.69	16.69	12.20
江　西	21.96	61.17	16.87	11.89
贵　州	23.97	60.65	15.38	11.56

续表

省(区、市)	0~14 岁	15~59 岁	60 岁及以上	其中:65 岁及以上
福　建	19. 32	64. 70	15. 98	11. 10
云　南	19. 57	65. 52	14. 91	10. 75
海　南	19. 97	65. 38	14. 65	10. 43
宁　夏	20. 38	66. 09	13. 52	9. 62
青　海	20. 81	67. 04	12. 14	8. 68
广　东	18. 85	68. 80	12. 35	8. 58
新　疆	22. 46	66. 26	11. 28	7. 76
西　藏	24. 53	66. 95	8. 52	5. 67

注：全国人口指 31 个省、自治区、直辖市和现役军人的人口，不包括居住在 31 个省、自治区、直辖市的港澳台居民和外籍人员。部分数据因四舍五入的原因，存在总计与分项合计不等的情况。

（三）人口分布结构呈现中心城市群集聚的趋势

从人口分布情况来看，辽宁人口最多，占东北三省总人口的比重为41.4%，黑龙江和吉林人口合计占比为58.6%。

从城乡人口分布情况来看，人口城镇化率持续升高。2022 年，黑龙江城镇人口为 2052 万人，乡村人口为 1047 万人，常住人口城镇化率为 66.2%。吉林城镇人口为 1496.18 万人，乡村人口为 851.51 万人，常住人口城镇化率为63.73%。辽宁城镇人口为 3064 万人，占常住人口的比重为 73.00%；乡村人口为 1133 万人，占常住人口的比重为 27.00%。综合来看，东北三省城镇人口占比为 68.56%，乡村人口占比为 31.44%，越来越多的人口从乡村流入城镇。

从城市人口数量来看，东北三省人口集中分布在哈长城市群和辽中南城市群。2022 年，东北三省城市人口最多的几大城市分别是沈阳（914.70 万人）、长春（906.54 万人）、哈尔滨（939.50 万人，户籍人口）和大连（751.00 万人）。其次，部分城市常住人口为 300 万~400 万人，如齐齐哈尔（395.8 万人）、绥化（363.0 万人）、吉林（353.2 万人）。[①] 从地理位置来看，

---

① 东北地区城市人口数据来源于各地 2022 年国民经济和社会发展统计公报，部分城市只公布了户籍人口，因此大连、齐齐哈尔、吉林的常住人口数量由人均生产总值估算而来。

松嫩平原和辽河平原人口相对较多。位于京哈线和哈大线周边城市的人口较多,包括哈尔滨、长春、沈阳、大连、鞍山等,位于滨洲线周边的城市人口也较多,如齐齐哈尔、大庆。东北三省人口本就呈现沿交通干线分布,中部、南部人口较多,东部山区较少的特点,随着近几年人口的流动变化,在总量减少的同时,人口更倾向于大城市群和交通便利的地区集聚,城镇化率持续提高。

(四)人口性别结构比较均衡

相对全国平均水平来说,东北三省人口性别结构更加合理和均衡。人口性别比是以每100位女性对应的男性数目为标准计算的,全国男女性别比在105左右浮动,而东北三省人口性别比是缓慢下降的,近几年出现了性别比低于100的情况,即男少女多的情况,在全国来说这样的情况很少见(见图3)。总体上看,东北三省人口性别结构更加均衡。

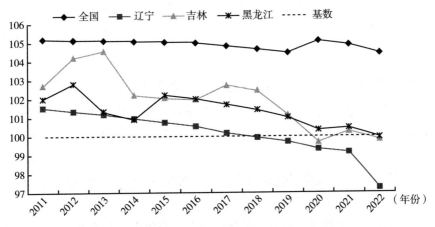

图3 2011~2022年东北三省及全国人口性别比

资料来源:中国统计年鉴、黑龙江省统计年鉴、吉林省统计年鉴、辽宁省统计年鉴。

不过从新生儿以及青少年性别比来看,男女性别比略高于总性别比。目前,我国男性总体比女性多出大概3000万人,而全国新生儿平均性别比在110以上,那么未来在人口老龄化、少子化背景下,男女人口数量差距依然较大。根据第七次人口普查数据,15~19岁青少年的性别比非常不均衡,全国

平均水平为116.12，吉林为106.95，辽宁为111.14，黑龙江为117.16。东北三省0~4岁儿童性别比均在106左右，全国平均水平为110.98（见表2）。

表2　东北三省及全国第七次人口普查0~19岁人口性别比

地　区	0~4岁	5~9岁	10~14岁	15~19岁
全　国	110.98	113.71	115.03	116.12
黑龙江	106.12	107.14	108.93	117.16
吉　林	106.43	107.91	108.7	106.95
辽　宁	106.42	108.19	109.86	111.14

（五）人口受教育水平略高于全国平均水平

东北三省拥有大学（指大专及以上）文化程度的人口接近甚至高于全国平均水平。在第七次人口普查中，全国平均每10万人中拥有大学（指大专及以上）文化程度的人口达15467人，而辽宁为18216人，吉林为16738人，黑龙江为14793人。

在全国15岁及以上人口的平均受教育年限方面，东北三省均全部超过全国平均水平。其中，辽宁为10.34年，吉林为10.17年，黑龙江为9.93年。尽管如此，受过高等教育的年轻人却很少留在东北三省发展。

二　东北地区现存的人口结构问题及产生的影响

人口对劳动力供给、投资、消费等诸多生产要素具有重要影响，从而进一步影响区域经济社会发展。

（一）人口结构问题导致劳动力供给减少

人口年龄结构问题突出体现为老龄化和少子化。随着人口负增长的出现，劳动人口的减少便驶入快车道，而劳动人口的减少必然带来有效劳动供给减少和人力资本存量的降低。短期来看，劳动力资源依然比较丰富；从长期来看，劳动供给的问题只会越来越严重。

2000 年前后，劳动年龄人口以中青年为主。以中青年为主的劳动结构保证了要素市场的供给，提高了劳动力的生产效率。相较于以往，2023 年中青年劳动力的数量显著减少，而老年劳动力的比例则有了明显的上升，这一变化趋势日益显著。劳动者的劳动能力会随着年龄的增加而持续下降，虽然工作经验会不断增加，但是在劳动密集型行业中，具有丰富工作经验的大龄劳动者仍难以满足其高强度工作需求。这种劳动力的年龄结构变化导致生产效率下降，并加剧劳动力市场的结构性短缺，这对部分劳动密集型的制造业领域发展造成限制，也不利于产业结构的优化升级。长远来看，依靠"低劳动力成本"作为竞争优势已变得越来越困难。劳动力市场的供需关系持续发生变化，传统依赖数量驱动的经济增长模式不可持续。同时，劳动年龄人口的老龄化还可能通过企业的社会保障金缴纳比例上调等方式，间接阻碍科技创新和产业升级的步伐。

（二）人口结构问题不利于产业结构升级

在建设中国式现代化的进程中，产业结构的快速优化和升级成为经济高质量发展的关键驱动力，尤其是劳动力要素至关重要，但东北地区正遭遇劳动力老化这一不容忽视的问题。劳动力的年龄结构老化，已成为制约产业结构调整和升级的重要因素。研究显示，产业结构调整的效率与青年劳动力的比例高度相关，青年劳动力群体更能迅速适应产业升级的需求。相反，劳动力的老化减缓了产业结构的调整速度，同时还限制了产业的发展。

一方面，随着年龄的增长，劳动者在身体机能和认知功能上的衰退使其难以快速接受新技术和创新，特别是在职业岗位不断更新和社会分工日益复杂的环境下，他们适应新变化的能力明显下降。另一方面，产业结构的升级依赖劳动力资源在各产业间的充分流动。但劳动力的老龄化显著降低了这种流动性。具体来说，老龄劳动者更换职业的成本随着年龄和工作年限的增加而上升，同时，他们的迁移可能性及流动范围也随年龄增长而减小，这极大地限制了劳动力资源在不同产业间的流动。

（三）人口结构问题导致投资和消费意愿减弱

随着人口老龄化，消费模式和潜力受到显著影响。老龄人口通常因为收入渠道较为单一、风险抵御能力较弱以及较为保守的消费观念，而展现出较低的消费欲望。尽管人均收入有所提升，但这一群体的消费水平并没有显著提升。实际上，1950 年后出生的老年人的消费水平甚至低于 1940 年及之前的人群。人均收入水平提升对消费带来的促进效应不足以抵消人口结构老化所致的消费抑制。另外，老龄化导致消费需求转变，老龄人口的消费更倾向于医疗、养老服务等行业，其他行业的消费显著减少。这种转变阻碍了消费需求的多元化和升级，对内需潜力的进一步释放构成挑战。

消费、收入与储蓄的关系密切。老年人的整体收入水平仍较低，且面临日益加大的财政赤字风险，这促使中老年人增加预防性储蓄，以应对可能出现的经济压力。同样，老龄人口投资的意愿低于中青年人，中青年人因具有较强的抗风险能力和收入能力，投资的意愿更为强烈，但人口老龄化会削弱这样的投资动力。

（四）人口结构问题导致社会养老负担加大

根据国家统计局公布的抽样统计数据，2022 年黑龙江老年人口抚养比达到 24.4，这代表着在黑龙江平均每 100 名劳动年龄人口需要赡养 24.4 位老人，而辽宁和吉林的老年人口抚养比分别为 28.8 和 24.8。2011 年，黑龙江老年人口抚养比是 10.0，2011~2022 年该指标增长了 144% 左右，辽宁和吉林的老年人口抚养比分别增长了 108% 和 123%。而全国老年人口抚养比由 12.3 增长至 21.8，增速也较快（见图 4）。不过相比之下，在东北三省，老年人口的抚养比增长速度显著高于全国平均水平，且这一差距正在逐渐扩大。这种情况是受老年人口数量持续上升，以及大量中青年劳动力迁往其他省份的双重影响。当前，家庭的养老负担日益加重已成为阻碍东北地区经济高质量发展的重要因素之一。

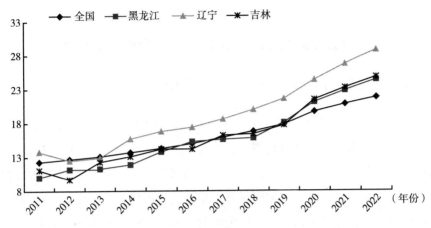

图 4　2011~2022 年东北三省及全国老年人口抚养比

资料来源：国家统计局、第七次人口普查数据、各省 2022 年国民经济和社会发展统计公报。

（五）人口结构问题对社会基层治理产生负面影响

党的二十大报告强调，要建立共建共治共享的社会治理格局，不断推进社会治理模式和治理能力的现代化。人口结构的老化对社区基层治理具有较为直接的影响。与年轻人相比，老年人群的日常活动多数在社区内进行，形成了以社区为活动中心的模式。社区不仅连接家庭与社会养老服务，还融合了政府的公共服务，成为一个关键的服务交汇点。随着老龄化速度加快及老年人口的持续增加，社区管理面临的挑战也日益严峻。社区在应对老年人增长的需求方面，尤其是在提供多样化和专业化的社会养老服务时，仅靠现有资源已难以满足需求，养老服务供需之间的矛盾日益突出。此外，人口老龄化不仅提高了社区治理的复杂性，还加大了风险防范的压力，因为老年人身体机能和自我保护能力逐渐下降，更可能成为诈骗和其他犯罪活动的目标。因此，应加强社区的犯罪防控措施，以保护老年人的安全并减少社区治理中的风险。如果社区管理不善，则可能加剧基层社会矛盾。

三　推动东北地区人口结构转变的路径思考

（一）注重人口结构调整，增强区域人口吸引力

习近平总书记在新时代推动东北全面振兴座谈会上强调"优化创新产业环境，加强人力资源开发利用，加大人才振兴的政策支持力度，打造更多创业创新平台，支持东北留住人才、引进人才"。[①] 应不断增强区域人口吸引力，不断激发经济活力，构建具有东北特色的现代化产业体系，推动产业链转型升级，振作市场信心，持续优化营商环境，降低企业运营成本，提升政府服务效率，不断完善相关法规，保护投资者和企业的合法权益，建立公正、透明、高效的市场环境，通过制度创新激发企业活力，提升各种资源要素的供给能力。特别在吸引和留住人才方面，要持续不断优化相关政策，囊括住房保障、公共福利、税务优惠以及晋升路径等多个层面，为高级人才提供便利的工作和居住条件，确保政策的有效执行和人才的稳定归属，不仅使各行各业的人才能够顺利加入，而且能留下来并获得良好的发展机会。通过高层次人才的引进促进本地人才的成长和技术水平的提升。优化城市服务，加大公共基础设施建设投入，如交通网络、通信系统以及公共安全设施等硬件设施，推动智慧城市建设，利用大数据、云计算等现代信息技术优化城市管理，提高生活质量和经济效率。同时，要注重生态保护和环境建设，实施绿色发展战略，挖掘城市文化、人文特色等，提升城市品位和居民的归属感，全方位展示城市魅力，增强其对人才的吸引力。

（二）顺应人口变动大势，充分挖掘和利用新人口机会

主动应对东北地区人口结构的变化是当务之急，这不仅涉及适应人口现

---

① 《习近平主持召开新时代推动东北全面振兴座谈会强调：牢牢把握东北的重要使命　奋力谱写东北全面振兴新篇章》，中国政府网，2023 年 9 月 9 日，https：//www.gov.cn/yaowen/liebiao/202309/content_6903072.htm？zbb＝true。

状，而且涉及预见并利用人口变化带来的新机会，开启经济社会发展的新篇章。在当前人口数量减少和老龄化初期交叉的阶段，尽管传统的数量型人口优势正在减弱，但随着新一代劳动力受教育水平的提升，质量型人口优势正逐步显现。要通过制定有针对性的人口发展战略优化人才引进和在地人才培养模式，让更多高素质、高技能、高学历人才留在东北地区。同时，随着老龄人口占比的提升，银发经济的潜力开始显现，应推动老年经济、老龄产业发展。在人口流动性增加和城镇化率提高的大背景下，配置型人口优势仍较为显著。要深入把握数量型、质量型和配置型人口机会，探索创新的方法和途径以实现人口机会的最大化，促进经济和社会的持续发展。

（三）推动老年经济、老龄产业发展

老龄产业主要属于第三产业，其发展有助于优化产业结构、推动产业升级，为新时期的经济发展注入新的活力。当前，这一产业面临供应不足及结构不平衡的双重问题。市场的整体供应尚未满足不断增长的老年消费需求，且现有的产品和服务主要集中在基础的食品和医疗保障上，而在文化、旅游等领域的供应明显不足。

可以从以下几个方面入手，采取措施推动老年经济、老龄产业发展。一是对该产业发展和企业成长给予政策扶持和金融支持，尝试加强企业与政府的合作，推动其共同参与老龄产业项目，如养老院、老年人日间照顾中心等，既利用私营部门的效率和创新能力，同时保证政府对服务质量的监管。政府还可以通过提供低息贷款、税收减免等方式，鼓励银行和其他金融机构向老龄产业项目提供资金支持。

二是完善产业链，提升产业服务品质。促进老龄产业的上下游发展，包括为产业提供必要的配套设施，培养专业人才，形成健康的老龄产业生态。推出多元化服务产品，除了基础的食品和医疗保障以外，还应发展高端医疗、康复疗养、心理咨询等服务，以及生活支持服务如家政、交通等。设计适合老年人的旅游套餐和文化活动，丰富老年人的精神文化生活。

三是加强监管与完善法规。加强对老龄产业的监管，进一步完善相关法

律框架，打击虚假广告和欺诈行为，确保老龄经济的健康发展，保护消费者的合法权益，确保服务质量和安全。

（四）构建生育友好社会，提高人口出生率

习近平总书记在新时代推动东北全面振兴座谈会上强调"要大力发展普惠托育服务，减轻家庭生育养育教育负担，保持适度生育率和人口规模"。[①] 应不断优化调整生育政策，紧紧围绕这一方向不断优化完善激励机制。完善社会妇幼照抚体系、托育服务体系，丰富服务供给主体、扩大覆盖范围，加强家庭教育指导服务，大力推进教育体制机制改革，减轻家庭养育负担。健全育儿休假制度，可考虑进一步丰富父母育儿假、男性陪产假。强化托育服务，当下儿童托育服务需求多样化，应完善幼儿照护服务机制，拓展多种形式的婴幼儿照护服务，可以考虑提高幼儿园建设标准，推进托幼一体化，推进"小园小班"建设，引入儿童托管服务从业者资格制度，提高师幼比。强化育儿补贴支持，一方面，针对新生儿家庭细化育儿相关补贴标准、拓展补贴项目，实施阶梯状现金补贴模式，从而使家庭补贴政策更具层次感，能够更好地满足大众的需求。另一方面，加大代际支持力度，澳大利亚通过对照看孩子的祖父母进行专项补助，在一定程度上缓解老人隔代养育的压力，韩国和新加坡政府为有 12 岁以下孩子的家庭提供"祖父母照顾者津贴"[②]，可以参考这些政策，考虑为照顾孙辈幼儿的老年人提供一定的专项补助。采取就业保障措施，鼓励灵活就业方式，提升工作与生活的便捷性。扩展生育保险的覆盖范围，囊括从事灵活职业的人群，增加社会支持措施以帮助产后员工迅速回归工作岗位，实现工作与家庭生活的和谐。同时，健全薪酬和福利保障体系，确保员工待遇的公平性和合理性。

---

① 《习近平主持召开新时代推动东北全面振兴座谈会强调：牢牢把握东北的重要使命 奋力谱写东北全面振兴新篇章》，中国政府网，2023 年 9 月 9 日，https://www.gov.cn/yaowen/liebiao/202309/content_6903072.htm? zbb=true。

② 贾志科、高洋：《低生育率背景下中国积极生育政策支持的构建和完善——基于经验的分析与反思》，《青年探索》2023 年第 3 期。

B.27
东北三省发挥中心城市辐射带动作用研究

姚震寰*

摘　要： 城市是发展现代经济的重要引擎，是提升收入水平的动力，也是创造非农就业的源泉。东北三省中心城市应全面提升城市能级和核心竞争力，进一步提高沈阳、大连、哈尔滨、长春在东北地区的城市首位度；在城市规划、建设和管理中融入系统观念和精细理念，加快推进城市圈同城化发展，持续推进"规划同编、交通同网、科技同兴、产业同链、民生同保"；服务和融入新发展格局，在重要节点和战略链接上发挥龙头引领辐射带动作用，不断提升城市治理体系和治理能力现代化水平。

关键词： 东北三省　中心城市　辐射带动

一　东北三省中心城市发展现状

（一）产业集聚特色鲜明

东北三省中心城市主要包含沈阳、大连、哈尔滨、长春。这些城市在经济规模、人口规模、现代产业发展水平、创新能力、影响力等方面都超出东北地区的平均水平。近年来，四座中心城市产业发展基础雄厚、产业集聚特色鲜明。分城市来看，长春作为"一带一路"节点城市和我国向北开放重要窗口汽车产业集群定位"立足吉林、辐射东北、覆盖全国、走向世界"，计划到2025年建成万亿级汽车产业集群。大连位于东北亚经济圈中

---

* 姚震寰，吉林省社会科学院城市发展研究所副研究员，主要研究方向为城镇化建设与产业经济。

心，海洋产业基础雄厚，丰富的滩涂、海岛资源有利于海洋渔业发展，得天独厚的北纬39°地域环境生产出世界公认的优质海产品。滨海旅游业稳步发展、海工装备及造船业国内保持领先，海洋盐业等久负盛名。沈阳是东北地区重要的中心城市、先进装备制造业基地和国家历史文化名城，凭借丰厚的历史文化底蕴以及东北地区较为集中的科教资源，第三产业占比达到58.1%。哈尔滨是国家向北开放枢纽城市、科技创新和先进制造业基地、现代农业和绿色发展示范基地、国际冰雪音乐文化名城。哈尔滨市第十五次党代会提出"打造先进制造之都"，以数字经济、生物经济、冰雪经济、创意设计等经济新引擎赋能制造业发展，推动制造业向高端化、智能化、集群化、特色化转型，构建现代高端制造业新体系，重塑"哈尔滨制造"新优势。

（二）城市功能较为完善

城市建设水平的大幅提升是扩大投资、稳定增长的强大引擎，也是提升城市功能品质、增进民生福祉的重要抓手。哈尔滨拥有全国唯一对俄主题的国家级新区，拥有黑龙江自贸试验区哈尔滨片区、综合保税区、临空经济区、内陆港等重要平台，这些都已成为引领产业加快发展的重要载体和动力引擎。黑龙江省第十三次党代会报告提出，"高水平建设哈尔滨现代化都市圈和哈长城市群，提高省会经济社会发展首位度，增强省会城市辐射力、带动力、影响力"。沈阳正在加快建设"一枢纽、四中心"，国家现代综合枢纽功能日益完善，沈白高铁等重大交通项目全面启动建设，中欧班列（沈阳）开行数量在东北地区排名第一，集结中心正式运行，5G基站总量居东北地区首位，国际互联网数据专用通道、"星火·链网"超级节点正式运行。2022年，全市城建投资达521亿元，并获评国家"千兆城市"和"信息消费示范城市"。大连正在全力推动东北亚海洋中心城市建设，在充分利用自贸试验区政策、发展总部经济、推动创新创业、发挥港口航运功能等方面提升城市核心功能，利用区位、港口、规划、自然条件等优势，大力发展海洋经济。

（三）开放合作优势明显

近年来，东北三省中心城市不断提升开放水平并加强合作交流。长春积极扩大开放合作。2022年，长春对外开放合作示范区挂牌，陆港型国家物流枢纽获批；兴隆综保区进出口额增长266%，全市出口额增长29.1%。地处东北亚经济圈中心的大连将"海洋经济中心城市"作为城市更新的目标之一，深入践行"以港立市、因海兴市"，打造东北亚国际航运中心、国际物流中心、区域性金融中心"三大中心"。大连已建成我国东北地区最重要的综合性外贸口岸。2022年，大连新增外商投资企业346家，新增合同外资额91.1亿美元，进出口总额达4792.1亿元，比上年增长12.8%。沈阳积极打造东北亚对外开放新前沿，构建内外贸一体化发展新格局，在2023年举办的冬季大招商专项行动中，全市众多招商组团分赴欧洲、日韩等国家和地区，以及京津冀、长三角、粤港澳大湾区等地开展招商引资活动。此外，抢抓"一带一路"、RCEP市场机遇，策划组织"一带一路"市场对接会，充分利用重点企业在"一带一路"共建国家承揽的重大工程，带动全市装备、设备及零部件出口。2022年，沈阳出口总额达522.3亿元（见表1），增长7.7%。一般贸易出口额为332.6亿元，增长1.6%；加工贸易出口额149.6亿元，增长4.4%。

表1　2022年东北三省中心城市对外开放情况

指标	沈阳	大连	哈尔滨	长春
进出口总额（亿元）	1406.6	4792.1	387.0	1107.59
出口总额（亿元）	522.3	2086.7	136.3	208.46
进口总额（亿元）	884.3	2705.4	250.7	899.13
实际利用外资（亿美元）	39.2	20.3	1.5	3.13

资料来源：2022年东北三省中心城市国民经济和社会发展统计公报。

（四）协同发展持续推进

东北三省中心城市在科技创新、产业转型升级、基础设施通达和生态文明建设等领域坚持协同发展，市场一体化和资源要素配置水平得到提升，有

力支撑了东北地区高质量发展和打造全国经济增长极。作为东北北部中心城市的哈尔滨，既是"北京—莫斯科"欧亚高速运输走廊的东方桥头堡，也是中蒙俄经济走廊"龙江丝路带"的重要节点之一。城际轨道线网的规划与建设，特别是京哈客专、哈牡客专、哈大齐客专、哈佳客专等重要线路的规划建设，密切了哈尔滨与周边城市的联系。沈阳正加快建设现代化都市圈，该都市圈以沈阳为中心，包括鞍山、抚顺等六市一区，都市圈集聚教育、科技、人才，是辽宁、东北振兴发展的重要引擎。长春也在积极落实"一主六双"高质量发展战略，聚焦现代化都市圈建设，纵深推进"六城联动"并加快乡村振兴，建设"一带一路"向北开放重要窗口和东北亚地区合作中心枢纽。大连为提升航运服务水平和优化综合服务环境，建设东北亚国际航运中心和物流中心，将辽宁沿海经济带建设上升为第六大国家区域发展战略，打造对外开放新前沿、东北地区超大城市群，"冰上丝绸之路"建设、环渤海北部湾区一体化、大连自由贸易港建设等都为提升东北亚国际航运中心能级奠定坚实基础。

二 东北三省中心城市发挥辐射带动作用面临的主要问题

（一）集聚能力较弱

集聚能力主要取决于市场潜力及市场需求程度。区域中心城市的市场潜力越大，其集聚力量越大，从而使经济活动向中心城市集中。东北三省中心城市与周边城市的经济发展水平可以在一定程度上反映出其集聚水平和辐射带动能力。从2022年沈阳及其主要周边城市的地区生产总值来看，抚顺、本溪、辽阳的地区生产总值分别占沈阳的12.05%、12.09%、11.59%。大连的地区生产总值为8430.9亿元，营口、丹东、鞍山的地区生产总值为1431.6亿元、890.7亿元、1863.2亿元，分别占大连的16.98%、10.56%、22.10%；长春的地区生产总值为6744.56亿元，吉林、四平、松原的地区生产总值为1517.90亿元、581.71亿元、872.75亿元，分别占长春的

22.51%、8.62%、12.94%；哈尔滨的地区生产总值为5490.1亿元，牡丹江、绥化、伊春的地区生产总值为925.7亿元、1238.1亿元、343.2亿元，分别占哈尔滨的16.86%、22.55%、6.25%（见图1）。可见，东北三省中心城市与周边城市经济总量存在差距，与全国其他城市的差距更为明显，以辐射带动力较强的上海为例，2022年上海周边的苏州、无锡、宁波的地区生产总值分别为上海的53.65%、33.26%、35.17%。东北三省中心城市的人才集聚能力较弱。人才涌现集聚是科技创新发展的必要条件，东北三省中心城市在人才引进、培养、使用、服务、支持、激励等方面存在劣势，国家级吸引和集聚人才平台建设滞后，不利于将科教人才资源优势转化为创新发展优势，亟须形成全产业链条、全行业领域、全人才成长的人才培育新格局。此外，东北三省中心城市各行业领域中成果和业绩突出的专业技术人才、高技能人才、有特殊技术技能专长的稀缺人才等流失较多，各领域、各部门、各方面人才政策分散封闭、交叉重复等碎片化现象依然存在，加之沿海发达城市的人才优惠政策吸引更多东北地区优秀人才到当地就业创业，进一步影响了各中心城市在人才政策、平台、服务等方面的要素资源集成，不利于形成人才集聚的强大合力。

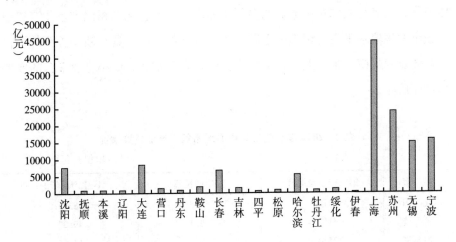

图1　2022年东北三省及全国部分城市地区生产总值

资料来源：2022年我国部分城市国民经济和社会发展统计公报。

（二）产业发展不均衡

首先，东北三省各中心城市第三产业发展不够均衡，从表2中可以看出，2022年，大连和长春第三产业增加值占地区生产总值的比重均低于全国平均水平（全国平均水平为52.80%），而哈尔滨第三产业发展优势明显。当中心城市的产业发展结构不够均衡，或者产业发展优势发挥不够充分时，周边城市的产业发展将会受到不同程度的影响，其带动作用将被削弱，只有加快中心城市发展才能为中小城镇的发展带来更多机遇。此外，东北三省中心城市固定资产投资中第三产业投资规模较小，哈尔滨和长春均有所下降（见表3），第三产业投资水平的下降将会导致产业链上下游企业集聚水平降低，进一步影响产业集群做大做强，不利于中心城市可持续发展以及辐射带动作用的持续发挥。其次，东北三省中心城市的服务业发展水平相对滞后降低了与其他产业的关联度，导致各产业之间发展存在差距。规模经济和集聚效应进一步强化了我国沿海地区在发展制造业过程中的优势。制造业虽然需要集聚，但在一定程度上制造业的生产和消费可以分离，而服务业完成生产和消费的过程对集聚的要求更加强烈，尤其是中心城市要求服务业的分类更加细化，以满足人们对服务业的多元化需求。与发达地区相比，东北三省中心城市的集聚水平在一定程度上限制了服务业的发展，具有领先优势的平台企业数量和规模不足，尤其是大型企业建设自营平台、中小企业平台的发展相对滞后等。

表2　2022年东北三省中心城市第三产业发展情况

单位：亿元，%

城　　市	第三产业增加值	同比增长率	占地区生产总值的比重
沈　阳	4475.1	3.5	58.15
大　连	4155.4	3.7	49.29
哈尔滨	3533.0	3.2	64.35
长　春	3498.3	-1.8	51.73

资料来源：2022年东北三省中心城市国民经济和社会发展统计公报。

表3　2022年东北三省中心城市固定资产投资情况

单位：%

指标	沈阳	大连	哈尔滨	长春
固定资产投资同比增长率	6.1	6.5	-7.6	-11.8
第一产业	-37.4	-7.1	-23.0	53.3
第二产业	30.0	10.5	18.9	0.4
第三产业	0.5	5.1	-12.2	-15.0

资料来源：2022年东北三省中心城市国民经济和社会发展统计公报。

（三）资源配置效率不高

中心城市作为东北三省各类要素资源集散辐射枢纽，在土地利用效率、区位交通、科技人才资源等方面存在资源配置效率水平不高、资源要素流动性不强等问题。土地供应结构不够优化是影响资源配置效率水平提升的重要因素之一，在功能定位、产业政策和主导发展方向上，工业建设项目用地供应规模没有充分考虑地理要素及未来产出效应等，经营性房地产开发用地总量在城市规划中所占比例与常住人口比例失衡等问题依然存在，尤其是产业园区的规划用地选址不合理会对城市建设用地造成极大浪费，长期不进行开发建设的土地影响了土地利用效率和效益的提升，导致供应计划执行率相对较低、供地时序和规模不尽合理等。城市建成区、城市新区人口结构、居民住宅需求等因素在一定程度上影响了住宅用地供应布局的合理性，区位交通优势没有转化为资源要素高效流通的发展优势，存在各种交通方式自成体系、尚未完全实现无缝衔接导致物流成本偏高等问题。只有破除流通环节障碍，提升转运分拨效率，才能不断降低商贸物流成本，把各中心城市打造成信息时代新商都，建设成为全国商贸物流中心。在科教人才资源方面，东北三省四座中心城市集聚较多国家级重点（工程）实验室、工程技术研究中心、企业技术中心，但因其在科技人才流动、科技成果转化、创新创业活力激发方面的体制机制障碍依然存在，如何把丰富的科教资源转化为引领性的人才资源仍面临挑战。

（四）体制机制问题突出

地理因素是城市实现经济增长十分重要的因素之一，但不是决定性因素。中国沿海地区实现较快发展除了有地理位置的优势之外，一方面得益于国家优惠政策的有效实施，另一方面得益于市场机制的健全和全球化进程的加快。东北三省中心城市规模经济优势没有得到充分发挥，一方面受到中心城市市场化进程较慢的影响，另一方面与户籍制度、就业政策、社会保障、公共服务等方面的体制机制不健全有很大关系。东北三省地区间和城乡间的市场分割依然存在，生产要素的跨地区流动受到制约，户籍制度的制约和社会保障、公共服务等体系在地区间没有形成一体化的发展格局，制约城乡之间或者城市内部劳动力的自由流动，劳动力的跨地区流动受到一定程度的限制。体制机制问题导致劳动力流动不够充分，在农民融入城市成为新市民的过程中，部分区域农民户籍变动存在障碍，户籍制度改革任重道远，在文化融合、社区融合、企业融合、社会融合等领域，新市民最关心的子女教育、住房保障、社会保障等民生问题难以在短期内得到有效解决。社会保障制度不够健全，城市的社会保障体系主要是服务本地居民，对外来劳动力的保障水平和缴纳年限有诸多限制，进一步降低外来人口参保的积极性，无法使新市民安心扎根城市，而中心城市的可持续发展迫切需要持续的人口输入和集聚。除大连外，东北三省其他中心城市的户籍人口均比上年有所下降，给中心城市的可持续发展带来挑战。

三　东北三省中心城市发挥辐射带动作用面临的环境与形势

（一）政策环境持续利好

为更好地发挥辐射带动作用，东北三省各中心城市的政策环境长期向好。例如，为打造东北亚区域消费中心城市，哈尔滨出台了《哈尔滨市打造东北亚区域消费中心城市工作实施方案（2023—2026 年）》，明确指出依托哈尔滨新区，发挥"多区叠加"政策优势，锚定"国际"重要方向、"消费"核心功能、"中心"关键定位，打造具有全球影响力、竞争力、美誉度的国际消费中心城市先行区和示范区。力争到 2025 年，配置消费资源能力大幅提升，对外开放程度和国际化水平日益提高，城市辐射和带动作用显著增强。大连为顺应全球经济发展趋势、促进区域经济发展、发挥海洋综合优势、提高城市竞争力，出台了《大连市加快建设海洋中心城市的指导意见》。到 2025 年，建成中国北方重要的海洋中心城市，海洋经济增加值比 2018 年翻一番。到 2035 年，建成东北亚海洋中心城市，形成以海洋战略性新兴产业和现代海洋服务业为支撑的现代海洋产业体系。随着上述各项政策的出台及落地，东北三省中心城市的辐射带动作用将不断增强，区域协同发展能力将得到提升。

（二）城市体系不断优化调整

城市体系的合理化以生产要素自由流动为前提，以企业自主选址和劳动者自由迁徙为条件，以集聚效应和拥挤效应之间的权衡为机制。城市体系的优化调整为东北三省中心城市辐射带动作用的发挥创造了条件，在城市体系的调整方面，《"十四五"城镇化与城市发展科技创新专项规划》提出，深入推进以人民为中心的城镇化发展战略，加强城市发展规律与城市体系布局研究，提升规划调控能力，支撑服务国家城市与城市群战略性布局。2022 年，中共黑龙江省委办公厅、黑龙江省人民政府办公厅印发了《关于推动城乡建设绿色发展的实施意见》，指出优化城市空间结构布局。划定城镇开发边界，优化城市用地结构和空间形态，推进存量挖潜、紧凑布局，推动产业用地低碳化，实现产城融合、商住平衡和功能复合。随着生产要素（特别是劳动力）在城乡和地区间更为自由地配置，城市体系的调整必将伴随经济向中心城市的进一步集聚，中心城市各类企业通过分享、匹配、学习等机制，利用规模经济效应降低生产成本，这一趋势有利于区域和城乡间人均收入的平衡。

（三）现代化基础设施体系日趋完善

基础设施对经济社会发展具有战略性、基础性、先导性作用，构建系统完备、高效实用、智能绿色、安全可靠的现代化基础设施体系是促进区域协同发展的重要内容，同时能够增强中心城市与其他城市之间的通达性。《"十四五"全国城市基础设施建设规划》指出，统筹做好城市基础设施建设系统协调工作，科学确定各类基础设施的规模和布局，针对不同城市资源禀赋，因地制宜推进城市基础设施建设，加强区域之间、城市群之间、城乡之间基础设施共建共享，提高设施使用效率。交通基础设施建设是城市更新品质提升、城市要素能力保障、增强运输服务能力的重要抓手，也是提升城市综合承载能力和城市核心竞争力的关键因素。近年来，东北三省交通衔接便捷性和轨道覆盖通勤出行比例逐步提升，城市道路网密度、道路网整体运行效率也得到较大提升，为中心城市间的互联互通奠定了基础。2022年，吉林基础设施投资增长18.8%，交通运输、仓储和邮政业投资比上年增长43.9%；辽宁基础设施投资比上年增长38.8%（见图2），其中道路运输业投资增长52.1%。随着区域铁路、港口、公路等设施的共享和共建，突出区域间、经济轴线间的连接线，对外枢纽功能日趋完善，中心城市面向国际和国内的区域辐射力得到全面提升，影响力和引领地位不断提升，区域一体化进程不断加快。

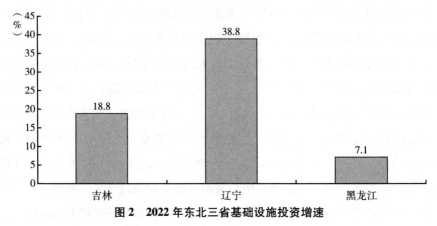

图2　2022年东北三省基础设施投资增速

资料来源：2022年东北三省国民经济和社会发展统计公报。

（四）区域间竞争不断加剧

东北三省中心城市在推动高质量发展、促进区域协同发展、创新领跑、释放消费潜力等方面发挥着十分重要的作用，与东北三省其他城市相比，中心城市具有交通区位独特、科技创新能力强、人力资本优、生态环境承载力大等方面的综合优势，人口、科技、资金、数据等优势经济要素不断向中心城市集聚，有利于中心城市集聚力量，并加强与周边地区的对接联动、优势互补，引领区域协同发展。但也应看到，在全国新发展格局加快构建以及国家中心城市、沿海发达地区中心城市迅速发展的背景下，国家中心城市作为所在城市群和都市圈的塔尖城市和增长极，是中国经济高质量发展的"领头羊"，东北三省中心城市在推动经济稳增长、深化市场化改革、释放内需潜力、扩大对外开放合作等方面与其存在差距。以武汉为例，近年来，为建设现代化都市圈，武汉辐射带动周边城镇共同发展，在基础设施互联互通、产业专业化分工协作、公共服务共建共享等方面健全同城化发展体制机制，为长江中游城市群一体化发展提供坚强支撑，助推中部地区高质量发展，并更好服务长江经济带发展。国家中心城市的区位优势和经济基础优势明显，在政策、人才、创新、产业等方面发展潜力较大，为缩小差距，东北三省四大中心城市不仅要提升能级、增强辐射带动能力，还需要切实发挥各中心城市的优势，形成更强劲的一体化发展合力。

四　东北三省中心城市发挥辐射带动作用的对策建议

（一）推动产业转型升级，提升城市集聚能力

东北三省中心城市应抓住大发展的良好势头，积极搭建高能级的平台载体，为人口和优质经济要素集聚创造良好的发展环境，加快形成经济效应和综合发展势能。中心城市要着力服务于都市圈、东北地区、东北亚等，进一步增强其在科技创新、产业转型升级中的引领作用，在更大范围内带动产业

链协同升级和绿色发展，发挥一些重大平台、总部经济的优势，围绕绿色发展等重点方面深化区域开放合作，形成推动共同发展的强大合力。推动产业转型升级，积极推进"飞地经济"发展，鼓励引进战略性新兴产业、先进装备制造业、数字经济等新动能培育项目，加强与省内各市合作，区域间合理分工、优势互补、错位发展，完善产业链条，做大做强优势产业，构建相互支撑、紧密合作的产业发展新格局；承接京津冀、长三角、珠三角等发达地区产业集群转移和产业园区整体转移；与境外合作共建"飞地经济"园区，开展国际产能合作，推进其深度融入"一带一路"建设。坚持"先规划、再建设、先贯通、再提升"，促进要素、产业等向周边地区辐射；以产业为依托，深化要素整合、产业对接，进而带动东北全域发展。

（二）提升交通基础设施建设水平，增强城市间通达性

加快交通基础设施建设，是东北三省中心城市扩大投资、稳定增长的强大引擎，也是有效解决资源配置效率水平不高的关键因素，对促进区域经济优势互补、推动东北振兴发展、辐射带动城市圈协同发展具有重要作用。《"十四五"全国城市基础设施建设规划》指出，城市基础设施是保障城市正常运行和健康发展的物质基础，也是实现经济转型的重要支撑、改善民生的重要抓手、防范安全风险的重要保障。科学制定交通基础设施建设规划并不断优化交通路网结构是进一步提高道路承载和通达能力的重要因素，构建互联互通、快速顺畅的交通路网，推进农村公路、国省干道、高速公路、机场、高铁、地铁等项目建设，打造内联外通的综合交通体系。积极建设城市数字化基础底座，推进城市基础设施数字化改造，包括建设智能交通基础设施、智慧物流基础设施、智慧能源基础设施等。在城市管理、交通优化等领域大力推进数字化转型，一方面致力于智慧城市管理体系的完善和社会治理能力、水平的提升；另一方面为加快构建内畅外联、便捷高效的综合交通体系以及统筹完善路网规划布局奠定良好的数字基础。

（三）推动就业扩容提质，积蓄城市发展势能

就业是民生之本，高技能劳动力本身具备较高的生产率，通过集聚产生人力资本外部性，同时促进城市工资水平提升并增加低技能劳动力数量。东北三省中心城市应积极采取优惠政策吸纳高低技能劳动力就业，着力增强其在公共服务、基础设施、人均教育水平等方面的优势，以吸引高精尖人才。持续强化并落实落细就业优先政策，促进高质量充分就业，尤其是高校毕业生、农民工、退役军人等重点群体就业，加强职业技能培训，培养符合时代需求的高技能人才。增强产业吸纳就业的能力。加快建设以实体经济为支撑的现代化产业体系，培育壮大各类经营主体，为创业提供更多岗位、优化社会就业创业条件，为初创企业提供系统增值服务并不断激发企业发展活力，以创业带动就业。优化就业公共服务体系。通过网上招聘平台做好信息发布、职业介绍等工作，保证市场供需对接的有效畅通，同时着力加强人力资源市场监管，为广大劳动者提供稳定的工作岗位、公平的就业环境和可靠的权益保护。东北三省中心城市在政策激励、产业发展、技能培训、环境优化、公共服务等方面积极推动就业扩容提质，为城市发展积蓄势能。

（四）持续优化营商环境，构筑城市宜商优势

东北三省应加快改善优化中心城市的营商环境，提升企业的高端化、智能化、绿色化水平，以做优做强实体经济、数字经济，大力发展民营经济为重要抓手，持续打造市场化、法治化、国际化营商环境，有效解决发展中存在的体制机制问题，为新时代东北振兴提供有效保障。东北三省中心城市的传统产业和中小企业通过数字化、智能化改造实现转型，在鼓励产品设计研发、提升产品科技含量等方面加大力度，一方面为市场做大做强、实现数字赋能奠定基础；另一方面为企业的竞争力提升和未来发展空间扩大创造条件。切实提升服务效能，强化要素保障。通过精细服务、优化监管、压减手续、整合流程等措施提质增量、提质增效，采取以链招商、以商招商等多种招商模式，努力形成高位化调度、集成化作战、扁平化协调的工作机制，不

断开拓新客户、新市场，形成更多新增长点。更好地发挥金融对经济高质量发展的重要支撑作用。打造宜居、宜业、宜游的良好人居环境。为各类企业投资兴业、各类人才就业创业提供机遇和平台，拓宽"敬人才、惠人才、助人才、用人才"渠道和方式，在生活保障、收入分配、职称评定、知识产权收益等政策上给予全链条式的服务保障，实现以"人"兴促振兴，打造高品质人才生态。

参考文献

张虹冕、赵今明：《区域性中心城市辐射带动效应研究——基于合芜蚌自主创新试验区的分析》，《管理现代化》2017 年第 3 期。

王珺、杨本建：《中心城市辐射带动效应的机制及其实现路径研究》，《中山大学学报》（社会科学版）2022 年第 1 期。

殷培伟、谢攀、雷宏振：《国家中心城市经济高质量发展评价及差异分析》，《经济学家》2023 年第 3 期。

赵球、朱学莉、程苗松：《"十四五"时期东北对外开放新前沿构建策略》，《区域经济》2022 年第 2 期。

张双悦：《东北地区全面振兴的路径依赖、锁定与新突破》，《哈尔滨工业大学学报》（社会科学版）2022 年第 5 期。

B.28
东北三省养老服务体系建设研究[*]

杨成波[**]

摘　要： 东北三省不断加快养老服务体系建设步伐，并取得显著成效，养老服务政策体系不断完善，居家社区养老服务稳步发展，养老机构服务管理水平不断提升，养老服务信息化建设步伐不断加快，医养康养融合发展不断加快。但也存在养老服务总体发展水平不高、养老服务政策有待完善和养老床位数量不足等问题。因此，要从居家社区养老、农村养老、兜底保障、信息化养老、人才队伍和养老机构评估等方面入手，完善东北三省养老服务体系建设。

关键词： 养老服务　居家社区养老　机构养老

一　东北三省养老服务体系建设现状

（一）养老服务政策体系更加完善

近年来，东北三省不断发布关于养老服务方面的政策法规，这些文件不断丰富和完善了东北三省的养老服务政策体系。东北三省都出台了有关养老服务的"十四五"规划和具体的实施方案，虽然名字略有差别，但是都涉

[*] 本文系 2024 年度辽宁省经济社会发展研究课题项目（项目编号：2024lslybkt-134）阶段性成果。
[**] 杨成波，辽宁社会科学院社会学研究所副所长、研究员，主要研究方向为社会学基础理论和社会保障。

及养老服务体系建设的长远规划，辽宁省出台《辽宁省"十四五"促进养老托育服务健康发展实施方案》（辽政办发〔2022〕32号）、《辽宁省"十四五"城乡社区服务体系建设规划》（辽政办发〔2022〕35号）和《辽宁省人民政府办公厅关于印发辽宁省推进基本养老服务体系建设实施方案的通知》（辽政办发〔2023〕11号），吉林省出台了《吉林省老龄事业发展和养老服务体系"十四五"规划》（吉政发〔2022〕12号）和《吉林省社区居家养老服务改革试点工作方案》（吉民发〔2023〕9号），黑龙江省出台了《黑龙江省养老托育服务业发展专项行动方案（2022—2026年）》（黑政办发〔2022〕45号）和《黑龙江省居家社区基本养老服务能力提升行动计划（2022—2024年）》（黑民发〔2022〕35号），这些规划和实施意见都从居家社区养老、机构养老、医养康养结合以及保障措施等方面对养老服务体系建设提出长远规划，极大地促进了养老服务的发展。

（二）居家社区养老服务成效显著

辽宁省下大力气发展居家和社区养老服务。"十三五"期间，民政部、财政部实施了居家和社区养老服务改革试点，辽宁省积极争取，全省有9个市被确定为国家试点单位，争取国家资金2.7亿元。鞍山、抚顺、丹东、锦州获评全国改革试点验收"优秀"等次，鞍山、辽阳两市改革经验被民政部在全国推广。"十四五"时期，民政部、财政部将改革试点升级为提升行动，沈阳、锦州先后被确定为国家提升行动项目地区，总计争取国家资金8100万元。从2020年开始，辽宁省率先在全国开展县级居家和社区养老服务改革试点工作，截至2023年底累计投入补助资金1.12亿元，支持各地建设150个示范型居家和社区养老服务中心（综合体）。截至2022年底，辽宁省有社区老年活动室、社区老年人日间照料室、社区老年食堂等城乡社区养老服务设施12271个，总床位数达4.91万张；居家和社区智慧养老服务平台在9个地级市建设完成；全省共完成适老化改造1.07万户；有2.3万名老人享受居家社区养老上门服务。

吉林省居家社区养老服务建设发展取得显著成效。一是居家社区养老服务模式创新。把居家社区养老服务分成三种类型，第一种是社区依托型，以社区为载体，借助社区有形公用住房，统筹社区无形资产，为居家老年人提供养老服务。第二种是综合嵌入型，重点发挥社区养老服务中心便民功能，在居民小区内建设社区养老服务中心，配备专业养老服务人员，完善基础设施，为居家老年人提供养老服务。第三种是延伸服务型，养老机构不仅在机构内提供服务，而且要将服务延伸至社区、家庭，利用养老机构的资源优势为老年人提供养老服务。截至 2023 年 8 月，吉林省共有居家社区养老服务设施 1042 个，其中社区依托型 900 个、综合嵌入型 124 个、延伸服务型 18 个。二是老年食堂建设步伐加快。2022 年，吉林省为满足居家老年人的就餐需求启动了社区老年食堂建设试点工程，通过两种方式建设社区老年食堂，取得不错效果，一种方式是政府提供食堂用房，通过委托的方式让社会力量独立运营、独立核算。另一种方式是政府与餐饮企业合作，通过政府购买服务和特许经营等方式将社区周边的餐馆打造成老年人就餐点。三是不断完善巡访关爱体系。2020 年，吉林省民政厅印发《关于开展居家老年人巡访关爱工作的指导意见》（吉民发〔2020〕32 号），居家老年人巡访关爱体系不断完善，为全体老年人建立了电子档案，并对重点人群进行入户巡防，全面掌握居家老年人身体健康、经济水平、安全需求等方面的基本情况，在社会救助政策框架内实现应救尽救、应帮尽帮、应扶尽扶，进一步提高特殊老年人养老服务的精准性。

黑龙江省大力发展多种模式的居家和社区养老服务。黑龙江省出台一系列政策文件，从国土空间规划、充分保障用地、财政资金补助、落实税费优惠等方面，为推进居家和社区养老服务工作提供政策支撑。新建住宅小区按每百户 20~30 米² 配套建设社区居家养老服务用房，与住宅同步规划、同步设计、同步验收、同步交付。住宅小区交付时，一并转交各地人民政府，由民政部门使用和管理。已建成小区要按每百户 15~20 米² 的标准调剂解决，无养老服务设施或现有设施未达到标准的，通过购买、置换、租赁等方式解决。严禁挤占、侵占养老服务设施或改作他用。加快完成社区嵌入式养老服务设施布局，在中心城区构建"15 分钟养老服务圈"，按照老年人生活半

径，打造智慧居家社区基本养老服务网络。截至 2023 年 7 月，黑龙江省已培育 29 个社区居家养老网络示范区，建有社区嵌入式养老服务设施 1736 个，初步形成了以助餐、助洁、助医、助急、助浴、助行为主体的社区养老服务体系。

（三）养老机构服务管理水平实现提升

提高公办养老机构管理水平，充分发挥公办养老机构的托底保障作用，提升服务质量，扩大服务范围，重点为城乡"三无"人员、"五保"人员提供无偿的供养、护理服务；为低收入老年人、经济困难的失能半失能老年人、申领低保的重度残疾人提供低偿的供养、护理服务。鼓励有条件的公办养老机构向周边社区提供居家社区养老服务。积极扶持社会力量开办养老机构，简化其开办养老机构的审批手续，并提供政策支持，鼓励社会力量通过公建民营、民办公助、政府购买服务、特许经营等方式进入养老服务业，开办规模化、连锁化养老机构。鼓励企事业单位将所属培训中心、招待所、疗养院等转型为养老机构。截至 2022 年底，辽宁省有 2165 家养老机构，床位数达 20.64 万张，在院老人 9.2 万人。吉林省坚持公办机构的公益属性，根据失能、半失能困难老年人入住机构这个刚需，每个县（市、区）至少建有一所以收住城乡困难失能、残疾老年人为主的县级层面养老机构，确保护理型床位数不低于总床位数的 55%。同时，全面落实税费减免、土地供应、政府补贴、购买服务等政策，大力发展民办养老机构，为广大老年人提供多层次的机构养老需求。黑龙江省大力推进以专业医疗照护为主的护理型养老机构建设，开展医养结合服务，强化养老机构的专业服务能力。引导社会力量根据市场需求，兴办面向中高收入家庭的养老机构，构建全方位、多层次、立体化的养老服务体系，让老年人的晚年生活更舒心。截至 2022 年底，黑龙江省共有 2204 家养老服务机构，养老床位数为 19.98 万张，其中护理型床位占比为 46%，农村互助养老服务设施覆盖率为 73%。

（四）智慧养老技术应用更加普遍

辽宁省大连市重点推进"互联网+养老"服务，运用人工智能、物联网、云计算、大数据等信息化手段全方位推进养老服务智能化发展，建立了大连市养老服务信息平台，培育发展智慧养老服务新业态，打造多层次的智慧养老服务体系。开展关键技术研发项目，不断提高适老产品的安全性。沈阳市皇姑区积极推进科技赋能智慧养老，整合线上线下资源，不断扩大信息技术的应用范围。锦州市采用"码"上服务的智慧监管模式，全力打造可感、可及、可持续的救助帮扶"实景图"和"效果图"。吉林省长春市创新"社工+养老"模式，对特殊困难老年人落实常态化巡访机制，对65周岁及以上老年人提供健康管理服务并建立健康档案，创新"互联网+养老"等智慧养老模式，为老年人提供"菜单式"服务。2023年，黑龙江省积极推进"互联网+"在养老服务中的应用，依托民政部"金民工程"全国养老服务信息系统，加快推进养老服务信息化建设，建立与人社、卫健等部门相关数据信息互联互通机制，推进基本数据共享，推动技术对接、数据汇聚和多场景使用，让老年人少跑腿、信息多跑路。加速智慧终端设备应用，以形成"线上+线下""派单+应答"服务模式，促进需求与养老供给资源有序对接，推动实现大数据管理。同时，在适老化改造中融入更多数字元素，推广智能水表、跌倒报警、健康监测、一键呼救等智能化养老产品，为老年人提供24小时全天候安全守护，实现对老年人状况的动态全面掌握，让养老更智慧、服务更到位、生活更安全。

（五）医养康养融合发展水平不断提升

所有养老机构能够以不同形式为入住老年人提供医疗卫生服务。养老机构可按相关规定申请开办医疗服务机构，为老年人提供基本医疗服务。鼓励专业医师到养老机构依法开展多点业务。推动医疗卫生服务延伸至社区和家庭，所有居家和社区养老设施与社区卫生服务中心实现无缝对接。提升各类医疗机构养老服务能力，鼓励和引导各级公办、民办医疗机构合理利用闲置

医疗资源，开办老年护理院、老年康复医院。有条件的二级以上综合医院要开设老年病科，增加老年病床数量，做好老年慢性病防治和康复护理。医疗机构要为老年人就医提供优先优惠服务。2023 年，辽宁省积极推进医养康养结合发展，推广 100 个医养康养结合模式，其中 5 个先进经验获得通报表扬。积极培育中医药健康养老服务试点，确定 45 家中医院为示范单位。2023 年，阜新市建成医养康养示范中心，组建医养康养人才培训基地。2024 年，阜新市实施康养人才培养"1+10+100+1000"工程，极大地增加了康养领域的人才供给。截至 2023 年 6 月，辽宁省两证齐全的医养结合机构有 168 家，其中养办医机构有 72 家、医办养机构有 96 家，组建家庭医生服务团队 1.41 万个，老年人健康档案建档率达 86.23%，支持各类养老康养项目 26 个，项目总投资达 13.4 亿元，累计申请中央投资 7.1 亿元。吉林省预计 2025 年前，实现县办公立中医医疗机构中医药特色老年健康中心全覆盖，60% 以上二级以上综合性医院开设老年医学科。延边州通过养老院内设医疗机构、与医院合作等形式，实现"医养结合"，为附近社区和农村提供养老服务。通过整合社区卫生服务站等各类医疗资源，做到"小病不出社区"。黑龙江省鼓励医疗卫生机构依法依规在养老机构设立医疗服务站点，提供嵌入式医疗卫生服务，增加养老机构护理型床位和设施，支持养老机构与医疗机构合作。到 2025 年，黑龙江省养老机构医养结合率达 100%。

二 东北三省养老服务体系建设中存在的问题

（一）养老服务总体发展水平不高

受市场环境、老年人消费观念、消费能力、服务质量等因素影响，养老市场的总体发展水平不是很高。养老服务前期投入大、利润低、回报周期长，养老机构造血能力不强。部分养老机构面临生存难、可持续发展难等问题。东北三省知名度高、实力强、有经验的养老服务企业和社会组织较少。

（二）养老服务保障政策有待完善

经济发展是养老服务发展的基础条件，东北三省经济社会发展水平和财政收入与其他发达省份相比还有较大差距，而养老服务主要是依靠地方财政投入和福利彩票公益金补助，因此，辽宁省的养老服务保障政策还存在缺陷。居家养老上门服务耗资较大，长期照护险覆盖范围较小，老旧小区改造往往忽视养老服务设施改善，养老机构融资难等问题也比较突出。

（三）养老床位数量不足

从养老床位数量来看，2022 年全国为老年人提供住宿的养老床位有518.27 万张，而东北三省能够提供的养老床位数量均不足 20 万张，与部分发达省份相比差距较大，其中，江苏省有养老床位 44.30 万张、湖北省有28.76 万张、安徽省有 36.65 万张。从每千老年人口养老床位数来看，全国平均数为 29.6 张，东北三省最高的是黑龙江省，为 28.0 张，吉林省次之，为 26.8 张，辽宁省最低，为 21.8 张，均低于全国平均水平，与部分发达省份相比差距也较大，其中江苏为 37.5 张、湖北为 37.5 张、安徽为 35.5 张，均高于东北三省（见表 1）。

表 1　2022 年东北三省与部分省份养老床位数

单位：万张，张

地　区	养老床位数	每千老年人口养老床位数
全　国	518.27	29.6
辽　宁	18.90	21.8
吉　林	14.34	26.8
黑龙江	19.03	28.0
江　苏	44.30	37.5
湖　北	28.76	37.5
安　徽	36.65	35.5

资料来源：《中国统计年鉴 2023》。

三 完善养老服务体系建设的对策建议

（一）着重发展居家和社区养老服务

重点发展居家和社区养老服务，发挥政府的主导作用，在规划、政策、资金等方面加强顶层设计，促进居家和社区养老服务发展。通过新媒体、传统媒体加大宣传力度，在整个社会中形成养老、爱老、孝老的氛围，增进全社会养老共识。要构建居家和社区养老服务多元化供给格局，政府、社会、企业和个人都应该成为居家和社区养老服务的供给方，采取公建民营、民办公助等方式加快居家和社区养老服务软硬件发展。鼓励社会组织和企业建设一批高端养老社区，激发市场活力和民间资本潜力，培育和打造一批品牌化、连锁化、规模化的养老服务企业与社会组织。提高居家和社区养老服务的供给质量，除了日间照料、康复护理、配餐送餐、短期托养等一系列服务之外，还应积极提供心理层面的服务。同时鼓励支持社会力量建设医养结合型居家养老服务中心，将失能、半失能及空巢老人纳入医疗和养老的服务保障范围，推动医养结合深度发展。

（二）补齐农村养老服务短板

农村养老服务始终是养老服务发展的弱项或短板，要充分发挥各级政府的积极作用，逐步打破城乡二元壁垒，补齐农村养老服务短板。在乡村振兴、新农村建设和合村并居背景下，在财政预算内优先投资农村养老服务，统筹做好农村养老服务设施或农村幸福院建设工作，允许其将剩余床位向社会老人开放，提供助餐、助浴、健身休闲娱乐等多样化服务。采取多种方式开办农村幸福院和养老大院，鼓励农村自治组织、社会组织、志愿团体或企业、个人等发展互助式养老服务。建立农村空巢及留守老人定期探访制度，要关爱农村老人，保护农村老人，全面建立上门探视制度，在精神慰藉、生活照料、帮扶救助、安全保护方面让农村老人感受到社会大家庭的温暖。

（三）强化养老服务兜底保障作用

一是特困人员救助养老服务政策。落实 2021 年民政部新修订的《特困人员认定办法》，将符合条件的特困人员纳入政策保障范围，同时保障特困人员生活救助，特别是城乡特困人员救助保障准备与城乡低保保障标准挂钩。二是加强农村养老服务设施改造。按照国家标准，每个县（市、区）都要有一所失能、半失能照护型服务机构，对于条件不好的养老服务机构要提升农村特困人员集中照护能力，同时强化农村区域性养老服务中心建设。三是推进适老化改造。按照国家部委的文件精神，以年度为单位对分散供养特困人员家庭实施居家适老化改造。四是开展老年人能力评估。这是今后要长期开展的一项工作，通过老年人能力评估，为老年人获得补贴和享受服务提供依据。

（四）加大养老服务信息化建设力度

探索推进"互联网+养老"新模式，运用人工智能、物联网、云计算、大数据等信息化手段加快推进养老服务发展，加快网络信息平台建设，整合线上线下资源，更好地为老年人提供便捷服务，主要包括远程医疗、紧急救助、代买物品等服务。推进科技产品适老化研发，改变老年人思想认识，提高老年人对智能产品的接受程度，通过社区志愿服务向老年人传授智能产品和服务的使用方法，使老年人能够熟练使用智能产品和服务，享受新产品带来的"数字红利"。

（五）加强养老服务人才队伍建设

重点打造专业护理人员队伍。制订能力培训计划，扩大培训对象，可将有意愿从事养老服务的人员纳入培训范围，对符合条件的从业者给予职业培训补贴。落实养老服务人员的补贴政策，居家社区养老服务从业者可享受与养老机构服务人员同等的补贴，对老年服务与管理类专业的毕业生入职养老服务机构给予一次性奖励。提高养老服务从业者的社会地位和工资待遇，严

格落实各项社会保险制度，调动各类养老服务专业人才的积极性。同时，通过组织各种职业技能大赛以及优秀护理员评选活动，提高养老服务专业人才的社会地位。通过宣传养老护理员先进事迹，提高全社会的认可度。支持和鼓励现有高等院校、职业技术学校增设养老服务专业和课程，建立人才培训基地。培育社会公益慈善组织，扶持为老服务志愿组织。

（六）完善公办养老机构入住评估制度

公办养老机构首先解决的是生活困难和低收入老年人养老问题，必须设置入住条件，让经济困难的老年人得以入住，满足养老服务需求。公办养老机构入住评估制度应遵守国家最低生活保障线，按照收入等级，做到"保基本，补不足"，保证公共财政使用的公正性。同时对老年人身体条件进行评估，根据评估结果确定其享受服务的等级。同时提升公办养老机构综合监管水平，抓好消防、食品、欺老虐老、非法集资、保健品虚假宣传等各方面的风险排查与隐患整治，对养老机构进行等级评定，提升养老机构管理水平。

参考文献

白维军：《普惠型养老服务：释义、短板与发展策略》，《中州学刊》2023年第4期。

陈飞、陈琳：《健全养老服务体系：社区养老支持与老龄健康》，《财经研究》2023年第2期。

齐鹏、纪春艳：《农村养老服务整合：趋向、困境与路径》，《经济与管理评论》2023年第5期。

姜丽美：《城乡融合发展背景下农村养老难题破解路径》，《华北水利水电大学学报》（社会科学版）2024年第2期。

刘慧君、李志彬：《医养结合服务的有效模式及其实现机制研究——基于陕西省汉阴县鸿齐医养中心的案例分析》，《西北人口》2024年第2期。

苏炜杰：《论居家养老服务中的政府担保责任》，《南开学报》（哲学社会科学版）

2024 年第 2 期。

程明梅、杨华磊:《中国城镇失能老年人口规模及养老服务需求预测》,《北京社会科学》2024 年第 3 期。

赵瞳:《医养结合养老服务模式分析、制约因素及实践路径》,《决策科学》2024 年第 1 期。

B.29
东北三省优化社区居家养老服务研究

韩佳均*

摘　要： 东北三省积极建立应对人口老龄化的制度框架，构建"居家社区机构相协调，医养康养相结合"的服务体系。但在发展中，仍面临产业规模化程度不高、信息化服务能力有待提升、居家养老服务项目相对单一、优质普惠服务供给不足等问题。为促进社区居家养老服务高质量发展，进一步优化社区居家养老服务，东北三省加强政策支持，促进社会参与和多元合作，推动服务创新和个性化发展，加强人才培养和团队建设，加强行业监管，促进规范发展，深化党建引领，构建老龄友好社会，实现社区居家养老服务协同化和高质量发展。

关键词： 东北三省　社区养老服务　居家养老服务

2024 年 1 月，《国务院办公厅关于发展银发经济增进老年人福祉的意见》提出，未来我国要着力培育高精尖产品和高品质服务模式，在老年助餐服务、居家助老服务、社区便民服务、老年健康服务、养老照护服务等方面提出发展要求，确保老年群体共享发展红利，满足人们对美好生活的向往和追求。

一　东北三省社区居家养老服务发展现状

东北三省不断优化和完善社区居家养老服务体系，以满足老年人多元化、个性化和深层次的养老服务需求。

＊ 韩佳均，吉林省社会科学院社会学研究所副研究员，主要研究方向为社会保障、社会政策。

（一）健全社区居家养老服务政策体系

2016~2020 年，东北三省共有 21 个市开展社区居家养老服务试点工作。2021~2023 年，东北三省共有 12 个市参与社区居家养老服务提升行动（见表 1）。通过试点，东北三省在养老服务管理体制机制、基础设施建设、基本养老服务清单等建设上都开展了有益的探索和积极的创新，为城乡社区居家养老服务及城乡养老服务协作积累了宝贵的实践经验，推动社区居家养老服务高质量发展。东北三省均立足于新阶段发展需求，适应新时代要求，制定了一系列政策文件，稳步完善社区居家养老服务政策体系。

表 1　东北三省参与社区居家养老服务试点及提升行动情况

省　份	社区居家养老服务试点					社区居家养老服务提升行动		
	2016 年第一批	2017 年第二批	2018 年第三批	2019 年第四批	2020 年第五批	2021 年	2022 年	2023 年
辽　宁	沈阳	盘锦、大连	辽阳、营口	锦州、鞍山	丹东、抚顺	沈阳	锦州	本溪、丹东
吉　林	长春		延边、通化	吉林	松原、辽源	长春	白山	辽源
黑龙江	哈尔滨		双鸭山	鹤岗、齐齐哈尔	七台河、佳木斯	牡丹江	齐齐哈尔、佳木斯	哈尔滨、七台河

资料来源：民政部。

一是社区居家养老服务的发展规划陆续颁布。2023 年，辽宁省制定出台《关于开展居家和社区养老服务改革试点工作的实施方案》《示范型居家和社区养老服务中心建设指导意见》《全省居家和社区养老服务改革试点工作绩效考核办法》《关于印发〈全省居家和社区基本养老服务提升行动方案（2022—2025 年）〉的通知》，专门支持全省开展居家和社区养老服务改革试点工作，并重点向贫困地区、非国家试点地区倾斜。吉林省发布《吉林省社区居家养老服务改革试点工作方案》，提出九大重点任务，深入探索居家养老服务"吉林模式"。黑龙江省发布《黑龙江省城乡社区配建居家养老服务用房的指导意见》《黑龙江省居家社区基本养老服务能力提升行动计划（2022—2024 年）》等，形成了相互衔接、互为支撑的社区居家养老政策体

系。二是居家养老服务设施建设政策进一步细化。2023 年，辽宁省沈阳市出台《沈阳市多元化多层次品质养老社区培育制度》，开展"基本、提升、示范"类品质养老社区培育，制定《沈阳市品质养老社区工作指引》，打造养老服务设施、服务主体、服务项目"三进"社区。吉林省长春市出台《长春市新建住宅小区社区居家养老服务用房配建移交管理办法》，规范新建住宅小区社区居家养老服务用房配建移交管理工作，推动社区居家养老服务健康发展，以满足老年人日益增长的就近养老服务需求。黑龙江省哈尔滨市出台《哈尔滨市居家养老服务设施条例》，是养老服务领域第一部地方性法规，聚焦社区居家养老服务用房难题，努力通过小切口，撬动大服务，助推养老服务水平提升。三是构建"居家社区机构相协调，医养康养相结合"的服务体系。东北三省充分利用并整合现有资源，积极推进区域养老服务中心、为老服务综合体建设与发展，在社区层面打造嵌入式养老服务机构。大力推进社区老年食堂、农村养老大院和互助站点建设，为老年人提供全托、日托、居家上门等服务，为老年人就近就地享受社区居家养老服务提供便利。

（二）优化社区居家养老设施布局

设施层面，打造智慧居家社区基本养老服务网络。截至 2023 年 9 月，辽宁省已建设城乡社区养老服务设施 12271 个，其中社区老年人日间照料室和社区老年人活动室覆盖率分别达到 100% 和 63.9%。自 2022 年起，吉林省启动综合嵌入式社区居家养老服务中心建设，已建成 179 个此类设施，并规划到 2025 年底实现县（市、区）全覆盖，乡镇（街道）覆盖率达到 60%。截至 2023 年 4 月，黑龙江省已在 3186 个城市社区建立 4038 个嵌入式养老设施，包括社区居家养老照护中心、老年人日间照料室、社区助老餐厅等，404 个街道建有 413 个综合养老中心，899 个乡镇建有 930 处具备综合服务功能的养老设施。此外，56% 的农村已建立互助养老服务设施，为 87% 的农村老年人提供互助养老服务。东北三省的社区居家养老服务均实现了跨越式发展，构建起以县级中心敬老院为核心、区域性乡镇敬老院为支撑、农村自助互助服务为补充的县乡村三级农村养老服务主干网络。

在居家适老化改造方面，2023 年辽宁省下拨补助资金 3000 万元，用于支持启动并实施针对特殊困难老年人家庭的适老化改造工作。实行一户一策、一户一档案，精准对接老年人需求，确保适老化改造服务高质、高效、实用。2023 年吉林省对老旧小区进行适老化改造，在老旧小区改造中加装电梯，增设老年日间照料中心、爬楼辅助设施等。黑龙江省开展"百村（社区）示范，千乡（镇、街道）工程，万户老人受益"特殊困难老人家庭适老化改造专项行动，让更多的困难老年人家庭共享政策红利。

（三）不断创新社区居家养老服务形式

服务内容层面，除提供基本照护服务外，东北三省均开展独居老人"敲门问需"服务，紧扣老年人的生活需求、情感需求，建立定期巡访探视长效机制，着力加强居家老年人巡访关爱体系建设。2022 年辽宁省出台《辽宁省特殊困难老年人探访关爱服务实施方案》，以"五社联动"机制及时发现、有效防范、稳妥化解特殊困难老年人居家养老安全风险，保障特殊困难老年人基本养老服务需求。吉林省于 2019 年在全国率先建立居家老年人巡访关爱制度。截至 2023 年 4 月，已登记在册巡访员 3.72 万人，累计开展巡访关爱 49.96 万人次，采集 88.05 万名老年人信息。2023 年黑龙江省实施"守护夕阳"关爱新冠病毒感染老人行动，开展关爱"阳康老人"系列活动，为老年患者"保健康防重症"提供精准服务。

服务方式层面，着力打造"15 分钟助老服务圈"。辽宁省沈阳市在全力打造"1+3+N"社区养老服务体系的基础上，制定了"品质养老"进社区工作运行机制，向社区派驻"养老管家、养老专员"，开展专业养老服务和养老服务专项管理；吸引鼓励专业社会组织和社会公益慈善力量进社区。吉林省长春市开展"2023 年幸福长春行动计划"，全市已建设公建民营敬老餐厅 31 家、社会合作敬老餐厅 69 家，在长春市居住的 60 周岁及以上老人，持"敬老助餐卡"可以在全市任意一家敬老餐厅享受优先就餐、优惠价格、

优待服务的"三优"助餐服务。在为老年人提供就餐服务的基础上，推出智能点餐、专业配餐、暖心送餐等个性化服务，构建智能化、专业化、一体化助餐服务体系。黑龙江省出台《养老托育服务业发展专项行动方案（2022—2026年）》，推动养老托育服务向社区居家养老服务延伸，按标准配建养老托育服务设施，推动已建成居住区按标准逐步完善社区养老托育服务设施，打造"社区+物业+养老"的模式。

（四）医养康养服务供给水平进一步提升

医养服务进一步向社区下沉。辽宁省在推行家庭医生签约服务"三三模式"①的基础上，持续做好家庭医生签约服务工作。截至2022年底，组建家庭医生服务团队1.41万个，老年人等重点人群签约率达77.99%，老年人健康档案建档率达86.23%，65岁及以上老年人城乡社区规范健康管理服务率达65.82%。吉林省印发《关于强化"六个拓展"扎实推进家庭医生签约服务扩围提质工作的通知》，要求进一步做实做细家庭医生签约服务，截至2023年6月，吉林省共有家庭医生团队7875个，较上年同期增加501个，团队成员扩充至4.3万人。黑龙江省打造"龙江模式"，以家庭医生签约服务为切口，助推基层医疗卫生服务体系建设，实现"首诊在基层""双向转诊"。

创新医康养护服务模式。2023年4月，辽宁省发布《辽宁省关于深入推进医养结合发展的实施意见》，推进"互联网+医疗健康""互联网+护理服务""互联网+康复服务"，创新居家医疗服务方式。吉林省试点长护险，截至2022年底，全省有1529万人参保，当年享受待遇17300人，平均报销比例为71.2%。试点开展社区微机构智能化养老，以养老数据平台为核心，借助先进的智能化监控设备，与110、120等紧急服务平台构建实时数据交互网络。重点为独居老人提供专业化的智能服务、日常监护和应急救助服

---

① "三三模式"，即实现"三到位"，做到"三保证"。"三到位"：家庭医生签约服务团队到位、功能到位、服务到位。"三保证"：保证家庭医生多劳多得、保证签约群众满意、保证提高签约群众健康水平。

务。积极探索"文养结合"幸福养老新模式，调动老年人的养老能动性和主动性，帮助他们树立面对老年生活的积极心态。2023 年，黑龙江省 13 个市与全国 126 个城市达成旅居康养联动合作意向，28 家旅居康养机构以"抱团谋发展、诚信创品牌、合作赢未来"为理念，成立黑龙江高端旅居康养机构共联体，充分依托自然生态、旅游资源、绿色食品、医疗体系等优势，发展"南来北往、寒来暑往"的候鸟式旅居康养产业。

二　东北三省社区居家养老服务存在的问题

东北三省在社区居家养老服务的发展中取得的成就，得益于政策的扶持、社区的建设以及社会各界的共同努力。但在实际运作中仍然面临一系列问题，将影响社区居家养老服务高质量发展。

（一）产业规模化程度不高，产业协同发展水平仍需提升

从产业规模来看，尽管东北三省的养老服务业发展迅速，但与全国其他地区相比，其规模仍然较小。从天眼查平台查询养老产业相关企业注册量，企业注册数量呈增长趋势，近 5 年注册成立的企业占总数的 60% 左右，成立时间不足 1 年的企业占比在 13%~15%。大部分企业属于小微企业，辽宁省注册资本超过 1000 万元的企业占比最高，为 19.22%，其次是吉林省，为 16.72%，黑龙江省为 12.50%（见表 2）。

表 2　截至 2024 年 3 月东北三省养老企业注册数量

单位：家，%

省份	养老企业数量	成立 1 年内的养老企业占比	成立 5 年以上的养老企业占比	注册资本在 1000 万元以上的养老企业占比
辽　宁	17089	13.56	39.60	19.22
吉　林	10784	13.55	38.07	16.72
黑龙江	8847	14.23	42.30	12.50

资料来源：天眼查网站（https://www.tianyancha.com/），以"养老"为关键词查询企业数量。

从区域分布情况来看，2023年江苏省以4.05万家养老企业数量高居全国第一，山东省和广东省排名第二和第三，辽宁省在全国排第9名。养老产业相关企业主要集中在江苏省。从区域集中度来看，行业整体集中度偏高。养老产业区域集中度最高的是华东地区，养老企业数量约占全国的34.3%；其次是华南地区，占比为15.1%，西南地区占比为14.3%，华中地区占比为12.2%，华北地区占比为11.4%，东北地区占比为7.6%，西北地区占比为5.1%。整体上看，东北三省养老服务市场尚未充分开发，养老服务供给不足，服务质量参差不齐，导致许多老年人无法获得满意的养老服务。因此，需要加强政策引导，鼓励更多的社会资本进入养老服务业，推动养老服务市场繁荣发展。

养老产业协同发展水平仍需提升。目前，东北三省养老产业的发展活力尚未得到充分释放，政府与市场的合作取得了初步进展，但社会力量参与依旧较为薄弱。这导致养老服务供给单一，缺乏多样性和创新性。推动养老服务业发展，政府与社会力量的合作仍需加强，形成政府引导、市场主导、社会参与的养老服务业发展格局。养老服务业与其他相关产业融合，如医疗、康复、教育等，形成产业链协同发展的"养联体"。

（二）信息化服务能力有待提升，科技创新和产品支撑有待加强

信息化服务能力有待提升。随着科技的发展，信息化服务在养老服务中的作用日益凸显。东北三省的社区居家养老服务在信息化方面还存在一定的差距。一些地区的养老服务信息化平台尚未完善，信息共享和服务协同机制尚未建立，已经建立的信息平台参与率与利用率不高；服务平台展示性强、应用性弱，售前咨询和售后服务普遍缺乏，服务质量参差不齐，服务效率和质量受到一定影响。

科技创新和产品支撑有待加强。科技创新是推动社区居家养老服务发展的重要动力。当前东北三省的养老服务在科技创新和产品支撑方面仍显不足，这在一定程度上制约了服务质量的提升和服务的普及。一些地区缺乏先进的养老技术和设备，自主创新和产品设计能力不足，科技产品供给单一，

或者普遍价格高昂，难以进入普通百姓家，无法满足老年人日益增长的多元化、个性化需求。

（三）居家养老服务项目相对单一，专业人才特别是护理人员短缺

居家养老服务项目相对单一。虽然东北三省已经开展了一些居家养老服务项目，但整体上仍较为单一，主要集中在助餐、助浴等生活性服务方面，缺乏个性化和多元化的服务。许多老年人可能有特定的需求，如康复训练、心理咨询等，但现有的服务项目供给有限，难以做到上门满足他们的需求。因此，有必要进一步拓展和丰富居家养老服务项目，以满足老年人的多样化需求。

专业人才特别是护理人员短缺。居家养老服务需要专业化、高素质的服务队伍支撑。目前，东北三省在这方面还存在人才缺口。许多护理人员缺乏专业的培训和教育，优质护理人员培养难，无法提供高质量的普惠式服务。同时，由于养老服务行业的待遇和职业认同度相对较低，工作强度及精神压力较大，人才流失和招聘困难问题凸显。

（四）资金投入有限，优质普惠服务供给不足

资金投入有限是一个明显的短板。养老服务业是一个需要持续投入、长期运营的领域，而目前东北三省的投入还远不能满足需求。由于资金短缺，许多地区的养老服务设施建设滞后，服务人员的待遇较低，影响了服务质量和行业吸引力。各级政府还需持续引导和鼓励社会资本进入这一领域，形成多元化的投资格局。

优质普惠服务供给不足也是一个亟待解决的问题。随着老龄化程度加深，老年人对养老服务的需求日益增长，而现有的服务供给还不能完全满足他们的需求。普惠养老服务的供给存在发展不平衡的问题，特别是在一些偏远地区和经济欠发达地区，优质普惠的养老服务更是稀缺。因此，提升普惠养老服务供给能力、拓展普惠养老服务内容，同时将对高品质养老服务的追求嵌入其中，探索出一条高品质普惠养老服务发展路径迫在眉睫。

三 东北三省优化社区居家养老服务的建议

针对东北三省社区居家养老服务面临的问题和挑战，未来的社区居家养老服务要探索"高品质+普惠+互联网+养联体"的老龄友好服务路径，提升服务质量和效率，为老年人创造更加美好的生活。

（一）加强政策支持，推动社会参与和多元合作

政府应持续加大对社区居家养老服务的政策支持力度，确保服务设施的建设和运营能够顺利进行。鼓励和支持社会组织、企业等多元主体参与养老服务供给，形成政府、社会、家庭等多方共同参与的局面。加强跨地区、跨行业的合作与交流，实现资源共享、优势互补，共同推动养老服务业发展。

政府出台一系列政策措施，涵盖专门的服务规范和质量标准，详细规定服务内容、服务方式以及服务质量等方面的具体要求，从而确保服务的专业性和可靠性，满足老年群体的多元化需求。建立健全监管机制，加强对服务机构的监督和管理，防止服务过程中出现违规行为，保障老年人的合法权益。

加大对社区居家养老服务的资金投入，确保服务设施的建设和运营能够顺利进行。这包括为服务机构提供必要的场地、设备和人员支持，以及为老年人提供经济补贴和优惠政策等。还可以通过发行养老服务债券、设立养老服务基金等方式，引导社会资本进入养老服务行业，形成多元化的投资格局。制定更加优惠的税收政策和财政补贴政策，吸引更多社会资本进入养老服务行业。对于符合条件的养老服务机构，可以给予所得税减免、营业税优惠等税收优惠政策；对于投资养老服务项目的企业，可以给予一定的财政补贴和贷款支持等。激发社会资本的投资热情，推动养老服务行业蓬勃发展。

加强对社区居家养老服务的宣传和推广工作。通过举办养老服务宣传周、发布养老服务指南等方式，提高公众对社区居家养老服务的认知度和

信任度，鼓励更多老年人选择在家中养老。与社区、医院、社会组织等合作，共同构建养老服务生态圈，为老年人提供更加全面、便捷的服务。

（二）推动服务创新和个性化发展

针对老年人多样化的需求，社区居家养老服务应注重服务创新和个性化发展。全面着手老年人能力评估，掌握老年人居家养老服务需求，建立下沉到社区的失能失智老年人能力评估系统，使社区真正建立起经常性的评估工作机制，分级分类，掌握动态。引入各种技术手段，提供更加便捷、高效的服务。根据老年人的身体状况、兴趣爱好等，提供个性化的服务方案，满足他们的特殊需求。针对老年人的个体差异，居家养老服务提供个性化的服务方案。老年人的身体状况、兴趣爱好、生活习惯等各不相同，因此服务方案需要因人而异。对于行动不便的老年人，可以提供上门护理服务；对于喜欢阅读的老年人，可以定期推送适合他们的书籍和资讯；对于喜欢社交的老年人，可以组织线上或线下的社交活动，帮助他们拓展社交圈子。

为满足老年人多样化的需求，社区还可以引入多元化的服务供应商。通过与各类专业服务机构合作，为老年人提供包括医疗保健、康复训练、心理咨询、法律咨询等在内的全方位服务。通过引入各种技术手段，以及提供个性化的服务方案，为老年人创造一个更加舒适、便捷、充实的居家养老环境。关注老年人的心理健康，提供心理咨询和关爱服务，帮助老年人树立积极的生活态度。通过组织志愿者参与养老服务，为老年人提供更多的陪伴和关怀，减轻他们的孤独感。加强对老年人需求的调研和分析。通过深入了解老年人的实际需求和期望，更加精准地提供符合他们需求的服务，也有助于发现服务中存在的问题和不足，及时进行调整和改进，提高服务质量。

智能化技术的应用可以极大地提升居家养老服务的便捷性和高效性。通过智能家居系统，老年人可以轻松控制家中的照明、温度、安全等设备，智能健康监测设备可以帮助老年人实时了解自己的身体状况，及时发现健康问题。社区可以建立在线服务平台，提供订餐、购物、医疗预约等一站式服

务，让老年人在家中就能享受到全方位的服务。尽管各种技术手段为居家养老服务带来了诸多便利，但对于一些老年人来说，学习新技术可能存在一定的困难，还需要关注老年人对新技术的学习和适应能力。社区居家养老服务应提供相应的技术培训和支持，帮助老年人更好地掌握和运用新技术，让他们也能享受到科技带来的便利。

（三）加强人才培养和团队建设

社区居家养老服务需要一支专业化、高素质的服务队伍来支撑。政府和社会各界应共同加强人才培养和团队建设，提高服务人员的专业水平和综合素质。可以通过开展相关专业的教育和培训、提高待遇和地位等方式，吸引更多的优秀人才加入养老服务行业。

专业化是社区居家养老服务队伍建设的核心。这意味着服务人员需要具备专业的知识和技能，能够针对老年人的特点和需求，提供科学、有效的服务。可以设立专门的养老护理专业，培养具备医学、心理学、营养学等多方面知识的专业人才。定期组织培训活动，使服务人员不断更新知识、提高技能。

高素质的服务队伍是社区居家养老服务质量的保障。除了专业技能外，服务人员还应具备良好的职业道德、沟通能力和服务意识。应该尊重老年人、关心老年人，用真诚和耐心去倾听老年人的需求和心声。通过提高服务人员的待遇和地位，增强职业认同感和荣誉感。设立奖励机制，表彰在养老服务行业中表现突出的个人和团队；提高服务人员的薪资水平，为他们提供充足的职业发展空间。

为吸引更多的优秀人才加入养老服务行业，还需要加强行业宣传和推广，让更多的人了解并认可这一行业。与高校、企业等合作，共同开展养老服务相关的研究和项目，推动行业创新和发展。构建志愿服务与专业照护服务相结合的服务体系，让老年人在家里就能享受各类社会化服务。合理规划布局社区养老服务设施，促进供需服务对接。

（四）加强行业监管，促进规范发展

政府应建立健全养老服务行业的监管机制，加强对服务机构的监管，确保服务质量和安全。建立精准的护理补贴制度，进一步普及养老护理保险。制定相关政策和标准，规范养老服务行业发展，健全社区居家养老服务的付费机制，提高整个行业的服务水平和竞争力。

政府应设立专门的监管机构，负责监督养老服务机构的运营和服务质量。这些机构应定期对服务机构进行检查和评估，确保其符合相关法规和标准。对于存在问题的服务机构，政府应及时采取措施对其进行整改，并公开曝光，以警示其他机构。

建立健全奖惩机制，以激励养老服务机构提供更好的服务。对于服务质量高、受到社会广泛认可的机构，政府可以给予一定的政策优惠和资金支持，促进其持续发展。而对于服务质量差、存在违法违规行为的机构，政府应依法严惩，甚至取消其运营资格，保障老年人的合法权益。

（五）深化党建引领，构建老龄友好社会

有效发挥社区养老共同体的功能，发挥基层党组织、基层群众性自治组织、相关社会组织的作用，排查、化解涉老矛盾纠纷。基层党组织通过定期走访、调研，了解老年人的生活状况，发现潜在的矛盾纠纷。利用自身的宣传优势，加强对老年人的法治教育，提高他们的法律意识和维权能力。

组织老年人参与社区活动，增进彼此之间的了解和信任，从而减少矛盾纠纷的发生。提升基层老年协会的服务质量和专业水平，政府通过购买服务等方式，积极引入专业社会工作者和社会组织，对基层老年协会进行培育孵化，从而打造一批规范化、专业化的基层老年协会。组织专家为老年人提供法律咨询，帮助他们解决法律问题。志愿者组织可以开展关爱老年人的活动，为他们提供心理支持和帮助。

营造老年友好的社会氛围，稳固并强化家庭在养老方面的核心作用。建立长期有效的指导与监督机制，确保所有赡养人都能切实履行其应尽的责任

和义务。完善现有的家庭养老政策体系，积极探索并实施独生子女父母护理假制度，为家庭养老提供更多政策支持。对于失能老年人的家庭照护者，探索开展"喘息服务"，以减轻其照护压力。加强老年人的自我管理和自我服务能力，激发老年人的主动性和创造性，使老年人能够更加主动地参与社会生活，享受晚年时光。

优化社区居家养老服务需要政府、社会各界以及家庭的共同努力，不断提升养老服务质量和水平，推动东北三省养老服务业转型升级和可持续发展，为老年人创造更加美好的生活，为社会的和谐稳定做出积极贡献。

参考文献

《沈阳开启养老服务"指尖办"》，《沈阳日报》2023 年 6 月 12 日。

《我省老年助餐服务工作取得积极进展》，《吉林日报》2024 年 3 月 2 日。

肖玺：《社区居家养老服务干预对老年人生活质量的影响》，《黑龙江科学》2024 年第 3 期。

蔡玉梅、陈功：《普惠型居家社区养老服务的模式创新——以北京市养老服务联合体为例》，《北京社会科学》2024 年第 1 期。

张思锋、张恒源：《我国居家社区养老服务设施利用状况分析与建设措施优化》，《社会保障评论》2024 年第 1 期。

谢静雯：《多元供给主体提升社区居家养老服务的路径》，《四川劳动保障》2023 年第 11 期。

社会科学文献出版社

皮 书

智库成果出版与传播平台

❖ 皮书定义 ❖

皮书是对中国与世界发展状况和热点问题进行年度监测，以专业的角度、专家的视野和实证研究方法，针对某一领域或区域现状与发展态势展开分析和预测，具备前沿性、原创性、实证性、连续性、时效性等特点的公开出版物，由一系列权威研究报告组成。

❖ 皮书作者 ❖

皮书系列报告作者以国内外一流研究机构、知名高校等重点智库的研究人员为主，多为相关领域一流专家学者，他们的观点代表了当下学界对中国与世界的现实和未来最高水平的解读与分析。

❖ 皮书荣誉 ❖

皮书作为中国社会科学院基础理论研究与应用对策研究融合发展的代表性成果，不仅是哲学社会科学工作者服务中国特色社会主义现代化建设的重要成果，更是助力中国特色新型智库建设、构建中国特色哲学社会科学"三大体系"的重要平台。皮书系列先后被列入"十二五""十三五""十四五"时期国家重点出版物出版专项规划项目；自2013年起，重点皮书被列入中国社会科学院国家哲学社会科学创新工程项目。

权威报告·连续出版·独家资源

皮书数据库
ANNUAL REPORT(YEARBOOK)
DATABASE

分析解读当下中国发展变迁的高端智库平台

所获荣誉

● 2022年，入选技术赋能"新闻+"推荐案例
● 2020年，入选全国新闻出版深度融合发展创新案例
● 2019年，入选国家新闻出版署数字出版精品遴选推荐计划
● 2016年，入选"十三五"国家重点电子出版物出版规划骨干工程
● 2013年，荣获"中国出版政府奖·网络出版物奖"提名奖

皮书数据库

"社科数托邦"
微信公众号

成为用户

　　登录网址www.pishu.com.cn访问皮书数据库网站或下载皮书数据库APP，通过手机号码验证或邮箱验证即可成为皮书数据库用户。

用户福利

● 已注册用户购书后可免费获赠100元皮书数据库充值卡。刮开充值卡涂层获取充值密码，登录并进入"会员中心"—"在线充值"—"充值卡充值"，充值成功即可购买和查看数据库内容。
● 用户福利最终解释权归社会科学文献出版社所有。

社会科学文献出版社 皮书系列
SOCIAL SCIENCES ACADEMIC PRESS (CHINA)

卡号：474185992353
密码：

数据库服务热线：010-59367265
数据库服务QQ：2475522410
数据库服务邮箱：database@ssap.cn
图书销售热线：010-59367070/7028
图书服务QQ：1265056568
图书服务邮箱：duzhe@ssap.cn

法律声明